中年教师发展路径

重庆市连片特殊困难地区
高中中年教师队伍建设策略研究

张小平　张　锋　张家兴 / 著

辽宁大学出版社
Liaoning University Press

图书在版编目（CIP）数据

中年教师发展路径：重庆市连片特殊困难地区高中中年教师队伍建设策略研究/张小平，张锋，张家兴著.—沈阳：辽宁大学出版社，2021.10

（名师名校名校长书系）

ISBN 978-7-5698-0456-0

Ⅰ.①中… Ⅱ.①张…②张…③张… Ⅲ.①贫困区—高中—师资队伍建设—研究—重庆 Ⅳ.①G635.12

中国版本图书馆CIP数据核字（2021）第143731号

中年教师发展路径：重庆市连片特殊困难地区高中中年教师队伍建设策略研究

ZHONGNIAN JIAOSHI FAZHAN LUJING: CHONGQINGSHI LIANPIAN TESHU KUNNAN DIQU GAOZHONG ZHONGNIAN JIAOSHI DUIWU JIANSHE CELÜE YANJIU

出 版 者：辽宁大学出版社有限责任公司

（地址：沈阳市皇姑区崇山中路66号　邮政编码：110036）

印 刷 者：北京米乐印刷有限公司

发 行 者：辽宁大学出版社有限责任公司

幅面尺寸：185mm×260mm

印　　张：19.75

字　　数：400千字

出版时间：2022年4月第1版

印刷时间：2022年4月第1次印刷

责任编辑：李珊珊

封面设计：徐澄玥

责任校对：于盈盈

书　　号：ISBN 978-7-5698-0456-0

定　　价：45.00元

联系电话：024-86864613

邮购热线：024-86830665

网　　址：http://press.lnu.edu.cn

电子邮件：lnupress@vip.163.com

结构示意图

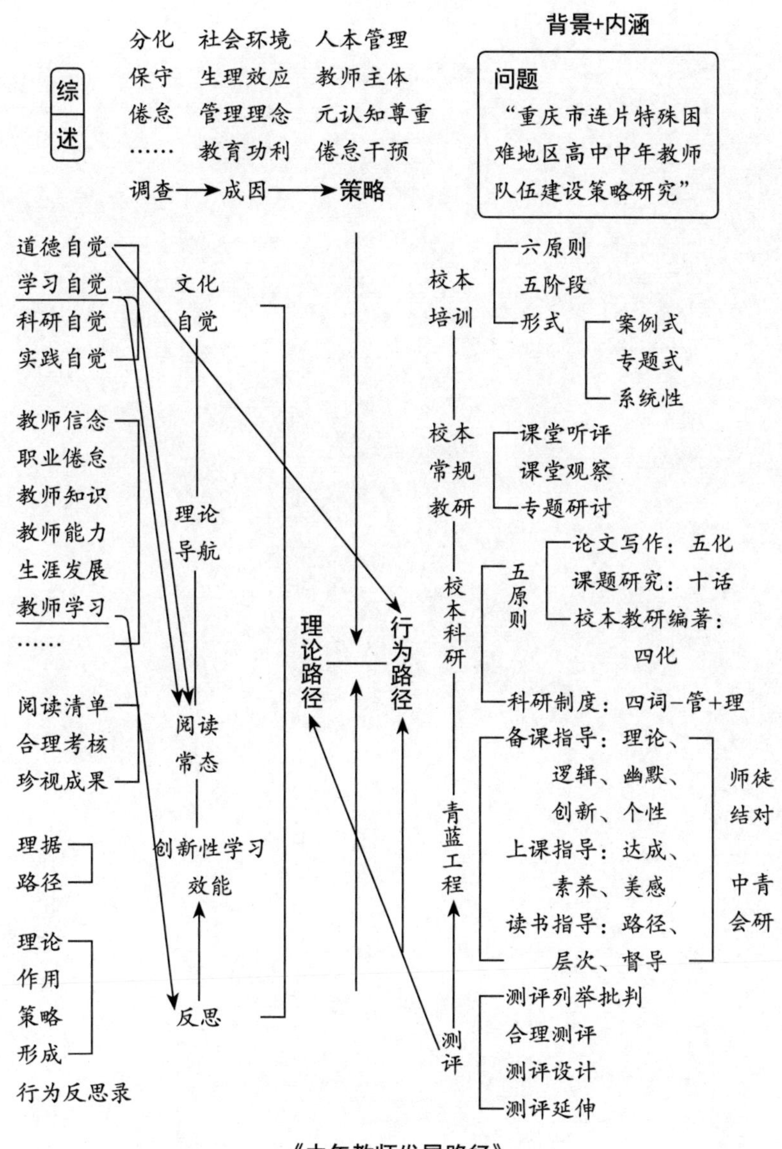

《中年教师发展路径》

谨以此书，献给包括连片特困地区高中中年教师在内的所有教师，同时献给教育界有识之士！

目录

综述篇

问题篇

理论篇

行为篇

综述篇

基于对重庆市连片特殊困难地区高中中年教师专业发展背景、内涵的理解，课题组展开调查，分析成因，研究策略，寻找到两条路径：一是理论路径。以文化自觉为前提，以教师专业发展理论武装自己，特别明确阅读、创新性学习、反思理论。二是行为路径。科学开展校本培训，以课堂听评观察和专题研讨为主体的校本常规教研、校本科研和以高中中年教师为主导的“青蓝工程”，并以教师绩效测评为保障和促进手段。

绪论

中年亦为发展时

生命的价值在于博大情怀下的自我实现，而教师当首重专业自觉的回归与专业自我的实现。

——题记

一

时光如驹，倏忽过隙，不少教师不觉已届中年（40～55岁），甚感夕照不远。俗语云："人到中年万事休。"可事实并非完全如此，教师中年时卓越有为者并不鲜见。他们的自我实现足以昭示：中年亦为发展时。

然而，"万事休"之说并非全无道理，也高度浓缩了不少人的内外状态，这在秦岭、大巴山及其余脉山区——重庆市集中连片特殊困难地区（包含城口县、云阳县、奉节县、巫山县、巫溪县，以下简称"连片特困地区"）的高中中年教师群体里不难找到现实的注解。人到中年，便止步不前，在竞争的潮汐中，必然滞后落伍。这不仅是高中中年教师个体智力资源的浪费，也是连片特困地区高中学校的不幸，更是连片特困地区教育和社会的严重损失。

教育，乃兴国之本；教师，乃强校之本。显然，连片特困地区高中中年教师这一状况，与民族复兴的时代旋律、教育兴国战略、大力发展中西部的伟大战略、重庆市打造卓越教师的目标格格不入。而高中中年教师作为一个特殊群体，处于基础教育的最后阶段，其专业发展状况，不仅直接关系到高中中年教师自身价值的实现，也关系到连片特困地区能否有较多卓越教师、专家型教师涌现，还关系到青年教师的成长和学校能否可持续发展。从这一意义上看，不能促成高中中年教师专业再出发且发展者，抑或主动放弃专业再出发而无生成者，何尝不是暗昧的庸者、教育的罪人？

二

在时代大潮中，“重庆市连片特殊困难地区高中中年教师队伍建设”的问题日益突出。这一问题的主体是具有特殊意义的“高中中年教师”，范围是“重庆市连片特殊困难地区”，而落点则是“队伍建设”的核心和本质——“专业发展”。

发展是时代的主题，连片特困地区高中中年教师也不例外。人生的“三不朽”——“立德、立功、立言”[①]，就是终身发展的诉求和硕果。教师终身发展是永恒的社会性命题，中年教师通过学习，完全可以实现再发展。高中中年教师是学校、地区教育的“中间地带”，是一个应该予以积极关注的群体。他们曾经挥洒青春，若能助其中年时实现专业发展，也彰显了人道主义情怀，更何况高中中年教师专业发展是青年教师专业发展的重要依托，是连片特困地区教育发展的现实需求。重庆市为求发展，积极打造教育高地，正稳步实施“卓越教师计划”，推进教师群体专业化成长，这些均从属于教育兴国的国家战略。因此，连片特困地区高中中年教师的专业发展，是现实和时代的需要，是迫切需要付诸行动的伟大工程。

付诸行动，理解为先。如果说对这一问题背景的准确理解，有利于学校对教师专业发展工作的推进，有利于促成教师专业发展的自觉，那么，对高中中年教师专业发展内涵的理解，则有利于教师理想的形成和专业自觉上自我砥砺的常态化。

教师，曾有“蜡烛”“园丁”“灵魂工程师”等诸多闪光的定位，令人仰视。如果从普通人的视角来审视，那么，教师首先是职业，包含高中中年教师在内的所有教师理应怀有职业敬畏，不可懈怠及亵渎这一职业。其次，教师，是“传道受业解惑”的专业人员，需要以专业立身、立业，自然需要专业上的突围与发展，需要专业品质的提升；而且只要排除相关不利因素，也足以实现专业发展。这一发展，固然离不开外部干预，但也离不开自我干预和自我调适。如果能得到科学干预，那么，教师在专业思想、专业知识、专业能力、专业自我、专业人格五个方面就能有所生成，教师自

① 立德、立功、立言，语出《左传·襄公二十四年》鲁国大夫叔孙豹：“太上有立德，其次有立功，其次有立言，虽久不废，此之谓三不朽。”它体现出儒家的价值取向。

我意象（Self-image）[①]、任务知觉（Task Perception）越加明晰，日日继之，积小成为大成，就能迎来专业突破期、自我超越期，形成自己的教育教学风格，成为一代名师乃至教育家亦未可知。

基于对“重庆市连片特殊困难地区高中中年教师队伍建设”的落点“专业发展”内涵的理解，市级重点课题“重庆市连片特殊困难地区高中中年教师队伍建设策略研究”的探索序幕在三年前就已拉开。根据连片特困地区的特殊情况，课题组剔除民办高中学校（量小规模小，差异大，不具有普遍性），以云阳县高中学校（10所，高中中年教师302人）为调查主体，并以分层抽样调查县外规模较大的学校（市重点、非市重点各1所，高中中年教师114人）作为参考，展开了多项调查、比较和分析，发现连片特困地区高中中年教师专业发展状况堪忧，文化失语[②]、教育失语现象突出，对其扭转已到了刻不容缓的地步：卓越教师少，两极分化严重；教育教学任务偏重；学历、学力水平普遍不高；教学观念相对保守；普遍缺乏学习自觉意识，知识视野不广；科研意识普遍淡薄；中度职业倦怠普遍存在。

为求良策，当溯本清源。这一窘况的成因何在？第一，库区经济高速发展的社会环境的负面影响。社会空前发展，就业渠道增多，多元选择已成必然，导致教师职业认同感不强，工作热情部分消退乃至衰竭。第二，高负荷运转的工作环境、体力精力不济的生理效应的负面影响。因教育投入不足，教师缺编比例偏高，大班额现象在几年前非常普遍，高中中年教师超负荷工作，无暇也没有良好的心绪进行“严格的、持续的学习”，导致知识结构不合理，职业倦怠过早出现，去专业化现象突出。第三，管理理念相对滞后现状的负面影响。照搬外地学校精细化管理办法，致使学校管理没有上升到精细管理的人文性、个性化层次，激励性制度建设部分缺位，出现民主化管理受到冷落而管控过死的现象。挤压教师自主空间，带来积极性的丧失，“被压迫者”[③]地位必然带来教育创新缺失。第四，办学功利化倾向导致教师专业发展体系的缺失。教育测评中，“状元情结”“升学效应”放大，教育功利主义这一短视行为

---

① 自我意象，马克斯威尔·马尔兹（Maxwell Maltz）心理学经典之作《你的潜能》中的一个概念。它指自我形成的有关自己的表象或想象，即自己对自己刻画、认可的“图像”，直接影响着自己朝自己认可的方向变化。自我意象的形成是教师专业自我形成的重要前提。

② 失语（aphasia），本指在神志清楚，意识正常，发音和构音没有障碍的情况下，大脑皮质语言功能区病变导致的言语交流能力障碍的现象。后泛用于多个领域，指因忽视对某领域的学习而对此领域无知或错误表达的现象。

③ 被压迫者，借用巴西教育家、哲学家，哈佛教授保罗·弗莱雷（Paulo Freire）《被压迫者教育学》（被誉为“被压迫者的教育圣经”“真正革命的教育学”）中的概念。此指学校中逐渐失去民主话语权、主人翁地位的教师。

盛行，导致教师培养工程被平庸化，常规教研、科研被表面化，教育教学合作体被虚空化。

连片特困地区想要走出这一困境，应实施哪些策略呢？须知，教师发展是学校发展、地区教育发展的逻辑起点和立足点。显然，策略实施的核心是教师发展。

第一，教师人本化管理发展策略。首先，明确人本化管理是现代学校管理的核心。现代人本化管理实为人本主义哲学在管理中的运用，它强调以人为本。唯有以人为本，才可能真正激发学校的活力，走内涵化发展之路。连片特困地区高中学校不要完全以行政管理中部分不必要的考核为“神本”而疏远了“人本”[①]。唯其如此，学校管理才能最大限度地人文化、人性化、科学化。其次，明确教师专业发展才是学校发展的核心。要培养“全面发展”的人，离不开“全面发展”的教师。教师才是学校的“人本”中的“人”。“所谓大学者，非谓有大楼之谓也，有大师之谓也”就是这个道理。最后，科学开展校本培训、校本常规教研、校本科研。明确高中中年教师的专业发展层次和知能短板，以校外培训为辅，多采取校本实践性交流式培训方式。

第二，教师主体化彰显策略。科学运用赋权增能理论，激发教师的内生动力，在专业自主、发展自主、参与决策三个维度上实现质的突破。

第三，教师元认知[②]尊重策略。尊重教师认知成果，重视教师隐性知识的显性化和教师显性知识的系统化。其具体举措为：加大对教研内容和反思笔记的督查力度，选择、申报、研究实践性极强的课题，积极资助教研成果的物化，大力开展读书活动。

第四，教师倦怠干预策略。职业倦怠[③]是一个变量，其消除的关键是消除工作压力。如何遏制、改变高中中年教师在工作中态度和行为的消极表现呢？酌情减少工作量，营造校园软环境。首先，营造文化环境，加强对中年教师学习、阅读等方面的引领；其次，完善制度建设，打造公平、公正的和谐校园。

通过以上策略，力图实现高中中年教师专业化发展的自觉。

---

① 人本，人本主义学派的价值取向，即以人为本，反对行为主义把人等同于动物，只研究人的行为，不理解人的内在本性；也反对精神分析说不研究正常人心理。

② 元认知（Metacognition），指人类对自身认知活动的认知，其中所获得的知识就是元认知知识。此概念最先由美国心理学家弗拉威尔（J. H. Flavell）于20世纪70年代中叶提出，是儿童认知发展的心理学理论的核心概念。

③ 职业倦怠（burnout），指生命个体因工作中重压存在而产生的身心疲劳与耗竭的状态。这一概念最早由弗洛登伯格（Freudenberger）于1974年提出。

三

教师专业发展是永恒的主题，自然也是连片特困地区高中中年教师的永恒主题。如何求得专业化发展？其路径何在？

文化自觉[①]是前提。费孝通先生所谓的文化自觉，也是教师发展的前提。教师的文化自觉的内涵就是道德、学习、思维、实践上的自觉。通过心怀敬畏，增强职业认同，勤于自省，修身洁行，保持以道德认知、纯洁品性、责任担当、人文关怀为内涵的道德自觉。教师要认识到学习自觉是一种必然，其中理论自觉特别重要，因此要检视自身的理论修养，还要认识学科分离的短板，面对学科融合的趋势、通识教育的需要，积极跨界学习。在实现道德自觉、学习自觉的基础上，教师要有科研自觉的意识和行为，通过思维自觉、专业自觉，实现专业自我。作为教师，还要有实践自觉，在实践中与理论接轨，通过内化理论形成能力，通过理性验证发现新知，为教育教学提质升级。唯其如此，方能使自己既是“经师”，更是“人师”。

站高方能望远。高中中年教师应先用教师专业发展理论武装头脑。理解教师信念理论，如以文化、价值观情境中的教师关于青少年发展及其文化背景的信念，国家和社会情境中的教师关于教育政策、标准和问责制的信念，即时情境中的教师关于学生、课堂互动和教学内容的信念，立足自我的教师身份认同和教学效能感，教师信念的改变和教师专业发展信念；熟悉教师职业倦怠理论，了解其成因和干预的策略，使自己早日走出倦怠的阴影；了解教师知识理论，明确学科知识、实践知识的重要性，在教师学科知识的实践性转化理论、教师知识的生成理论的引领之下，不断增长知识，为成为“鸿儒”打下基础；咀嚼教师能力理论，以申继亮、唐玉光、王慧来、靳莹为代表的结构性教师能力理论和以林崇德、申继亮为代表的三维度教师能力理论引领提升自我专业能力水平；掌握教师生涯发展理论，明确自我生涯发展所需条件，并做好生涯规划；研究、追求动态的“经验实在”学习理论、以案例为支撑的情境学习理论、以群体为基础的教师合作学习理论、促进教师学习的环境设置理论、教师反思学习理论、情境—写作—会话—意义建构教师学习理论、建构主义教师学习评价理论等教师学习理论，让学习成为教师生命的需要和生活的常态。

---

① 文化自觉，费孝通最先提出此概念，它“指生活在一定文化中的人对其文化有‘自知之明’，明白它的来历，形成过程，所具有的特色和它发展的趋势”。这一概念本是针对人类命运、文化冲突而提出的人类学概念，借用于教师成长领域，指教师对传统文化中适用于教师（包含道德、能力、学习、发展等方面）的文化内蕴的自觉意识。

诚然，内因是根本，但外因这一条件也不可忽视。学校和教育主管部门要着力研究、深知阅读和创新性学习对于高中中年教师专业成长的重要意义。读书有用论永远有广阔的市场，教师素养的外化，书香校园、文化中国的建设，无不需要爱读、善读的教师。教师要注意思维参与，阅读有品位，以更佳状态进入审美阅读境界。学校要拟出建议性阅读书单，有针对性地开展指导性阅读、自主性阅读活动，在留足阅读时间以不影响正常教学的前提下，合理考核、交流，以激发教师的内生动力，以及珍视其阅读成果，丰富教学资源。阅读作为学习的一种方式，还不足以真正地快速提升教师素养。在建设创新型国家、信息资源异常丰富的当下，传统的维持性学习越发显得不足。因此，要大力提倡、引导教师进行创新性学习，使之明确创新性学习的思维路径、质疑路径。尤其是连片特困地区高中中年教师，迫切需要创新性学习，理解问题学习法、专题学习法、择要学习法、批判学习法、思创学习法、大数据学习法等创新性学习的方法，并通过平台创新、课堂观察与评价的创新、成果呈现等渠道，积极推动创新性学习。当然，阅读重在"充电"，创新性学习重在"创新"，二者可以兼容：在阅读中创新，在创新中阅读，都以教师生成提质为目标。

需要指出的是，学习是知识的社会协商，以上诸方面，还可通过合作体予以促进，但无论学习还是实践，都离不开一个关键词：反思。杜威曾言："教育即经验的改造。"唯有借助反思，教师方能摆脱经验惯性，达成"经验的改造"。"反思"作为一个全球性的热词，之所以广受追捧，其根本原因就在于"反省是走向进步的开始"[①]。反思是自我解构和自我干预的决定性条件，与创新性学习一样，都有消除思维定式、路径依赖[②]之功，也是教师学习、重构而有所生成以实现专业发展的关键，因而增强反思意识、提高反思能力是教师"中年再出发"的策略之一。林崇德曾提出"优秀教师=教学过程＋反思"的教师成长公式。正因如此重要，所以研究"反思"的学者不胜枚举，其理论尤为丰富。遗憾的是，这些理论多涉及反思的方法、手段、途径、层次、倾向、模式等，鲜有反思实施策略者，如哈顿、史密斯提出的"描述作品""描述反思""对话反思""批判反思"，实为四种水平或途径[③]（其中只有"批判反思"可视为策略）。为此，课题组成员不揣愚陋，大胆提出有序反思、多维反

---

① 柏杨. 丑陋的中国人［M］. 北京：人民文学出版社，2008：22.

② 路径依赖，指人类社会的技术演进、制度变迁因有惯性，一旦进入某一路径（无论好坏），就可能对这种路径产生依赖的现象。"路径依赖"最先由保罗·大卫于1985年提出，W. 马兰·阿瑟由此形成技术演进中路径依赖的系统思想，道格拉斯·诺斯将这方面的思想拓展到社会制度变迁领域，从而建立起制度变迁中的路径依赖理论。

③ 朱旭东. 教师专业发展理论研究［M］. 北京：北京师范大学出版社，2011：193.

思、理论反思、批判反思、合作反思、转化反思六种反思实施策略，并倡建“教学行为反思录”，力图使教师反思时有路可循，有效生成。当然，对形成良好的“反思地带”[①]，学校责无旁贷。

四

《论语》有云：“谋道不谋食。”如果说以上理论是高中学校所谋之“道”，那么，如何促成教师专业发展，就是所谋之“食”。连片特困地区教育既要“谋道”，又要“谋食”。因为，教师有了以上理论的武装和理论路径，还需实际的行动。促进连片特困地区高中中年教师专业发展的实际举措就是校本培训、课堂观察评价、高中中年骨干教师主导下的青蓝工程研培活动，它们属于广义的校本教研范畴，按照格罗斯曼（Grossman）的教师合作学习理论，这也属于广义学习的范畴。相应的评价及其因应策略是其重要保证。这些路径，即行为路径，也有“谋道”成分，但重在“谋食”。

校本培训具有解决问题、提高水平、优化学科、促进发展等作用，但推进这一工作，务必遵循需求原则、规范原则、评估原则、兼顾原则、落实原则、持久原则。在具体落实前，学校一定要建立校本培训的操作体系，构建自己的校本培训模型。校本培训的核心机构教科室（教科处，有的从属于教务处）要按照准备、设计、主持、评估、落实这五个阶段有序展开。在展开过程中，还要注意分清轻重缓急，注意多样、适量，讲求体系、灵活。其形式主要有案例式培训、专题式培训、系统性培训。不过，连片特困地区高中学校要慎用系统性培训，因为工程大，对师资要求高，对时间要求多，自然也极易引发工学矛盾。建议将其作为继续教育中的校外培训工程，与高校接洽，即“走出去”或“请进来”。但是，连片特困地区高中学校普遍经费紧张，为节省经费，可走三条路：其一，细化系统性培训，分散多次进行；其二，购他山之石，即购买高校培训资料；其三，校际培训资源共享。

校本培训不拒斥理论，但多为行为性培训（校本实践性交流式培训），还需要校本性质的研究。校本性质的研究有校本常规教研、校本科研两个层次。而课堂听评观察与专题研讨就属于校本常规教研。课堂听评观察分为课堂听评和课堂观察。在课堂听评中，听评教师首先要注意“听”什么、怎么“听”，切勿将教学方法凌驾于教学内容之上，从而将技术的运用作为课堂最重要的衡量标准，也不要遗漏教师“课堂评

① 反思地带，指能促进教师自觉反思的区域，如学校、年级；也可指若干反思对象构成的范围。

价素养”[①]；其次要注意怎么“评”的问题，摒弃有互动、互动越多的课堂就是好课堂这一错误的认知导向，并辩证看待讲授法。评课要“接地气”，切忌“一言堂”，要讲究辩证法，使教学水平相对滞后的高中中年教师和青年教师能够真正转益多师。课堂观察作为通过多维度、多视角地观察、记录、分析、探究课堂综合情况，以促进教师专业化发展的专业行为，需要注意观察的维度、视角、观察点，更要注意量化评估体系的建立。专题性研讨作为围绕近期教学或某课堂教学中特定专题、课例或课型，从知识本体、教学方法、课堂结构、资料编写等多角度、多层面进行讨论的教研行为和方式，需要研讨活动主持者注意：专题性研讨的目的是生成，核心是发现问题、分析原因（涉及理论）、解决办法。当然，这些常规教研形式都有长处，我们不可因新的教研形式出现而全盘否定、抛弃原有教研形式。萨特曾言：“存在即是合理。”另一方面，任何教研形式都有瑕疵。因此，校本常规教研不可拘泥于某一形式，可以多形式开展或多形式互补、交融，甚而创新方式，如教研合作体。

教师累积一定的经验之后，还需借助校本科研实现细化、深化、升华。参与校本科研的教师，一定要遵循发现原则、真诚原则、生成原则、严谨原则、评估原则，切忌为科研而科研，甚至走上“伪科研”的歪路。校本科研的形态主要是论文写作、课题研究、校本教材编著。在论文写作方面，一线教师适宜进行行为性论文的写作，但要注意“五化”：现象问题本质化、缄默知识显性化、问题解决普适化、零散收获系统化、理性认知理论化。至于课题研究，经历诱发、准备、行动三个阶段，课题组成员要注意十句话：①需求是上帝；②有用是宗旨；③了解是前提；④命题是方向；⑤分析是重心；⑥组队是关键；⑦申报是环节；⑧研究是保障；⑨提炼是核心；⑩结题是考核。如此，才会尽可能拥有成果并顺利结题。而校本教材是开发校本课程（school-basedcurriculum）的产物，校本教材编著必然涉及目标达成、体例等方面的研究，自然是校本科研的一种重要形式。编著者在理解校本教材的内涵、意义的前提下，一定要注意“四化”：接轨的兴趣化、内容的开放化、编著的严谨化、评估的持续化。校本科研费时，需要教师付出心血，但它是教师专业发展的重要引擎，能涵养教师的科研情怀、科学精神和成就意识，提升教师科研能力，因此学校应科学建立科研制度。科研制度建设的核心就是在“结构”“要求”“评估”“激励”四个关键词上制度化、常态化。同时，这四个关键词是科研制度建设的核心，也是管理学的重要命题。管者，掌握之谓也；理者，因有条理而顺适、和顺之谓也。可见，“管”为手

① 课堂评价素养，指教师在教学即时情境中对学生行为表现，采用适宜、科学的评价方式及其用语所体现出来的综合素养。其范围小于斯蒂金斯的“评价素养”（Evaluating Literacy），后者还包括课堂之外对学生的即时性、阶段性评价。

段，“理”为旨归。要保持学校健康发展，激发“自组织”（self-organization）[①]的活力，呈现出和谐科研、有效科研的局面。学校在步入发展的快车道后，应将制度建设的重心由约束性制度转移到激励性制度上来。唯其如此，学校科研理念、制度、成果才会真正上升到文化层面，形成科研观念文化、科研制度文化、科研器物文化[②]，成为推动教师专业发展、学校发展的核心力量。

高中中年教师在校本培训、校本科研的基础上，得到了专业发展，就要用其所长，展开相关活动，为青年教师成长、学校可持续发展做出贡献，其中，以高中中年骨干教师为主导的“青蓝工程”[③]就是重要的研培活动形式。它能促进高中中年教师的再发展，可普遍提升学校教育品位；促进青年教师的发展，使学校可持续发展；消弭代际鸿沟，丰富校园文化内蕴。这一富有“传帮带”性质的工程，有利于打造学校的绿色生态。其路径是师徒结对、中青会研，其重要形式是备课指导、上课指导、读书指导。

备课指导的内容是一个完整教案所涉及的全部内容，但在青年教师基本能“站稳讲台”后，高中中年教师指导时应尽可能注意不少青年教师所忽略的三点：备理论、备逻辑、备幽默。当青年教师真正站稳讲台时，高中中年教师指导备课的追求、方向就应该有所调整，即从全面指导变为重点指导，从常规指导变为特色指导。此时要注意两点：备“创新”，突破范式[④]求新意；备“个性”，彻底摆脱“匠气”，以“格”而胜。常态化的上课指导在师徒间进行，也可适当借助常规教研手段，但要注意精准指导。高中中年指导教师着眼于以下三个关键词：达成、素养、美感。当然，素养非一蹴而就，更多时候是课程目标，而非特定课堂必须达成的课堂目标；指导时看是否有所关注，是否呈现了开放且引航的课堂。美感，则体现于艺术美、文化感。其中，要指导青年教师学会反思，可采用教学后于教案中呈现反思要点，以及“教学行为反

---

① 自组织，指依照相互默契的某种规则，各尽其责而又协调地自动地形成有序结构，是与“他组织”相对的一个概念，二者均由德国理论物理学家哈肯（H. Haken）提出。

② 科研观念文化、科研制度文化、科研器物文化，分别指学校的科研思想与理念、科研条令与制度、科研设施与成果所体现的文化。“近世以来最伟大的历史学家”、英国历史学家阿诺德·约瑟夫·汤因比（Arnold Joseph Toynbee）将人类文化分为观念文化（也叫精神文化）、制度文化、器物文化三个层面。

③ 青蓝工程，连片特困地区某高中学校针对青年教师中初岗教师的校本研培项目名称，取“青出于蓝而胜于蓝”之意。这一项目采用“师徒结对”形式，客观上也有利于“师”的专业再发展。

④ 范式（Paradigm），托马斯·库恩范式理论的核心概念，首次在其经典著作《科学革命的结构》中提出，指“特定的科学共同体从事某一类科学活动所必须遵循的公认的‘模式’，它包括共有的世界观、基本理论、范例、方法、手段、标准等与科学研究有关的所有东西”。

思录”、常规的教育叙事等形式。而读书指导要注意三个关键词：路径、层次、督导。路径，强调学科优先、读教联系、跨界拓展，尤其是跨界联系、思维凭依；层次，提出梳理、批判、创新三个不同层次的阅读要求，尤其要质疑，不盲从权威，敢于发表己见；督导，要求交流、批注、发表、定期填报“青蓝工程读书指导一览”。由于“学习是文化适应的过程”，因而希望青年教师不要拒绝与他人合作、碰撞；不拒绝网络，但要重点关注这一信息场域中的优质资源。

高中中年教师专业发展行为需要一定的保障和促进手段，而高中中年教师测评看似独立于专业发展行为之外，实际上又是高中中年教师专业发展行为的有效构成部分。它以测评目的为逻辑起点，以促进为宗旨，具有鉴定与引导功能，能起到一定的激励和变相干预的作用。不过，测评需有边界，如果缺乏边界，就会因体系失范而有失于偏。为此，课题组对《连片特困地区____校20____—20____学年教师绩效测评量表》进行了批判，发现其学术背景导致测评体系不全，情感背景导致测评不公，评分要素重叠，赋分不当，操作出偏，对测评对象的背景缺乏关注，建模①单一等不足。当然，连片特困地区这所高中学校的教师绩效测评量表所暴露的测评的边界理性②的缺失具有一定的普遍性，且自有其深层原因：教师有组织却相对“无序”状态难以测评，测评指标具有局限性，测评指标体系的建构者易出现测评错位。既然科学性难求，教师测评就追求合理性，即因接近科学而合理，因相对合理而科学。构建高中中年教师测评体系时，需要注意政策依据与管理目的，指标要素与评价权重，激励发展与加扣并轨，模糊测度③与等级归类的问题。基于以上教师测评合理性的思考，我们设计、提出宏观性测评量化（初表），然后予以验证。初次验证可知，新表（初表）整体上几乎是对旧测评表的颠覆。带着疑问和思考，课题组借助两次座谈会进行“响应式聚焦”（Responsive Focusing）④，以获得建设性意见，并借助专家指导进行修正，再予以验证。通过对照修正表与初表的统计情况，发现修正后测评表对特别优秀的教师和滞后突出的教师的终结性评价影响不大，但无论是整体上，还是各区间（除后28名

---

① 建模（make a model），即建立模型，为理解事物而对事物抽象化，体现在分析或设计系统、预测未来趋势、最优化地控制系统。它是建构主义学说的重要概念，可借助示意图、表格等“描述”事物。各个学科知能点及其问题的解决均可通过建模来呈现。

② 边界理性，源自美国学者赫伯特·金迪斯（Herbert Gintis）《理性的边界——博弈论与各门行为科学的统一》。此指确定教师绩效测评范围、界限所体现出的科学理性。

③ 模糊测度，指对测评的初步结果进行等级划分，以模糊、部分消解测评偏差的一种测评手段，但不等于模糊测试（Fuzzing）。

④ 响应式聚焦，指测评者对测评对象在响应测评的过程中所反馈的相关信息分析、评价并进而吸纳或排除的行为。

外）内，名次超10名的变动率都大幅降低。经校长办公会研究同意后，此表进入试用阶段，以修正表作为2017—2018年度中年教师的测评体系，将中年教师从全校教师原测评体系中剥离出来。一年后，此表进入适用阶段，正式作为2018—2019年度中年教师的测评体系。通过《某校近三年高中中年教师专业发展对照表》，可知修正表对高中中年教师专业发展和学校教育教学质量的提高具有明显的促进作用。不过，测评需要延伸，需要通过延伸，以一定的因应策略来发挥其促进发展的作用，从而实现学校开展教师测评的目的。如何延伸？其一，公示测评结果，传达要素得分；其二，务求激励有方，产生雁阵效应（Wild Goose Queue effect）；其三，大胆赋权增能，良性培养干部。如果说中年教师绩效评价旨在促进教师发展，体现人性的温度，那么，测评的有效延伸的因应策略，就能保证管理学人本管理、效能原理的实现和人性温度的保持。

五

全书从“连片特困地区高中中年教师队伍建设”这一问题出发，以调查明其因，从理论和行为角度探讨其策略、路径。不必觌缕，其大端有二：理论充电引航，行为锤炼发展。踵继前贤，书中有理论的梳理、吸纳，亦有理性的审视、批判，旨在引玉，共襄教师理论自觉之盛举；批索教坛，书中有行为的素材、案例，多有个体的体悟、点拨，旨在激思，力助教师津渡迷航之鼓棹。诚若此，幸甚！

全书以连片特困地区为视域，实不泥于此；以高中中年教师专业发展为鹄的，亦不限于此。若能以此引发教坛争议乃至诟病，亦不意外，相反，被关注反倒印证出此书的点滴价值。春秋暗度，拙作始成，权以此为赘，敬献于教坛躬耕者、沉思者。

问题篇

了解教师终身发展的历史背景和连片特困地区高中中年教师专业发展的现实背景，深入把握高中中年教师专业发展的内涵，再确立调查方案并展开调查，通过统计、分析，得出结论，究其原因，从而初步明确应对之策。为后续深入探索奠基。

第一章

连片特困地区高中中年教师专业发展问题的提出

《荀子》云："国将兴，必贵师而重傅。"因为教师是薪火相传的凭依，直接关系到民族及其文化的复兴大业。为此，2018年1月，《中共中央 国务院颁布关于全面深化新时代教师队伍建设改革的意见》，体现了"贵师"；同年7月，教育部办公厅、财政部办公厅联合印发了《银龄讲学计划实施方案》。

改革开放以来，我国教育得到快速发展，然而重庆市连片特殊困难地区的教育明显滞后。按照国务院扶贫开发领导小组办公室2012年6月14日《关于公布全国连片特困地区分县名单的说明》，重庆市所辖贫困县城口县、云阳县、奉节县、巫山县、巫溪县在全国680个特困县之列，属于全国14个集中连片特殊困难地区之一的秦巴山区（秦岭、大巴山及其余脉地区）。这五县（以下简称"连片特困地区"）山高地瘠，资源有限，加之偏僻闭塞，过去三峡工程兴建悬而未决带来投资少、产业空心化的后果，因而工业基础薄弱，经济、文化发展滞后。

以连片特困地区基础教育阶段的普通高中而言，尽管教师队伍建设及其核心问题——专业成长与发展备受关注，然而，有一个群体——中年教师群体，其专业上的再发展被严重忽视。须知，中年教师尤其是高中中年教师，作为基础教育战线上极其重要的群体，应是教学经验的宝库，其中优秀的教师是青年教师的引领者，是诞生专家型教师的希望群体，也是基础教育中最高阶段教育教学成果的促成者。换言之，中年教师是学校、地区教育的"中间地带"（intermediate zones）[①]。令人遗憾的是，因种种

① 中间地带，在国际政治理论中指在政治、地理和国际战略等方面处在大国和国家集团影响之下的地区或者国家，此指在学校、地区教育中处于核心区域的中年教师。

原因，高中中年教师的专业成长却常常出现停滞甚至衰退现象。如果因注重青年教师的专业培训而忽略中年教师（含高中中年教师）的专业化发展，那么，这无异于将教育教学的“中间地带”边缘化，最终会影响一个地区、一所学校教育教学的高度，自然也会影响教育事业的发展。因此，“中年再出发”已成为教师专业发展中极其重要的问题。

关注中年教师的专业发展，首先需要界定中年教师的年龄。《晋书·王羲之传》云：“谢安尝谓羲之曰：‘中年以来，伤于哀乐。’”陆游《闲游》诗云：“老躯健似中年日，乡俗淳如太古时。”古人所谓“中年”是多少岁？古人说“三十而立”，从“及冠”（20岁）到30岁应为成年，大体相当于今日之“青年”。立业之后发展，到“四十”则“不惑”，即明辨事理，不糊涂，从30岁到40岁即为壮年。到“不惑”时，“业”还可发展，虽少了此前的锐气，但至少要“守成”，中年应从此开始。而“五十而知天命”，明天道意志，不敢强力有所为，正是中年“万事休”的保守状态。至于60岁“耳顺”，什么都听得进去，都不计较，应是老年心态。古代“人生七十古来稀”，60岁之后为老年。因此，古人所谓“中年”，大致在40～59岁。

今日教师的“中年”在哪一区间呢？高中教师大学毕业后，通过三届九年（到33岁左右）工作，多由新手变为熟手，此时年富力强，远远没有倦怠；再教两届，正是“立业”的辉煌期，所以赛克斯（Sykes）认为许多教师在33～40岁达到生命的巅峰，[①]此时，极个别教师成果特别丰硕，还怀揣教育梦想，但大多已成“老油条”，壮心始消或已消。考虑到教师职业的特殊性（工作辛苦，交际范围窄等）、教师成长规律和一般教师60岁退休的规定，同时考虑“四十而不惑，五十而知天命”（《论语》）的普遍性，我们将中年教师界定为40～55岁的教师。40岁以下的则统称为青年教师。美国教育协会关于教师15～20年后衰退的调查、成长的有效周期与第二曲线等论述，透露出教师职业倦怠多出现于工作15年后，而年轻教师本科毕业、走上岗位时多在24～25岁。桑国元等认为，“处于职业超越期的教师一般拥有20～30年的工龄，年龄在40～55岁”。[②]这也反映出将中年教师的年龄起点定在40岁是较为合理的。

重庆市连片特殊困难地区地域辽阔，其滞后的经济、相对封闭的教育观念，与绵邈的历史、灿烂的巴蜀文化极不相称，高中中年教师的专业发展处于困境之中。

一、背景

任何概念、理论的提出，都有其社会原因。“重庆市连片特殊困难地区高中中年

① 朱旭东. 教师专业发展理论研究［M］. 北京：北京师范大学出版社，2011：300.

② 桑国元，郑立平，李进成. 21世纪教师的核心素养［M］. 北京：北京师范大学出版社，2017：163.

教师专业发展”的提出，自有其社会背景。

（一）教师终身发展是永恒的社会性命题

教育作为人类所特有的社会现象，需要教师与时俱进，不但要拥有高尚的情怀和职业操守，还要拥有丰富的知识、智慧和能力。这决定了教师的学习“永远在路上”。

古代知识分子追求春秋时鲁国大夫叔孙豹所谓的“三不朽”——立德、立功、立言，而要达此高标，就需要不断学习。我国古代教育家孔子提出“吾十有五而志于学，三十而立，四十而不惑，五十而知天命，六十而耳顺，七十而从心所欲，不逾矩”，也暗含着终身教育的思想。南北朝时期北齐颜之推《颜氏家训·勉学篇》中说：“幼而学者，如日出之光；老而学者，如秉烛夜行，犹贤乎瞑目而无见者也。”勉励人们终身学习。宋代欧阳修主张“学之终身，有不能达者矣；于其所达，行之终身”。国外亦不例外。古希腊著名的哲学家、教育家亚里士多德主张“儿童和需要教育的各种年龄的人都应受到训练”，这反映出学习、发展不局限于儿童阶段。晋平公“从心所欲之年尚且问学于师旷”，马克思五十多岁还研究微积分，便是终身学习的显例。由此看来，教师作为知识分子，通过学习以求发展自然具有永恒性。

近现代科技革命和工业革命后终身教育思想得到广泛的传播与发展。1789年，法国大革命胜利后，执政的党派向国民会议提出一系列教育法案，第一次明确提出通过发展教育来满足人们终身学习的需要，认为“若以为教育仅仅是限定于儿童和年轻人的活动，那绝对是社会偏见”。在康特路赛提出的公共教育计划书中，强调了终身教育的必要性，“人类必须通过年龄的各个阶段来获取知识的全体系，并且任何人都可以通过终身的学习来确保知识的获得”。1919年，英国成人教育委员会在《最终报告书》中主张发展继续教育，来增加“成人教育机会”。根据该报告，英国于1924年制定了《成人教育规程》。美国则首创社区学院推广，实施成人教育，成为美国高等教育的一大亮点。1917年，美国颁布了《史密斯-休士法》，形成了产学协作，通过集体教育方式进行技能培养的制度。德国1919年在宪法中明文规定“各州、市都要促进包括成人教育中心在内的大众教育制度”。第二次世界大战后，法国的戛斯通、芭契拉（Gaston，Barbara）等提出的“终身学校”的观念在法国的宪法中得到了确认。由于以计算机技术、电子技术等为代表的新技术革命的推动，社会生产迅猛发展，并导致了产业结构、职业领域变化加快，对劳动者的智力、专业发展要求空前提高；加之国际经济竞争空前激烈，各国都把发展教育摆在突出地位，成人教育、继续教育、终身教育得到了前所未有的广泛发展。1960年，在加拿大蒙特利尔市举行的国际成人教育大会，倡导积极推进成人教育向终身教育转变。1965年，法国教育专家保罗·朗格朗（Paul Lengrand）任联合国教科文组织成人教育计划处处长（后任终身教育局局长），向国际成人教育促进委员会提供了一份关于终身教育构想的提案，认为教育应当贯穿人的一生，成为人一生必不可少的活动，今后的教育在每一个人需要的时刻，应随时都能以最好的方式提供必要的知识技能和帮助。他对“终身教育”理论的这一阐述和倡导，引起世界各国强烈的反响。1970年，联合国教科文组织第十六届会议通过一项决议，授权当时的总干事勒内·马厄（Rene Maheu）成立国际教育发展委员会，研究世界教育形势和改革。该委员会于1972年完成了研究报告《学会生存——教育世界的今天和明天》。该报告认为教育的功能不再“局限于按照某些预定的组织规划、需要和见解去训练未来社会的领袖，或想一劳永逸地培养一定规格的青年”，而是要面向整个社会成员。受教育的时间也不再局限于某一特定年龄，而是向着“个人终身的方向发展”，并主张将终身教育的实施与创建学习化社会结合起来，认为“学习化社会”是指学习成为整个社会成员一项经常的重要活动的一种时代标志，是社会发展的必然趋势。1970年保罗·朗格朗的《终身教育入门》和1972年国际教育发展委员会的研究报告《学会生存——教育世界的今天和明天》成为终身教育思想的两部代表性著作，标志着现代终身教育理论的形成，并引发了教育理念的根本变革，被认为可以与“哥白尼日心说带来的革命相媲美，是教育史上最惊人的事件之一”，对推动世界现代教育的发展与改革有着重大的理论价值和现实意义。

一言以蔽之，教师专业发展业已成为社会呼声和社会潮流。因此，不断学习，求得专业上的发展，应该成为广大教师永恒的诉求。

（二）高中中年教师也是一个应该予以积极关注的群体

俗话说：“月过十五光明少，人到中年万事休。”此话很能代表许多高中中年教师的心态。高中中年教师作为特殊的中年群体，在生活、事业、心理等诸多方面具有中年人的共性。

亚伯拉罕·马斯洛（Abraham Harold Maslow）、密特尔曼（Mittelman）提出了心理健康的十大标准：有充分的自我安全感；能充分了解自己，并能恰当估价自己的能力；生活理想切合实际；不脱离周围环境；能保持人格的完整与和谐；善于从经验中学习；能保持良好的人际关系；能适度地宣泄情绪和控制情绪；在符合团体要求的前提下，能有限度地发挥个性；在不违背社会规范的前提下，能适当满足个体的基本要求。若对照这一标准，连片特困地区不少高中中年教师的心理处于亚健康甚至不健康状态，处于“中年危机”之中。

人到中年，生理机能开始慢慢衰退，易疲劳，记忆力大不如前，内分泌系统、血液循环系统时有紊乱，这些在缺编现象严重的连片特困地区高中学校的中年骨干教师身上体现得尤为明显。由于难以时时如过去“豪情万丈”，做“拼命三郎”，中年教师不免自叹“好汉不提当年勇”，于是自我怀疑，甚至“矮化”自我价值，“自我实现的需要”难以满足，就产生惶惑感、不幸福感。

连片特困地区不少高中中年教师还面临着生活中的“角色压力”①。耶鲁大学教授丹尼尔·莱文森（Daniel J.Levinson）将置身于年轻人与老年人、家庭与事业之间的中年人称为“被约束的一代”，既要在工作上努力，还要在逐渐自主的孩子成长、就业上分心，更要赡养父母。“上有老，下有小，中有事业”的中年人承担着人生任何阶段都不可比拟的生活压力，日渐疏于夫妻交流，甚而出现家庭“冷战”，也因职业倦怠而疏于与同事交流，其生活幸福指数降低。

与此相反，作为早已进入“熟手”阶段的高中中年教师，经验相对丰富，是学校可以放心任用，甚而兼任重点班、实验班的教育教学工作的重要群体，因而担负着来自学校、家长、社会的压力。这更加剧了高中中年教师的紧张感、不幸福感，从而影响其专业发展。

从人道主义出发，我们理应对为连片特困地区教育做出贡献的高中中年教师这一群体予以关注；从再发展，以创造更多社会财富、培育更多人才的角度出发，我们有理由对连片特困地区高中中年教师予以积极关注。

（三）高中中年教师专业发展是连片特困地区教育发展的需求

我们身处前所未有的变革时代，生活节奏快，诱惑多。快节奏带来的是发达的网络、浮躁的心态，它令诸多教师亲近丰富的网络资讯却疏远了传统典籍和其他专业理论书籍。即便偶有涉猎，但因浮躁有余而沉潜不足，走马观花难窥其堂奥。诱惑甚多，令不少高中中年教师难以“道德自觉”“学习自觉”，更谈不上“科研自觉”“实践自觉”。这导致教师作为“经师”“人师”的知识结构不合理，素养不济。无论从时代需要、知识更新、教育教学对象变化的角度看，还是自身难以抗拒诱惑、产生职业倦怠的角度看，教师专业发展都具有必要性、永恒性。

1. 打造连片特困地区各县学校教育高地的需求

中年教师是连片特困地区各县教育教学的支撑，学科带头人、学科教研组长、备课组长，多是中年教师。从某种角度看，中年教师的专业高度，基本决定了教育教学的高度。因此，他们的专业成长攸关学校教育高地的打造。

德雷福斯（Dreyfus）兄弟20世纪70年代提出的专业发展五阶段理论中，专业成长的最高阶段是专家阶段。不排除青年教师中的凤麟成为专家型教师的可能，但专家型教师多出现在中年阶段。从某种角度来说，加强中年教师的专业化成长工作的目的，就是催生更多的专家型教师。然而，连片特困地区各县缺乏专家型教师，更没有教育

① 角色压力（role stress），指在组织或一特定的社会环境中，因有不利因素干扰角色任务的动作，致使个人陷入无所适从的困境而引发的心理压力。它是“角色冲突”“角色模糊”的前兆。

家，是普遍现象。

（1）中年教师的专家化成长，是学校教育教学理论高地的重要支撑。

英国著名物理学家、化学家和思想家迈克尔·波兰尼（MiChael Polanyi）曾经提出“缄默知识”这一概念。所谓缄默知识，指人类知识体系中不能系统表述的知识，也叫“意会知识”，如行为方面的知识、支撑“语感”这一认知能力的知识。它是语言认知和习得理论的“隐含知识”或“隐性知识”，“是获得明确知识的向导和基础，具有非逻辑性、非公共性、非批判性、情景性、文化性、层次性和优先性”（丁晓蔚）。中年教师教育教学经验中难以系统表达的部分也是缄默知识。教育作为引领的艺术，其中不少的教育实践知识都是缄默知识。这些缄默知识是学校的智力财富，是教学科研的重要基础，但因其具有个体性，一时还不能为所有教师共享，需要对其深入研究并予以梳理，转化为显性知识。这一转化过程就是教师专业化成长的过程，也是知识创造的过程。

按照科若赫（Von Krogh）的知识转化创造理论，中年教师成长为专家的过程，在很大程度上就是缄默知识显性化的过程，即经历分享隐性知识、创造新的概念、验证提出的概念、建立基本模型、显现与传播知识的过程。任何时代，公共理论都滞后于先进理论。谁是知识的创造者，谁就是先进者。专家的个人教育理论必然因弥补公共教育理论滞后的缺陷，而使学校教育教学臻于理论上的制高点。相反，一所学校若没有本校成长起来的教育专家的日常性引领，常会导致专业发展思路不清，出现的问题自然得不到及时解决，那么常规经验会占上风，在教育教学理论上鲜有建树。

（2）中年教师的专家化成长，是学校教育教学实践高地的重要支撑。

重庆市连片特殊困难地区高中学校为响应“打造西部教育高地和长江上游地区教育中心”的号召，纷纷邀请全国各地的专家、学者前来开办讲座，各县教科所出面开办的相关学术讲座也不在少数。然而，不少理论因远离实践的土壤而缺乏操作性，即便有方案，也因“水土不服”而成过眼云烟。重庆市连片特殊困难地区教育的发展固然离不开外来理论的引领，固然应借鉴外部的经验，但立足重庆市连片特殊困难地区教育教学实际的理论和操作模型更重要。

身处教育教学一线的中年教师通过论文写作、专题研究、课题研究等专业化成长方式，将缄默知识显性化，上升为教育教学理论，同时建立基本模型，通过教研组、备课组组织的相关活动，既能给一线广大教师以理论引领，又能提供实际操作模式，从而减少和避免教育教学中的偏差，那么，连片特困地区教育自能因新的教育教学业绩而达到新的高度。否则，必然平庸。

2. 重庆库区实施“卓越教师计划”的需求

要打造教育高地，自然就要锻造一批卓越教师。为了适应重庆成为直辖市以来经济快速发展的需要，2010年12月25日，重庆市召开教育工作会议，发布实施《重庆市中长期城乡教育改革和发展规划纲要（2010—2020年）》（以下简称《重庆教育规划纲要》），要在全国率先建成学习型社会。2012年7月16日，重庆市教育委员会印发了《重庆市义务教育“卓越课堂”五年行动计划》。这些举措，契合2014年9月9日习近平总书记同北京师范大学师生代表座谈时“一个学校拥有好老师是学校的光荣，一个民族源源不断涌现出一批又一批好老师则是民族的希望”的精神，也契合教育部2014年9月18日发布的《关于实施卓越教师培养计划的意见》的精神。

什么是卓越教师？我们以为，在正直仁爱、爱岗敬业的前提下，在学科知识、教学法知识、文化背景知识及相应的能力（如教育、智力开发、发现问题、知识建构）方面出类拔萃的教师，就是卓越教师。卓越教师既有实践经验，又有很高的理论修养水平，在教育教学方面也有很强的知识创造能力。这样的教师自然也是专家型教师。卓越教师在哪里诞生？主要在已经或早已进入成熟阶段的中年教师群体中诞生。因此，连片特困地区高中学校应加大对中年教师关注、培训、培养的力度，使他们在专业化发展道路上取得长足的进步，成为专家型教师，甚而成为教育家。

3. 连片特困地区教师群体专业化成长的需求

要锻造一批卓越教师，促进教师群体成长，就要强化教师群体的专业化发展。

联合国教科文组织和国际劳工组织早在1966年于《关于教师地位的建议》中提出：“应把教育工作视为专门的职业，这种职业要求教师经过严格的、持续的学习，获得并保持专门的知识和特别的技术。”连片特困地区教师群体的专业化成长，必然经历“严格的、持续的学习”过程。

连片特困地区各高中学校教师水平参差不齐，各县经济文化基础不同。无论青年教师还是中年教师，在教育教学观念、新课程理念的彰显，课堂结构的建构，现代教育技术的运用等诸多方面，与中心城市、沿海发达地区相比，还有不小的差距，尤以高中中年教师为最。若中年教师专业得不到应有的发展，那么教师群体成长就会出现缺陷，缺乏专家型教师，难以产生“雁阵效应”，从而影响青年教师的成长。如此，连片特困地区高中教师群体，尤其是中年教师群体的整体水平难以得到较快的提高。

当然，重视中年教师的专业化发展并不意味着中年教师人人就一定会成长为专家型教师，但是，它对于广大中年教师拓宽教育教学视野、更新教育教学观念、优化知识结构、改进教育教学方法，无疑具有重要作用。同时，其专业化发展行为、专业化生成必然对青年教师具有示范、推动作用。只有中年、青年教师专业化共同发展，连片特困地区教师群体性进步乃至崛起才会成为现实。

4. 连片特困地区高中教师专业发展从属于教育兴国的国家战略

“文章”被曹丕看作“经国之大业，不朽之盛事”（《典论·论文》），而文章作者的出现，自然离不开教育。国人素有盛唐情结，而唐代盛极一时，与对教育的重视及教育的发展密切相关。自西周以来，学校就有“国学”“乡学”两大系统，[①]孔子以后，“私学”成为重要补充。试以唐代为例。唐玄宗时，书院大兴，遍及全国，有记载的就达57所。朝廷确定思想政治内容，教材选择具有整体性，要求《孝经》《论语》为必修教材，《五经正义》为习儒的标准教材，武则天时还建议选修《老子》；教育体制完备，除必修教材外，算学、律学、书学、医学、天文、历书、兽医等均成为传授内容。无论“官学”还是“私学”，对培育“祖述尧舜，宪章文武”的人才和王朝的兴盛都功不可没。

在实现中华民族伟大复兴的今天，要高度重视教育和教师发展。一个缺乏道德自觉的教师，如何拥有教育情怀？如何引领学生？一个专业发展不自信的教师，如何在课堂内外培育学生文化自信的情怀？一个在专业上自大的教师，如何通过谦虚的学习发展自我，以更好地肩负起教育的重任？教育乃立国、兴国之基，而教师专业发展便是教育发展的关键。

我们不难通过近年来国家领导人的重要指示、国家相关政策，深入理解教育的重要性。

（1）教育关系到国家乃至人类的未来。

> 教育强则国家强。高等教育发展水平是一个国家发展水平和发展潜力的重要标志。实现中华民族伟大复兴，教育的地位和作用不可忽视。我们对高等教育的需要比以往任何时候都更加迫切，对科学知识和卓越人才的渴求比以往任何时候都更加强烈。党中央作出加快建设世界一流大学和一流学科的战略决策，就是要提高我国高等教育发展水平，增强国家核心竞争力。
>
> ——习近平在全国高校思想政治工作会议上发表重要讲话（2016年12月7日至8日）

> 教育决定着人类的今天，也决定着人类的未来。基础教育在国民教育体系中处于基础性、先导性地位，必须把握好定位，全面贯彻落实党的教育方针，从多方面采取措施，努力使我国基础教育越办越好。广大教师要做学生锤炼品格的引路人，做学生学习知识的引路人，做学生创新思维的引路人，做学生奉献祖国的引路人。
>
> ——习近平在第三十二个教师节来临之际，到北京市八一学校看望慰问师生（2016年9月9日）

① 毛礼锐.中国教育史简编［M］. 北京：教育科学出版社，1984：23.

（2）教师是立教之本、兴教之源。

百年大计，教育为本。教师是立教之本、兴教之源，承担着让每个孩子健康成长、办好人民满意教育的重任。希望全国广大教师牢固树立中国特色社会主义理想信念，带头践行社会主义核心价值观，自觉增强立德树人、教书育人的荣誉感和责任感，学为人师，行为世范，做学生健康成长的指导者和引路人；牢固树立终身学习理念，加强学习，拓宽视野，更新知识，不断提高业务能力和教育教学质量，努力成为业务精湛、学生喜爱的高素质教师；牢固树立改革创新意识，踊跃投身教育创新实践，为发展具有中国特色、世界水平的现代教育作出贡献。

——习近平向全国广大教师致慰问信（2013年9月9日）

百年大计，教育为本。教育大计，教师为本。国家繁荣、民族振兴、教育发展，需要我们大力培养造就一支师德高尚、业务精湛、结构合理、充满活力的高素质专业化教师队伍，需要涌现一大批好老师。全国广大教师要做有理想信念、有道德情操、有扎实知识、有仁爱之心的好老师，为发展具有中国特色、世界水平的现代教育，培养社会主义事业建设者和接班人作出更大贡献。各级党委和政府要坚持把教育放在优先发展的战略位置，继续大力推动教育改革发展，使我国教育越办越好，越办越强。

——习近平到北京师范大学看望教师学生（2014年9月9日）

（3）教育是消除贫困的重要手段。

到2020年，基本普及学前教育，义务教育水平进一步提高，普及高中阶段教育，加快发展远程继续教育和社区教育。

——《中国农村扶贫开发纲要（2011—2020年）》（2011年12月1日）

要加大对农村地区、民族地区、贫困地区职业教育支持力度，努力让每个人都有人生出彩的机会。

——习近平在全国职业教育工作会议上的讲话（2014年6月23日至24日）

（4）教师责任重大，要立足教育教学质量。

发展教育事业，广大教师责任重大、使命光荣。希望你们牢记使命、不忘初衷，扎根西部、服务学生，努力做教育改革的奋进者、教育扶贫的先行者、学生成长的引导者，为贫困地区教育事业发展、为祖国下一代健康成长继续作出自己的贡献。

——习近平给“国培计划（2014）”北京师范大学贵州研修班全体参训教师的回信（2015年9月9日）

坚持内涵发展，加快教育由量的增长向质的提升转变。把质量作为教育的生命线，坚持回归常识、回归本分、回归初心、回归梦想。深化基础教育人才培养模式改革，掀起“课堂革命”，努力培养学生的创新精神和实践能力。大力发展现代职业教育，推进具备条件的普通本科高校向应用型转变，统筹推进世界一流大学和一流学科建设。高校在实施创新驱动发展战略中发挥着越来越重要的作用，在载人航天、量子通信、超级计算机等领域涌现了一批具有国际影响的标志性成果。积极推进教育对外开放，中国教育国际竞争力日益增强。

——陈宝生《努力办好人民满意的教育》（2017年9月8日）

教育的地位如此之高，教师的重要性不言而喻。连片特困地区高中中年教师的专业成长，直接关系到连片特困地区年轻教师、地区整体教育的发展，关系到西部整体脱贫、民族腾飞任务的真正实现。

二、高中中年教师专业发展的内涵

基于以上背景，课题组深感“重庆市连片特殊困难地区高中中年教师队伍建设策略研究”的必要性，但行为的前提是理解。对高中中年教师专业发展的价值、内涵的准确理解，直接裨益于课题的行动研究，裨益于学校对教师专业发展工作的推进，直接裨益于教师的专业发展。

（一）教师是职业

教师，人类古老职业之一。尧、舜、禹时大学为“成均”，其执教者为“国老”“庶老”。师，本指古代军队的编制单位，2500人为一师。西周“学在官府”，为培育贵族子弟而始办学校，初由军官担任教师，被称为“师”“师氏”。与此同时，由官府主导的乡学也纷纷建立。《尚书》云：“天降下民，作之君，作之师。”

春秋时期社会动荡，王权日渐旁落，加之意识形态上礼崩乐坏，诸侯无暇顾及教育。因此，以孔子讲学的洙泗学院为代表的私人讲学之风兴起，“成一家之言”。如同苏格拉底播撒文明的火种于雅典的土台，谋圣王诩授徒于鬼谷岭，马融设绛帐于高堂，程颐讲学于伊川……于是，“学在民间”的局面日渐形成。“教师”一词最早出现在《学记》中：“教师者，所以学为君也。”教师虽尊，但首先是职业。

古之“国老”“师”“祭酒”，都有王朝给予的俸禄，塾师则有“束脩之礼”，今日教师则有工资、津贴，这是古今教师赖以生存的物质基础。从这一意义上，教师以教育教学为职并以此立业。也就是说，教师的本质首先是职业。正因这一职业的存在，人类文明才得以薪火相传。因此，教师是一种古老而伟大的职业，包含连片特困地区高中中年教师在内的所有教师，理应怀有职业敬畏，不可因懈怠而亵渎之。

（二）教师是专业人员

教师是教育行业中通过“传道受业解惑”培育人才的人，所从事的是教育专业工作。何谓专业？指专门从事的某种学业或职业，教师的专业就是教育，教师自然就是从事教育工作的专业人员（professionals）。

何谓专业人员？专业人员也叫专业技术人员，是从事专业技术工作的人。专业人员的职业具有共性：①客观性，即职业作为客观存在，是社会的客观需要，不以人的意志为转移；②发展性，即职业及职业个体在工作中需要发展，在时代变迁中需要与时俱进；③专业性，即此专业的知识、能力不能由其他专业所取代，具有独有的价值；④创造性，即专业的智慧体现在创造上，唯有创造，专业才能持续发展。

教师作为教育专业人员，自然有以上职业专业人员的共同特征，但作为教师，还有自身的特点：①专业立身，即教师以专业素养（专业知识、专业能力）为立身的根本、人生的根基；②自主性，即教师的专业工作尽管有可能存在他人督导的情况，但专业工作和专业素养的提升均由自己自主完成，教师应有专业自觉的意识和行为；③独立性，即教师的专业工作和专业素养的提升尽管需要一定的辅助，但需要教师自身独立进行；④社会性，即教师的专业工作具有社会功能，教师应具有使命感、责任担当；⑤自我价值与成就感，即教师在专业工作和专业发展中实现自我，获得专业、人生的成就感。

教师职业的以上特征，客观上决定了教师是学习的组织者、学习的引导者、反思性实践者、课程开发者、研究者，[①]这为教师在职业上的发展提出了一定的要求。因此，教师切不可懈怠于专业发展。

（三）连片特困地区高中中年教师能够实现专业发展

高中中年教师的专业发展指高中中年教师在专业所涉及的道德、知识、能力等诸多方面由不成熟到成熟的发展过程，即由合格或不太合格的高中中年教师发展成为专家型教师或教育家型教师的过程。

在教师专业发展中，我们特别强调专业品质。所谓专业品质指教师对教育职业、学生、自身专业发展的基本态度。它直接关系到师德，但师德是内在的，品质是外在的；没有高尚的师德，自然也没有良好的专业品质。不过，专业品质好的教师，在注重自身道德建设、道德外化的同时，还会拥有开放的心态和创新的意识，因为专业品

---

① 教育部基础教育司，师范教育司．校本教研与教师专业发展［Z］．北京：高等教育出版社，2004：11-12.

质是专业发展的原动力。

高中中年教师是连片特困地区学校发展的财富和阻碍。说是财富，因为高中中年教师站在基础教育的高端，教育教学上曾经辉煌或正在辉煌，也累积了不少教育教学经验，普遍比年轻教师熟练，对年轻教师站稳讲台、继续发展具有不可忽视的作用，他们是学校发展、连片特困地区建设教育高地不可忽视的依托。说是阻碍，因为连片特困地区高中中年教师由于种种原因，导致知识结构不尽合理，教育观念普遍落伍，这必然削弱中年教师对年轻教师的助推力量，甚至因经验陷阱的存在而影响学校教育改革的推进。从这一意义上看，连片特困地区高中中年教师没有理由不增强自身专业发展的意识，没有理由不实现自身的专业发展。事实上，教师的专业发展具有普遍性功能：①直接助推教学质量的提高；②推动学校教育改革；③专注于专业发展，有利于提高学校凝聚力；④专业发展成果有利于学生全面发展。

当然，中年教师的思维惯性、行为惯性是专业发展的掣肘力量，但身体尚未衰老，日常教学之外尚有学习、研究的精力，只要摒除干扰，是一定会有专业发展空间的。此外，教师所从事的专业具有发展性，只要有主观上的努力，中年教师也能大器晚成。吴昌硕40岁才专意于绘画，却能成为一代宗师；吴承恩50岁才动笔，70岁仍笔耕不辍，著成名著《西游记》。连片特困地区高中中年教师充满智慧的不在少数，完全有希望求得专业发展，甚而成为一代教育大家。

（四）连片特困地区高中中年教师专业发展的方向

连片特困地区高中中年教师在专业发展上存在多方面问题，主要体现在心理倦怠和专业能力不足上。作为教师，需要自我干预，即通过自我调适实现专业生成；作为学校和相关管理部门，则应科学干预，即通过针对性的政策、举措，促成教师自我调适和专业生成。这两个方面的努力不可或缺。

具体而言，应朝哪些方向努力呢?

1. 专业思想

专业思想指教师对教师这一专有职业的意义、目标、规范、素养要求的理解认识所形成的看法、观念。连片特困地区相当一部分高中中年教师在长期的繁重工作中，由于中度职业倦怠而出现职业认知模糊的现象，因而专业发展缺乏动力。而良好的专业思想可促进教师道德的自觉、专业理想的建立。

在专业思想的引领下，专业理想一旦获得建立，教师就会自觉地对职业生涯做出规划，并外化为勤勉认真的工作态度，从而形成专业自觉。

2. 专业知识

专业知识指教师职业所需要的育人知识、教学知识，包含学科外的科学文化知识、育人有效的教育专业知识、体系完备的狭义的学科知识、教育教学行为性知识。

学科外的科学文化知识指教师所教学科以外的知识，自然包含边缘学科、新兴学科、社会学科和当下科学技术等方面的知识。教育专业知识包含教育学、心理学知识，是学科知识传授的重要保障，属于条件性知识。狭义的学科知识是教师从事所教学科的根本性知识，属于本体性知识。二者属于教师所需的广义的学科知识。教育教学行为性知识指教育教学实践中的经验，即实践知识，它处于缄默状态，有待教师提炼，所以又叫缄默知识，自然其他知识就属于显性知识。

连片特困地区高中中年教师大多在学科知识上着力，因而知识体系单一。只有在学科知识、能力过硬的前提下，知识不断得到拓展、深化、重组而呈多元结构的教师，才更有可能适应知识的不断增长，呈现方式多样的时代教育的需要。

3. 专业能力

专业能力指教师从事教育教学所必备的能力，是教师综合素养最突出的体现，它包含育人能力、教学能力、管理能力、组织活动的能力、创新能力等。它是由知识内化后教师在实践中形成、提高而获得的。需要指出的是，教学技巧，如引入的技巧、提问的技巧、沟通的技巧、应急的技巧（思维急智）、课堂组织的技巧，都属于教学能力。

连片特困地区高中中年教师大多在组织活动、运用现代教育技术等方面的能力不强。

4. 专业自我

专业自我（professional self）指教师对自身教育教学工作理解、接纳、认可的心理倾向，包含自我意象（self-image）、自我尊重、工作动机、工作满意度、任务知觉（task perception）、未来前景。专业自我的形成有利于教师产生专业发展动机，进而形成专业自觉，外化为良好的专业态度，朝专业理想奋进。

要实现专业自觉，非常重要的就是形成良好且持久的自我意象。教师通过专业思想的形成、专业知识的丰富、专业能力的提高，对自我有稳定、良好的评价。稳定而良好的自我意象，会带给教师喜悦、自尊、快乐，甚而有卓越的认可或期待。这是一种积极的心态，是连片特困地区高中中年教师应有的阳光心态。

任务知觉，指直接作用于感觉器官的任务在脑中的反映，是对自我角色所承担的眼前和未来的任务的感性认知。教师产生任务知觉，就会下意识地产生行动心理，从而消除了等待、懈怠等消极心理。这有利于提高教师的工作效率，教学因此缩短信息反馈的时间而更有效，学习因此及时行动而学习量增大，知识面更广。这也是连片特困地区高中中年教师应有的心理。

5. 专业人格

专业人格（professional personality）指教师在教育教学实践中必需的道德品质修

养。它体现为诚信守正、仁慈宽容、公正严格等，是影响学生、赢得学生敬重的最核心的力量，也是连片特困地区高中中年教师专业发展的核心构成部分。

教师有了专业思想、专业理想，有了专业自觉，就有了专业发展诉求和目标，有利于教师时时自律，形成良好的专业人格。

以上五点是连片特困地区高中中年教师专业发展时要着力的对象和方向。对于教师而言，它们的形成、完善就构成了优秀的教师个体。当然，这不可能一蹴而就，需要教师不懈坚持。为了保证自我发展的连贯性，教师、学校不妨制定《教师专业发展定向定位表》或《中期生涯发展规划》，每年选一至两个专业发展方向、发展目标，逐年小成，教师就会迈过专业退守期、停滞期；不断补给更新知识，积小成为大成，教师就会迎来专业突破期、自我超越期，形成自己的教育教学风格，成为某一学科的领军人物，直至教育大家。

附：

苦寻万千路，不如心浇灌

——重庆市云阳高级中学校“名师讲坛”班主任工作汇报

万大海

尊敬的各位领导、各位老师：

大家下午好！

感谢学校领导的信任，让我登上这个大舞台。在此，请允许我代表全体班主任，衷心感谢余校长和德育处开发系列主题班会时为我们所做的一切。

与众多班主任相比，我谈不上成功，也谈不上有经验。今天，很荣幸能有机会将我做班主任的一些心得体会，向各位领导和老师汇报。由于才疏学浅，不当之处，敬请大家批评指正。下面谈谈我对班主任工作的一些理解。

一个班级的成功，取决于班主任、科任教师、学生的共同努力。高中学生的成长周期为三年，三年之后能否向学校和社会交出满意的答卷，与教师团队有密切关系。所以我认为，班主任的首要任务是营造和谐的班级氛围。

一、建立和谐的班级氛围

（一）师师关系：三年合作，一辈子的友谊

一个班级，由任课教师形成荣誉共同体。班主任要从内心深处认可合作伙伴。我校采用“双向选择+统筹安排”的方式组建教师团队，班主任难免有不满意处，但科任教师都有自身特点。老年教师体弱多病，但经验丰富；中年教师上有老，下有小，家事繁多，但精力充沛；年轻教师缺乏经验，但最具活力。班主任一定要理解他们的难处，必要时提供帮助，充分调动他们的积极性。我们云中人没有哪位自甘落后。

（二）师生关系：三年师生，一辈子的感情

班主任一定要向学生介绍你的团队，而介绍科任教师是一门艺术。科任教师在学生心中的第一印象非常重要，接到新班时，尽可能扬长避短，让学生认可教师，让学生佩服教师，让学生爱上教师。如果做不到，至少让学生不讨厌教师。怎么介绍？对研究生，侧重其学历；名牌大学毕业的，侧重其高考成绩；普通大学的，介绍其学生干部经历，或能歌善舞，多才多艺；中师生都是当时最优秀的学生。如果这些都不是，还可以从其他方面去找亮点：

教师可能教学水平不高，但很有敬业精神；教师敬业精神不够，但很有个人魅力；教师个人魅力不够，但很有爱心；教师业绩不怎么样，但教育孩子很成功；教师表达能力不强，但字写得漂亮，球打得好，得过象棋比赛冠军……

【案例】我介绍贾少军老师是玩魔方大师，学生发自内心地佩服。

每位教师都有他的优点，学生看到的都是老师的优点，那他就一定会喜欢上这位老师。如果真的做到，你离成功就不远了。当然，这不能完全由班主任来“推销”，科任教师也要自我展示，尽可能去“圈粉”。

【案例】我喜欢打羽毛球，偶尔陪学生上体育课，切磋一下球技，这样与学生的距离突然就近了。2015级两个学生暑假天天下午和我打羽毛球，从此作业再不拖沓。

（三）家校关系：一次相遇，永远的朋友

家校联系主要是家长和班主任的联系。有些家长会有意无意地在孩子面前说某位老师教得不好之类的话语。班主任首先要将任课教师的优点介绍给家长，做好正面宣传，及时了解学生和家长的思想动态，关注师生关系是否融洽，有问题及时做好沟通工作，形成一个健康、良好的师生关系和班级氛围。

二、换位思考，真诚交流

（一）接受学生的不完美

学生有不少缺点，如沉迷游戏、爱玩手机、自控能力差、缺理想、性格孤僻、行为习惯差、早恋、惹是生非、存在心理问题等。其实学生大多也知道自己的缺点，老师能做的，就是在帮助其认识自我的前提下，分析利弊，建构梦想，慢慢引导，尽量去改变。哪怕你抱怨、讽刺，或挖苦一次，他一辈子都能记住。

【案例】一个朋友说他高中成绩一直很好，班主任也喜欢。有一次考差了，又感冒了，没按时去教室。班主任老师找到寝室来了，他说“我头痛”，班主任回应“我看到你才头痛”。就这么一句话，朋友一辈子不会忘。

如果一个孩子生活在接受之中，他就学会了爱；如果一个孩子生活在认可之中，他就学会了自爱。因此，要做好以下三点。

1. 对学生准确定位

每个班都有问题学生，关键是你怎么看待他。你只看到问题时，心态就会失衡；你看到的只是一种现象时，心情就会平静很多。如果是问题，就一定会想法去解决，要用自己的标准逐步约束他；如果是现象，就要慢慢去接受，尽力去引导。“存在即合理。”学生问题的背后都有解释，这些解释于他们而言，未必不合理，因此要以平常心冷静对待。对问题学生，偶尔叫他帮帮忙，如抱卷子、数卷子、跑跑腿去复印表册等，让他有存在感，他乐意去做。他会觉得你不反感他，这样与老师的距离也就近了，说不定还可能激发一点学习动力。现在我们培养的学生，毕业时最差也是大专生。专科怎么了？可以专升本哪，只要是本科就可以考研。作为班主任，只要拥有一颗宽容的心，你至少有一半工作是成功的。

因此，班主任的“教学目标”可以这样设立：让能上名校的孩子自豪地上名校，让能考一般本科的孩子高兴地考本科，让能读专科的孩子阳光地、有尊严地读专科。

2. 承认学生的智力差异

学生的智力水平差异其实是客观存在的，也绝不可能通过高中三年大幅提升，学生以后的事业成功与否，也绝对不完全由高考成绩来衡量。

【案例】学生李某当年三本都没考上，属于老师心中的笨学生，但补习一年考取本科，直至研究生毕业，毕业后谋得高级职位。高中同学刘某，当年专科也没考上，补习一年后考上西南农大专科且是边缘专业，后来专升本、留校，现已是西南大学校长秘书。

作为班主任，就是要教会学生认真做事。在我心中，认真做事，从做值日开始。余校长说过，当你走上讲台，讲桌上乱七八糟，你上课的心情一定不会好。如果一个学生连做值日都不认真，他能搞好学习吗？所以我经常激励那些做不好值日的同学。（主题班会《认真第一，努力第二》）

3. 平和心态看学生的个性特征

在追求个性化发展的今天，每个学生来自不同的家庭，受到了不同的家庭教育。有的学习成绩差，社会关系复杂，在学校似乎不是好学生，但进入社会后也许很成功；有的勤奋刻苦，成绩优异，但走向社会后不一定就会功成名就。每一种性格常常有与之相匹配的职业。现在的教育，功利化趋势严重，教师不能一厢情愿，要学会坚守、等待。况且，无论学生、家长，都有自己的小算盘，都有自己的生存之道。就算考不上大学，但只要你尽心尽力，他也不会怪你。

与其天天抱怨，不如坦然接受。

（二）为人父母，学会宽容

天下父母都望子成龙、望女成凤，但很多时候都事与愿违，心有余而力不足。家长管不了孩子的比比皆是，于是寄希望于老师。当然他们也深知原因在哪里——家长有一点个人爱好也情有可原——但教育也不能重来啊。

1. 接受家长的缺点

家长打打牌，喝点小酒，玩玩手机，其实不是孩子问题的根本原因。常年在外，对孩子关心少，是因为生活的无奈；家庭不和，婚姻不幸，有的选择孩子，有的选择自己，其实都不容易。经济基础、文化水平和教育手段的差异必然导致家长的差异。

2. 尊重家长的选择

很多家长为了孩子，倾其所有把孩子送到云中。其实他们都对自家孩子知根知底。有的坦然告知，有的则选择了隐瞒，甚至怕老师给他打电话。他们选择云中，是对我们的信任，也是我们的荣幸。作为教师一定要发现孩子的优点，并及时告知家长，遇到问题，先扬后抑。老师经常向家长抱怨孩子的问题，往往会引发家庭战争，到头来学生会更加难管。不知道大家有没有这样的经验，第一次请家长，学生有点儿怕，第二次请家长，学生说："你请吧！"

（三）真诚沟通，破解难题

当一个孩子犯错误时，千万不要让家长觉得你想把球踢给他了事，一定要向家长分析孩子出现问题的原因，想想下一步该怎么做，让家长觉得你在帮他出谋划策。这样，家长会对你感激万分。

【案例】刘某因课堂睡觉受到管教，心里不满，甚至恐吓老师，当时我也非常恼火，无奈之下只能告知家长。家长也很震惊，不断地赔礼道歉，让我也感受到了她的真诚，于是和孩子、家长进行了较长时间的沟通，让孩子意识到了自身的错误，最终顺利毕业。学生郑某父亲是某学校的领导，母亲是江津中学英语教师，因种种原因，高二来到我班。因身份特殊，备受老师关注，但他极其反感，言语伤人。经过与家长多次沟通，才知道他先前受到的关注太多。后来我顺其自然，偶尔叫他跑跑腿，他也乐在其中，逐渐变得阳光，最终考上了重点本科院校。

因人而异，真诚以待，才是根本。

三、大爱无疆、仁心为怀

在我的班级，我把学生分成了以下五种：优等生、贫困生、后进生、情困生、问题生。不同的对象侧重点不同：

优等生——考重点大学一般不是问题（以辅导为主）。

贫困生——思想起伏较大（以关爱为主）。以我为例，上高中时家庭贫困，担心学费，担心考学，班主任老师给我申请生活补贴，一件棉衣都会令我终生难忘。

后进生——不能持之以恒（以帮扶为主）。私下给他灌点鸡汤，鼓励鼓励，不求马上变好，但愿有点儿改变。

情困生——不懂感恩，情商不高（以引导为主）。教他为人，教他处事，也许他现在觉得你烦，当他碰壁之后，会明白你说的都是真理。

问题生——内向，自卑，抑郁，打架（以宽容为主）。这类学生，老师管理压力最大，最怕出安全事故，只能处处留心。

优秀的班主任，要体谅学生，要善待学生，要关爱学生，要发展学生。

四、站好你的岗，带好你的班

（一）学生干部队伍建设

实行竞选制（高一第一次月考后，高二上学期）

为什么竞选？

让学生走上讲台自愿为大家服务。

为什么选这个时间点？

①月考成绩做参考；②同学之间相互了解。

为什么改选？

①让更多人得到锻炼；②调整不作为的班干部；③增加新鲜感。

（二）班级管理重在高一

高一狠刹“三风”：班风（自习纪律差）、学风（抄作业）、考风（考试作弊）。每周为班级确定一项重点工作：自习纪律、迟到、卫生、抄作业。

（三）踩线生工作，游刃有余

踩线生一定要根据很多因素来确定，如学习习惯、智力因素、个人志向、思想动态、考试成绩。要用发展的眼光，才能看准你的潜力股。我的班级，每届都会有平时都上线，就是高考不上线的悲哀；但更有平时从来不上线，但高考上线的奇迹。

（四）班级活动丰富多彩

繁忙的学习生活需要有刺激的调剂，所以有时我会安排一些活动，调动一下情绪，增加一点新鲜感。

（1）月考奖励。有时发点现金，有时买点纪念品。

（2）月考总结。成绩下降的学生，要上台总结（①锻炼；②说真话；③谈话依据；④鞭策学生）。

（3）班级茶话会。如果考试考得好，会买点零食在班上发，学生可以一边开主题班会，一边享受零食。

（4）班内挑战赛。自己选择挑战目标和挑战对象，胜者可以享受失败者的一个小礼物（1~2次，多了就没新鲜感了）。

（5）班级座位。班级座位基本上一考一编，平时基本不变动。有时我出马，有时学生操作。操作的学生不一定是班长，有可能是成绩最差的，目的是培养他的责任感。因为要经过我审核，所以不用担心后遗症；万一不满意，可以一周后再调。

不懂宽容，再多的学生也不会将你记住；

不懂合作，再拼搏也难以大成；

不懂感恩，再优秀也难以成功；

不懂满足，再卓越也难以幸福。

给孩子一缕阳光，他会还你一个春天。

感谢大家聆听！

（2019年11月28日）

第二章
连片特困地区高中中年教师专业发展现状调查

常言道："有调查才有发言权。"要解决连片特困地区高中中年教师专业发展的问题，就必须先深入了解其困境。要获知其情况，就离不开调查。

一、调查方案

连片特困地区范围广，区域内部的高中学校不少，涉及市首批、二批、三批、四批、五批重点学校，非重点学校，其中还有民办学校；城乡经济、教育发展极不均衡。这给调查带来了难度。

（一）确定调查范围、对象

1. 剔除民办高中学校

民办高中学校是教育的有益补充，但在连片特困地区量少，规模小。有的由市外全国著名教育集团主办，如重庆市中山外国语学校（市二批重点），由上海新纪元教育集团主办，但为了办学收益，小学、初中规模大，高中规模小，不过发展起点较高；有的由地方民营资本支撑，如云阳县平湖中学、顺桥中学，彼此差异太大。民办高中学校多建校于城区，教师构成复杂，与连片特困地区高中学校整体的差异明显，其高中中年教师数量极少。也就是说，区内民办高中学校的中年教师现状不具有普遍性。

2. 以云阳县公办高中学校为调查主体

云阳县经济、教育发展情况与城口、奉节、巫山、巫溪四县接近，其高中中年教师现状在连片特困地区内具有代表性。所调查学校中，市首批重点中学（云阳中学）1所，为高级中学校（无初中）；三批重点中学（双江中学）、四批重点中学（凤鸣中学）、五批重点中学（江口中学）各1所，前两所初中规模偏小，后一所初中规模较大。非重点学校中，县重点学校（云阳实验中学、南溪中学、高阳中学、养鹿中学、磐石中学）5所，非县重点中学（红狮中学）1所，除云阳实验中学高中规模较大外，其余都偏小。这10所学校中，有3所城区（县城）学校，7所农村学校。

3. 分层抽样调查县外学校

以抽取县外学校的调查情况为参考。若发现差异，就分析共性与个性；若差异小，客观上检验以县内学校为主体调查的准确性。将连片特困地区内县外28所学校分成市重点、非市重点两个层次（前者规模较大，但数量小；后者单个规模大多偏小，但数量远大于前者，故选规模偏大的），然后随机抽样，所抽样本有二：其一，巫溪中学，市重点高中学校，在县城；其二，奉节县吐祥中学，农村完全中学，规模一般。对这2所学校的综合调查材料能大体上反映连片特困地区高中中年教师的概况，自然能作调研的参照系。

（二）确定调查项目

1. 学校教师结构、高中中年教师基本情况（见表2-1）

表2-1　高中中年教师基本情况调查

__________学校　　　　　　　　　　　　　　　　　　　总人数______人

<table>
<tr><td colspan="2">高中教师缺编</td><td colspan="2">高中中年教师</td><td colspan="2">男教师</td><td colspan="2">女教师</td><td colspan="3" rowspan="3">语文____人，数学____人，外语____人，政治____人，历史____人，地理____人，物理____人，化学____人，生物____人，信息等科学课____人，体育____人，音乐____人，艺术课____人。</td></tr>
<tr><td>人数</td><td>占全校教师比</td><td>人数</td><td>占高中教师比</td><td>人数</td><td>比例</td><td>人数</td><td>比例</td></tr>
<tr><td></td><td></td><td></td><td></td><td></td><td></td><td></td><td></td></tr>
<tr><td rowspan="3">学历</td><td colspan="2">研究生</td><td colspan="2">本科</td><td colspan="2">专科</td><td colspan="2">专科以下</td><td></td><td></td></tr>
<tr><td>人数</td><td>比例</td><td>人数</td><td>比例</td><td>人数</td><td>比例</td><td>人数</td><td>比例</td><td></td><td></td></tr>
<tr><td></td><td></td><td></td><td></td><td></td><td></td><td></td><td></td><td></td><td></td></tr>
<tr><td rowspan="3">进修</td><td rowspan="2">总人数</td><td rowspan="2">比例</td><td colspan="2">自考</td><td colspan="2">电大</td><td colspan="2">离职进修</td><td colspan="2">函授</td></tr>
<tr><td>人数</td><td>比例</td><td>人数</td><td>比例</td><td>人数</td><td>比例</td><td>人数</td><td>比例</td></tr>
<tr><td></td><td></td><td></td><td></td><td></td><td></td><td></td><td></td><td></td><td></td></tr>
<tr><td rowspan="3">职称</td><td colspan="2">正高级</td><td colspan="2">副高级</td><td colspan="2">一级</td><td colspan="2">二级</td><td colspan="2">三级</td></tr>
<tr><td>人数</td><td>比例</td><td>人数</td><td>比例</td><td>人数</td><td>比例</td><td>人数</td><td>比例</td><td>人数</td><td>比例</td></tr>
<tr><td></td><td></td><td></td><td></td><td></td><td></td><td></td><td></td><td></td><td></td></tr>
<tr><td rowspan="3">初级信息技术</td><td colspan="2">过关</td><td colspan="2">没过关</td><td colspan="3">能链接、处理音频视频且制作精美课件</td><td></td><td></td><td></td></tr>
<tr><td>人数</td><td>比例</td><td>人数</td><td>比例</td><td>人数</td><td colspan="2">比例</td><td></td><td></td><td></td></tr>
<tr><td></td><td></td><td></td><td></td><td></td><td colspan="2"></td><td></td><td></td><td></td></tr>
</table>

注：“占全校教师比”指小项人数与全校高中教师的比例，其余“比例”，均指该小项人数与高中中年教师总人数的比例，如男教师比例，指高中中年男教师人数与高中中年教师总人数的比例。

“缺编”人数与比例，可以侧面反映出高中中年教师的工作量，从而可以部分推知其自我学习、自我发展情况的外在条件（如时间）。“能链接、处理音频视频且制作精美课件”的人数、比例可以推知高中中年教师在现代教育技术运用方面的素质。“职称”在一定程度上反映出高中中年教师现有专业状况。学历、进修情况则部分反映出教师培训、学习氛围的现状。

2.阅读状况（见表2-2）

表2-2　高中中年教师阅读情况调查（总分100分）

细目 类别	A	B	C	D	E	F	G	H	得分	总分
主要阅读方式（选二）13分	书籍	杂志	网络	教材						
	8	5	4	2						
阅读动因（选三）13分	提高素养	为备课	为完成任务	爱好消遣						
	7	4	1	2						
每天自主阅读时间（小时）13分	1以上	0.5～1	极少							
	11～13	7	1							
每年购书支出（元）13分	300以上	100～300	不足100	几乎不买						
	11～13	8～10	4～8	0						
个人藏书（册）13分	800以上	400～800	200～400	100～200	不足100					
	11～13	8～10	6～7	4～5	0～3					
主要阅读内容（多选）35分	教学参考	小说、散文	教育心理理论	学科专业	学科试题	文、史、哲	时政、经济、金融	网络碎片		
	5	4	7	5	4	7	2	1		

注：①凡是没注明“多选”或数量规定性选择的类别所属细目，一律为单选；②细目内调查选项后为得分。

阅读情况是了解高中中年教师自我发展需求、专业素养、知识结构等诸多方面的重要窗口。

阅读方式、阅读动因、每日自主阅读时间、每年购书支出、个人藏书数量、阅读内容六个类别，通过数目、方式或状态、广度三个维度，力求反映高中中年教师阅读状况，并赋分予以量化。

需要指出的是，专业发展是教师发展的重要构成部分，但尚不能反映教师素养的全部。因此，表2-2在阅读自查时特别注重对高中中年教师个人的整体素养，尤其是跨界阅读或思想文化类阅读方面的自查。如“主要阅读内容”中，“教学参考”“学科专业”“学科试题”的权重不及“文、史、哲”；“教育心理理论”不限于专业学科，其权重与“文、史、哲”相同。

3. 课改情况（见表2-3）

表2-3　高中中年教师新课改情况调查（总分100分）

细目 类别	A	B	C	D	E	F	G	得分	总分
参加过新高考培训（多选） 17分	省市级培训	县级培训	校级培训	没参加但自学	没参加没自学				
	7	5	3	3	2				
优选新高考培训主讲 10分	参与新高考政策制定的专家	实行新高考地区的高中学校校长	研究高考政策的教研人员	新高考一线教师					
	10	9	10	9					
自己面临新高考改革三个主要困难（三选） 18分	对高考政策、学业质量标准的理解和把握	学科核心素养的理解与培养	推行高中生综合素质评价	指导学生生涯规划与选科	适应分层教学模式	走班制教学与学生管理	其他		
	6	6	6	5	5	4	2		
学校是否就新高考有应对措施 10分	是	否	不清楚						
	10	4	2						
学校目前采用分层走班模式情况 20分	全科全员选课走班	选修课程走班，必修课程行政班教学	语、数、英及部分选考科行政班，其他走班	语、数、英行政班教学，选考科走班	其他分层走班模式	目前尚未实施分层走班			
	19	15	16	17	16	11			
生涯规划课开设 10分	开设	没开设	不了解						
	10	5	2						

续 表

类别 \ 细目	A	B	C	D	E	F	G	得分	总分
理解生涯规划测评的意义（多选）15分	可帮助学生更好地了解自己	可帮助学生确定未来发展的职业方向	可辅助生涯规划课程教学	其他					
	5	5	4	1					

注：①凡是没注明“多选”或数量规定性选择的类别所属细目，一律为单选；②细目内调查选项后为得分。

新课改情况可以部分反映出教师及其所在学校的教育、教学观念，从一个侧面反映出高中中年教师专业素质状况和教育教学观念是否僵化。

“参加过新高考培训”一栏赋分高，是因为连片特困地区可利用的资源偏少，能被选送参加外地培训的教师往往都是学校骨干。至于子项“校级培训”，层级偏低，但能反映出学校是否有强烈的校本培训意识和行为；能自主开展校本培训，教师的专业素质多会得到提升，因此仅赋分3分。

“学校目前采用分层走班模式情况”赋分20分，其子项最高分才19分，以契合连片特困地区高中中年教师专业素质普遍偏低的现实；子项“全科全员选课走班”所赋分为最高分，是因为能够开展“全科全员选课走班”，教师储备充足，内部竞争较为激烈，教师内生动力强，且能储备充足师资，其教育教学质量、经济条件往往优于难以开展“全科全员选课走班”的学校，所遴选、储备的教师的起点、素质普遍高于其他学校。正因为如此，“学校目前采用分层走班模式情况”为从外部环境考察高中中年教师在教育教学观念等方面的极为重要的指标，其所赋分为全表类别中最高分。

关于“学校是否就新高考有应对措施”中的“不清楚”，“生涯规划课开设”中的“不了解”，并不代表此类教师在此方面没有素质，只是素质低，故各赋2分。

“优选新高考培训主讲”一项中，“实行新高考地区的高中学校校长”和“新高考一线教师”各赋分为9分，较之于其他两个子项低1分，是因为实行新高考地区的高中学校校长、一线高中教师虽有一定理论水平，但更多处于经验层面，而经验的价值因域情、校情不同而有限，不及真正理解新高考精神的专家、教研人员，通过研究、借鉴所寻求的适合域情、校情的因应之策的价值。

4. 教学、教研状况（见表2-4）

表2-4　高中中年教师教常规教研与科研情况调查（总分100分）

细目 类别	A	B	C	D	E	F	得分	总分
参与公开（研究、示范）课 10分	5次以上	4次	3次	2次	1次	无		
	10	9	8	7	6	5		
独立评课 10分	5次以上	4次	3次	2次	1次	无		
	10	9	8	7	6	5		
备课方式用得最多的 10分	集体备课	广泛参考，结合自己设计	独立设计并广泛参考	根据学生实际，独立备课并广泛参考	基本按教材组织教学			
	6	7	9	10	5			
教学实绩 30分	所教学生考入前十高校	县同年级前三	县同年级中上	县同年级中游	县同年级下游	县同年级末		
	29	28	25	23	21	18		
反思 13分	总是	经常	有时	很少	从不			
	13	12	7	6	0			
论文发表 5分	10篇以上	6～10篇	1～5篇	无				
	5	4	3	1				
论文发表刊物 5分	国家级刊物	省市级刊物	县刊物	无				
	5	4	3	1				
获奖论文最高等级 5分	国家级	省市级	县级	无				
	5	4	3	0				
负责或参与课题 5分	国家级	省市级	县级	校级	不参加			
	5	4	3	2	1			
认为胜任教师工作的必要条件 7分	参加专家讲座	自己开展科研、不断吸纳、提高	强化自学意识，利用机会自我提高	与同事搞好关系，主动向同事学习				
	5	7	7	6				

注：①凡是没注明“多选”或数量规定性选择的类别所属细目，一律为单选；②细目内调查选项后为得分。

常规教研与科研状况是考察教师专业素质的极为重要的指标，可反映高中中年教师的教学能力和科研意识。

表2-4中，教学和与教学直接关联的前五类赋分73分；“论文发表”等四类属于教学科研，赋分20分；“认为胜任教师工作的必要条件”属于自我发展观念，赋分7分。因为教学和与教学直接关联的板块是反映教师专业素质的重要指标，且其中“反思”小项也是教师教学科研的出发点，故赋分最高。

“论文发表”“论文发表刊物”所属“无”，“负责或参与课题”所属“不参加”并不反映教师无专业素质，故各赋分1分。

5. 教学资源利用状况（见表2-5）

表2-5　高中中年教师利用教学资源情况调查（总分100分）

细目	A	B	C	D	E	F	G	H	I	得分	总分
择用教学资源（选二）20分	常取于记忆库	常择用于网络书刊	一般	偶尔	从不择用						
	10	10	6	4	0						
教学资源的作用（三选）15分	节约整理时间	开阔教学视野	创新教学方法	提高教学质量							
	3	5	5	5							
使用频率较多的资源（选五）25分	名校试卷	优质教案	精品课件	同步练习	高考专题辅导	教学素材	教学论文	微课	校园共创共享资料		
	3	5	4	3	3	4	4	4	5		
教学资源是否能满足新高考要求15分	能	不完全	不能	不清楚							
	10	14	8	6							
希望建设哪类教学资源（选六）25分	国学课程	综合实践活动课程	生涯规划课程	创客课程	心理辅导课程	跨学科创新课程	现代信息技术课程	其他			
	4	5	4	4	4	5	4	3			

注：①凡是没注明“多选”或数量规定性选择的类别所属细目，一律为单选；②细目内调查选项后为得分。

能否充分利用教学资源，可反映出教师是否具有现代教育意识、观念和能力，而现代教育意识、观念和能力是现代教师专业素质的重要构成。

“使用频率较多的资源”从侧面反映出教师对不同教学资源的理解和课堂整合的能力，“希望建设哪类教学资源”反映出教师的现代视野和对不同教学资源的理解，这是教学资源方面教师专业素质的重要指标，因此赋分最多，达25分。

6. 继续教育状况（见表2–6）

表2–6　高中中年教师继续教育情况调查（总分100分）

细目	A	B	C	D	E	F	得分	总分
所学专业知识主要来自（多选）13分	工作前学习	参加继续教育培训	自学	实际教学工作				
	2	3	4	4				
所学教育理论对工作的作用 7分	很大	一般	很小					
	7	5	3					
参加继续教育最为迫切的需要（选五）12分	更新知识，了解本学科发展的新成就、新信息	提高专业知识水平	提高教育理论水平	提高实际教学能力	为科研做储备	晋升职称		
	2	2	2	3	3	0		
与其他教师进行业务交流 6分	总是	经常	不少，多碰撞	很少	从不			
	3	4	6	3	1			
当前继续教育的主要问题（多选）12分	个人工作生活负担过重、交通不便	课程设置不合理	所学内容不实用	缺乏配套的激励机制	其他			
	2	3	2	4	1			
简答题 50分	1.在你的专业成长过程中最困扰你的是什么？为什么？（10分） 答：旧有观念与时代要求脱节。因为：①旧有观念使我们形成“路径依赖”，教学僵化，缺少师生互动；②少于接受新知，不明核心素养、创新等观念的内涵及其作用；③没能真正掌握现代教育技术							

续 表

细目	A	B	C	D	E	F	得分	总分
简答题 50分	2.公开课、撰写论文以及课题研究对你的专业发展是否有帮助？是如何帮助的？您有什么意见和建议吗？（10分） 答：有帮助。是这样帮助的：①作为教研形式，它们使我深入思考，解决实际问题，从而有所获；②教研中借鉴“他山之石”，拓宽视野，提升自我教学能力和理论水平。意见和建议：①一线教师立足教学实践，多做实践研究，为成为专家型教师奠基；②要解决公开课、撰写论文、课题研究的量与质的问题；③以原创、质优为评价、激励的圭臬							
	3.您现在是否有长远的专业进修和学习规划？您自己专业发展的目标方向是什么？您是如何规划的？（10分） 答：有。目标方向：成为专家型教师。规划：①细读书，专业内外书籍每年各1～2本；②勤科研，通过反思、总结，每年至少形成优质论文（至少市级等级奖）1篇；③详磨课，每年上研究课（或指导年轻教师上）至少1节							
	4.对于建设符合新高考要求、优质的高中教学资源，针对您所教授的学科，还有哪些建议？（10分） 答：①组织教师研究新高考，“晒”成果，尽可能形成论文；②依托学校局域网，遴选、原创资源，建设教学资源库，实现资源共享；③举办年度教研成果评比活动，并予以奖励							
	5.您希望学校为您的专业发展做哪些方面的工作？（10分） 答：①形成科学的考评机制，激发内驱力；②提供显山露水的平台；③丰富获得教育教学新思维的渠道							

注：①凡是没注明“多选”或数量规定性选择的类别所属细目，一律为单选；②细目内调查选项后为得分。

教师继续教育相关情况从一个侧面可反映教师对继续教育的观念、态度，从而部分地反映出高中中年教师专业素质是否与时俱进。

“所学专业知识主要来自”中“参加继续教育培训”赋分为3分，并非因为继续教育不重要，而是因为连片特困地区继续教育主要由教育主管部门委托相关机构进行。如果将继续教育培训作为专业知识的主要来源，说明教师缺乏继续教育、终身发展的意识、观念和行为的自觉、自主，其专业素质定然不高。

“与其他教师进行业务交流”中“总是”“经常”赋分偏低，是因为连片特困地区高中学校普遍缺编，教师工作量大，工作繁忙，“总是”或“经常”“与其他教师进行业务交流”，反而挤压了教师总结、反思、自主学习的时间，而且极易导致教师将其作为任务，加速职业倦怠的到来，其专业素质的提升势必受到影响；而“不少，多碰撞”反倒赋分6分，是因为“不少，多碰撞”反映出教师将业务交流作为一种自觉行为，其专业素质的提升已经进入主动有为的良性循环的轨道。

“对于建设符合新高考要求、优质的高中教学资源，针对您所教授的学科，还有哪些建议”本属于教学资源利用的范畴，但对这一问题的思考不但能反映出教师对优质的高中教学资源的理解、观点、态度，还能反映出教师是否积极通过优质教学资源提升自我专业素质。

7. 职业倦怠状况

以上六项调查中有间接反映职业倦怠的小项，但重心不在职业倦怠上，所以就职业倦怠做专项调查。

测量教师职业倦怠，一般采用马氏量表，即加拿大学者克丽丝汀·马斯勒（Christine Masler）教师职业倦怠量表（MBI–ES）。这是职业倦怠进入实证阶段后取得的重要进展。①此表将复杂的心理问题，通过单列的22个选择题予以量化，实为一大创举。但此表对职业倦怠指标没做分类，只能笼统获得量化结果。不过，选项代号与题号都用阿拉伯数字，易使被调查者填写混淆。因9 ~ 16题的计分方法与1 ~ 8题、17 ~ 22题不同，易出现计算错误。后来，有研究者做了一些改进，如统整选项，变换个别选题，用语也有变化，但仍未解决马氏量表以上问题。课题组在此基础上，在样式、归类、赋分、统计等方面都做了大胆改进，并以表格形式呈现，具有简明、操作性强等优点（见表2–7）。

表2–7　中年教师职业倦怠检测量表

项目	对照	调查内容 （逐一与左边“对照”栏1 ~ 5对应，后将对应的数字填入右边“数字”栏内）	数字	和	均分1	均分2
情绪	请细读“调查内容”A—H，根据个人情况在“数字”栏填写下列数字。 1.表示从未如此 2.表示很少如此 3.表示说不清楚 4.表示有时如此 5.表示总是如此	A.对工作感觉到有挫败感			和除以8等于（　）	情绪、成就、人格三类总和除以22等于（　）
		B.觉得自己不被理解				
		C.我的工作让我身心疲惫				
		D.我觉得我过度努力工作				
		E.面对工作时，有力不从心的感觉				
		F.工作时感到心灰意冷				
		G.觉得自己推行工作的方式不恰当				
		H.想暂时休息一段时间或另调其他职务				

① 朱旭东. 教师专业发展理论研究［M］. 北京：北京师范大学出版社，2011：322.

续表

项目	对照	调查内容 （逐一与左边“对照”栏1～5对应，后将对应的数字填入右边“数字”栏内）	数字	和	均分1	均分2
成就	请细读“调查内容”I—P，根据个人情况在“数字”栏填写下列数字。 1.表示总是如此 2.表示有时如此 3.表示说不清楚 4.表示很少如此 5.表示从未如此	I.认为自己只要努力就能得到好的结果			和除以8等于（ ）	
		J.我能肯定这份工作的价值				
		K.认为这是一份相当有意义的工作				
		L.我可以从工作中获得心理上的满足				
		M.我有自己的工作目标和理想				
		N.我在工作时精力充沛				
		O.我乐于学习工作上的新知				
		P.我能冷静地处理情绪上的问题				
人格	请细读“调查内容”Q—V，根据个人情况在“数字”栏填写下列数字。 1.表示从未如此 2.表示很少如此 3.表示说不清楚 4.表示有时如此 5.表示总是如此	Q.从事这份工作后，我觉得对人变得更冷淡了			和除以6等于（ ）	
		R.对某些同事发生的事情我并不关心				
		S.同事将他们的遭遇的问题归咎于我				
		T.我担心这份工作会使我逐渐失去耐性				
		U.面对众人时，我压力很大				
		V.常盼望有假期，可以不上班				

尊敬的老师：

您好！

真诚地感谢您于百忙之中参与此项调查。本调查旨在了解教师的工作与生活现状，您的回答仅供研究者作数据统计分析使用。我们秉承职业道德，对您的数据绝对保密。本调查采用不记名方式，答案选择没有对错之分，您不必有任何顾虑。请自我衡量、评价后如实填写（12～20分钟内），因为你回答的真实性将直接影响结果的准确性和可靠性。

感谢您的积极合作与参与！

重庆市连片特殊困难地区高中中年教师队伍建设策略组研究课题组

需要说明的是，为避免“职业倦怠”四个字给高中中年教师的心理暗示效应，以保证调查的真实性，在调查时，此表命名为“马斯勒教师职业状态检测量表”，并将原指标中“情绪衰竭”“低个人成就感”“人格解体”分别变为“情绪”“成就”“人格”。为避免仓促间教师衡量不准、对应偏离、计算失误等导致自我测量不准的问题，要保证12～20分钟的填表时间。

计分时，无论是“情绪衰竭”“低个人成就感”“人格解体”三项各自的“均分1”，还是职业倦怠整体的“均分1”，都表示没有职业倦怠的各项表现；得分为2.5分、4分，分别表明职业倦怠中度、严重；在1至5分之间，得分越高，职业倦怠越严重，反之越轻。

二、统计与分析

统计涉及县内10所、县外分层抽样的2所高中学校，共12所中学。随着研究的深入，我们根据调查的7个表册所填情况，将以上表册扼要重组成5大类10个表。每表按“云阳县”“县外抽样”“总计”分别统计，并予以分析。

（一）高中中年教师生存、工作状态

县内、县外高中教师缺编比例接近，连片特困地区高中教师缺编高达10.25%，从一个侧面反映出高中中年教师的工作量普遍不小（见表2–8）。

表2–8　高中教师缺编情况

云阳县			县外抽样			总 计		
现教师数	缺编人数	缺编占比	现教师数	缺编人数	缺编占比	现教师数	缺编人数	缺编占比
1139	121	9.60%	271	40	12.86%	1410	161	10.25%

县内、县外高中中年教师占比都非常高，总体上占比近30%，反映出连片特困地区高中中年教师队伍庞大，这是连片特困地区教育发展倚重的重要力量。不过，县内外占比差异明显，相差近16个百分点，突出反映了高中中年教师在连片特困地区内更偏远的地方更不可或缺（见表2–9）。

表2–9　高中中年教师占比情况

云阳县			县外抽样			总 计		
高中教师人数	高中中年教师		高中教师人数	高中中年教师		高中教师人数	高中中年教师	
	人数	占比		人数	占比		人数	占比
1139	302	26.51%	271	114	42.07%	1410	416	29.50%

学历（包含后续学历）分布看似略显合理，本科占比均超过94%。不过，研究生学历占比太低，不足2%，而专科、专科以下低学历合计占比超过3.3%（见表2–10），这两极的情况反映出高中中年教师普遍需要加强自我学习、提升。

表2-10　高中中年教师学历

类别＼范围	云阳县302人		县外抽样114人		总计416人	
	人数	占比	人数	占比	人数	占比
研究生	6	1.99%	1	0.88%	7	1.68%
本科	286	94.70%	109	95.61%	395	94.95%
专科	10	3.31%	3	2.63%	13	3.13%
专科以下	0	0	1	0.88%	1	0.24%

正高级职称占比太低，均不足0.38%，整体上甚至不足0.29%，反映出连片特困地区高中中年教师中专家型教师、名师、卓越教师太少。副高级、一级职称的多少与行政管理部门所划指标相关，但在高中教师队伍中整体占比不足21%、8.6%。二级教师整体上竟达到0.35%（见表2-11），反映出高中中年教师科研意识薄弱，教学成果差，科研成果少，在评职晋级中缺乏竞争力。这也透露出高中中年教师专业自觉程度普遍不高。

表2-11　高中中年教师职称在高中教师中的分布

类别＼范围	云阳县1139人		县外抽样271人		总计1410人	
	人数	占比	人数	占比	人数	占比
正高级	3	0.26%	1	0.37%	4	0.28%
副高级	224	19.67%	63	23.25%	287	20.35%
一级	73	6.41%	47	17.34%	120	8.51%
二级	2	0.18%	3	1.11%	5	0.35%

（二）高中中年教师专业发展状况

初级信息技术均100%掌握，但“能链接、处理音频视频且制作精美课件”的教师占比偏低，整体上不足55%（见表2-12），说明不少高中中年教师没有信息技术的自觉意识，或教育教学观念保守，或在备课环节上疏懒。

表2-12　初级信息技术掌握情况

类别＼范围	云阳县302人		县外抽样114人		总计416人	
	人数	占比	人数	占比	人数	占比
过关	302	100%	114	100%	416	100%
没过关	0	0	0	0	0	0
能链接、处理音频视频且制作精美课件	174	57.62%	51	44.74%	225	54.09%

县内外关于新课改、利用教学资源的得分及得分率都不高，都非常接近（见表2-13），反映出连片特困地区高中中年教师普遍存在教育教学观念趋于保守的问题。

表2-13 新课改调查、利用教学资源状况

大项 细目	单人总分	云阳县302人		县外抽样114人		总计416人	
		平均得分	得分率	平均得分	得分率	平均得分	得分率
新课改	100	63.37	63.37%	62.77	62.77%	63.21	63.21%
利用教学资源	100	68.62	68.62%	67.31	67.31%	68.26	68.26%

（三）高中中年教师学习状况

县内外阅读得分率都不及53.30%，反映出连片特困地区高中中年教师读书热情大幅消减具有普遍性；对继续教育的理解、认可的程度都不高，得分率都不及64.40%（见表2-14）。由此，可推知教师知识的自我更新意识和能力都偏弱。

表2-14 阅读与继续教育状况

大项 细目	单人总分	云阳县302人		县外抽样114人		总计416人	
		平均得分	得分率	平均得分	得分率	平均得分	得分率
阅读	100	53.29	53.29%	51.72	51.72%	52.86	52.86%
认可继教	100	64.38	64.38%	63.66	63.66%	64.18	64.18%
分差	0	11.09	11.09%	11.94	11.94%	11.32	11.32%

不过，比较阅读、继续教育两项的得分情况，就会发现一个有趣的现象：继续教育得分率普遍比阅读高11个百分点。既然学习自觉意识不强，两项得分情况应该非常接近才是，为何分差如此之大？通过座谈，我们了解到：继续教育均作为连片特困地区各高中学校的“硬任务”，不参加者不能计算学分，评职晋级和年度教师绩效测评都会受到影响，参与度高达100%。由此，我们不难获知：

其一，行政干预有用。行政干预能让教师逐渐对自己并不乐意接受的继续教育多一些理解和认可，与之相反，阅读没予以干预，情况很不乐观。

其二，行政干预作用有限。与评职晋级、年终考核挂钩的行政干预举措的作用有限，教师参加继续教育迫于无奈，尽管100%参与，但认可度依旧偏低，参与多出于完成任务。

其三，行政干预更需要激励性机制。学校及行政管理部门的干预举措并不完备，多行政指令而少行政激励。学校需要对如何促进教师专业发展进行系统性研究，营造教师自主学习的氛围，激发其内驱力。

（四）高中中年教师教学与科研状况

县内外高中中年教师得分率均不及62.50%（见表2–15），反映出教师不能主动有为的情况非常普遍。

表2–15　常规教研与科研状况

单人总分	云阳县302人		县外抽样114人		总计416人	
	平均得分	得分率	平均得分	得分率	平均得分	得分率
100	62.48	62.48%	60.85	60.85%	62.03	62.03%

（五）高中中年教师自我认知、心理状态

从“情绪衰竭”指标上看，普遍中度倦怠，且比“严重”略低；从“低个人成就感”指标上看，普遍未达到中度倦怠，这与连片特困地区近年来重视教育的社会环境有一定关系；从“人格解体”指标上看，普遍高于中度倦怠，只有“偏高”“略高”之别。从总体看，连片特困地区高中中年教师职业倦怠感整体上呈中度略高、严重略低的倦怠状态（见表2–16）。

表2–16　教师职业倦怠检测统计

大项 / 细目		云阳县302人		县外抽样114人		总计416人	
		均分	诊断	均分	诊断	均分	诊断
情绪衰竭	8项	3.43	严重略低	3.51	严重略低	3.45	严重略低
低个人成就感	8项	2.07	中度略低	2.32	中度微低	2.14	中度略低
人格解体	6项	3.13	中度偏高	3.28	中度偏高	3.17	中度偏高
倦怠整体	22项	2.85	中度略高	3.01	中度偏高	2.90	中度略高
说明		倦怠感：1表示没有，2.5表示中度，4表示严重					

连片特困地区县内、县外高中中年教师几乎丝毫没有职业倦怠感的，不足3%；职业倦怠感非常严重的，整体上3.37%，而县外比县内高1.41个百分点。未达到中度倦怠的，普遍略超过33%；处于中度倦怠到严重倦怠之间的，均略超过60%，情况堪忧（见表2–17）。

表2–17　教师职业倦怠不同程度区间分布

范围 / 类别	云阳县302人		县外抽样114人		总计416人	
	人数	占比	人数	占比	人数	占比
1～1.5	9	2.98%	2	1.75%	11	2.64%
1.5～2	24	7.95%	9	7.89%	33	7.93%
2～2.5	78	25.83%	23	20.18%	101	24.28%
2.5～3	115	38.08%	39	34.21%	154	37.02%
3～3.5	44	14.57%	23	20.18%	67	16.11%

续 表

类别 \ 范围		云阳县302人		县外抽样114人		总计416人	
		人数	占比	人数	占比	人数	占比
3.5～4		23	7.62%	13	11.40%	36	8.65%
4～4.5		8	2.65%	4	3.51%	12	2.88%
4.5～5		1	0.33%	1	0.88%	2	0.48%
归类	1～2.5	111	36.75%	34	29.82%	145	34.86%
	2.5～4	182	60.26%	75	65.79%	257	61.78%
	4～5	9	2.98%	5	4.39%	14	3.37%
	2.5～5	191	63.25%	80	70.18%	271	65.14%

三、结论

据以上调查统计，我们不难得出关于重庆市连片特殊困难地区高中中年教师的如下结论。

（1）卓越教师少，两极分化严重。1410名高中中年教师中，正高级教师4人，二级教师5人（见表2-11）。

（2）教育教学任务偏重。高中教师缺编严重，超过10%，且高中中年教师占比偏高，接近30%，致使中年教师仍难以从日常繁忙的事务中部分地解放出来（见表2-8、表2-9）。

（3）学历、学力水平不高。连片特困地区高中中年教师学历层次不高，研究生占比太低，尚有3.37%的教师没有本科学历，职称结构不合理，副高级在高中教师队伍中占比竟不及21%（见表2-10、表2-11）。

（4）教学观念相对保守。现代信息技术真正用于实践的高中中年教师少，不能链接、处理音频视频且制作精美课件的高达55%；不少教师教学资源利用率低，且对新课程理念没能很好地理解、消化、实践（见表2-12、表2-13）。

（5）普遍缺乏学习自觉意识，知识视野不广。中年教师阅读得分率不足53%，不少教师不能主动投入于继续教育（见表2-14）。

（6）科研意识普遍淡薄。不少教师形成“路径依赖”，缺乏反思自觉，不能实现教学与教育教学科研的有效接轨，因而科研成果寥寥（见表2-15）。

（7）职业倦怠普遍存在。中年教师近2/3以中度倦怠之上、严重倦怠之下为主，近1/4的教师接近中度倦怠，普遍地处于低个人成就感状态（见表2-16、表2-17）。

综上所述，连片特困地区高中中年教师文化失语、教育失语现象突出。当然，从另一方面看，非常严重的职业倦怠整体占比不足4%，这是值得欣慰的。只要措施得当，激发其教育教学和校本研修的热情，多数中年教师的中度职业倦怠感就会缓解，甚至大幅降低。如此，这笔巨大的财富就会因高中中年教师专业上的发展而散发出巨大能量，从而促使重庆市连片特殊困难地区教育获得空前发展。

四、成因

近年来，连片特困地区教育发展较快，这与各级党委政府的重视、学校加强教育教学管理密不可分。尽管广大教师，尤其是青年教师专业化发展明显，但对教育教学质量的提高、教育发展的贡献率还不高，还有较大的提升空间。区内各高中学校中年教师仍停留于熟练阶段者不在少数，但有不少甚至倒退到不能胜任的阶段，其教育教学效果与熟练新手乃至新手无异，不少教师出现了自我认同危机。

本次就重庆市连片特殊困难地区高中中年教师的多方面情况进行调研，结论堪忧。究其原因，主要有以下几个方面。

（一）库区经济高速发展的社会环境的负面影响

成为直辖市以来，重庆1998—2001年经济总量增长率低于10%，其余年份均高于10%。在全球经济低迷、全国经济增速因结构性调整跌破7%的情况下，2015年上半年经济总量位居全国23个城市第6名，经济增速为23个城市之首，为11%。到2017年，增速仍高达9.3%。仅以库区移民第一大县、国家级贫困县的云阳县为例，增速超过10%，2015年经济总量208亿元，2018年达275亿元，2019年在全国经济普查后达431.5亿元。不过，连片特困地区经济在优化产业结构、发展生态经济的时代背景之下，经济增长很大程度上体现为经济规模扩大。经济规模扩大，带来的结果是就业渠道增多，人们可做多元选择。昔日通过读书找工作的观念被弱化，因而教育在人们心中的重要性远远不及过去。

这一现实环境，对重庆市连片特殊困难地区不少高中中年教师的负面影响，主要体现在以下几点。

1. 教师职业认同感不强

高中中年教师多处在成熟教师阶段，与特别关注站稳讲台的初岗教师、累积经验以求优秀的熟手教师相比，教育教学压力偏小，在分享经济发展红利的同时，还能时时关注窗外的社会生活。经商、炒股……外面的诱惑甚多；年纪轻轻、胸无斗墨者也可致富，更令实行偏低的绩效工资的连片特困地区的不少中年教师内心失衡，昔日坚守教育的信念不强，个别的甚至丧失；在教育教学中，自我提升的内驱力不强甚至完全丧失，得过且过。

加之教育在人们心中的重要性不及过去，人们对过去社会的主流文化价值观、传统人生价值观模糊、质疑乃至颠覆，中年教师难免受到影响，就会出现“角色模糊”

（role ambiguity）现象，自然对教师职业的认同感慢慢降低或改变。须知，人生意义不明确或“身在曹营心在汉”的教师，其职业倦怠感高。

2. 工作热情部分消退乃至衰竭

高中中年教师的职业认同感降低，导致其进取意识弱化。他们对待教育教学工作，不少持消极应对乃至懈怠的态度，难以“道德自觉”“实践自觉”，更谈不上“学习自觉”“科研自觉”。

工作热情部分消退乃至衰竭表现在教育教学环节中，突出之处就是反思行为减少或消失。张建伟认为：“反思是教学理论与教学实践之间的对话，是沟通教师‘信奉理论’与‘应用理论’的桥梁。”①高中中年教师缺少了理论与实践的对话，教学“去研究化”明显，教育教学沦为纯技术化的操作，对新课程标准理解、实施就出现了明显差距，教育教学效果每况愈下。

（二）高负荷下工作环境、生理效应的负面影响

重庆市连片特殊困难地区较之于主城和沿海发达地区，教育基础薄弱。三峡工程建设之前，产业空心化问题突出，教育投资严重不足，师资短缺，导致大班额现象司空见惯（近年上级出台小班额规定后有所好转）。连片特困地区高中中年语数外教师大多教两个班（有的还兼任班主任和其他工作），理化生、政史地、体音美等学科教师大多教3～8个班。又因学校普遍扩容，年轻教师快速增多，教师年龄结构不太合理，中年教师还要“传帮带”，不得不高负荷运转。库区教育观念落后带来的教育观念的更新，在一定程度上也加重了“路径依赖”强烈的中年教师的心理负荷。库区各县产业空心化问题尚未完全解决，外出务工的家长多，空巢少年②中不少因缺乏亲情呵护而成为问题少年。问题少年异于吴侬软语中的人们，在库区巴蜀文化背景下形成的剽悍个性以及师生僵硬的“对话”，令体力、精力不济的中年教师穷于应对，工作压力大。他们无暇也没有良好的心绪进行“严格的、持续的学习”，去专业化现象突出。

其负面影响主要体现在继续教育的热情不高，缺乏学习自觉意识，知识更新常常难以为继，其后果表现为以下几个方面。

1. 知识结构不合理

不少高中中年教师停留于既有经验层面，疏于“充电”；因教育教学任务繁重，也主动或被迫放弃了不少“充电”的机会。长此以往，丧失学术追求，知识结构没有

① 张建伟. 反思——改进教师教学行为的新思路［J］. 北京师范大学学报（社会科学版），1997（4）.

② 空巢少年指在东西部经济发展不平衡背景下，因父母外出打工而留守家中的少年。不少空巢少年因爱的缺失、家庭教育的缺位而成为“问题少年”。作家薛忆沩的长篇小说《空巢》尖锐地反映了库区连片特困地区这类少年的生存状态和心理状态。

得到丰富和优化；面对新课程，他们无奈地接受，教育教学观念转换慢，甚至不转换。林崇德提出教师知识理论，认为教师知识应包括本体性知识（属于舒尔曼的学科知识）、文化知识（课题组名之为影响性知识）、实践知识（教学经验，即行为性知识）、条件知识（教育学、心理学知识）。[①]一位知识结构不合理的教师，其本体性知识难以渊博，文化知识难以广泛深厚，实践知识难以持续累积、重构、重建，条件知识缺乏“新鲜血液”，教师作为“经师”“人师”的素养不济，自然就不符合小原国芳“全人教育”理论关于教师应当是知识全面、结构合理的人这一要求，自然就难以应对新的学情、校情，最终沦为新时代教师中的落伍者。

2. 职业倦怠过早出现

由于知识更新被动甚至丧失，中年教师面对新时期自感不断复杂的工作（有时还有较大组织变革）而不知如何应对，也会感到“角色模糊”；面对两种自感冲突的情境而又被期望做出角色行为，却不能做出相应的角色行为，于是“角色冲突”（role conflict）[②]出现。此时，分解教学任务、教学能力停滞、降低，对自己教学效能的判断变得模糊起来。因对现代教育技术的不精乃至陌生、难以精耕细作而导致教学效果不佳这一结果，渐渐变得惶惑、不自信，教师身份认同感减弱，直至消失，职业倦怠便过早出现。

包括重点中学在内的高中学校中年教师出现职业倦怠的可能性极大。职业倦怠如果不消除，就意味着中年教师的专业化发展之路受阻，铸就新的教育教学辉煌无异于纸上谈兵。

（三）管理理念相对滞后的现状的负面影响

学校教育教学质量的提高，与管理不无关系，“管理出效益”在连片特困地区高中学校颇有市场。如何管理？不少学校南下江苏，北上河北衡水，奉“精细化管理”为“葵花宝典”。

精细化管理是一种理念，也是对战略和目标分解细化和落实的过程，本以提高企业运营绩效为目的。它来自“科学管理之父”弗雷德里克·温斯洛·泰勒（Frederick Winslow Taylor）。1911年，泰勒发表世界上第一本精细化管理著作《科学管理原理》。通览全书，可推知科学化管理有规范化、精细化、个性化三个层次。它要求每一个管理者落实管理责任，将管理责任具体化、明确化。后来，这一理论被移植到教育领域。然而，重庆市连片特殊困难地区不少高中学校

① 朱旭东. 教师专业发展理论研究［M］. 北京：北京师范大学出版社，2011：66.

② 角色冲突指因不相容的期望导致的心理矛盾和行为冲突的现象。它是职业倦怠的前奏。

忽略了企业与教育的差异，也忽略了地域间的差异，照搬外地学校精细化管理办法，致使学校管理没有上升到精细管理的人文化、个性化层次，出现民主化管理受到冷落而管控过死的现象，部分学校甚至出现上下班登记、打卡，长时间集体坐班的现象。如此，精细化管理便失去其全面、协调和可持续发展这一本质意义。这凸显出重庆市连片特殊困难地区不少高中学校管理理念相对滞后的现状。它带来的弊端至少有两点。

1. 自主空间被挤压，带来积极性的丧失

行政意志下种种精细化管理制度挤压了教师自主空间，使教师日常工作部分乃至全部机械化。同时，这一畸形的精细化管理客观上加重了教师的心理负担和工作负担，在一定程度上，冯克（Funk）关于教师生涯七阶段理论中教师应经历的“专业再发展阶段”或斯蒂菲（Stiffi）关于教师生涯五阶段理论中教师应经历“更新生涯阶段”不易出现或推迟出现，甚至不少教师在从教第19到30年中处于休伯曼（M. Huberman）所谓的“平淡和保守主义期”。长期下来，昔日风华正茂的教师也会沦为“腐儒”。一言以蔽之，畸形的精细化管理在一定程度上令广大教师尤其是高中中年教师的工作积极性受到挫伤，其专业成长受到不同程度的影响。

2. “被压迫者”地位带来教育创新缺失

畸形的精细化管理更多体现为领导意志，是“精细化”的束缚，教师“失权”[①]现象出现，甚而在这种管理体系之下沦为“被压迫者”。保罗·弗莱雷在《被压迫者的教育学》中认为，教师在教学中丧失自主权，遭受教育的层层压迫，教育成为一种存储行为，学生只是保管人，教师只是储户。亨利·A. 吉鲁（Henry A. Giroux）认为，教师需要扮演转化型知识分子。我们以为，吉鲁所谓的转化，是对学科知识的转化，是对缄默知识的显性化，这里涉及对部分知识的构建或重构。因为知识的转化需要对原有知识进行梳理、重构、重建，是一个富有创造性的过程。事实上，在教师自主的教育教学实践中，教师还会有新的发现，尤其在实践知识方面，还会有新的探索成果。因此，一位真正自主的专家型教师，不仅是知识的转化者、传授者，还会是知识的发现者、创造者。科学地转化、传授，正确地发现、创造，都闪耀着创新的火花。然而，处在“被压迫者”地位的教师，其教育教学创新的火花大多会暗淡乃至熄灭。

如果说畸形的精细化管理暗淡乃至熄灭了教师知识转化过程中创新的火花，那么

① 失权，由美国教育学者亨利·A. 吉鲁提出，指教师在决策、管理、教学等多方面失去话语权、自主权的现象。

课程开发同样如此。畸形的精细化管理以校园等同于企业为前提，管理者不明教育教学工作不是流水线的衔接或重复，而是个性化、创造性极强的工作这一道理，时间的机械性延长，自主空间的缩小，使教师尤其是精力、体力不及青年教师的高中中年教师身心俱疲，无暇也无激情关注课程的开发，开发课程的创新灵光不现，自然也失去了课程开发的决策权。难怪吉鲁在批评教师“失权”现象时，要求教师在课程开发方面有决策权。这一要求是对教师自主空间的求索和呵护，是对教师思维创新的呼唤和展望。

总之，畸形的精细化管理只对个别不负责任的教师有管控效果，对多数教师而言，作用非常有限。相反，挤压教师的自主空间、降低教师创造的热情，极不利于中年教师在专业发展上向专家、教育家目标迈进。

（四）办学功利化倾向导致教师专业发展体系的缺失

近年来，我国实施科教兴国战略，这本是利国利民的大事、好事。然而，有些地区怀抱“状元情结”，将全县、全校高考升学成绩作为非常重要的显性指标，对教师予以考核，“升学效应”放大，导致教育功利主义抬头。

追求功利本无可厚非。19世纪英国著名的功利主义经济学家、伦理学家和教育家约翰·穆勒（John Stuart Mill）在其专著《功利主义》中，从功利主义伦理学原则出发，认为教育作为福祉，人人可能并应当享受；认为环境也是重要的教育因素，会影响人的发展；教育的类型不同，其目的、内容也不同。毋庸置疑，约翰·穆勒的功利主义教育思想具有一定的合理性，但具有时代和阶级的局限性，而功利主义教育观就夸大其合理性而忽略其局限性，自然也体现出目光的短视，也反映出功利主义教育者在教育发展的逻辑起点上出现认知错误。

1. 表现

（1）过于看重短期效应，忽视教育过程，背离了教育的规律和本质。

内在的养成与保存需要过程，因而教育表现为过程，教育的本质是培养全面发展的人而不仅仅是“状元”。然而，功利化教育的预设是短期达成的“规范的人”，导致学校、教师“应试本位”的教学观、“知识本位”的课堂观根深蒂固，伴随而来的“‘高碳’‘高能耗’甚至‘低效’‘负效’的培养模式，极大地削弱了鲜活的生命形式，不断被恶化着师生的生存状态”①。这不合人性，也不道德。短期效应中相当一部分所谓优秀学生不可能成为“全面发展的人”；教师苦不堪言，也忽视、疏远了自身的专业发展。

① 董云川. 道与不道［M］. 昆明：云南人民出版社，2016：20.

（2）学校教学成绩考核在综合考核中的权重过大。

马克思早已指出："未来教育对所有已满一定年龄的儿童来说，就是生产劳动同智育和体育相结合，它不仅是提高社会生产的一种方法，而且是造就全面发展的人的唯一方法。"（《资本论》）因此，教育需要内涵的丰富，学校教育任务远远不止提高教学成绩，但在功利主义教育观和功利化考核举措的驱使之下，"分数本位"的评价观左右着学校评价工作，期末成绩、高考成绩成为考核的重心，以致"一俊遮百丑"的现象时有出现。教师为求得绩效测评的优等，将很多精力耗费在诸多"增分绝招"的研究或搬用上。

（3）跟风现象突出，人心浮躁。

凡有快速提升教学成绩的"良方""高招"，几乎无一例外地受到追捧；不顾校情实际，纷纷打造各自的"特色"，结果"麻布绣花，底子太差"，追风之举与"挂羊头卖狗肉"无异。例如，要大兴教育科研，于是争报课题成风，结果因重心在成绩，课题培训、方案、技术路线、成果呈现都无暇虑及，到了结题时就请"枪手"突击。科研与教育"两张皮"，科研不但没有兴教，反而成为负担，还败坏了教师对学术的真诚和良知。总之，凡是短期突击就可见一丝成效的，通常会成为效仿的对象。

2. 弊端

显而易见，教育功利化的危害甚多，姑且不谈其架空"全面发展"、扰乱教育节奏，仅就教师专业成长而论，它也是一种误导和伤害。具体而言，至少有以下弊端。

（1）教师培养工程被平庸化。

由于过于关注以考试成绩为核心的外部评价指标和判断，教师培养工作的细化、深化、体系化便因缺乏研究而被平庸化。对青年教师，优先关注的是站稳讲台；对中年教师，关注的是考试分数。至于如何丰富教师的本体性、条件性、实践性、影响性知识，优化其知识结构，如何提高教师读书、备课的能力，如何提高独立命题的能力以真正破解"教考分离"的难题，如何真正为教师搭建有效的交流平台，缺少深入的研究，自然就没有教师成长的理论指南，也缺少操作框架，最终，培养工程有其名而少有其实，少有其效。如此，本应再发展的中年教师就缺少了引导，及推动专业成长的力量。

（2）常规教研、科研被表面化。

据了解，重庆市连片特殊困难地区高中学校都设立了自己的中层管理机构——教务处、教科室，都有自己的常规教研形式、要求，都有自己的科研项目。公开课、观摩课、研究课、指导课、赛课，不一而足；发表论文与获奖也不少，县级、市级、国家级的课题太多。而热点在教学成绩，精力本少放于教研，教研、科研成为缺少制度约束、激励的若干松散的项目，科研兴校流于形式，结果短板依然存在，日常教研热之闹之，呈虚假的繁荣，导致教育资源的浪费。究其原因，功利化教育使教研、科研者没有存在感，没有尊严感，管理机构过于看重外在形式和数量而忽视内在建设，自然就没有配套措施。如此，教师特别是有一定经验的高中中年教师在缺少动力的同时，也弱化了科研意识和科研热情。

（3）教育教学合作体被虚空化。

建设教育教学合作体本是好事，但如何合作，如何引导、督促教师协作，因其关注点不在此，而导致合作体虚空化。有的学校搞师徒结对，但如何跟踪、落实、激励，没有配套，结果是青年教师能立足讲台就了事。备课组既是教研小组，也是教育教学合作体、协作体，资源共享有利于教师有时间备课、研究，但因忽视成绩取得前的诸多过程而无激励措施，导致合作体人多出力少，合作体空心化，倒培养了不少懒汉。在“教考分离”、看重分数评价的情况下，不少“懒汉”疲于研究而勤于发放试题，过程性分数评价结果略略占优，结果误导部分教师，从而出现“劣币驱逐良币”的现象。如此，教育教学合作体功能性形象被“矮化”，高中中年教师专业化发展大多成为“画饼”。

凡此种种，导致教研、科研氛围不浓，教师在道德自觉、学习自觉、实践自觉、思维自觉上难以达成共识，学术精神渐渐泯灭，客观上制约了包含高中中年教师在内的连片特困地区教师的专业发展空间。

五、对策

连片特困地区高中中年教师的专业发展现状及其成因，凸显出连片特困地区教育、高中中年教师正处于危机之中。不过，对于有追求的人而言，“危”中常有“机”。我国经济学家、理论物理学家陈平曾言：“机遇只对有准备的人存在。”连片特困地区高中中年教师要突出现实重围，就要在专业发展上积极准备。

在连片特困地区高中中年教师准备的过程中，我们应采用哪些策略呢？

（一）教师人本化管理发展策略

1. 明确人本化管理是现代学校管理的核心

人本主义是西方与神本主义对立的一种哲学，14世纪下半期发轫于意大利，后传播到欧洲其他国家并引发文艺复兴运动。它承认人的价值和尊严（这与人文主义完全相同），认为人是万物的尺度；也承认以人性、人的有限性和人的利益为主题的哲学。以费尔巴哈、车尔尼雪夫斯基为代表的人本主义哲学还强调人应该对自己的行为负责任。现代人本化管理就是人本主义哲学在管理中的运用，强调以人为本。唯有以人为本，学校才可能走内涵化发展之路，才可能真正激发内部活力。

连片特困地区教育行政、业务管理部门要加大教育科学化管理研究和执行的力度，尽可能为学校减轻负担，去除一些不必要的考核，适当淡化过程性成绩考核。高中学校不要完全以行政管理中的不必要的考核为“神本”而疏远了“人本”。唯其如此，学校管理才能最大可能地人文化、人性化、科学化。

2. 明确教师专业发展才是学校发展的核心

学校“人本”中的“人”是什么？不少行政领导都认为是学生。事实上，长期以来，人们都在重复着这一错误。固然，学生是学校的培养对象，“全面发展的人”是教育教学应达成的目标，但其支撑点是教师发展。这是达成教育目标的条件。

要培养“全面发展的人”，离不开教师。如果教师在道德、学习、科研、实践上不能“自觉”，那么教育目标就难以有效达成。因此，教师才是学校“人本”中真正意义上的“人”。梅贻琦就任清华大学校长时曾说：“所谓大学者，非谓有大楼之谓也，有大师之谓也。”学校、地方教育的发展，关键是教师。培育教师，应是学校工作的本位和核心；教师专业得到发展，促进高中中年教师专业上的再发展，这是以人为本的重要体现。因此，学校教育的重心不是眼前的教学成绩，而是走内涵发展之路，让教师尤其是高中中年教师获得专业发展，让过程性教学成绩成为教师专业评价的副产品。

3. 科学开展校本培训

高中中年教师在学校教师发展中的重要地位决定了高中中年教师培训具有重要性和迫切性，如同泰勒将“对工人进行教育和培养”①视为“科学管理原理”基本组成要素。

中年教师因为知识的弥补、更新缓慢而表现为知识资源与现代教育教学需求的矛盾。因此，教师培训势在必行，它是更新观念、补充与优化知识的重要渠道。教育部“国培计划”确定了80个卓越教师培养计划改革项目，覆盖62所高校，正适应了时代需要。连片特困地区高中学校因观念的滞后、教育任务的繁重、培训经费的短缺，而疏于教师培训，应及时补上培训这一课。至于培训方式，应以校外培训为辅，以校本培训为主。

（1）明确中年教师的专业发展层次和知识短板。

朱旭东曾提出认识论视角下的教师专业发展层次：前经验主体层次（学习、模仿、练习——以外显知识为主）、经验主体层次（体验、感觉、感悟——以内隐知识为主）、认识主体层次（经验理性、理论理性、创造认识——从概念到理论建构）、价值主体层次（超越自我——爱教育讲奉献，专业精神——认同、美德、使命）、审

① ［美］泰勒. 科学管理原理［M］. 北京：机械工业出版社，2020：22.

美主体层次（课堂审美体验）[①]。连片特困地区高中中年教师大多是处于熟练阶段的教师，部分教师因工作热情降低或衰退、职业认同感不强，在“价值主体层次”上存在问题；因学术热情不高、身份认同感不高而还没有完全达到认识主体层次，他们有经验理性，少理论理性；因热衷考分等功利性目标而没有达到审美主体层次，课堂教学谈不上课堂艺术文化表达，匠气十足，缺乏美感。正因为如此，中年教师在陈向明所谓的“批判性反思知识”方面是欠缺的，其学术研究少、知识转化少，获取的创造性知识必然缺乏。

因此，对中年教师的培训应紧紧围绕“批判性反思知识”，使之在批判性反思的切点、方式、成果的构建及其表达等方面有所进步，丰富其创造性知识，提升其专业发展层次。否则，培训因缺乏针对性而低效乃至无效，造成培训经费、智力资源等多方面的浪费。

（2）多采取校本实践性交流式培训方式。

目前，“请进来，走出去”是连片特困地区各高中学校通常采用的培训方式。这种培训方式简单易行，用时不多，但有局限性。无论是“请进来”还是“走出去”，多是听讲座、进课堂。听专家讲座，专家与培训教师交流、碰撞的互动环节少，且讲座在内容上“高大上”的不少，实际操作性不强，有“学者作报告，教师听报告。概念知不少，进修缺实效”这样的弊端。当然，这一弊端也凸显连片特困地区高中中年教师理论素养亟待提升的问题。而走进他校课堂，围绕具体案例交流本是好事，但因时间紧、人际生疏等原因而难以深层次碰撞，且因次数非常有限而交流面窄，收效并不明显，难以实现整体性提升。

我们以为，应减少采取这一培训方式的培训次数，立足校本教研，围绕教育教学实际问题，将反思成果在学校及其教研组、备课组内经常交流，这就是“校本实践性交流式培训方式”。我们追求中年教师从经验知识向理论知识转化、专业层次跃升这一成长目标，但坚决反对脱离实际的纯理论培训方式和虽有一定实践性但交流不深广的培训方式。唐纳德·舍恩（Donald Schon）提出“对实践的反思”“行动中反思”，看重的是教研的实践性。英国教师格里菲斯（Griffith）、唐（Sarah Tann）所提出的“快速反思、修正、回顾、研究、理论的重构和重建”这一反思五维度观不仅具有实践性，还具有操作性。这适用于教师个体、群体。

当然，培训效益需要制度作保证，如要求教师做反思笔记，在中期或短期的职业生涯规划中有明确的目标，并配套相应的奖惩制度。教科室要加大制度建设、培训体

① 朱旭东. 教师专业发展理论研究［M］. 北京：北京师范大学出版社，2011：247.

系的研究。

（二）教师主体化彰显策略

既然教师是学校“人本”中的“人”，那就应该采用相关措施，促成教师主体意识、主体地位的形成。一所内部矛盾重重的学校，看似因为干群不和谐、干群矛盾所致，但其本质上还是占学校人数比例最大的教师的较强的主体意识与较低的主体地位的矛盾。因为教师主体意识淡漠或主体地位很高，都不足以引发矛盾。

要消除这一矛盾，激发教师的内生动力，就要运用管理学上“赋权增能”理论。梅贻琦“教授治校”“吾从众”就是这一理论的体现。

所谓赋权增能，是通过赋予教师一定的自主权利来增加其自身效能的理论。这一理论在美国20世纪教育改革中学校重建计划里出现，学校打破旧制，赋予教师传统角色之外的额外权利，让教师感受到自己有自主机会，从而积极投入教育教学工作。这样，在提高教育教学质量的同时，教师的专业也获得发展。教师生涯循环论学者、霍普金斯大学教授费斯勒（Fessler）曾建立“教师生涯循环模型”，将“校长支持，让教师参与决策”纳入教师在“职业挫折期”内的“支持系统”之中。

我国台湾学者钟任琴认为，教师赋权增能的构成维度有专业成长权、教学自主权、参与决策权、专业地位及影响力。弗兰兹·肖特（Franz Sehott）认为，赋权增能有“参与决策、教师影响力、教师地位、教师自主权、专业发展机会、教师自我效能”六个维度。我们以为，弗兰兹·肖特的观点更为全面，“教师自我效能”作为一个从心理认知角度衡量“赋权”效果的指标，是赋权增能的内涵化条件，也是教师专业发展的结果和继续发展的重要前提。在上述六个维度中，参与决策、教师自主权、专业发展机会为“赋权”维度，教师影响力、教师地位、教师自我效能为“增能”维度。两者之间，前提是“赋权”，效果是增能，目的是增效。从这个意义上说，赋权增能也是优化学校生态环境的策略。需要指出的是，赋权与核心校规并不矛盾，核心校规追求的是刚性的纪律、教育教学行为的规范和激励，赋权追求的是核心校规框架下教师拥有更多自主权时的专业成长和教育教学绩效。

如前所述，繁重的工作，落后的管理机制，使教师尤其是连片特困地区高中中年教师处于“被压迫者”的地位。赋权增能策略正契合他们的心理需求。康格（J.Conger）认为赋权增能“源自个人内心的期望需求与动机”，迪伊（Dey）认为“教师赋权增能是用来增加个人权力的内部动机”。从教师生涯发展角度看，教师自主空间扩大，其自我观念的发展与执行必然得到加强，就越容易实现自我更新。因此，对成效显著、堪为标兵的教师，学校要将其列入后备干部名单，着力培养，适时提拔。

不过，学校领导因旧有观念的约束，极易假赋权之名，行约束之实，让教师参与决策不在于真正实现教师的自主性，而是作为一种操控手段，如是，虚假赋权现象出现。或因管理惯性，或因不知如何赋权，极易在教师原有超负荷工作的情况下赋予教师更多权利，其结果是教师出现信念塌缩、摇摆，迷失专业发展方向，在学校调研、决策上因事务烦琐而苦不堪言，事与愿违；同时，议题过于零散，不易达成共识，赋权机制便形同虚设。对于前者，学校领导要转换观念，调整领导角色和领导方式；对于后者，学校领导要深入研究，做好规划，选择学校事务的赋权范围和运行方式。

据了解，连片特困地区高中学校赋权意识普遍不强，少数学校推行这一策略的时间也不久，其增能效果欠佳。为了使赋权增能策略的推行卓有成效，领导应充分考虑赋权增能的三个重要维度。

1. 专业自主

专业自主作为一种权利，是教师在工作中根据专业素养，在执行学生所认同的任务时，享有沟通协调和专业选择自由的职权。这是教师教育教学最基本的权力，学校教育教学管理层不能以管理的权力和教研的名义横加干涉与剥夺。相反，应在引领、指导的前提下，适当放大、放宽教研组、备课组权利，在教育教学、课程、维护专业品质等具体专业事务中充分尊重他们的意见，给教师个体、群体自我管理的自主权。

2. 发展自主

发展自主是教师建立在自我发展需求和意愿基础之上的、内在的、主动的发展权利。它体现了教师专业实际水平和专业发展的实际需求。如果学校不尊重教师这一权利，所做出的教师专业发展规划难免与部分教师的实际需求有距离，那么相关进修或培训就会成为部分教师的额外负担，遭到隐性乃至显性抵制，其效果大打折扣。因此，学校教师专业发展管理层应以教科室、教研组为依托，在每一个专业发展周期前，委托教科室、教研组提出意见，甚至做出初案，针对教师的专业实情，开展相关专业培训活动。对需要大量资金投入的专业发展项目，学校宜采取申报遴选制度，由教科室、教研组根据校情和教师实际水平，确定参与人员，供分管领导参考，使专业发展自主与校情实际很好地结合起来。

3. 参与决策

参与决策是在学校决策过程中，要求学校领导认真倾听群体成员的意见，并尽可能吸收其合理成分的意愿和权利。尊重这一权利，就会增强教师的主人翁意识，在专业发展等诸多方面积极献计献策，从而最大限度地避免决策失误，同时使教师感受到自身价值所在，在专业发展上更富有激情。因此，工会、教代会不能形同虚设，而应就重大事务提出方案，或对行政方案行使部分表决权，使教师真正拥有学校发展、教学参与、课程参与、相关事务与切身利益参与的决策权。高中中年教师就连片特困地区与其他地区在管理、制度建设、课程开发等方面的实际差距有较青年教师更强的判断力，因而更有学校决策的发言权，其意见更应受到尊重。当然，这种尊重并不意味着意见一定会被采纳，还得提倡中国式的民主管理，即民主与集中统一。

充分考虑赋权增能的以上三个重要维度，赋权增能的第四个维度，即教师的“自我效能”（self-efficacy）[①]就会提高，高中中年教师的专业发展更有心理保证。

（三）教师元认知尊重策略

在推进教师教学专业发展的过程中，连片特困地区相当一部分高中学校强调对传统教学环节中“备上改”的检查、督促工作。我们以为，这一因袭已久的举措与大多数跨入成熟教师阶段的中年教师的专业成长诉求极不适应，原因如下：其一，对高中中年教师“备上改”的检查、督促，属于常规检查的范畴，其落脚点主要是对工作责任心做出客观性评价，与推动专业成长的初衷相悖；其二，对“备上改”的检查、督促，主要适用于新手阶段的教师，其落脚点主要是在常规教育教学工作的规范性、责任心上做出客观评价。对“备上改”的检查、督促工作可以做，但应该分清对象，在检查次数上有差异，不能一概而论，简单化处理。

连片特困地区高中学校的中年教师教学任务繁重，学术研究热情普遍不高，其专业发展受到影响。对其专业发展的推动应采取教师知识上的元认识尊重策略。教师知识包含教师的学科知识、实践知识、文化知识、教学法知识。其中，学科知识、实践知识属于教师的专业知识，是教师专业化生成的重点；至于文化知识、教学法知识，属于教师知识，可通过其他策略予以丰富。“元认知”本是弗拉威尔在专著《认知发展》中提出的概念，指对认知的认知，是关于自己认知过程的认知和调节。对于教师而言，元认知指教师对既有显性知识的研究、重构和对隐性知识的显性化、系统化的认知。中年教师经验丰富，知识面较广，但多缺乏系统性梳理和构建。

1. 内涵

（1）重视教师显性知识的系统化。

教师在学生时代和进入教师生涯后，通过阅读、教学、影视、媒体等，获得了大量知识。它们通过语言、书籍、文字、数据库等编码方式传播，是为显性知识，如公式、图表、定律。这些知识有不少被前人系统化，但还有不少处于非常零散的状态。零散的不易记忆，会加重教师教学和学生理解的负担。例如，诗歌鉴赏的话语非常零散，可以从写景、抒情等角度构建“古典诗歌鉴赏的话语系统”。有经验的教师，在

① 自我效能，也称自我效能感，指个体关于自我应对或处理内外环境事件的效验或有效性的认知，即对自己能否成功进行某一行为的推测和判断。由社会学习理论的创始人班杜拉（Albert Bandura）提出。自我效能理论也成为教师赋权增能理论的基础和内涵之一。

教学实践中建立“知识树”，在方便教学的同时，利于学生掌握。即使被前人系统化了的，有的也有重构的必要，因为前人的系统未必科学，未必尽善尽美。

连片特困地区高中学校高中中年教师长期以来作为学校发展的重要支撑，工作繁忙，大多疏于建构知识系统，少数教师甚至没有建构知识系统的意识。推动显性知识的系统化，不仅使教学表达、学生接受更为顺利，而且使教师专业成长迈上新的台阶，从而使自己的专业生涯得到发展。

（2）重视教师隐性知识的显性化。

在教学实践中，高中中年教师有关教学技巧、经验和诀窍等技能类的，有关洞察力、直觉、感悟、价值观、心智模式、团队的默契和组织文化等认识类的知识非常多，这些处于经验层面的知识是非正式、难以表达的知识，是为隐性知识。当然，有的隐性知识可能长期处于隐性状态，通过观察、模仿、亲身实践、师生传授等形式得到传递，供群体分享，这是隐性知识社会化的过程。

不过，高中中年教师隐性知识到显性知识这一转化过程（准确地说，是传递过程），必须以隐性知识主体（教师）与隐性知识客体（学生）都参与相关教育教学活动为前提，不能在主客体一方缺位的时空范围内进行，因而具有时空上的局限性。隐性知识客体观看有关隐性知识主体的录像、影视，双方因没缺位，隐性知识到显性知识的转化依然可以进行，但要受客观条件的限制，即必须要有录像、影视等。有了这些客观条件，就不能令转化过程时时进行。因此，教师隐性知识的显性化显得尤为重要。这需要中年教师有对隐性知识进行挖掘、研究、梳理、建构的自觉，使经验知识上升到理论知识层面，并清晰、系统地表达，以实现广大学生和教研组、备课组的老师共享资源。

2. 实施

如何实施教师知识上的元认识策略？我们以为，应注重校本教研和读书活动的开展，不妨实施以下举措。

（1）加大对教研内容和反思笔记的督查力度。

对教研组、备课组的教研、科研工作，不能只看计划，只登记开展情况，更要借鉴张民选提出的“习得性、发现性和交流性学习三位一体的教师专业发展模式”，注重对研究内容的检查，看教研、科研是否贴近实际，是否有知识的发现和交流，是否有关于学科知识、实践知识的建构，以杜绝教研、科研活动徒具形式而无生成的现象。如此，教师主动参与、深入研究探索、交流分享“习得性”成果、启迪借鉴的教研、科研局面才能真正形成。

另外，要求高中中年教师每学期交“接地气”的较长篇幅的富有建设性的反思笔记2～5则。法兰西斯（Francis）、高德史密斯（Goldsmith）曾提出“反思性札记”，希望教师形成反思习惯，将专业知识显性化与凝固化，但我们以为，不必要求在每课时后面附上反思内容，因为一课时一反思虽然使反思常态化，且有累积经验的作用，但反思成果琐屑，仍然需要建构（深入反思、系统建构的除外）。至于反思，可以是对案例或课型的思考，也可以是教师对专业生活的回顾和研究（如教育叙事）。反思的成果，可以是知识流程的建模，也可以是知识运用模式的建构。

（2）选择、申报、研究实践性极强的课题。

教科室应要求教研组长、备课组长上报各学科应该研究的命题，然后对其进行梳理，遴选实践性强的，对照国家级、市级课题申报目录，选择可以小题大做的课题，以增强课题研究的目标性、实践性、实用性。通过深入细致的课题研究，培育中年教师和青年教师的研究精神——科学精神，使校园的学术氛围更加浓厚，使连片特困地区高中学校抢占教育教学理论的制高点。不仅如此，实践性强的课题研究成果运用于教育教学实践的渠道能够畅通，有利于切实提高教育教学质量。

当然，为激励高中中年教师和其他教师科研的积极性，对高等级获奖与发表论文、高等级获奖课题、出版专著的作者要及时予以奖励。

（3）积极资助教研成果的物化。

教育行政部门或学校成立教研成果评选委员会，评选年度优秀教研成果并予以张贴、奖励。同时，定期拿出一定资金，出版优秀论文集、课题研究成果和教师专著。教研成果的物化，契合教师专业发展诉求和价值实现的心理需求，能强有力地激发教师的研究热情。

（4）大力开展读书活动。

随着网络等新兴媒介的出现，教师获取知识的渠道呈现出多样化的倾向，但信息良莠不齐、真假莫辨者不少，且碎片化阅读令思维参与不深入，知识的理解、内化毕竟有限。因此，当前教师知识的重要来源还是读书。学校可以设立读书专项基金，但不是平均分发于每位教师。因为，读书固然是教师的权利和义务，但读书基金不是股权和福利。学校应让真正读书的教师拥有读书“股权”和“福利”。对愿意读书的教师，尤其是高中中年教师，实行一定额度（如500元、1000元）的全额报销制度，教师凭购置的有勾画与点评的书、发票和读后文章报销。每年剩余的读书专项基金充作学校出版基金。

（四）教师倦怠干预策略

职业倦怠是个体在工作重压下产生的身心疲劳与耗竭的状态，最早由美国临床心理学家弗洛登伯格于1974年提出。它是中年教师生活中极易出现的现象，连片特困地区高中学校中年教师尤其如此。冯克在关于教师生涯七阶段理论中，指出处于自我和专业的再定向阶段的教师，表现出可能质疑教学义务、出现中年危机、丧失活力和热情。这是职业倦怠的典型体现。从某种程度上说，职业倦怠是专业发展的大敌。

教师的职业倦怠因何产生？从定义上看，因工作压力（工作中任务、人际关系等压力）产生。克丽丝汀·马斯勒从静态的角度进行深入研究后指出，职业倦怠是需要连续不断地与他人互动的人际服务业者在长期压力下的一种行为反应，包含情感衰竭（个体情感耗尽，工作热情丧失，因而进入“工作—压力—工作”的恶性怪圈）、非人性化（个体以消极、冷漠的态度对待工作对象和他人，视工作对象为“物”，因而人际互动效果差）、低个人成就感（感到自己工作成绩和能力下降，自我评价低）。这一研究成果指出了职业倦怠产生的诱因和表现。奎内思（Chemiss）从动态的角度指出了职业倦怠的消极性、动态性，认为“职业倦怠是个体面对工作疲劳在态度和行为上消极变化的过程”，分为压力（资源与需求不平衡）—疲劳（即刻、短时的情绪紧张、疲劳和耗尽）、防御性应对（以疏离、机械的方式对待工作等）三个阶段。

综上所述，职业倦怠是一个变量，其消除的关键是消除工作压力。因此，消除工作压力就成为实施对教师职业倦怠干预策略的核心。如何消除高中中年教师的工作压力，以遏制、改变他们在工作中态度和行为的消极变化呢？

1.酌情减少工作量

如前所述，连片特困地区高中学校语数外中年教师大多教2个班，数理化、政史地、体音美等学科教师大多教3～8个班。他们的体力、精力不如青年教师，而作为学校发展的支撑性力量，还会或多或少地承担其他工作，如班主任、指导青年教师、教研组和备课组教研任务、课题研究。此外，新课程理念的推广与普及，新的信息资源的大量出现，新的现代教育技术的推广，又令中年教师疲于应对。此时，中年教师出现自身生理资源与教育教学需求的矛盾，于是工作压力产生。

要消除中年教师的工作压力，首先要酌情减少其工作量，语数外教师可只教1个班，或兼任班主任，或承担教研任务。教学工作面的缩小、量的减少，必然缓解甚至消除资源与需求的矛盾，从而缓解直至消除工作压力。对优秀的高中中年教师，更应如此。这一举措貌似造成中年教师教育教学资源的浪费，其实不然。中年教师从部分日常教学工作中解放出来，有精力深入研究，实现知识的转化，反哺于青年教师，既提高教育教学质量，提升学校科研水平，更有利于学校的可持续发展。让优秀的高中中年教师承担过大的工作量，使知识的转化、智慧的反哺难以进行，才是学校智力资源的最大浪费。另外，取消部分督查项目，如教学熟手的备课、教师的总结、班主任填报的部分表册。这些举措彰显的是管理的辩证法。

2.校园软环境的营造

如果说酌情减少工作量可以直接缓解和消除工作压力，那么校园软环境的营造，要从外部施加影响，间接缓解和消除工作压力。连片特困地区高中学校应高度重视校园环境的营造。

（1）营造文化环境。

一个以“平等、进取、友爱、合作、健康”等为内核的文化环境，会给教师提供正能量，部分抵消和消除职业倦怠的负面影响。教研组、备课组活动应在平等和谐的气氛中以沟通的方式开展，强调合作，安排合作教研的大小项目，在合作中节省时间，以利于教师反思、探究；打造教师合作群体，开展指导型（专家、教研员、学科代表的指导）、研究型（专题讨论、课题研究）、表现型（公开课、教学成果展示、读书汇报等）合作学习，从而培育进取精神，即朱旭东所谓的教师的专业精神（认同、美德、使命）、学术精神（自由、质疑、批判精神）、实验精神（科学精神）。成立各学科和跨学科读书俱乐部，提供参考书目，做出量化的基本要求，尤其倡导文化阅读、学术阅读，进而使教育教学向审美方向发展，使过去忙于日常事务的中年教师获得新的增长点，从而拥有成就感。注重环境的人性化，设立咖啡屋、健身房，让教师在工作之余调节心情，强健体魄。

（2）完善制度建设。

在尊重教师自主权的前提下完善相应制度，体现公平、公正，给有些倦怠的高中中年教师提供进取的制度路径。这些制度，有依据教书育人、课堂教学、教育教学研究能力、影响力、学历而评职晋级的职称制度，有引领、激励教师由经验理性向理论理性过渡，将缄默知识显性化、构建学术系统并予以评价奖励的科研制度，等等。学校要加大研究和激励力度，建立催人奋进、公平科学的制度体系和测评体系。

理论篇

以道德、学习、科研、实践上的自觉为内涵的文化自觉是教师专业发展的前提，用信念、倦怠、知识、能力、发展、学习等方面的教师专业发展理论武装头脑，研究、深知阅读理论、创新性学习理论对于高中中年教师专业发展的意义，并在反思理论指导下形成“反思地带”，自觉反思。此为高中中年教师专业发展的理论路径。

第三章　连片特困地区高中中年教师的文化自觉

第四章　教师专业发展重要理论

第五章　阅读与连片特困地区高中中年教师专业发展

第六章　创新性学习与连片特困地区高中中年教师专业发展

第七章　反思与连片特困地区高中中年教师专业发展

第三章
连片特困地区高中中年教师的文化自觉

中国自古就有“经师”“人师”之说。所谓“经师”，即讲授经籍之师；所谓“人师”，即德行堪为表率、言语滋养心灵，引领人生之师。二者有境界高低之别，“经师是供给材料的技术家，人师是指导精神的领港者”（郭沫若《青年哟，人类的春天》），因此前人以为“经师易得，人师难求”。需要指出的是，古人眼中的“人师”与今日的“人师”有所不同。《荀子·儒效》云：“四海之内若一家，通达之属莫不从服，夫是之谓人师。”荀子所谓的“人师”即他所称颂的辅助成王的周公这类“大儒”，有“镐京辟雍，自西自东，自南自北，无思不服”（《诗经·大雅·文王有声》）式的效应。这与“圣人”何异？在今人眼里，能在道德情操、为人处世上示范、引领学生的教师，均为“人师”。

叶圣陶先生所谓“教育工作者的全部工作，就是为人师表”中“师表”二字，体现于“经师”“人师”两个方面，“有境界的老师”就是“经师”“人师”的统一体。连片特困地区高中中年教师应将“经师”“人师”的统一作为专业发展上的诉求。

如何求得二者的统一？拥有“文化自觉”。费孝通先生于1997年首次提出“文化自觉”这一概念。所谓“文化自觉”，就是人对自身的文化背景，文化的渊源、特色、发展趋势有充分的“自知”，能在自我觉醒状态下反思、转型、创造。[①]从文化的视域上考察教师，其实教师是一个文化中现象类、文化类事物，承担着文化传承、培育文化发展者与创造者的重任。其文化自觉表现为在植根于文化背景的前提下，对教

① 费孝通. 费孝通论文化与文化自觉［M］. 北京：群言出版社，2007：190.

师教育教学行为的理解，对职业的认同，对自主发展所需文化精神的自觉追求。换言之，教师的“文化自觉”是教师应有的禀性，是教师专业发展的内在动力。费孝通曾说：“社会问题起于文化失调。”所谓文化失调，就是“新的文化特质引入之后，不能配合于原有的结构模式”①，令生活上出现裂痕或扭曲。连片特困地区高中中年教师的种种问题属于社会问题，本质上是诸多外在思想文化冲击下文化失调的问题。要解决这一问题，以避免正确信念迷失、价值诉求偏转，就要以教师的文化自觉进行自我调适，在调适中坚守文化所赋予的正确信念，在坚守中调适自我心境和行为状态。否则，教师的专业发展便因失去了文化根基而失去引导、推动的力量。因此，教师的文化自觉就成为连片特困地区高中中年教师专业发展上不可回避的问题。

国内有学者认为，教师的文化自觉表现为道德自觉、理论自觉、专业自觉、实践自觉和思维自觉。②不过，“专业自觉”不宜单列，因为“专业发展”对于教师而言，是教师这一专门职业的诉求，以上“自觉”均属于教师专业发展范畴，即属于广义的专业自觉；而狭义的“专业自觉”（学科性质）又与理论、实践、思维上的自觉呈交叉状态。另外，“理论自觉”也存在于教师学习、科研之中。因此，教师（含连片特困地区高中中年教师）专业发展上的自觉实际上体现于道德、学习、科研、实践四个维度。

一、道德自觉

“道”与“德”相联系而实不同。道，“所行道也”（《说文解字》），为人行走之所依，故可引为道理、规律、规则、道义。庖丁所谓“臣之所好者，道也”即为道理、规律、规则，孔子所谓“道不行，乘桴浮于海”即为“道义”之意。德，“升也”，人之境界提升而拥有的品性、品行，孟子所谓“德何如则可以王矣”即是。有学者训“德”为“得”，释“道德”为“得道”，此为音训之误。“道德”实为两体，“道”为本体，“德”为用体，所以老子将“道经”置于“德经”之前，著《道德经》，“目的是救人类”③。至于汉代将“德经”置于“道经”之前（这从长沙马王堆三号汉墓帛书《老子》可知），只因重“德”成为世风，这丝毫不会改变“道”的本体性地位。“道”与“德”不同，守“道”即“不逾矩”，时时自律，自然有德行，所以，曾仕强先生认为“有道必有德”，但二者本、用关系依然没有改变。可见，称“道德”较之于称“德道”更有科学性。

道德发轫于先贤对人伦的规范。道德作为一种规定，始孕于血缘，每个群落都

① 费孝通. 费孝通论文化与文化自觉［M］. 北京：群言出版社，2007：1.

② 潘裕民. 教师专业发展的理论取向与实现路径［M］. 南宁：广西师范大学出版社，2013：12-25.

③ 曾仕强. 道德经的奥秘［M］. 西安：陕西师范大学出版社，2012：9.

有不同的约定或规定，所以《国语·晋语》认为“异姓则异德，异德则异类”。古人将血缘纽带下的群落视为上苍的赐予，借助图腾，使“原本属于每一部落的某种自然（主要是血缘）的规定性被原始宗教万物有灵观念赋予了神性”[①]，而“儒家（从周公开始）则将原始思维中，带有神秘主义色彩的天人关系抽象继承下来，注入道德的人文主义内容，使原本得自图腾之得（血缘），变成社会中某种价值原则（道德），并同时使这种社会价值原则获得了本体性意义”[②]。这是一种巧妙的借用，使道德具有家庭、群落、社会性意义。

道德是人们共同生活及其行为的规范和准则。古人重视道德，“德之不修，学之不讲，闻义不能徙，不善不能改，是吾忧也”（《论语·述而》），其中为不修德而忧。做一个有格调的人，首先是要有“德”。“德”是立人之本，也是立国之本。“德，国家之基也”（《左传》），“道德衰亡，诚亡国灭种之根基”（章炳麟），道德关系着国之兴亡。因此，道德成为人类敬畏的对象，康德曾说：“世上最奇妙的是我头上的灿烂星空和内心的道德准则。”

教师的职业道德就是教师的生活、行为的规范和准则，是思想观念、道德品质和职业精神的统一体。“其身正，不令而行；其身不正，虽令不行”（孔子）的训诫反映出教师道德修养的重要作用，“身正为范”（陶行知）反映出教师道德的引领、辐射功能，“学者必求师，从师不可不谨也”（程颐）从学生角度佐证教师在知识、道德上的作用。因此，教师要有道德自觉意识，葆“师德动机”“师德理想”这些师德行为动力因素，[③]自觉地涵养道德，构建、完善自己的道德体系，才能形成清晰的自我意象和良好的专业人格。

（一）方向

教师如何自觉地涵养道德，道德自觉的具体方向是什么呢？“儒家教育一直沿着‘内求’与‘外铄’或者说‘尊德性’与‘道学问’两条途径发展着。”[④]毋庸置疑，从个人成长的角度考虑，培育道德要做到内外兼修。但是，“道学问”不只是外在的学习，还体现于道德实践中，通过道德实践提升道德境界。

因此，我们以为，教师尤其是道德意识不强的高中中年教师，其涵养道德主要体现在四个方面。

---

① 陈明.儒学的历史文化功能［M］.北京：中国社会科学出版社，2005：45.

② 同上。

③ 杨春茂.师德考核评价理论与实践——师德修养与师德考核评价［M］.北京：首都师范大学出版社，2014：11-12.

④ 施克灿.中国教育思想史［M］.北京：高等教育出版社，2008：2.

1. 道德认知

道德虽然抽象、宽泛，却是可以认知的。柏拉图首次提出“德性是否可知”的问题，并以“被快乐支配，实际上是被无知支配，这是最严重的无知”一语否定了经验中的快乐对于道德的意义，从而将道德归结为知识问题，而知识是可认知的。康德倡导道德认知主义，认为人作为“理性的存在物”，听命于内心的“道德律令”，自然“为道德而道德”。当代最有影响力的思想家尤尔根·哈贝尔斯（Jürgen Habermas）对康德的道德学说做了一定程度的修正，但仍将道德归结为理性认知的结果，提出“道德认知内涵”的命题，认为道德可以通过认知来实现，将理性认知的自由属性奉为道德的“黄金准则”。这些哲学巨匠的哲思睿语启示我们：要涵养道德，首先不要将道德“神化”，更不要虚无化。

认知道德后才可能“自律”而非“他律”。如果不认知道德，那么道德作为外在“律令”，因“他律”而极易被疏远、抗拒。因此，连片特困地区高中中年教师要自觉认知道德，明确道德准则。如此，自觉以道德“自律”才会成为可能。

2. 纯洁品性

教师品性力求高洁，“欲影正者端其表”（桓宽），“所说底话，光明正大”（朱熹）。在开放的时代，不良价值观的潮汐时时翻卷，身处连片特困地区的教师在经济地位上的不平衡感较其他发达地区更强烈，高中中年教师在职业倦怠的情况下，多元选择、不良价值诉求滋生的可能性增加，这自然增加了“道德当身，不以物惑”（管仲）的难度。这时，教师应增强自己的本体意识，认识到教师这份职业至少是立身、立业之本，认识到内心的蒙尘必然带来职业上的懈怠，乃至不称职。如此，对不起这份职业，也对不起学生、家长，这是最基本的不道德。连片特困地区留守少年多，道德结构不完善者多，教师更有责任通过纯洁自我的品性，为他们树立起道德的标杆。

纯洁品性，回归原初的自我，固守精神的原乡，这是期许也是目标，离不开教师内心的自我觉悟。对于教师而言，远邪佞之心、邪曲之行、市侩之气，要如老子所言“致虚极，守静笃”，清净不染尘埃，在诱惑面前“忽毁冰操”（《晋书》）。如此，才能避免灵肉冲突，“复归于朴”“复归于婴儿”（老子）。其手段就是庄子所谓的“心斋”。“心斋”指内在的反省和约束，亦即儒家“修心”。在“心斋”中能否得“道”而有“德”，是古人所谓“君子”“小人”的分野。当然，这道不远而任重，需要老子所谓的“知足”“不争”心态，在道德自觉中培育“利万物”的情怀。正因为如此，连片特困地区教育主管部门和学校领导在保证教师基本待遇的前提下，要加强对包括高中中年教师在内的所有教师的师德引导、提升和考核。

3. 责任担当

担当责任，始于君子人格的铸就。“以无措为主，以通物为美”（《释私论》），这是嵇康所谓的“君子”。“无措”，即摒弃私念，符合自然；“通物”，即超脱自我，与自然合二为一。这是理想的道德境界。身在红尘中的教师，将教师作为职业及立身立业的根本，在专业发展之余也有关于家庭建设、个人职业生涯发展的“私念”，这无可厚非。这样的教师虽不是嵇康所谓的“君子”，但不为私念禁锢，成为肩负教育责任的人，亦不失为世俗中的“君子”。

孔子鄙薄樊迟“学圃”“学稼”，子夏认为“学而优则仕”，可见，培育治政之才是其责任。“得天下英才而教育之”被孟子作为人生三乐之一，因为孟子具有博大的胸襟、崇高的使命、宏大的责任，这正是孟子“浩然之气”充塞于天地之间的原因。这一宏大的责任首先体现在促进学生人格的建构，也体现在关注社会、时代，以充满正能量的价值观引导、完善“英才”的思想。这可能引来教育被政治化之类的贬斥，然而，“教育即政治”[①]直接宣告了二者的关系。教育家杨贤江也认为：“自有历史，就没有脱离过政治关系的教育。”教师在纯洁品性的基础上，不能只将教师当作立身的职业，还要鄙薄“拔一毛而利天下，吾不为也”（杨朱）的“小我”，迸发出为天下培育人才（包含政治精英）的豪情，并躬行之，才能做高境界的教师。浙江省镇海中学校长吴国平说得好：“‘教育人’，是我人生最重要的标签。”连片特困地区的青少年也是民族的未来，教师理应有强烈的职业敬畏感，有责任和义务将他们培育成地区脱贫与发展、民族复兴的生力军。

明朝理学家胡居仁曾道：“欲为天下第一等人，当做天下第一等事。”无论是苏格拉底还是孔孟，都因不懈地做“天下第一等事”而成为“天下第一等人”。包含连片特困地区高中中年教师在内的所有教师，虽为普通人，但如果拥有孟子式的大胸襟、大情怀，即使在专业发展之路上未能走得很远，教育成果不那么辉煌，但至少不失为精神上的“天下第一等人”。因为心有使命，心有梦想，肩有担当，普通教师也活在崇高的价值追求的路上，先前的职业倦怠感也会日渐消失。如此，教师在宏大的教育梦想的牵引之下，也身处幸福之中。

由此看来，超脱是一种心境、态度，背后是超越私利的观念、看淡得失的智慧，结果是不凡的气度、幸福的人生；而崇高责任下的超脱，则体现出博大的胸襟、高尚的情怀。

4. 人文关怀

《周易》推崇“厚德载物”。人因德“厚”而可“载”物，人因“载物”而体现

---

① 教育即政治，巴西教育家、哲学家，哈佛大学教授保罗·弗莱雷的观点。其理论核心是“教育即解放”，指出教育具有对话性，提出“解放教育”或“提问式教育”，旨在将教师、学生从“驯化教育”或“银行储蓄式教育”的模式中解放出来。

出“厚德”。雪莱认为“道德中最大的秘密就是爱”。“爱”亦即柏拉图所谓的“善的理念”，万物因“善”而美。事实上，从某种角度来说，爱是教育的本质，蕴含着善，彰显着美。

对处于生活困境中的学生，如连片特困地区的“空巢少年”，教师要满怀悲悯情怀，因为“同情是一切道德中最高的美德”（培根），同时要及时予以关怀，即“养人之欲，给人以求”[①]。对于沐浴在阳光春风中的学生，教师要及时予以引领，使之远离邪僻，向善有为。教师的种种仁爱言行，富有人性的温度。须知，有温度的教育是学生成长的关键。

从教师层面看，教师不能以慈悲为怀，就会减损其人格的魅力和美的力量。如此，就难以以德服人、以德感人、以德化人，以学授人的效能也会因此降低。相反，拥有博大的人文胸襟，教师即便在学养上稍逊一筹，即便呵斥犯错的学生，也能使学生减少甚至消解抵触情绪。不但如此，还能在缺少批评、否定的媚俗时代彰显难能可贵的风骨。更为重要的是，彰显了教育的品质。

如何让这份人文情怀永在心中？教师在教育教学过程中，既要目中有“经”，更要心中有“人”。这个“人”，不只是眼前读书、升学的学生，而是有巨大的发展潜力的眼前学生所对应的国家未来的接班人和建设者。1994年在西班牙召开的“世界特殊需要教育大会”上提出“全纳教育”（inclusive education）[②]，英国学者安德烈·波拉德（Andrea Pollard）等基于学生及其需求的差异，将全纳教育观作为“应对差异的创新方法”，同时反对排斥和歧视，以促进每个学生的发展。也就是说，全纳教育因对象的全员性关注、需求性关注所具有的平等性、科学性，彰显了人文关怀。因此，教师切忌活在教育功利的阴影之中，切勿因教学成绩的短期提高目标而忘记对学生的人文观照。我们并非一概排斥功利，反对追求升学和升学率，而是反对片面追求功利的倾向和行为。如果因为片面追求升学率而导致学生远离爱的春光，甚而畸形发展、心灵扭曲，那么教师的教育教学即时行为是缺乏大智慧的，也是不道德的。事实上，思想的引领、心灵的滋养、情感的融通等人文关怀方式，会促进学生学业的进步。

以上四个方面是教师在道德自觉上努力的方向。

（二）完善

道德的践履、完善不是易事，“因为道德本身具有强制性。这种强制性既有外来

① 楼宇烈. 中国的品格［M］. 北京：当代中国出版社，2007：41.

② 全纳教育，指1994年西班牙“世界特殊需要教育大会”上出现的一种教育思潮和教学观念。它要求容纳所有学生，促进积极参与，注重集体合作，满足不同需求，没有排斥、歧视、分类的教育理念。

的施加，也需要内心的反省和自律”（李生龙）。教师如何保持道德自觉而臻于更高的道德境界呢？

1. 心怀敬畏，增强职业认同

人们敬仰道德和道德者，并因“见贤思齐”而不断提升自己的道德境界和人生境界。教师固然要静养道德而成为道德者，但首先要敬畏教师这份职业，这份职业的使命就是育人。孔子说：“君子有三畏：畏天命，畏大人，畏圣人之言。”（《论语·季氏》）。育人就是教师应敬畏的“天命”。唯有敬畏育人使命，方能真正产生、增强教师的职业认同感（professional identity）。

教师的职业认同感指教师个体对于所从事教师职业的目标、社会价值及其他因素的理解，这与社会对教师职业的评价及期望的趋同一致。职业认同感的增强，使教师增强职业敬畏感和专业发展的紧迫感，将包括道德素养提升在内的专业发展从自发状态变为自觉状态，从而更有利于教师获得教育教学的存在感、成就感、归属感，更有利于学生灵魂的滋养和人格的塑造。从这一角度看，教师对道德和道德者心怀敬畏，本质上是道德的，是道德自觉的开始，也是道德自觉践履的前奏。

2. 勤于自省，不废修身洁行

北宗神秀有偈语曰：“身是菩提树，心如明镜台。时时勤拂拭，勿使惹尘埃。”然而，身在当下社会，身在连片特困地区的教师，有多种诱惑和多元选择，高中中年教师极易在诱惑中迷失自我，在选择中背离初心。心若不是“明镜台”，也惯于如此，何以拂拭心灵的尘垢？教师要勤于自省，发现不足，曾参“吾日三省吾身”、王阳明“省察克治”的道理就在于此。

人并非完人，但可以通过自省进行修身，不断“修身洁行，言必由绳墨”（王安石），从而接近完人。这是对教师道德建设上的要求。《礼记》中“自天子以至于庶人，壹是皆以修身为本”就道出“修身”的普遍性和必要性。相反，“不修其身，虽君子而为小人”（欧阳修）。因此，我们要重视修身，且“修身以敬，勿托以尊”（《晋书》）。

连片特困地区高中中年教师来自家庭、社会的压力大，外在的诱惑多，内心原有的崇高极易被“祛魅”（disenchantment）[①]、解构（deconstruct）[②]，但只要怀敬畏之

① 祛魅，源自马克斯·韦伯（Max Weber）“世界的祛魅”，也称“去魅”“解魅”“解咒”等，指对世界的一体化宗教性解释的解体，即对于科学和知识的神秘性、神圣性、魅惑力的消解。

② 解构，后结构主义提出的一种批评方法，语出海德格尔《存在与时间》。解构主义代表雅克·德里达（Jacques Derrida）还赋予其“消除”“反积淀”“问题化”等意思。钱锺书翻译时始用此词。

心而自省、“价值澄清”（values clarification）[①]、修身，就能占领道德高地，进而达到“撄宁”[②]境界，成为高境界的“夫子”。唯有在道德建设上多下功夫，才有可能拥有专业人格。须知，专业人格是教师专业素养最核心的构成部分，具有影响学生最持久的力量。

二、学习自觉

学习自觉指教师关于学习的自我觉醒、自我需要的一种意识、愿望和行为。学习自觉、学习精神都是民族文化的重要内涵。

书卷气浓的教师，无不是富有学习自觉意识的教师；研究型、专家型教师，无不是将学习自觉、自觉学习当作人生使命下灵魂常态、生活常态的教师。

（一）学习自觉是一种必然

古希腊七贤之一、“雅典第一诗人”梭伦以“活到老，学到老”自勉；彼得·圣吉作为“学习型社会”理论的创始人，强调社会成员对学习的注重。2001年江泽民提出21世纪的中国致力于“构建终身教育体系，建设学习型社会”。在建设“学习型社会”的当下，学习自觉是时代所需，更是教师所需。然而，据研究，教师在大学本科阶段所拥有的知识量还不足以占未来教学知识需求总量的20%。既有知识的“折旧”，新知识的海量增长，教育改革中新观念、新理念的出现，大数据等新的现代教育技术的发展，网络不断延伸下学生视野的拓展，决定了教师不能固守旧有的知识苑囿，而应有学习自觉的意识和行为，永远处在学习的征途中，不断地“同化”和“顺应”，不断地吸纳和更新。北宋张载曾言：“今夫石田虽水润沃，其干可立待者，以其不纳故也。”“不纳”则会“立干”，“非学无以广才”（诸葛亮），教师若落伍于时代，处于经常性“失语”状态，变为难以称职的教师，遑论优秀教师。所以，王烁认为“最危险的莫过于原地不动”。

新课程改革对教师提出了更高要求。课堂中教师主导、学生主体的格局要求教师要能“导”，善“导”，且教师根据教学即时情境能与学生互动，而且要善于互动。教师固然要像吕型伟先生所说的“人云亦云不云，老生常谈不谈”那样，节省语言，致力于创新，但首先要能解疑释惑。面对问题，学生有新颖的见解，学生间互有争议，教师怎么办？套用吕型伟先生的话，应有“高下不分可分，是非难辨要辨”的意识和底气，教师要“云”要“谈”。可是，不少教师所“云”所“谈”的却是“说得

---

① 价值澄清，美国学者路易斯·拉斯（Louise Raths）等倡导，指在价值观形成过程中，以分析、评价为手段，帮助人们减少价值混乱促成同一价值观的思想和方法论。它是借助灌输价值观的反动。

② 撄宁，语出《庄子·大宗师》，意思是接触外物而不为所动，保持心神宁静。

好”“太聪明了”“留待课后深入研究”等话语。这不是“导”，更不是争议发生时教师应有的“析”；看似及时的激励或期待，实为教育“失语”时的搪塞。搪塞的背后是教师知识的贫乏和能力的矮化，内心是学力不济时的窘迫。这不但无助于问题的解决，反而令学生窥知教师自我包装下的浅薄，进而滋生出反感来。如此，极不利于学生思维训练，发展的课堂互动便难以真正形成。须知，课堂互动需要恰当的即时评价、即时引导，而二者与教师通过学习所获知识、素养密切相关。有鉴于此，从适应新课程理念考虑，教师应将学习视为自我生活的常态。

从发展层次而论，教师也应有学习自觉的意识和行为。教师秉承韩愈所谓“传道受业解惑”的宏旨，忙于教材、试卷、辅导、作业之间，少有余暇。尤其是连片特困地区高中中年教师中的优秀教师，因教师缺编，年复一年承担繁重的班级教学任务，甚至年复一年地长“蹲”高三把关，大多处于“匠”的教育教学层次。在新课程理论到来之际，依旧抱残守缺，即便有所涉猎，但知之不深、不全，内心触动少，依旧自我封闭。教师教育教学经验固然重要，但经验在培养学生核心素养之下，也存在力有未逮之状；而且固守经验，教师很难从经验型教师向研究型教师转变，更难蜕变成教育家。因此，教师专业发展，离不开学习自觉，教师应让自觉的学习成为自我发展的强烈诉求，成为须臾不离的一种生活方式。

然而，在学习内容上，不少教师存在认知偏差：一为学科本体知识万能论，二为教学方法万能论。持学科本体知识万能论的教师，认为能做学科试题，能讲授学科知识，就能立于不败之地；持教学方法万能论的教师，认为在掌握学科本体知识的基础上强化教学的方法，就能进入教学的自由之境。这两种教师中，教所学理科的，自然在自我学习时排斥文史哲美等人文知识的学习；教所学文科的，又排斥自然科学及其内在的精神、文化。长此以往，只是教坛中仅仅注重知识传导的技术型教师或匠气十足的“师傅”，而非自觉打造富有思想启迪、文化滋养的课堂，自觉训练学生的科学思维，丰富学生的人文积淀，培育学生人文情怀、科学精神、实践精神的“立体型的教师”[①]“有境界的教师”。因此，教师自觉学习时应有开放性空间，不能局限于学科本体性知识、教学方法论，还应涉及文化类、艺术类、哲学思想类等内容。

（二）理论自觉是特别重要的学习自觉

教师的学习自觉体现在实践性知识等方面的自觉上，但最重要的是体现在理论自觉上。什么是理论？理论就是关于客观世界规律的理解和论述，是具有普遍性的观念

① 立体型的教师，指有博大的人文情怀、深邃高远的思想、丰厚学养的教师。与此相对的是“平面型的教师”。平面型的教师指经验型教师。

或经验、行为的高度抽象化。

理论是显性知识，是规律的提炼。从某种角度看，理论的不断出现，代表着思维的参与、智慧的增加和时代的进步。一个时代的科学理论代表着一个时代的高度。“理论是实践的眼睛”（邹韬奋），科学的教育教学理论亦然。如果教师有理论自觉，就意味着教师时时与代表着时代智慧、高度的智者对话，在教育教学实践中获得思维的启示、理论的引航。例如，美国学者威廉姆·颇凯（William W. Purkey）、贝蒂（Betty L . Siegel）的“邀请教育”理论与新课程改革中“以教师为主导，学生为主体”的理念的本质相同，能自觉学习这些理论的教师，就能够自觉构建如“后茶馆式教学”[①]这样开放灵活的课堂结构，从而最大可能地训练学生思维。反之，自得于学科知识、学科能力过硬，课堂教学中就极易一以贯之地继续削弱学生的主体地位，结果虽然教师显得“饱满”，但学生依然“干瘪”——只是“知识人”[②]“半人”[③]。其本质是偏重“教”“授”，教学成为“生产性行为”，而忽略了“育”。“教育作为一种纯粹人道的事业，其价值不仅在于维持个体的生命活动，也在于使个体生活得更有意义，更高尚。”[④]从这个意义上看，不重视“育”的教学行为，是不人道的行为。如果教师学习、深明这些理论的精髓，就会自觉地将自己的教学行为调整为“交往性行为”。学生因师生“交往”而有所得，此时的教学行为姑且名为“生成性行为”。

《周易》云：“取法乎上，仅得其中；取法乎中，仅得其下；取法乎下，无所得矣。”因此，教师要自觉学习教育理论，成为先进教育理论的聆听者、接受者、践行者，乃至审视者、完善者。尤其是连片特困地区高中中年教师，缺少与时代智慧对话的机会乃至习惯，更应在理论学习中及时、迅速地“充电”，促成专业化生成，获得专业成果，从而拥有专业底气、专业自尊和专业上的自我效能。

（三）要检视自身的理论修养

在指导性学习或自主性学习过程中，不少乐意学习的教师却不太乐意接受颇有理论高度的专家指导，甚而讥之以“不接地气”。原因何在呢?

1. 存在理论认知偏差

理论有学术、行动之别。现代教育理论有两类，其一为学术理论，属于经验教育

---

① 后茶馆式教学，是20世纪80年代上海育才中学段力佩所倡导并践行的一种教学方式，以“读读，练练，议议，讲讲，做做”为环节，以“议”为核心，其本质是经验与文本的对话，在自由、宽松、愉悦、和谐的“茶馆”氛围中训练思维，达成目标。

② 知识人，指只有知识，但思想、人格不健全的人。

③ 半人，指知识不全面、人格不健全的人。

④ 董云川. 道与不道［M］. 昆明：云南人民出版社，2016：16.

学、教育哲学的范畴；其二为行动理论，属于实践教育学范畴。比较两类，行动理论比较“接地气”，学术理论“不接地气”。不过，教师操作层面的经验介绍更“接地气”，但只是“术”。是否“接地气”不是决定理论水平高低、亲疏理论的标准，因为它们的效用层面不同。科学的教育理论是“道”，普遍适用于教育的理性认知，用之于教师更新观念、指导实践，而不能如经验那样直接用之于实践。

我们并不反对“接地气”的培训活动，但如果教师将是否“接地气”作为衡量、取舍的标准，则体现了在理论认知上出现明显的偏差或窘迫（因落伍而难于理解）。这一偏差或窘迫的存在，正是不少教师鄙薄、拒斥理论的内因，也是难以卓越的根源。

2. 自己落伍而不自知

对理论尤其是学术理论持排斥态度，至少反映出教师在两个方面落伍：一是视野上狭窄。许多教育学术理论，即便是前沿理论，如教育大数据理论、STEM课程理论，都会在相应媒介上出现。教师拒斥这些理论，反映出阅读面不广，没能真正走近理论，因而孤陋寡闻，甚而夜郎自大，随意给出错误的评价。一位博士来连片特困地区讲学，谈及美学理论，提及“独角兽”[①]，但没有阐发，结果连不少语文教师也如坠雾中，从一个侧面反映出教师已经部分跟不上时代步伐。“秀才不出门，能知天下事”警示我们要博闻多识。二是理解上退化。理论因高度抽象化而富有理性色彩，具有言语上的准确性、凝练性、抽象性和逻辑上的严密性。视学术理论为畏途，折射出教师理解、分析、推导等诸多能力因少于这方面的学习而被弱化。

“博士”古指通晓古今之士，战国时称为学官；宋时“教授”称为学官，其职之一为讲解经义。二者都重“博通”。教师应成为学生眼中学术上、行为上的“博士”“教授”，才有专业自尊和学术尊严。

3. 理论运用能力缺失

王阳明提倡“知行合一”。理论是实践的明灯航标。运用演绎推理，可用之于实践。教师听学术理论（所谓的“纯理论”）而茫然，或因以上原因所致，或因理论的“仙气”与教育教学行为的“地气”接轨的意识、能力不强所致。

对颇有理论高度的专家的指导讥之以“不接地气”，凸显了教师理论修养的不足。教师理应时时检视自己在教育思想、教学理念、教育目标、人文理论等诸多方面是否存在缺失，并时时运用理论。

① 独角兽，一种身形纤巧、长有双翼的西方神兽，在亚述（Assyria）王国的壁画中就已出现，希罗多德最早用文字记录这种神兽。它是善良、美丽、正义的化身。

（四）要跨界学习

跨界学习，指教师在精通从教学科的前提下，涉足其他学科领域的愿望、行为。教师要跨界学习是历史和现实的必然要求。

1. 学科分离的现实短板

中国古代学习科目有“六艺”——礼、乐、射、御、书、数。而文艺复兴之前，欧洲已有逻辑学，但逻辑学自哲学中剥离，由亚里士多德创立以来，一直只是哲学的工具。也就是说，此时欧洲只有一门学科——哲学。由于理性的彰显，科学才从哲学中分离出来，到后来又分出诸多门类。这颇类似于庄子所忧“道术将为天下裂”，即王官之学分离出诸子之学的情况，只不过二者的根源不同罢了。今日学科析分越来越细，数学分离为代数学、几何学，汉语析分为古代汉语、现代汉语等，医学析分更甚，而大学的专业析分更甚于此。

作为历史、现实现象，学科由混沌、朴茂变得精细、精深，这是历史的进步，它代表着专业化的研究更深、更细，但同时又是现代人的悲哀。现代人一旦进入某一专业领域，就意味着知识面受到一定的局限，以致文史科出身的不知黄金律，理工科出身的不知王阳明。今日难出张衡、达·芬奇这样跨学科的巨擘，赵元任、周有光之类文理兼修、博通的大师，钱伟长这类文科出身的力学泰斗，王小波这类理科出身而写作成就斐然的名人，难出跨学科教学的名师，与此大有关系。

2. 学科跨界的心理基础

心理学家弗雷·德特曼（Fred Terman）、斯滕伯格（R.J.Sternberg）曾提出“转移”说。何谓“转移”？用艾伦·维纳（Ellen Winner）等的话说，就是“在某个领域内习得的知识也可以普遍推广运用到另一领域”。也就是说，学习者所学某个学科的知识，可以而且会在另外学科的学习、运用中发挥作用。换言之，某个学科的学习与运用往往会得益于学习者其他学科所学。例如，头脑风暴交流学习来自精神病理研究，众多教育理论来自心理学研究成果。因为我们的大脑，“需要根据自己以往的经验实时调动自己做出特定的反应……任何单一的心理机能的进步都很难带来其他机能同样的进步”［桑代克（Edward Lee Thorndike）、史蒂芬·伍德沃斯（Stephen Woodworth）］。

基于这些认知，艾伦·维纳等人强调“艺术转移效应”，认为艺术教育对认知、创造性、主动性、社交能力、大脑都存在影响。[①]既如此，理科教师不应排斥艺术性强

① 艾伦·维纳，塔利亚·R. 戈德斯坦，斯蒂芬·文森特-兰克林.回归艺术本身：艺术教育的影响力［M］. 郑艳，译. 上海：华东师范大学出版社，2016：10.

的学科；同理，文科教师不应排斥理科。学科跨界学习有利于心理协调发展。因此，教师要在跨界学习上有所为。

3. 学科融合是现实需求

学科分离之后，不少现实问题却远非独立学科所能解决的，这需要学科互相交叉、渗透和新学科的诞生。恩格斯关注到自然科学突破原有学科界限的趋势，深入分析各种物质运动形态的相互转化，指出原有学科的邻接领域将是新学科的生长点。今日所谓的前沿学科，大都是不同学科渗透的产物，且随处可见，如经济数学、生物信息学、生物物理学、化学物理学、量子信息学，不一而足。它融合了不同学科的范式，突破了专业化的垄断格局，以“问题解决”（problem-solving）的研究模式促进了重大问题的解决。

学科常有跨学科内容。例如，九寨沟五彩池的水为何特别清？要科学回答这一问题，就需要明确其中包含的有关化学、物理、地理知识。“$CaCO_3+CO_2+H_2O \rightleftharpoons Ca(HCO_3)_2$”这一化学可逆反应方程式体现了石钟乳形成的化学原理，但这一方程式的成立离不开CO_2逸出这一条件。而五彩池急速的水流在物理学上的重力作用下压强降低，有利于CO_2逸出。加之五彩池纬度高，水温低，此时CO_2的溶解度偏低，导致难溶于水的$CaCO_3$不易转化为易溶解的$Ca(HCO_3)_2$，从而沉积，水就变得特别清澈。又如，舜帝《南风歌》中“南风之薰兮，可以解吾民之愠兮”，就包含了大陆性季风气候等地理学科知识、历史学科中朴素的民本思想。诸如此类的跨学科问题在学科中并不少见，而关联的学科教师予以一一解释，会耗费不少时间。为了提高教学效率，学科整合、融合成为必然，且在全国已如雨后春笋。当然，这种整合、融合目前还更多体现在各地校本教材的编著和具体学科的教学之中。2014年，重庆市九龙坡区谢家湾小学校长刘希娅有针对性、创新性地探究国家课程落地的路径，率先在全国进行课程整合改革，设计“小梅花”课程，成功破解了减负提质的瓶颈性难题，创立了学生负担轻、成绩优、能力强、习惯好的素质教育新模式。作为多学科集成的STEM教育①，也是时代的产物。今日全国特色校本课程的开发、文史等内容出现于数理化等学科的考试中，都在一定程度上体现了学科的融合。

高新科技的纷纷出现，正彰显出第一生产力的作用，于学科建设而言，它将推动原有学科的变革和重组。中国教育科学院未来学校实验室副主任曹培杰曾就“人工智能与未来教育变革”的关系，谈到“课程体系重构”的问题。他认为，尊崇国家教材，而

① STEM教育，指科学（Science）、技术（Technology）、工程（Engineering）、数学（Mathematics）多学科的综合教育。它的出现，不仅反映出不同学科之间有相互借助、相通、融合的部分，也反映出多学科综合运用的现实需求。

学科内部抑或诸多学科间亦可贯通、组合、重构，其特征为个性、联结、跨学科。

如果教师缺乏跨界阅读行为，就很难在课堂中做多学科衔接与拓展，就不能真正适应培养核心素养、课堂增效的时代需求，更难以适应人工智能时代课程改革、教育教学的需要。

4. 通识教育的必然要求

源自古希腊博雅教育（liberal arts education）的通识教育（general education），又叫通才教育，是19世纪欧美学者基于现代大学学术分科过细、知识严重割裂的状况而提出的教育理念。其目标是在现代多元社会中，使受教育者获得通行于不同群体间的知识和价值观。蔡元培曾主张文理通科，治学者不可局守一门，当沟通各科界限。这与《易》中的“君子多识前言往行，以蓄其德”、《中庸》中的“博学之”不谋而合。

“通识”的作用不仅体现在促成不同群体间的“通行”、综合性问题的解决，还在于“人”的和谐发展。理工科以理性胜，理性有利于感性的逻辑化，所以纪伯伦将理性比作灵魂的舵，辜鸿铭认为“哲学能够使哲学家懂得宇宙的法则和秩序，从而缓解了这种神秘所带来的压力”；文史科以感性胜，感性有利于理性的活跃，所以爱因斯坦将想象比作知识进步的源泉，歌德认为“谁拥有了艺术，谁就拥有了宗教”。精通多国语言的亚历山大·波菲里耶维奇·鲍罗丁（Alexander Porphyrievitch Borodin）是化学家、圣彼得堡医学院的医学教授，同时还是伟大的作曲家；爱因斯坦擅长小提琴；哲学家、数学家罗素又是教育家、历史学家。他们既有“舵”，又有“泉”，实现了文理的交融与互补。当然，“通识”不仅体现于文理的融通，还体现于文或理同一系列的学科融通。郭沫若于新诗、历史剧、古文字学、考古学、书法等领域堪称大家，现代哲学家、哲学史家冯友兰于哲学、文学、历史、教育诸领域卓有成就。

通识教育目前主要在高校推行，正向基础教育辐射，教师的“通识培训”早已实施。在培养“全面发展的人”的目标下，学生的核心素养“三维六纲十八目”（三维是文化基础、自主发展、社会参与，六纲是人文底蕴、科学精神、学会学习、健康生活、责任担当、实践创新，十八目是人文积淀、人文情怀、审美情趣、理性思维、批判质疑、勇于探究、乐学善学、勤于反思、信息意识、珍爱生命、健全人格、自我管理、社会责任、国家认同、国际理解、劳动意识、问题解决、技术运用）是“通识”的体系，也是多能力、多素养体系。这是通识教育的发展。作为教师，理应通过学习，在丰富学科知识的前提下突破原有畛域，广泛涉猎，使自己成为“通识”者。《财新周刊》总编王烁提出“成年人的自我博雅教育”这一问题，“博”即为学识视野要求。教师理应勤于跨界学习，博雅并举，以博而雅，成为“博雅多通”（《后汉书·杜林传》）之师，为学生全面发展奠基。

学习自觉中的理论自觉问题，在重庆市连片特殊困难地区高中中年教师身上体现得较为明显。因此，重庆市连片特殊困难地区高中中年教师在激发自己的学习自觉意识之时，务必注重理论自觉，尤其是行为理论的自觉，并追求创新性学习，从而因“内秀”而受到学生拥戴。

三、科研自觉

科研自觉指教师关于教育科学研究的自我觉醒、自我需要的一种意识、愿望和行为。科研求真、务实、进取的精神也是民族文化的重要内涵。

如前所述，教师是“经师”“人师”的统一体，无论是“经”上的“授业”，还是“人”上的“传道”，连片特困地区高中中年教师或多或少都存在知识上、能力上的不足，甚而都存在瓶颈，存在认识误区。有良知的教师如果不通过深入研究找到突破、解决这些问题的办法，就会永远留下教育教学之“恨”。因此，教师要有科研自觉的意识，积极进行科研，为成为研究型教师、教育家奠基。

教师的科研自觉主要体现在哪些方面呢?

(一) 思维自觉

“只有思维才配称为哲学的仪器或工具。”黑格尔的这句话道出了思维的重要性。从教师角度而论，所谓思维自觉，指教师关于思考教育教学现象、问题的自我觉醒、自我需要的一种意识、愿望和行为。主要体现在备课、上课、课后中。

1. 思维参与备课、上课活动

教师要独立消化文本，不要尚未消化就“借壳下蛋”，且不能局限于所授知识本身，还应思考新旧知识的联系、框架，知识传授的方法和凭借的资源、手段，知识辐射的范围，能力形成的渠道，师生互动的方式，学生课内症结的成因、突破的途径，等等。如果教师只知借他山之“玉”，少了琢石成玉的思维过程，那么课堂无异于兜售小商品的店铺，与学生的实际需求便有了一定距离。只有思维的自觉参与、深度参与，教师才能打造有效课堂、高效课堂。

构建框架是思维参与的重要体现，涉及高度抽象下建模的问题。作为“人类精神文明的‘金字塔’”，《周易》的“阴”“阳”就是对天地万物的高度抽象，以蕴含阴阳关系的“四象”“八卦”和六十四“别卦”构成符号系统，浓缩了古贤对天地万物之理的思考，并蕴含着忧患意识、理性态度、变革精神、中庸原则。[①]这就是“建模”。高中各学科知能点众多，即使是语文、化学、生物等知识零散的学科，也可“建模”，也应“建模”。教师要积极思维并建模，一则使学生获取知识变得简易，

① 易中天. 中国智慧［M］. 上海：上海文艺出版社，2011：4-34.

二则提升学生抽象思维的能力，三则拥有科研成果、专业自尊。

2. 思维体现为课后反思

“教师的成长=经验+反思”是美国教育家波斯纳（Posner）提出的教师成长公式。此处“经验”，并非人的感官关于客观事物的现象和外部联系的认识成果，而指“经历，体验”。教师只有对所经历、体验的内容勤加反思，才会总结出经验性成果，长期坚持反思，才能真正获得专业发展。而“反思”的常态化，就是思维自觉的重要表现。关于反思，后有专论。

为达成思维自觉这一目标，教科室可以定期收集教师思考、反思的问题和反思的成果，择优形成年初校本教（科）研重点或年终校本教（科）研总结，以促进教师的思维自觉。当然，这只是外部推动，真正起作用的还是教师自己。思想是逸出的灵魂。拥有思维自觉的教师，往往是“生产”教育思想、观念的教师，是有灵魂的教师。他，不浮躁，也不盲从，身后是无数的粉丝——也是价值的实现。单就此而论，教师也应有思维自觉。

（二）专业自觉

此处的专业自觉是狭义的专业自觉，包含学科自觉。狭义的专业自觉指教师关于教育教学这一专门化职业中问题的思考，自身专业素养上的良好诉求的自我觉醒、自我需要的一种意识、愿望和行为。主要体现在课后教育教学科研中。

如何进行科研？

1. 留心问题，注意记录

问题是教育科研的起点。备课中一时难以解决的学科知识、方法问题，课堂中的问题或问题解决的新颖方法，教育学生中出现的教育不力、师生关系不和谐等，都是教育科研准备阶段必不可少的材料。教师要做有心人，勤于记录问题。例如，某历史现象分析的思路、卵子与精子结合的概率和有效性问题，教师不要因其“小”而置之不理。问题虽小，往往有广阔的开掘天地。

2. 小而实际，思广且深

切口小，切勿贪大求全。一线教师要特别留心小问题。问题小，思考易深入有得；问题过大，其牵扯面往往广。那么，科研往往因一线教师大多科研经验不足、理论素养不高、科研视野不广、科研精力不足而难以为继。万一遇到不宜回避的大问题，怎么办？析分为若干小问题，一一研究，或组合成有机整体，分解为系列课题进行系统研究。

重实际，慎纯理论研究。纯理论研究需要极高的学养，一线教师宜走“实际问题—研究—经验—行为理论”的技术路线，极个别的可上升到学术理论的高度。在教育教学中，空巢少年的补差、空间几何教学中空间想象能力的培养、自然地理的人文化教学取向、作文析材或拓展的思维方向等，都是实际问题，都富有研究价值。

对这些小而实际的问题，可独立深入思考，可与人研讨获得启示，以思广且深为宜。这本身就是颇有行为意义的专题性研究。研究之后，形成有一定理论支撑的经验性文章，这也是论文——即时情境中的行为性论文。若在此基础上寻求理论支撑，再由特殊到一般，提炼出行为性理论，则意味着教师的专业化发展更进了一步。

3. 问题分类，做大做强

如前所述，遇到实际大问题，可做成课题。例如“空巢少年”的教育问题，涉及多个成因，措施因成因不同而不同，效果因个体或群体差异而不同，之后完善的措施也不同。教师研究时，不妨先将其分解为若干问题。倘若教师遇到的若干小问题是同质性、相关性问题，则将问题分类、组合，按逻辑顺序排列成若干子课题。完成这一步后，多人分工、协作，做出初步思考方案后，即可申报课题，获批后进行深入研究。

4. 善假于物，引发思考

《诗经》曰：“他山之石，可以攻玉。”许多重要发现，都离不开对他人成果的借鉴，都离不开他人成果带给自己的启发。

连片特困地区高中中年教师普遍因科研意识淡薄、视野窄，很容易出现在深入分析某一教学问题时却不知思考方向、路径的现象。怎么办？不妨与同事探讨，或上网，进图书馆，广泛收集同质或相关理论（含名言）、案例，然后逐一理解、分析，再予以分类，并进行逻辑排序。看排序结果，教师会明白该问题分析或解决的角度、层次、步骤，或获得重要启示，于是逐渐摆脱懵懂状态，甚而豁然开朗，得以“建模”。之后，在对照研究对象整体和工作实际的情况下，再对其适做择取或借鉴。顺便提一句，不要侵犯知识产权。当然，适做择取或借鉴不是根本性“要略”“秘籍”，只是技巧。科研的“本”，是教师思维的自觉及对问题自觉的深思。

需要指出的是，思维自觉与专业自觉互相交融，难以泾渭分明。不过，二者却有层次、侧重点上的差异，且密不可分：思维自觉侧重于思维参与，是专业自觉的基础和开始；专业自觉侧重于专业发展，是思维自觉的定向、延伸和深化。

甘于平庸、没有专业自觉的教师，常常处于专业“失语”状态，难以“找回自我”。思维自觉是教师“找回自我”、恢复自信的基础、前提，而专业自觉是回归自我、超越自我的关键、核心。无论是基于问题的发现式研究、小课题研究还是课题研究，都会令专业自觉的教师增长教育教学智慧并能有所创新，甚而进入自由的境界。专业自觉的教师因为智慧的增进、发现的累积、创新的迭现，越加鄙视“念课”“背课”层次，即时教育教学情境就可能由“侃课”上升到“玩课”的较高层次。上海市静安区教育学院附属学校张人利的“后茶馆式教学”就是这样一种通过关注学生学习获得知识的方法、过程来引领学生思维，从而提高其学习效能的教学方式：由学生自己阅读概念性、认识性内容，教师只对重难点等原理性内容予以点拨，从而使课堂教学精致化。这种“玩课”方式，彻底颠覆了苏联凯洛夫的“组复新巩布”五步教学法模式，强化了学生思维能力训练，针对性强，效能高。

连片特困地区学校科研氛围普遍不浓，高中中年教师多停留于“背课”层次，少数还以“侃课”为能事。加之论文有偿修改、发表成风，本应求真的学术研究受到扭曲，不少教师视科研为作秀、作假，或因视科研如登泰岳而少于科研，教学负担在一定程度上又抑制了他们专业自觉的意识和科研的热情，因而教师科研能力普遍不高，其教育科研还有很长一段路要走。不过，教育科研直接裨益于教育教学，也并非十足的“高大上”，且一线教师自有高校教师、研究所的专家不可比拟的即时情境资源和实践反思优势，从事科研结出硕果并不会“难于上青天”。初入其中，或许有几分难，但随着科研方法的掌握、科研实践的丰富、科研能力的增强，教师自会拥有科研成果，从而拥有专业升华的成就感，并为持续科研提供强大的动力。

从管理、指导层面看，连片特困地区学校、教育科研机构，在不影响正常教育教学、加重教师负担的前提下，要努力建立、健全科研及其考评机制，引领教师深入研究，真正培育教师的科研精神。缺乏科研精神的学校，是匠气十足的学校，永远在低位游走、徘徊。

四、实践自觉

实践自觉指教师通过教育教学，对理论、经验的运用、验证的自我觉醒、自我需要的一种意识、愿望和行为。所需的践履、求真精神也是民族文化的重要内涵。

此处的实践自觉不同于前文所谈“专业自觉”中问题的收集、记录等实践行为。问题的收集、记录等属于科研的准备，而实践自觉属于教育理论、科研成果的验证和科研的延伸。

“临渊羡鱼，不如退而结网”（《汉书》），“行胜于言”（梅贻琦）……前人话语启示我们：要有实践自觉的意识和行为。习近平总书记也曾借用《周礼》之典说道：“与其坐而论道，不如起而行之。”对于教师，实践自觉具体有何作用？

（一）内化理论，形成能力

教育理论作为教育研究者关于客观世界规律的理解、论述，是教育研究者的认知或认知体系。要发挥其社会功能，就离不开在实践中得到运用。而理论对实践的指导及其在实践中的运用，离不开广大教师对教育理论的理解、内化。何谓内化？内化就是教师理解教育理论内涵并印证于实践，从而真正领悟其客观价值的过程。按照建构主义先驱皮亚杰的认知理论，内化通过“同化”和“顺应”两种机制来完成。

新课程理念中培养“全面发展的人”与“坚持育人为本、德育为先，实施素质教育，提高教育现代化水平，培养德智体美全面发展的社会主义建设者和接班人”的教育方针一脉相承，但是否忽略“天赋开发”[①]？并没有忽略，因为新课程理念中还有“尊重学生的个性化发展”。如何将二者很好地结合，是以“全面发展”统领包含“天赋开发”在内的诸多方面，还是如苏霍姆林斯基将“天赋开发”作为“全面发展”的突破口，这些理论均需要在探究中内化。教师只有在教育实践中内化理论，才能将理论上的显性知识转化为教育上的自觉意识和自觉行为，从而形成实际能力。

（二）理性验证，发现新知

马克思曾说：“人的思维是否具有客观的真理性，这并不是一个理论的问题，而是一个实践的问题。”也就是说，“实践是检验真理的唯一标准”。“行万里路”固然可以拓宽视野，丰富知识，但何尝不是对“读万卷书”所获知识的验证？难怪车尔尼雪夫斯基认为“实践是思想的真理”。教育理论作为教育研究者的思维、认知成果，可能有局限性，甚至谬误，需要得到实践的检验。

不唯如此，教师在实践中验证教育理论正误或是否完善，还会在思想碰撞中闪现发现的火花，在使自己获得正确认知的同时，又使教育理论得到纠偏、弥补，甚至延伸。从这个意义上看，陆游所谓“纸上得来终觉浅，绝知此事要躬行”可谓一语中的。

达·芬奇说：“理论脱离实践是最大的不幸。”综上所述，我们可以确认，理论一旦脱离实践，其“不幸”就会有三：其一，丧失对实践的指导意义；其二，其本质性未能得到实践的检验；其三，理论难以及时得到纠偏、完善与发展。理论最终因此“不幸”而失去存在价值。因此，连片特困地区高中中年教师固然有学习教育理论的必要性、紧迫性，但也不能唯教育理论是从，要有批判精神和实践自觉意识。

如何践行实践自觉意识？其一，将理论自觉的成果迁移于教育教学，形成行为性方案。如学习了课程建设理论，物理学科组在梳理初高中衔接知识遗漏点、高中教材知识逻辑序列不清或不当之处的基础上，重构高中物理知识逻辑体系和方案。其二，验证方案，明确得失，及时完善。如物理学科组所重构的高中物理知识逻辑体系和方案在实践中有遗漏，就及时弥补相关知识点、例题、习题，体系中某些知识点序列不当，就及时调整，在完善后移交教科室，供其他年级共享。当然，这一行为应是个体与群体的统一，因为这更有利于让更多教师获得教育教学的便利和专业上的发展。

连片特困地区高中学校要加强关于以上自觉的制度建设，因为教师文明生态、文明风范的形成有赖于规则的约束、引导和涵养。连片特困地区高中中年教师如果在以上四个方面拥有强烈的自觉意识和自觉行为，就能够真正实现专业发展，成为拥有

① 天赋开发，指开发与生俱来的资质。这是苏霍姆林斯基提出的培育学生的重要途径。

文化情结、教育情怀、专业功底、艺术品位和学术精神的教师，进入“治大国如烹小鲜”式的从容自如的境界。

附：

北行书草

——清华学习之旅日记

张　锋

己亥仲夏，余偕同人计八十有五，委身汽车于慧楸之门，至万州，乘高铁以北上。越岭谷，横江河，度旷野，一路骏奔星驰，用时十有八矣。虽炎氛甚烈，然阔论高谈之际，余如沐春风，绝无飘蓬之思、踣踬之苦。何也？盖因此行抵京师，入海淀，至中关，叩清华，聆师尊之圣教以开胸襟，亦睹北国之风物而悦情性。

尝思吾侪蛰居于渝水之傍、磐城之麓，当存坐井之叹；自足于书斋之中、黄卷之间，偶有闭门之恨。如斯之日久，则何以广其视野、更其观念、富其学识、新其风貌、宏其业绩？是以学习之日未至，而心夙向往之，诚若久旱之祈霖雨，苦寒之望春阳。

无论导师警世之说、启智之方、去蔽之言、除惑之术，皆有拨云见日之功，或有渐铸闳器之德。若间存不实、乖谬之语，亦不掩其瑜。故北行诚为善事、盛事。余一介书生，忝列师尊，壮岁微命，启智库区名校之院，托身渝东虚静之室，不思建功于关外，不慕浮槎乎沧海。每欲开窗以见嵂崒之岭，翘首以接腾云之翮。余躬逢北行之盛，宜去巧伪以守拙诚，不揣愚陋，日日草录感怀，或将荦然而就长篇。姑名之曰“北行书草”。

子夜时分，余爂然而寤，方知列车暂息于天下名埠汉口。倚塞拉门一隅，燃烟一支，而月台四处寂然，明灭可睹。抵窗屈身静望，楼宇高矗环列焉。室中少灯，多昏黄，若惺忪之眸，而少有明灿者。少顷，发轫缓行，楼宇渐去，而新宇纷然而来。过目处，明灿颇甚于前，恍若银花火树。既而辐辏迅奔风掣，暗野盈目，灯火之明殆可数矣。余自渝水之滨东向于前而将北行于后，有叹于斯，遂近坐，触摸机屏，草新诗一首以记怀：

车过汉口

不忍搅扰你昏黄的梦/可你等待太久/哐啷声中又一次醒来/灯火争放光明/照亮来路，只为归人

我，疲惫的旅人/不想让贞妇痛苦太久/更不想因我而失节/匆匆作别的呵欠/竟熄灭了那么多明灯/你，啜泣窗前/目光，怅然而沉重

汉口/我的汉口

时七月十四日子夜记之。

午餐之后，于中关村兰亭汇馆舍略作小憩，语文组十二人至颐和园。楣书“延旭”二字，其后相对者为“舒云”。入其门，但见晴空丽日之下，万木葱郁，亭榭掩映其间，楼阁高耸，而万寿山佛香阁尤为醒目。远望左前，万寿塔高踞于苍山之上。环睹四周，水天一色，舟楫泛其上，十七孔桥枕波以接湖心南湖岛。其上涵虚堂古木簇拥，徐行徜徉，有湖上和风相拂，惬意之至。穿行别院，前后楣上“映日”与“凌霄”“镜月”与“绮霞”对仗颇工。一路迤逦而来，至湖边牌坊，“虹彩”“澄云”亦工。

折返，抵东堤廓如亭，惜乎因北京雨燕不可扰而止步其外。遂逐人流，自铜牛、新建宫门，过东宫门而至德和园、仁寿殿，匾额有四，题为“润壁怀山”“舒华布实”“仁以山悦”“景福来并”。穿邀月门，始达长廊，凡历史、神话、佛家典故，多形于图且彩绘其上。道听途说，方知彩图万余。余走马观花，然得赏“文思光被”“草木贲华”“烟霞天成”“夕云凝紫”四题。因游园之时所迫，故舍秋冬长廊，更无暇亲瀛台、步玉带桥，唯过佛香阁而至后门，旋出园。

陟高鸟瞰，满园尽收眼底。波光渺渺，楼阁疏密有致，而廊庑桥径相接而为一体。余叹其精巧，惊其雄阔，其恢宏气象，诚非江南园林可侔。遥想昔日太后大兴土木以成宏廓之景，极寿诞喜庆之乐事，而置水师海防于不顾，悲哉！遂吟新诗一首：

走近颐和园

黄海不平的浪涛/将我推送而来/我的血/又一次染红/屈辱的卷册

腐朽而华美的寿礼/夺走一代水师本应强壮的筋骨/逸乐的微笑/只是致远号葬礼的序幕/折断/王朝腾飞的翅膀/彩绘的祥云/空自飘飞

岁月的风/依旧没能剥下你奢华的裙裾/斜阳下，画栋雕梁/是艺术的夸饰/豪奢的炫耀/抑或历史的沉默

时七月十四日夤夜记之。

今日晨起，始聆圣明之教。

钱君志亮，北师大教育学部教授、教育部“国培计划”专家库首批专家、中国儿童安康成长专家委员会秘书长、中国教育学会中青会秘书长是也。其专题讲座名曰“教育的逻辑起点——人性善与恶的视角”。

善者，人性之光也；恶者，人性之垢也。自善及恶，盖咎于乖谬之说、名利之惑。何以固善远恶？教育者也。昔者孔圣托身杏坛，去子路之积习，成子贡之功德，

皆因善诱以育之。欲令小器而为桢干之材，欲令粪土而成可圬之料，须循教育之道，明教育之始。是以钱君志亮宏开高论，旨在吾侪知教育之逻辑起点也。

钱君学识宏富，视界广阔，于文字学、文化学、伦理学、历史学、发生学、政治学诸多视角，或探赜索隐，或综汇归纳。其立论之高、论证之严，可新人耳目，顿开慧窍，洵为至善之论。其所言教育之逻辑起点，余以为有四：一为礼义廉耻之“四维”，二为抑恶扬善之策略，三为立德树人之目标，四为教书育人之担当。此四者，既为教育内容、教育策略，亦为教育归宿、教育责任。然窃以为有虑大不周之处：其一为人之本性为善为恶之问，其一为受教者善恶不一之时教育者之策略。心系后者，而药方未开；本乎前者，而实为伪题。

人之本性素无善恶之别，赤子之心，皆为人之本能，钱君所谓次子吮乳护乳之事仅为生理反应，一旦饱腹，则次子断无护乳之举。是以王阳明曰：“无恶无善心之体。”至若孟子守赤子之心一论，可解为：因尘垢之污而就恶，其品之高下、利之得失，远不及无善无恶之时。虽如此，然钱君微瑕不掩其妙。余当细究其言，斟酌其论，得其三昧以自肥。

时七月十五日午记之。

陈君志文，中国教育在线总编、国家教育考试指导委员会专家组成员、互联网教育系统技术及应用国家工程实验室专家委员会副主任、中国教育发展战略学会常务理事是也。其专题讲座名曰“科学与公平之间的艰难平衡——高考改革与人才选拔培养思考”。

国人高考，夙承科举衣钵。然自古以来，博学者未必高中，如贾岛落寞抚剑、聊斋名落孙山之伦何其夥矣，更遑论高分低能者辈出。何哉？高考公正、公平，而其法未必科学，是以高考每致诟病。国人尚“中庸”，而何以中庸？此无规程，亦难量化，洵非易事。诚如介甫，革新一处，他处亦失其偏。执科学、公平两端，平衡殊难矣。

今聆陈君宏论，又有进焉。选考大兴，学子趋利避害而纷然选文，或求总分最大化，高校录取不易择取，此于理科思维甚强者不公；水平化考试大兴，区分度不彰，此于优生不公；尚多元评价，自主招生、综合评价大兴，诸多加分之规一出，此于高分者不公；问题曝光，招办固非证伪之署，然难辞其“咎”，此于招办不公；各省市招录比例不一，教育资源难以一一共享，此于招录比例低之省市者不公……而诸多纠偏之策顾此失彼，难以裨补缺漏。本求其公，而公委实难得。呜呼！平衡公平、科学二端，何其不易也哉！

喟叹之余，游清华园，一路幽曲，皆有葱茏老树相伴，不觉不快烟消。至清华二门，晚清重臣那桐所书“清华园”端庄厚重。历日晷，吊静安先生纪念碑，瞻友三先生像，过佩弦先生故居，迤逦而至荷塘。葱碧盈目，菡萏秀挺其间，长衫翩然之景恍然浮于目前。自荷塘归，至工字厅，赏匾额“水木清华”题语。相传此题为康熙御笔，四字源出谢混之诗：“惠风荡繁囿，白云屯曾阿。景昃鸣禽集，水木湛清华。”其下，咸丰、同治、光绪三代礼部侍郎殷兆镛所撰联语“槛外山光，历春夏秋冬万千变幻，都非凡境；窗中云影，任东西南北去来澹荡，洵是仙居”，诚点睛之语也。

时七月十五日暮记之。

曹君培杰，中国教育科学院未来学校实验室副主任是也。其专题讲座名曰“人工智能与未来教育变革”。

曹君大论新颖且不乏真灼。其新于何处？其一，教育乃时代之学（原语为“教育是一门时代学”）。美国马萨诸塞州颁布《义务教学入学法》，岁在一八五三，其教育形式无异于今日，契合于第一次工业革命以来大生产之需；互联网渐成教育平台，部分改变课堂教育方式；洎人工智能登场，教育大有去教师乃至庠序之势。历代教育，未尝不因时而化。其二，人工智能亦为思维方式（原语“人工智能：一种新的思维方式”）。溯源知本，人工智能者，新兴之技术也。而人工智能诚为“数字化生存”现象，亦为认知外界、自我之孔道、方式。然余不敢苟同“思维方式”之说，人工智能虽为时代之翼，而实为未来教育之技术背景、教育行为之工具。

其真灼于何处？未来教育别有样态。其一，学习空间再造。教师之厚壁锐减乃至随意拆组，“学习村落”始现，传统教室代之以学科教室。其特征有三：灵活，智慧，可重组。其二，教育形态创新。因有效信息系统建立，得“快速响应”之力，以“大数据沉淀”而采集数据，“混合编班”必成常态。其特征为：学习之个性化。其三，课程体系重构。尊崇国家教材，而学科内部抑或诸多学科间亦可贯通、组合、重构。其特征为：个性，联结，跨学科。其四，学习方式变革。听课者代之以学习者，师尊代之以学友或服务者，其特征为：体验，创造。

古人云：“世易时移，变法宜矣。”揆诸现代，“5G”非远，而人工智能燎原，未来之教育别有生态自在情理之中。无论费城未来学校发其端，瑞典“Vittra Telefonplan”几无教室踵继其后，谢家湾小学噪于今，皆为未来教育之春叶。然“唯变不变”，传授高效，岂可失之乎？

曹君援引“不愤不启，不悱不发”一语，诫之以不可妄解启发之法，余深以为然。启而不发，其因在“愤”“悱”。提问多，学子少思，则难以“不愤”，如此，难以“不悱”，欲启之而不发者如是，则其问低效无效，且空度时日。是以课之优劣，不可以问之多少论，亦不可以气氛热烈与否论。学子思维活跃而一室并不热闹，此课亦为质优之课。至若以发现问题而诱引，启学子之智而解决问题，甚而发人之所未发，则又在前者之上矣。

午后游国家博物馆，赏上古文物而至明清，乐之。叹华夏历史之邈远、文明之灿烂，尤惊于玉器琢磨、刻饰之美，春秋技艺之工乃不逊于今日。玉者，洁品也，可比之于德。是以华夏好玉，由来既久，古人琢之磨之刻之饰之而佩之，盖洁其品也。

时七月十六日夜记之。

李君真顺，语言教学专家、中国名人演说家协会副主席、“全国公众演说特训营”创始人是也。其专题讲座名曰“教师言语表达艺术”。

无论传道、授业、解惑，均需言语。若不善言语，则传道、授业、解惑之效不彰。是以师者，经师也，人师也，言师也。而言语之不宜，每在思维、表达、态势语有失。不知逆向倒转、追本溯源、纵横交错、攻其一点之法，故需多方训练思维；不明发声、收气、练气、练声、气沉丹田之术，故需多方训练表达，如以耳语、鸣歌之法练气；不知态势语之妙及运用之别，故需时时训练，丰富态势语。李君真顺于言语艺术研之甚深，并笃之于行，当为高标。

李君清泉，国家行政学院教授是也。其专题讲座名曰“《学记》与中国传统教育智慧”。

《学记》源出《礼记》，教育教学之著述也。清泉君立足于道，以为教育当“循道而行，不悖天理”，实为高论。以立德、立才为鹄而析研《学记》，明教育之原则，不乏创见：其一，道法自然，循序渐进；其二，教学相长，师为学君；其三，因材施教，导而弗达；其四，学思并重，触类旁通。一介工学博士，于坟籍研析之深，足见其学之渊且博，清泉君堪为通才之士也。

不唯如此，其言语中，新见迭出。“君子欲化民成俗，其必有学乎”之“俗”，依“人”食“谷”而成风俗引为时下核心价值观；格老子所谓婴儿“未知牝牡之合而朘作”，即格“朘”（男性生殖器）之坚挺，而阐发无欲则刚；发“蒙”德之义，以为教育当法乎天道，年少者何须躬承奥数之苦……凡斯种种，如清风开户。闲余见宇内静园联语：“茶亦醉人不需酒，书能香人何须花。”余听李君清泉之言，胜于茶、书。

时七月十七日夜记之。

殷君雅俊，清华大学航天航空学院工程力学系教授、博士生导师、清华百年教学成就奖获得者是也。其专题讲座名曰“科学探索者思维的明辨性、辩证性和创造力”。

科研需明辨，因辨而明其价值；需辩证，以明变化、对立统一。斯为哲学精神，唯其如此，方有发现、创造。故余以为，雅俊君之所谓明辨性、辩证性，自为科学思维之特征；而所谓创造力，则为科学思维之旨归。

历代大师之爱科学，而未尝囿乎科学。爱因斯坦雅爱音乐，其小提琴演奏技压群芳；鲍罗丁乃羟醛发现者之一，乃以歌剧《伊戈尔王子》等享誉四方；李四光创立地质力学，亦有中国第一首小提琴曲《行路难》行世；摩尔斯电码之发明者摩尔斯夙为画坛名家……大师何以双栖？科学需艺术之想象，艺术亦需科学之谨严，二者均存逻辑之理性。科学、艺术虽为两端，然皆存其美也。诚如雅俊君所云：分形力学艰深，究之，相似无穷而别有其妙，譬之若东山魁夷于神奈川所观浪花，浪耶？沫耶？浪兴沫飞，既富分形力学之形，亦为艺术园庭之花。虚静室主曰：以科学之形而言艺术之妙。反之，艺术之形亦可言科学之妙。国画巨擘可染先生闻李政道博士所言核子对撞之妙，遂形之于大作《核子重如牛，对撞生新态》，此为显例矣。闻雅俊君之言，乃知其为彻悟之人。科学、艺术之途虽殊，而一统以道。由是可知学科融合之旨，一求博，更求通，于通中显精神，见良方。

闻雅俊君之言，余甚感焉。跨学科融合，非限于传统文科或理科之间，文理间亦存融通之途。语文教学亦然。余析其难，每以哲学、历史、政治、文化等佐证之，学子豁然于胸。析小说、散文之难，每假借数学之法，如是，文之理为之而清，文之旨为之而明。至若合并同类项、等量代换、去公因式、数学分析诸法用之于阅读，则见乎抽著《现代文阅读指津》。此庶几契合于雅俊君言论之精髓，心自得曰：师者，宜为专工之士、博通之才。

时七月十八日午记之。

陈君鹏者，北京师范大学教育技术学博士、北京市基础教育信息化实验教学示范中心核心成员是也。其专题讲座名曰“基于设计思维的STEM课程教学理论与实践”。

STEM课程，熔科学、技术、工程、数学于一炉，其本在学科融通、交错。于生活难题，求解于一科，往往难解，故学科融通乃生活之需。学科融通之际，常辟新路，多有创造，故学科融通乃创造之需。是以鹏君所论，亦为今日教育之需。亲STEM，方培跨学科之意识，驱创造之力量。

亲STEM课程，何以陟其高？鹏君以为，当存设计思维。其法为：其一，共情需求。或问卷调查，或角色表演，或实地观察，或目标采访，以同理心觉知其问题、需求及完善之处，且予以表达。其二，定义问题。知其对象，明其所为及其指向。其三，方案构思。假诸头脑风暴，收集创意于前，择取于后。其四，类型制作。勿求完美，但求实体模型。其五，测试迭代。寻目标群体，使用之，体验之，反馈之。

余怀“空杯”之心，聆听新论，幸甚至哉。

然通闻讲座，余惑之甚矣。科学、技术、工程、数学四端功用于STEM课程者，何也？宜增高论，以明四端之要。中小学STEM课程诸多类型之设计当为要务，何以掠其影？课件何其多，何以失之紊乱？若理其要，以逻辑出之，言者畅而闻者彰，宁非快事欤？

时七月十八日夜记之。

颜君晓川，“学科认知”肇始者、清华大学学生学习与发展指导中心教师、哈佛硕士是也。其专题讲座名曰“高中学科认知与专业选择”。

颜君直击问题，动态考察专业就业之状况，而言就业率之常态、冷热之变化，剖分数决策、就业决策之模型，扬兴趣之光，专业选择之阴霾为之一扫。继而列举中文、电子工程、经济学，微观考察，且建构考核之模型，言专业学识之支撑。此诚远误区、明抉择之良策也。

然列举虽多，而失之于浅，且未能剖析普适性专业之选择，亦未能剖析当下冷热专业之价值及其取向。综其讲座，零散有余而严谨不足，重于表象而深度不足。

时七月十九日午记之。

付君晓洁，北京二外附中校长、研究员、朝阳区“凤凰计划”海外高层次人才是也。其专题讲座名曰“课堂教学改革之关注学习”。

付君灵光频现，多有新论。以计算答案、解决实际问题为知识、素养之别，以为双基为素养之基石，以生活体验、学科知识描述世界之能，即僵守文本逻辑；数学抽象意识之培育，宜自小学一年级始；教师宜为“明师”，为素养形成之圭臬；教学散文，当以学子实情为逻辑起点，而非偏执于文本而非名师；教师专业发展当重构成性……因怀智慧，故多妙招，诸如以“高考复盘”助教师自省，不一而足。

然白璧亦有微瑕。付君列举外出计所需车之事，以解决实际问题为有无素养之圭臬，未必允恰。品诗读文阅画，明其意，赏其妙，乐乎其中，孰能讥之以无素养乎？

白驹过隙，倏忽而逝，清华五日乃为既往。望清华草木、楼宇，何日归而亲之？草木无语，楼宇无声，不觉怅然。

时七月十九日夜记之。

晨，同人叩户，遽起，乘地铁，辗转而至天安门。瞻伟人像，人流中踵至故宫，过瓮城，入其内，拾级而入故宫博物院。叹文物之夥，惊皇家饰物之美。及过午门，一路大殿回廊，古木深院，领略皇家气象。御批之殿、后妃之宫，无不极尽奢华，而游珍宝之馆，更有甚于是。余思杜牧叹大秦纷奢之旧事，遂哀大清之破亡。然幸得李文君之《紫禁城八百楹联匾额通解》《圆明园匾额楹联通解》。

午时，怠然以出。于路旁小店充腹，罢，偕彭君游景山。及至其顶万春亭，于四周俯瞰，京师多收眼底。白塔一览，北海迂回处皆为苍翠之木。下，至明思宗殉国处，而古槐、翠柏、古松蓊郁。余叹焉，曰：“鹰瞵虎视，铁骑腾烟蔽空，而自毁长城，王朝千疮百孔，岂可全乎？”

时七月二十日下午记之。

至馆舍，录之缕之，又至夤夜。翌日午后六时，自西站乘车而返。北上之行，所获甚多，然物价不菲，不可久居，余喟然而叹：“京都兮不可留，吾侪兮归来。”怅然久之，不觉夜幕既降。默坐良久，旅人酣然入眠，而余兴早归之意，遂成新诗一首：

归

梦想远还没有结籽/只是捂着的芽/汇入京都的盛夏/即便做一朵无名的花

顾不上凭吊废墟/也没能亲近未名湖的鸭/清华园的眼镜/只能仰望/那是云端的一座座塔

红裙无休地招摇/果脯乐坏了牙/而候鸟难以筑巢为家/惊悚于平米十六万的房价/前方没有人行道的马路/何时穿越抵达

正在归巢/是否是故乡/驮着夕阳的鸦/巴人后裔本不是候鸟/终究只是过客/冷看逐水的萍/云絮轻飞正向天涯

列车动情地切割着夜色/父亲的呼唤时时传来/让我带着小名和故事/归家——归家

日记卒成，心惴惴然何其焉止？谨怀红袖妆罢将拜舅姑之思，斗胆奉《北行书草》而就教于方家。

（2019年7月23日午整理于渝东）

第四章 教师专业发展重要理论

教师专业发展是永恒的主题，它首先涉及信念、倦怠问题，而这又关联到教师知识、能力、学习、生涯发展等问题。研究连片特困地区高中中年教师的专业发展之路，自然也不能回避以上问题。

为了增强研究的科学性，我们在调研的基础上，还要借助于教师专业发展相关理论及其成果。因此，无论是教师群体还是行政部门，都有必要了解、理解有关教师专业发展的重要理论。

为此，查阅诸多理论书籍，撷拾、梳理有关教师专业发展的重要理论，以飨包含连片特困地区高中中年教师在内的广大教师。

一、教师信念理论

“信念”最早由柏拉图在《理想国》中提出，指非知识性的简单的客观现实。在现代哲学中，“信念”多指人们信以为真的理想追求。《现代汉语词典》（第7版）释云：“自己认为可以确信的看法。”

教师信念问题，是高中中年教师尤其是连片特困地区高中中年教师所面对的首要问题。何谓教师信念？教师信念是教师对教育教学过程中相关因素所持的信以为真的观点、态度和心理倾向。从表现上看，教师信念不仅指“观点”（观念或看法），还指“观点”支配下的“心理倾向”和“观点”所外化的“态度”。从范围上看，学者泰勒（Taylor）早在1990年指出，它包括关于教学目的、教学行为、有效学习、如何改进教学、自我的诸多信念。综合20世纪70年代以来关于教师信念的研究，它还包括关于国家和社会、文化与价值观的信念。

西方学界于20世纪五六十年代只是将“教师信念”作为间接研究对象，70年代广泛探讨“教师态度”“教师观念”，90年代开始因行为主义研究存在难以避免的缺失而重新关注“教师信念”。21世纪以来，国内学界也予以高度关注。综其研究成果，可知教师信念包含五个维度。

（一）文化、价值观情境中关于学生发展及其文化背景的信念

教师关于学生学习、发展的不少信念都植根于自身的文化情境中，依从于传统的主流价值观，在教育教学中体现担当的责任和责任的践履。

当然，传统文化信念未必契合或完全契合于当下学生身心特征，教师在传统的主流价值观引领下所制订的教育教学计划不一定能够完全真正裨益于学生健康成长。例如，对于《周易》“天行健，君子以自强不息”、韩愈“勤能补拙”等所强调的“勤”，若教育教学计划仅仅或过度围绕“勤”而制订，那么教育教学势必忽视思维能力的培养，忽视透过现象看本质的认知能力、辩证分析问题能力的培养，学生在“科学精神”方面的核心素养就难以有效形成。又如，子夏“学而优则仕”、汪洙“万般皆下品，唯有读书高”一直以来是社会的主流价值观，直到今天依然颇有市场，教师若不能批判地继承，其教育教学必然侧重于“文化基础”，而忽视学生的“个性化”“自主发展”“社会参与”等方面的发展。这也与小原国芳的“全人教育论”相悖，与今日推行核心素养的目标——培养“全面发展的人”相悖。因此，文化、价值观情境中的相关信念应与时俱进。

要求得专业发展，需先检验教师是否具有文化情结和人文情怀，是否在时代正确的价值观引领下促进学生成长。

（二）国家和社会情境中关于教育政策、标准和问责制的信念

教育早已立法，各国几乎都在根据时代变迁，出台相应的教育法规、政策。教师既有的教育教学信念在课内外教育教学与政策、法令间起着中介和诠释作用，也可能因惯性而起阻碍作用。例如，“传道授业解惑”一直是教师教育教学信念（观念），教师对“实践创新”“健康生活”等关注不够，对新时代课程标准、核心素养教育理念，或欢迎，并积极反思自身不足，从而真正理解、践行核心素养教育理念；或漠然，乃至抗拒。

怎么办？教育主管部门、学校加大宣讲、学习力度，浓厚教师的教育情怀，并建立问责制，在国家和社会情境中，强化教师关于教育政策、标准和问责制的信念，方能令教师更新、完善自己的信念体系，在新时代获得专业发展。这也从侧面体现了弗莱雷“教育即政治”的主张。

要求得专业发展，需先检验教师的信念是否落伍，其中之一就是衡量教师自身信念与时代对教师的热切期待、时代人才培养指向是否合拍。

（三）即时情境中关于学生、课堂互动和教学内容的信念

教育教学理想的即时情境应当是学生、课堂和师生互动，而不是课堂中教师单方面的角色强调。如果教师不能通过建设性的评价来激发学生的学习动机和学习兴趣，如果缺乏“全纳式教学”（Inclusive teaching）的信念和视野，那么教师便不能使班级内程度、个性等不同的所有学生都能参与课堂学习。如此，教师的即时情境是糟糕的，其专业有待发展。

换言之，教师在教学实践、专业发展中，应通过师生之间、学生之间的课堂互动等来体现教学内容的信念。这样，才可能实现课堂教学方式的最优化、教学效益的最大化。因此，对传统教育教学理念、方法要辩证分析，合理扬弃。

（四）立足自我的教师身份认同和教学效能感

教师的身份认同包含教师职业选择的原因、教师的责任与使命、前教师到教师转变的因素及其制约因素等。它直接影响教师的自我角色定位，影响到教师对教育教学政策的实施，从而影响到教师的专业发展。

教学效能感是即时教育教学情境中逐渐形成的关于教学效能的主观感受，包含两个层面。

其一，个人教学效能感，即评估教学任务、分析教学能力。两个方面影响到教师对教育教学目标的设定、教法的选择与运用。

其二，集体教学效能感，即教师对整个备课组、年级、学校的教师团队教育教学行为及其影响、效果的评估。它有利于形成团体教育教学文化，营造思考型、学习型备课组、年级、校园。

教学效能感的增强，首先体现在教师对有关教师身份认同、个人教学效能的理论的高度自觉，这有利于教师自觉反思、纠偏、完善、提升，为教师学习、发展提供契机。

（五）教师信念的改变和教师专业发展信念

教师思想定式、行为惯性的形成，缘于教师既有教育教学信念。因此，教师摒弃“旧我”，首先，要有与时俱进的精神，积极学习的意识，及时取舍、改变、完善认知取向。其次，要激发专业发展的愿望，坚定专业发展的信念，积极反思。唯其如此，教师专业上的不懈发展才会成为可能。

连片特困地区高中中年教师倘若在以上五个维度中自觉地反思、考量，那么，在我们所谓教育教学生态文化[①]的视野中，教师就能形成自我的知识观（自觉在显性知

① 教育教学生态文化，著者基于生态文化、教育生态观而提出的一个概念，指以师生自然和谐的沟通、能动性行为为表征，以可持续发展为归趋，注重系统和整体的教育教学文化或文化形态。

识、缄默知识上着力）、能力观（教学任务、即时情境的评估，自我能力的评价）、自主观（自主调控思想信念、积极参与教学实践）、环境观（融入团队教育教学文化，参与乃至指导校本培训、校本常规教研、校本科研），其专业发展之路便如康庄大道。

二、教师职业倦怠理论

教师职业倦怠又叫工作倦怠，是教师因连续不断地与学生、家长及其他人互动而经历长期压力后的心理上和行为上的反应。美国临床心理学家弗洛登伯格于1974年首次提出职业倦怠概念并引入心理学研究范围。教师职业倦怠构成如下。

（1）情感衰竭，即教师工作情感、热情几乎耗尽、丧失，其直接诱因是工作压力。

（2）非人性化，教师视学生为“物”，消极、冷漠对待学生和他人，其表现是人际互动消失，人际关系淡漠，此为人格处于分裂状态所致。

（3）个人成就感低，教师自我怀疑、不认可自身工作成绩和能力，即自我效能感低，自我评价低。

三个构成部分分别指向教师的情感、态度、价值观。

当然，教师的职业倦怠并非一日即至，有一个渐变的过程，按奎内思的动态化定义，分为压力阶段、疲劳阶段、防御性应对阶段，即“压力—疲劳—应付”。

关于职业倦怠理论的研究，大体经历了始于1974年，从临床医学、社会心理学、组织学的角度进行研究的开创阶段和20世纪90年代开始的以标准化量表为标志的实证阶段。其中，加拿大著名心理大师克丽丝汀·马斯勒有专门以教师为研究对象的“马氏职业倦怠—教师量表”（MBl-ES）。这些研究的理论基础有资源保存理论、社会交换理论、存在主义理论，涉及教师职业倦怠的两大板块。

（一）成因

除人口统计学变量（年龄、工作经验、性别、学生级别、教育程度、婚姻状况等）、个性因素（心理控制源、A型人格、大五人格、工作期待、应对策略、自我概念、自尊和自信、自我效能、人生意义）外，还有组织因素，其内容有以下几个方面。

1. 工作超负荷

工作超负荷指较少时间内过多的工作量和繁难的工作要求，涉及工作的量与质。教师长期在超负荷的工作状态下，穷于应对，身心俱疲，享受不到工作的幸福感，渐渐失去对工作原有的热情，而以应付的态度对待工作。此时的倦怠属于耗散型职业倦怠。

2. 角色冲突与角色模糊

角色冲突指教师面对劳与酬，短时间与大工作量、高要求，学生基础差与高培养目标等冲突情境时被希望付诸教师角色行为与难以付诸相应行动的矛盾。它极易令教师产生职业倦怠，需要处理工作需求、工作资源与工作调控的关系，需要解决付出与回报的矛盾，李歆瑶《中学教师付出回报不成比例——人生意义与职业倦怠的关系》曾专论及此。角色模糊指教师因权利、义务、责任模糊而深感无法胜任工作，或面对高要求工作、较大组织变动而应对无方时的模糊状态。它反映出教师丧失了个人成就感，几乎完全丧失了存在感。

无论是角色冲突还是角色模糊，都令教师感到工作单调、缺乏刺激和挑战性，此时的倦怠属于缺乏挑战型职业倦怠。

3. 学生问题行为

学生问题行为特指问题学生的冷漠态度和不良行为及其后果，这是教师的主要压力源之一。学生问题行为要消耗教师大量精力，挤压教师幸福生活空间，甚而因教育扭转失败而加重教师的挫败感。尤其是在独生子女众多，学生普遍缺乏生活历练和挫折教育的今天，在不少父母外出打工的连片特困地区，问题学生不少，极易降低教师生活的幸福指数和成就感。

4. 丧失自主权与决策权

如果工会、教代会形同虚设，学校上下信息交流渠道不畅，那么教师的话语权、自主权、决策权极易丧失。教师一旦失去主人翁地位，士气、自尊受损，工作满意度就会下降。这主要来自学校行政民主、理解、尊重意识不强时，尤其是非科学化、非人性化的决策、要求和干预。

5. 环境恶化

校园文化氛围不浓，组织结构僵化，干群有矛盾，人际关系差，缺乏团结协作，甚而矛盾重重，令教师缺少温暖感、归属感，自然会降低教师的职业存在感。

6. 缺乏社会支持

校内、校外在情感、观念、信息、政策、资金扶持等方面缺乏支持，令教师缺乏温度、依附感、归属感、价值感、信任感，难以看到发展希望。

（二）干预

对待教师职业倦怠，犹如对待疾病，以预防为主，治疗为辅。其干预方式有两个方面。

1. 以学校为中心的干预

以学校为中心的干预体现于学校在完善管理以营造校园良好氛围，酌情减少工作量与改善环境并举，提高教师工作能力与应对能力（如校本培训、常规教研、校本科研）等方面；同时以激励性制度的建设、教师发展空间的营造，引领教师专业发展。

2. 以个体为中心的干预

以个体为中心的干预体现为教师改变工作方式，发展预防性应对技能，从个性、需要、动机进行自我分析，利用社会资源，放松生活，增强体质。这一干预主要通过生理调节来达到心理的调适。但我们认为，审视自我，矫正旧有观念，调整原有状态，寻找到专业生成的出口，才是以个人为中心干预职业倦怠的最积极、富有革命性的方式。这也体现了内因根本性作用的哲学观。

“职业倦怠”观念中，首都师范大学傅树京教授的《教师专业发展理论与成长策略》中关于经验的惰性、老化论观点与曲线，援引的美国教育协会关于教师15～20年后衰退的调查、成长的有效周期与第二曲线等论述，无不告诉我们连片特困地区高中中年教师普遍中度倦怠这一不争的现象，需要内在、外在的科学干预；教师只有消除倦怠，在专业上才有可能继续发展。

三、教师知识理论

教师知识指包括教师教育教学生活等在内的全部知识体。

（一）构成理论

关于教师知识，一般分为两部分。

1. 学科知识

学科知识最早由美国卡内基促进教学基金会主席舒尔曼（Shulman）提出，包含学科内容知识（简称CK）、教学法知识（简称PK，分学科教学法知识和一般教学法知识）。前者属于所教特定学科的知识，是狭义的学科知识，也叫本体性知识；后者也叫条件性知识。有的学者认为“教师专业发展的核心就是PCK发展”[①]。不过，心理学知识也有助于教育教学和教师专业发展，应作为条件性知识纳入教师知识体系中；学科外的文化知识也有助于学科知识的把握与传授，不应排斥于教师知识体系之外，这是舒尔曼学科知识理论的缺陷。格罗斯曼不完全赞同舒尔曼的教师知识结构观，将一般教学法知识单列于学科知识之外。无论怎么划分，这些知识都属于英国物理化学家、哲学家迈克尔·波兰尼最早在《个体知识》（又译为《个人知识》）所提出的可以“用书面文字或地图、数学公式来表示”的知识，叫“显性知识”。

2. 实践知识

实践知识最早由19世纪80年代加拿大学者弗里曼·埃尔贝兹（Freeman Erbez）发现，称之为“实践性教学知识”，即教师以其个人的价值、信念，整合其所有的专业理论知识，并且依据实际情境为导向的知识。其中部分难以“用书面文字或地图、数学公式来表示”（迈克尔·波兰尼），波兰尼称之为“不能系统表达”的“默会知

① 胡水星. 教师大数据应用学习［M］. 杭州：浙江教育出版社，2016：78.

识”“缄默知识”，唐纳德·舍恩称之为“行为中的默会知识”“缄默知识”。挪威哲学家格里门（H. Grimen）曾说：“对知识的表达而言，行动是和语言同样根本的表达方式。”因此，实践知识也是教师知识的重要构成部分。

不过，学科之外的文化背景方面的知识也在教育教学中起作用。它不属于实践性知识，又不属于特定的学科知识。教师学科知识、实践知识分类的科学性还不及教师理论知识、教师实践知识分类（同样略显粗疏）。此外，大数据背景下“整合技术的学科教学知识”①（简称TPACK）由学科内容知识、教学知识、技术知识相互作用、理解而形成，虽体现学科知识、实践知识的融合，但其归属不明。学科、实践知识的分类所带来的知识遗漏和知识归属上的尴尬，足以反映出教师学科、实践知识二分法的不足。

关于教师知识结构的理论还有很多，如泰默（Theimer）、玛科斯（Marcos）、格罗斯曼、博科（Boko）的理论。需要指出的是，舒尔曼、格罗斯曼等提出“学科教学知识”这一概念，此说有待商榷。正如西格尔（Sigel）所言，学科知识和教学法本来互相融合、彼此渗透，不赞同将此概念单列出来予以研究。我们以为，这一概念既涉及学科知识，又涉及实践知识，研究时不易厘清其逻辑范围。在诸多研究成果之上，美国认知心理学家、智力三元理论的建构者、首倡人类爱情三元论的斯滕伯格从功能取向上提出的教师知识结构理论较为简洁。他认为，教师知识包含内容知识、教学法知识、实践知识。不过，该体系遗漏了教育学知识，而且内容知识作为显性知识，属于狭义的学科知识，还是广义的学科知识，却不明晰。实践知识有的属于显性知识，有的属于缄默知识。

国内学者涉足于此者颇多，如单文经“一般的教育专业知识”（一般的教学知识、教学目的的知识、学生身心发展的知识、其他相关教育的知识）、“学科知识”（教材内容的知识、教材教法的知识、课程知识）的分类彼此间略有交叉，且同样遗漏了与学科相关联的文化知识；陈向明的“理论性知识”“实践性知识”论又略显粗疏；桑国元等所谈“学科专业知识”“科学文化知识”“教育教学知识”“学生发展知识”属于教师“知识素养”，其中“学生发展知识”这一提法新颖，它包含学生的生理发展、心理发展、社会发展三个方面②，但此论忽略了教师的实践性知识。我们以为，从教师知识功能性角度出发，学者林崇德关于“本体性知识”（特定学科知识）、“文化知识”（广博的文化）、“实践知识”（具有累积相应的课堂情境知识

① 胡水星.教师大数据应用学习［M］.杭州：浙江教育出版社，2016：20-21.

② 桑国元，郑立平，李进成.21世纪教师核心素养［M］.北京：北京师范大学出版社，2017：44-52.

及其相关知识）、“条件性知识”（教育学、心理学知识）的教师知识分类更切合实际。只是“文化知识”对学科知识的传授有影响，与学科知识的关系一般不及教学法等知识密切，似可将其命名为“影响性知识”或“背景性知识”，“实践知识”也可命名为“行为性知识”或“实践性知识”。

比较这些教师知识理论，斯滕伯格的理论体系比较完备，而林崇德的理论体系最为完备。

（二）转化生成理论

教师知识的丰富程度直接显现出教师专业化发展程度，教师不仅要做知识的吸收者（主要通过阅读、交流），还要做知识的转化者、生成者（主要通过反思、总结、研究）。教师专业发展在知识层面上的发展，还必须以两个理论为支撑。

1. 教师学科知识的实践性转化理论

教师通过学习，拥有一定的教师知识，但需要与教育教学实践接轨，即实现学科知识的实践性转化。这不是显性知识向缄默知识转化，而是要求教师要运用显性知识，形成教育教学能力，这属于显性知识在实践中运用的范畴。此类理论以舒尔曼、奈特（Knight）为代表，国内学者张民选对此进行了深入研究。

舒尔曼强调教师的知识转化，主张教师将学科知识具体化、场景化，将概念知识改造成具有可教性的具体知识。这一转化经历三个阶段。

（1）解释阶段。教师对所教的学科知识予以归类、解释。

（2）表征阶段。教师将所归类、解释的学科知识进行表达、呈现。

（3）适应阶段。教师选择、分配各类材料，以适应、满足学生需要。

青年教师尤其要注意学科知识的实践性转化，高中中年教师在学习新知识后，也要着力于此，才能真正实现专业生成、专业发展。

2. 教师知识的生成理论

麻省理工学院学者唐纳德·舍恩认为，教师日常教育教学中的知识，多是专家学者已经界定了的知识，教师多是知识的消费者。教师还应该从知识的消费者变为知识的生产者，在教育教学行动中总结、发现、生成属于自己的知识。生成的知识有些属于缄默知识，这需要教师梳理、提炼，将其外显为显性知识，即奈特所谓“将个人的隐性知识显性化”（张民选《专业知识显性化与教师专业发展》）。校本科研中的论文写作、课题研究，实际上就是通过研究，将教育教学行为中的发现生成为显性化知识的科研行为和科研过程。

王充将“鸿儒”作为理想的培养目标，今日将“全面发展的人”作为培养目标，这是教育目标观上的进步。不过，无论要达成哪种目标，教师都需要不断学习，不断发现，不断将缄默状态的实践经验转化、生成为显性化的实践性知识，甚至理论，才能胜任“教师”一职。另外，教师只有知识越来越丰富，才可构建个性化的或具有普适性的教师知识系统。长期下来，无论青年教师还是高中中年教师，才会在专业发展之路上迈得越来越远，最终成长为专家型、学者型教师，从而真正实现自我。

四、教师能力理论

教师能力指教师实施素质教育并提高学生与教育目标相契合的素养所具备的教育教学能力和水平。

我国古代对教师能力有哪些要求呢？《学记》云：“大学之法：禁于未发之谓豫，当其可之谓时，不陵节而施之谓孙（逊），相观而善之谓摩。此四者，教之所由兴也。”其中“豫”（预防）、“时”（适时教育）、“孙”（明确顺序）、“摩”（相互研讨）四字，即为施教原则，要求事情发生之前要预防，在适宜时机施教，根据学生接受能力的实情安排相应的教学内容，鼓励学生相互切磋。这就变相提出了教师“豫”“时”“孙”“摩”的四种能力。荀子《致士》提出关于教师在“博习”之外的四个“师术”：“尊严而惮”（有尊严、威信）、“耆艾而信”（阅历丰富、诚信）、“诵说而不凌不犯”（有条理）、“知微而论”（能阐发微言大义不欺）①。这是对教师的四种要求或条件，其中“诵说而不凌不犯”“知微而论”属于能力上的要求。由于教师没有能力就谈不上尊严，所以“尊严而惮”也包含着能力要求。以上四原则、四“师术”等实践知识，侧重于知识、语言表达，属于经验层面的总结，远远没有揭示教师能力的全部。至于儒家“礼乐射御书数”这“六艺”，作为古代学子功课，自然要求教师也应具备相应的能力，也同样远远没有揭示教师能力的全部。

（一）教师能力分类

1. 一般能力与特殊能力

一般能力指教师在各种教育教学活动中必需的能力，如观察力、记忆力、抽象概括能力、想象力、概括力；特殊能力指教师在专业活动中需要的能力，如语文教师文言实词推断能力，数学教师教学空间几何所需要的空间想象能力，化学老师创造性地设计化学实验流程的能力。

2. 模仿能力与创造能力

模仿能力指教师通过观察别人行为、活动以学习、部分或全部复制的能力；创造能力指教师产生新思想，发现和创造新事物的能力，是成功地完成某种创造性活动所必需的心理品质，由知识、智力、能力及优良的个性品质等复杂多因素综合优化促成。

① 施克灿. 中国教育思想史［M］. 北京：高等教育出版社，2008：55.

3. 认知能力、操作能力与社交能力

认知能力指教师大脑捕捉、加工、储存、提取（或筛选）、分析信息的能力；操作能力指教师通过肢体达成教育教学目标的能力；社交能力指教师在交往活动（含师生互动）中在组织管理、语言感染、解决纷争等方面所具备的能力。

（二）教师能力理论

1. 加德纳的多元智力理论

美国心理学家霍华德·加德纳（Howard Gardner）以智力为研究对象，于1983年提出多元智力理论，将智力分为言语智力、逻辑—数学智力、空间智力、音乐智力、身体运动智力、社交智力、自知智力，共七种相对独立的智力结构。这是学生智力的培养目标、发展方向，也是教师能力的发展方向与目标。它涉及能力，但只是教师能力的相关理论。

2. 吉尔福特的三维结构能力理论

在杰尔福特（J. P. Guilford）的理论中，智力同样成为研究对象，有内容、操作、产品三个维度：①内容上，智力包含视觉、听觉、符号、语义、行为，它们是智力活动的对象、材料；②操作上，智力包含认知、记忆、发散思维、聚合思维、评价；③产品上，智力包含操作维度上所获得的结果。

3. 结构性教师能力理论

结构性教师能力理论在国内学界占主流，其代表人物为申继亮、唐玉光、靳莹、王慧来。申继亮不仅呈现了教师能力结构，还通过实证，认为教师语言表达能力、组织教学能力最重要，这是教师的基本条件；唐玉光等针对传统教学的弊端，提出新课程背景下教师能力应包括教学的“选择”“设计”“实施”“评价”“创新”能力；靳莹认为教师能力由基本认知能力、系统学习能力、调控与交往能力、教育教学能力、拓展能力构成；王慧来则要求更高，认为教师能力素质结构由创新能力、课程开发能力、运用信息技术能力、合作能力、反思能力、教育科研能力构成。卓越的教师必须具备前面几家所言的能力，还要拥有王慧来所谓的能力素质。

4. 三维度教师能力理论

借助心理学研究成果，三维度教师能力理论代表人物林崇德、申继亮将教师能力分为教学认知能力、教学操作能力、教学监控能力三个维度。

最早提出教师能力三维度的是林崇德，他认为教师能力由教师自我监控能力、课堂教学基本功、学科能力构成，其中教师自我监控能力是核心。在此基础上，申继亮完善自己的观点，明确提出教师能力结构模式[①]（见图4–1）。

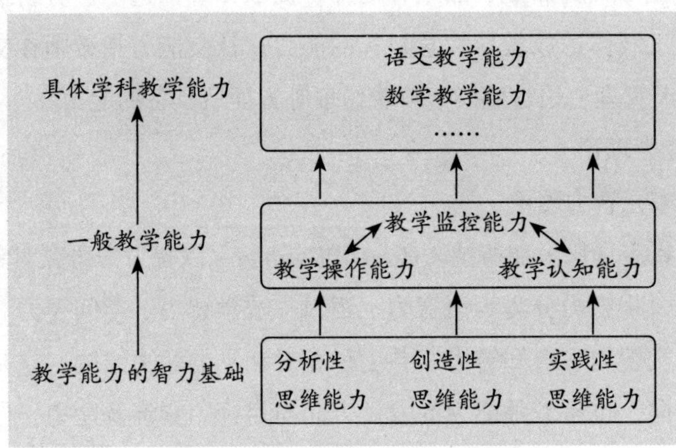

图4–1　教师能力结构模式示意图

教学认知能力指教师对教学目标、教学任务、学习者特点、教学方法、教学策略、教学情境的分析判断能力；教学操作能力指教师在实现教学目标过程中解决问题的能力，包括言语表达、非言语表达、教学媒体的选择与运用、呈现教材、课堂组织管理、教学评价的能力；教学监控能力指教师为求得教学成功、达成教学目标，而将教学活动本身作为关注、调控对象，不断检查、评价、计划、反馈、控制、调节的意识和能力，属于教学能力的内在机制，其水平的高低标志着教师专业发展是否成功，教育教学是否成熟。

除以上教师能力理论外，大卫·蒂斯（David Teece）等于20世纪80年代初提出的动态能力理论和普拉哈拉德（C. K. Prahalad）、哈默尔（G. Hamel）1990年提出的核心能力理论也部分地适用于教师。动态能力是一种改变能力的能力，是一种能有效掌握时机并持续地建立、调适、重组内外各项资源与智能，以达到竞争优势的弹性能力，具有开拓性、复杂性、难以复制性。核心能力理论代表了战略管理理论的最新进展，认为核心能力具有价值性、独特性、难以模仿性、延伸性、动态性、综合性等特性。课堂即时情境是动态的复杂的信息系统，教育教学及其科研是一种智力行为，无不需要教师拥有相应的动态能力和核心能力。

需要指出的是，教师能力理论的立足点是教师专业发展。其哲学起点是人本主义哲学观，即在教育教学中秉承“以学生为中心”的理念。因此，今日的教师能力是基于培养“全面发展的人”这一前提之下的以教师为主导、学生为主体的教育教学行

① 朱旭东. 教师专业发展理论研究［M］. 北京：北京师范大学出版社，2011：104.

为所需要的教师能力。这是包含连片特困地区高中中年教师在内的教师专业发展的准绳。当然，教师自身得以发展，实现自我，也是“人本”的体现。

五、教师生涯发展理论

教师生涯发展指教师的职业素养、成就和职称等随时间轨迹而变化的过程和相应的心理体验与心理发展历程。对教师生涯发展及其相关理论的理解，有助于教师自我干预，进行生涯规划，自我激励，从而实现自我。

从这一定义看，生涯发展的核心是教师专业发展，而“心理体验和心理发展”是专业发展、生涯发展的内因。为了准确理解这一概念，我们不妨析分，逐一理解。

生涯，本出《庄子·养生主》中“吾生也有涯”句，本意是生命有限，如水有涯（边际），后引申为人的一生、生活、生计等义。“生涯”这一概念最先由沙特尔（Chartres）提出，进入学术领域，首先从工作、职业角度予以定义，如生涯指“一个人在工作中所经历的职业和职位的总称”（沙特尔）。之后，意义范围不局限于此，如“一个人一生的发展历程”［韦伯斯特（Webster）］、“自我实现的方法、能够提供个人未来成长的机会，以及个人成长如何回馈社会”［谢帕德（R. N. Sherpard）］。可见，“生涯发展”也有职业选择阶段、自我实现更新等角度的含义。孙国华先生认为，生涯发展指个人于其一生所从事的行业中，与其环境交互作用，而随时间产生统整、连贯的成长历程或改变情形。

20世纪80年代，欧美关于教师专业发展的研究蓬勃发展，对教师生涯发展的研究自在其中。以皮亚杰、埃里克森（E. H. Erikson）等为代表的发展心理学中的生命发展全程观，以盖茨尔斯（Gates）、古博（Gubow）为代表的社会系统理论和以马洛斯（Maslow）为代表的自我实现理论，也为教师生涯发展理论奠定了理论基础。随着研究的深入，人们对教师生涯发展有了更全面的认识：本质上，是教师不断接受新知、增长专业能力的历程；内涵上，包括教育教学工作、职务和教师的教师角色、家庭角色、公民角色；方法上，教师有效地规划；目的上，胜任诸多角色，且自我实现。

教师生涯理论大体上有四类。

（一）教师生涯的周期理论

主要有以彼得森（Gary Peterson）、赛克斯（Sykes）为代表的年龄角度的教师生涯阶段理论，以恩瑞（Enrique）、特纳（Turner）、纽曼（Newman）、伯顿（P. Burden）为代表的教龄角度的教师生涯阶段理论。其中，赛克斯认为许多教师在33～40岁达到生命巅峰，此说不尽准确，但暗含教师40岁以后有“走下坡”的趋势。赛克斯的周期理论警示我们：40岁后，教师可能出现角色模糊。纽曼通过访谈50名资深教师，发现教龄20年以上会稍微存在“不满足感”，觉得年老，有困惑。这是职业倦怠的前兆，会影响教师生涯的发展。

（二）教师生涯的阶段理论

主要有以富勒（Franzi）为代表的关注水平阶段理论，高瑞克（Godric）、麦克唐纳（Macdonald）、冯克（Funk）各自的教师生涯四阶段论，以休伯曼（Huberman）为代表的教师生涯五阶段论。其中，休伯曼从教龄角度将教师生涯分为生涯进入期（1～3年）、稳定期（4～6年）、试验与再评估期（7～18年）、平淡和保守主义时期（19～30年）、清闲期（31～40年）。在平淡和保守主义时期，多数教师由"充满活力"转向机械化，心理上与学生较疏远，对专业成长失去信心。这为教师中年可能出现职业倦怠提供了理论依据。休伯曼还提出教师生涯发展模型。国内学者桑国元等将教师职业生涯分为适应期（入职1～3年）、成长期（入职4～10年）、成熟期（入职10～20年）、高原期（入职15～20年）、超越期（入职20～30年，年龄在40～55岁）。[①]高原期内，出现"职业高原"[②]现象。其中成熟期与高原期可能叠加（因人而异）；而超越期，正意味着连片特困地区高中中年教师可以通过专业生成、发展实现自我突围。

（三）教师生涯的循环论

主要以费斯勒（R. Fessler）为代表。费斯勒与同事历时八年，建立了"教师生涯循环模型"。模型中，他将教师生涯分为职前期、职初期、能力建构期、热情与成长期、职业挫折期、职业稳定期、职业消退期、职业离岗期八个阶段，并设计了"主要特征""成长需求""激励措施""支持系统"。认为只要"激励措施""支持系统"发挥作用，教师生涯就会不断发展。在此，摘录模型中职业挫折期、职业稳定期的相关内容（见表4-1）。

表4-1　教师生涯循环模型（节选）

阶段	主要特征	成长需求	激励措施	支持系统
职业挫折期	觉得被束缚在一个不能自我实现的工作中，压力增加，害怕失去工作，倦怠是这一时期经常提到的特征	新技能；有时间探索新的生涯途径；进入领导层的新机会	参加各种工作坊，与其他同事讨论；建构型反馈式的评价	校长支持，让教师参与决策，对教师的教学给予反馈和表扬，让教师参加学校和学区、社区举办的活动等；学校组织角色的改变

① 桑国元，郑立平，李进成.21世纪教师的核心素养［M］. 北京：北京师范大学出版社，2017：160-163.

② 职业高原是美国职业心理学家弗伦斯（Ference）提出的概念，指"在职业生涯中的某个阶段，个人获得进一步晋升的可能性很小，在这个阶段，个体的职业生涯进入一个相当长时期无法提升的状态"。

续表

阶段	主要特征	成长需求	激励措施	支持系统
职业稳定期	当一天和尚撞一天钟；关起门来教学，不愿承担任何活动的策划	提供和其他教师交流的休息时间；休假	退休选择权和退休保障以及表扬和任命为新的教学角色等的认可；获得初任领导机会；参与学校决策以及参与研究与写作等	同行的支持；改变学区的政策程序，增强支持体系；同事之间的技术支持和情感支持

（四）教师生涯的实现论

主要有以斯蒂菲（B. E. Steffy）为代表的教师生涯五阶段到六阶段论、白益民的"自我更新"教师生涯五阶段论、申继亮的教师生涯四阶段论。斯蒂菲将教师退缩生涯阶段分为初期的、持续的、深度的退缩三个小阶段，教师开始从生涯高峰向下撤退。在更新生涯阶段，厌烦征兆因教师参加研习、选修课，加入组织，致力于专业成长，吸收新知等积极响应方式和学校、行政单位的外在支持而渐渐消除。

斯蒂菲借鉴梅齐罗（Maeziro）的转化学习理论，认为教师在告别专家生涯阶段后，是朝退缩生涯阶段发展，还是向杰出阶段发展，取决于教师是否具有批判反思精神。为此，还建立了教师生涯发展模型[①]（见图4-2）。

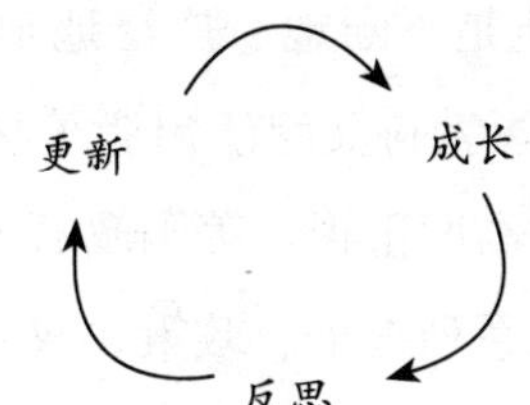

图4-2　教师生涯发展模型示意图

白益民强调的"自我更新"，指教师具有较强的自我专业发展意识和动力，通过自我反思、自我拟定专业发展方向和自我调控，从而实现专业发展和自我改变或重塑，获得教师生涯发展。申继亮认为教师在成为熟手之后，易满足现状，也可能出现职业倦怠，此时进入反思和理论认识期，教师的主要任务就是深刻领会理论，接受新知识和新技术。

综上所述，教师生涯发展理论具有如下内涵。

其一，教师生涯是一个客观普遍性现象和人性化问题。任何教师都涉及生涯问题，因为教师生涯是客观存在的，是普遍存在的，不以人的意志为转移。

① 朱旭东. 教师专业发展理论研究［M］. 北京：北京师范大学出版社，2011：314.

其二，教师生涯和教师生涯发展具有一定的个性化特征。教师生理、心理因个体差异而彼此不同，生涯不同阶段的时限和状态有一定差异。

其三，教师生涯发展在一定程度上可以被干预和规划。教师的心理状态固然与生理状况有关，但也与教师的境遇及相应心理状况有关，自然可以通过外在干预、自我干预进行有效的调控，由于教师的生涯发展具有可干预性和可调控性，因而可以规划。换言之，包含连片特困地区高中中年教师在内的所有教师，其生涯中的专业发展状况都可干预和调控，教师在学校引导下可以自主规划。

六、教师学习理论

通过生涯规划，树立目标，但对照现实，发现自身不足，教师自然要通过学习来不断“充电”。

教师学习指教师在与学习资源建立联系后，凭借已有知识经验自主解读，获得情感体验、思想启迪，从而在头脑中自主建构与教育教学同构共生新知的行为和过程。

（一）背景

法国教育家保罗·朗格朗（Paul Lengrand）于1965年在《终身教育引论》中说：“对于人，对于所有的人来说，生存从来就是意味着一连串的挑战。”现代人对这些挑战的积极而有效的对策只能是不断地、广泛地学习，因此他明确提出终身教育理论。特别是自1972年5月联合国教科文组织出版《学会生存——教育世界的今天和明天》以来，教师学习引起各国高度重视。美国政府公布了卡内基工作小组的《国家为培养21世纪教师做准备》等一系列报告、政策，成立“全国教师学习研究中心”，教师专业学校兴起；英国颁布《教学与学习：专业发展战略》，创建教师专业学习计划；日本教师定期进修、资助进修、休假进修、远程教育等纷纷出现；新加坡、德国、比利时、法国等特别注重实践层面的校本教师学习；我国以名师、骨干教师等为培训对象的国培、省（市）培、县培，国家级、省市级远程教育等多形式的继续教育及其考核，自主灵活的校本培训等丰富多彩。由此可见，“教师学习”业已成为全球共识和热词。

（二）特征与内涵

教师学习具有以下特征：其一，行为性。教师学习是外需、内需驱动下的外在行为。其二，目的性。教师学习以建构新知、提升自我为目的，即注重生成性，建构具有情境性的个人知识。其三，过程性。教师学习、获得体验与感悟、构建新知并非一蹴而就，需要一个过程。其四，自主性。无论是教师自发要求还是行政干预，教师学习都必须在教师自主状态下完成，否则就会流于形式，变成低效乃至无效的学习。有效的教师学习都体现为自主前提下的生成性，生成性越强，教师学习就越有效。

教师学习是一个意义建构的过程，教师通过新旧经验的相互作用来形成、丰富、调整自己的经验结构，这正契合于建构主义的精神内核。美国学者乔纳斯·F.索尔蒂斯（Jonas F. Soltis）关注于此，最早将建构主义学习理论引入教师学习领域，以建构主义学习观为理论基础的教师学习理论渐渐成为时代潮流。其内涵具体如下。

其一，学习者以自己的方式主动学习。建构主义先驱皮亚杰认为学习涉及“同化”“顺应”两个过程。学习者试图将学习中获取的新信息纳入自己既有的信息图式，即“同化”；当无法将新信息“同化”于既有信息图式中，便会创造新的信息图式来吸纳、组织新信息，即“顺应”。二者体现了解释、建构现实的统一。

其二，学习者的建构依赖于新旧经验的相互作用。学习在个体经验基础上完成建构，建构知识是自身对已有经验的改造与重组。

其三，社会互动可以促进意义建构的多元化。在社会互动背景下，学习者表达自己的思想，接受他人观念，互相学习，可形成个性化、多元化的事物解释——新知。

其四，情境是经验建构的土壤。学习发生于有意义的情境脉络中，“学习的结果是个人的和与特殊知识情境相关的”（张桂春《激进建构主义教学思想研究》）。

建构主义学习观启示我们，激发教师自主学习热情，注重相关知识情境，构建开放的学习空间，强化构建新知，是包含连片特困地区高中中年教师在内的教师专业化发展的必由之路。

（三）理论流派

目前，建构主义教师学习理论繁多，流派纷呈。

1. 追求动态的“经验实在”学习理论

置身于动态情境中，教师所获得的主观性、境域性知识，即建构主义所谓的“经验实在”[①]。它是教育教学理论生成的基础和源泉。教师知识一方面来自教师主体与教育教学情境中多要素的相互作用，另一方面因受到不同教育教学情境的“修订”“改编”而始终处于不断变化的且适用于不同情境的过程中，因而是动态化的存在。

教师要敢于摒弃既有经验中非教育性、反教育性经验，以其中的教育性经验为自主学习的基础，看重教学反思和教学研讨，使自己拥有开放性的学习视域，真正审视自己的教育教学行为，从而因不断获得动态的“经验实在”而获得专业上的不断发展。

---

① 经验实在（The experience is there），指与康德先验唯心论中“先验实在论”相对立的概念，经验的“物自体”是客观的存在，即经历体验的过程及其成果的客观存在。

2. 以案例为支撑的情境学习理论

个人建构主义代表、美国学者斯皮罗（Spiroet）将学习分为初级学习、高级学习两种。所谓初级学习，其实就是脱离经验、吸纳简单的结构良好的知识的行为和过程，以语言符号编码为主，停留于复述、再现层面。所谓高级学习，就是对大量复杂的结构不良的知识予以灵活理解、吸纳、迁移于新的情境中的行为和过程。当然，高级学习中往往伴随创新的火花。

教师的有效学习显然应属于高级学习，它虽然不排除对纯概念知识、新理论的接收，但更多是生动鲜活的案例背景下的情境化学习。教师务必通过案例的分析，将理论与实践连通，并构建新知。如此，才能得以发展。

3. 以群体为基础的教师合作学习理论

苏联心理学家维果茨基（Lev Vygotsky）心理发展学说分“心理发展活动说”“心理发展中介说”“心理发展内化说”，其中“心理发展中介说”强调将社会文化的产物——符号视为“中介”，认为人类心理通过工具运用和符号中介，由低级阶段向高级阶段发展。他将心理学理论应用于个体学习时，特别强调两个领域：与比较有知识的人在“最近发展区”①的交互作用，以文化的方式发展的文化系统。针对前一个领域，维果茨基说：“人类的学习是在人与人之间的交往过程中进行的，是一种社会活动。”其《思维与语言》英文版于1962年在美国出版，促进了社会建构主义及其学习理论的形成。建构主义认为，“学习就是知识的社会协商”，借助各类工具和符号中介，通过与他人的互动与社会协商，主动构建自己的知识和认知。

基于此，教师合作学习理论形成。格罗斯曼等还对以教师俱乐部形式的教师学习组织进行了深入研究。合作学习的形式有三：其一，指导型合作学习，即专家、教研员、学科带头人对教师的指导。其二，表现型合作学习，即常规教研中的公开课、示范课、教学成果展示、读书汇报会等。其三，研究型合作学习，即以学校、教研组为基础的专题讨论、课题研究等。

教师群体合作学习的方式通常有教学沙龙（头脑风暴式交流②）、网络通信信息共享群（博客、微信、QQ群、钉钉等）、教学伙伴（师徒结对、教师合作伙伴）、课题组、读书会等。

---

① 最近发展区，指学生的现有水平与可能的发展水平之间的差距。教师着眼于学生的最近发展区，提供有一定难度的内容，有利于激发学生潜能，进入并跨越最近发展区，而向下一个发展区发展。

② 头脑风暴式交流，指以无限制的自由联想和讨论为手段，以产生新观念或激发创新设想为目的的交流方式，属于智力激励法。头脑风暴本为精神病理学用语，指精神病患者思维错乱时的表达状态，由美国创造学家亚历克斯·奥斯本于1939年首次提出、1953年正式发表的一种激发性思维的方法。

4. 促进教师学习的环境设置理论

心理学情境学习论认为，“学习是文化适应的过程”；人类学情境学习论认为，“学习是合法的边缘性参与”，二者都强调“情境”。在特定情境中，学习者相互影响、适应。情境学习理论引入教师教育专业发展领域，认为学习就是“实践共同体的参与”。其学习方式有讨论小组、读书俱乐部、网络笔谈或辩论、合作实践探究等，旨在为教师专业发展提供实践性的认知共享机会。

这一学习理论与教师合作学习理论都注重学习的情境性、实践性、合作性，可谓异曲同工，只是侧重点不同，可谓殊途同归。

5. 教师反思学习理论

教师反思学习理论将单列专论，在此不再赘谈。

6. 情境—协作—会话—意义建构教师学习理论

情境—协作—会话—意义建构教师学习理论直接源自建构主义关于学习的四要素——情境、协作、会话、意义建构。较之于前面几种学习理论，它有叠加部分，但能“使教师的学习方式有新的拓展”（刘昕《塑造建构主义体育教师——兼论体育教师个体专业化发展》）。这一理论派别突出强调四点。

（1）真实情境——教师学习的有效方式。通过教学录像、教学案例、学习者自行设计教学等来提供相应情境。

（2）合作与交流——教师学习的基本途径。强调建构相应平台，建立“教师学习共同体”（谭静《建构教师批判反思的平台100位教师教育叙事的研究》），认为“是否具有某种形式的教师团队，是确定教师职业是否实现专业化发展的重要标志之一”（陈永明《教师教育研究》）。

（3）反思性实践——教师自我发展的关键。“一个被赋权的教师应该是一个在学习和研究教学的过程中发现乐趣的反思型决策者。”美国建构主义代表人物凯塞林·福斯纳特如是说。强调要引导教师做三方面反思：①是否选择、利用了适宜的教学策略；②是否就某情境独立做出理性的决策；③是否直接或间接地对相关道德或伦理、规则予以质疑、批判、重构。

（4）自我建构——教师学习的理想和归宿。教师学习带有“自我中心”倾向，令自我建构成为可能。适当采取“以学习者为中心”的模式，为教师学习中合作、交流的终极指向——自我建构，创造了条件。

7. 建构主义教师学习评价理论

建构主义教师学习评价理论注重三类评价：其一，真实性评价，即围绕真实情境进行过程性、诊断性评价，此为手段，而非优劣结果的判定；其二，综合性评价，如美国斯奈德，反对单一的书面考试形式，主张采用专业档案袋等方式，同时提供形成性、综合性评价；其三，参与性评价，让教师了解评价过程、评价依据，掌握评价方法，及时获得有效的反馈，甚而让教师参与到评价标准的制定、方法的确立和评价的过程、形成之中。其中，参与性评价不仅有利于教师学习，还有利于营造校园民主气氛，增强其主人翁意识，迟滞职业倦怠。

关于教师学习理论，还有借助信息通信技术的同事指导学习理论（信息通信技术为指导教师、被指导教师搭建交流、学习平台）、问题解决学习理论（创设问题，引发教师思考，出现认识冲突，从而促进合作与学习的深入）、行动研究理论（以教师行为实践中课堂问题为基础，部分教师可独立进行，更多由合作者中其他教师协同完成）等。

以上理论侧重于教师角度，但也适用于教育主管部门及学校。教育主管部门、学校研究这些理论，以科学化的举措促成教师学习积极性的提升、信念的坚定、反思的自觉、知识的丰富、能力的提高、倦怠的消除，教育事业就会获得发展。教师专业发展理论较多，除以上六种，还有反思学习理论（专论见后）、教师感情理论、教师合作理论、教师教学专长理论、教师赋权增能理论、教师性别理论、教师领导理论，均可裨益于广大教师，特别是连片特困地区高中中年教师的专业发展。另外，创新性学习理论也很重要，尽管它与“教师学习理论”板块略有重叠，但它作为一种学习思想、学习方法论、学习方式与方法，宜单列出来。

第五章
阅读与连片特困地区高中中年教师专业发展

阅读是全民学习的一种方式，也应该是一种习惯，一种生活方式，连片特困地区高中中年教师也不例外。“终身学习”所强调的“学习”，其内容之一就是阅读行为。从这一意义上看，阅读也属于学习活动、学习行为，因其特别重要，故专列一章。

阅读本应成为教师的常态，然而，一个时期以来，关系到教师专业发展的教师阅读竟成为教育界、全社会关注的热点问题。连片特困地区高中中年教师除了教材、教参外，不读书的不乏其人；甚至有的学校能翻翻教育教学类杂志的教师，也被视为爱阅读者或另类。须知：家仅薄田，难以广种；囊中羞涩，待客窘迫。

一、教师阅读依据

自古至今，强调教师阅读，是因为阅读对于教师、对于教师所教育教学的生命群体——学生而言，对于教育教学质量的提升和教育的发展而言，都是不可忽视的助推器。其中，读书就是阅读的方式之一。

（一）读书有用论的永恒存在

人类文明成果的继承、学习时代智慧成果的重要渠道就是读书。唐太宗所谓“开卷有益，不为劳”、雨果所谓“书籍是造就灵魂的工具”，无不彰显了阅读对生命个体的作用。个体通过阅读获得进步、成功，于家族内产生辐射效应，因此，前人从家族振兴、守成角度考虑，也极力重视阅读。光绪时翰林区谔良所撰宗祠联为：“古来数百年世家无非积德；天下第一等事业还是读书。”国民党元老张静江故居亦有脱化于此的联语：“世上几百年旧家无非积德；天下第一件好事还是读书。”清末皇帝溥仪曾借欧阳修所编《集古录》中“钦若嘉业”[①]一语赐匾额于南浔小莲庄嘉业堂藏书楼，可见重视读书早成古人共识。事实上，书不仅是个人的慧业，还关系到一个民族的发展，犹太民族的不灭与兴盛，与此大有关系。华夏也不例外，从周代的盟府、秦代的石室、汉代的石渠与天录，到吴越的天一阁、齐鲁的海源阁，书籍业已成为民族灵魂的图腾、文明的纽带。难怪学者朱永新说：“一个人的精神发育史实际上就是一个人的阅读史；一个民族的精神境界，在很大程度上取决于这个民族的阅读水平。”一个时代能否呈现出刚健、奋进的局面和活力，也与知识的承传、增长不无关系，因为“书是我们时代的生命”（别林斯基）。

阅读的具体功能有哪些呢？我们不妨体会诸多名言，揆度一二。

读书破万卷，下笔如有神。（唐代诗人杜甫）

腹有诗书气自华。（北宋文学家苏轼）

唯读书可变化气质。（晚清政治家曾国藩）

读一本好书，就是和许多高尚的人谈话。（德国文学家歌德）

书中横卧着整个过去的灵魂。（苏格兰散文家、历史学家托马斯·卡莱尔）

——铸炼品性

一日无书，百事荒芜。（三国历史学家陈寿）

病须书卷作良医。（南宋诗人陆游）

读书有味身忘老。（南宋诗人陆游）

——寄托精神

书犹药也，善读之可以医愚。（西汉经学家、文学家刘向）

读万卷书，行万里路。（北宋水利专家刘彝）

书籍是人类知识的总统。（英国戏剧家莎士比亚）

——获得知识

读书何所求？将以通事理。（清代诗人张维屏）

理想的书籍是智慧的钥匙。（俄国作家列夫·托尔斯泰）

书籍是培植智慧的工具。（捷克教育家夸美纽斯）

书的真正目的在于诱导头脑去思考。（美国作家克里斯托弗·莫利）

——增长智慧

① 钦若嘉业，语出华山庙汉碑文，意为为拥有如此美好的功业而钦敬。

不去读书就没有真正的教养，同时也不可能有什么鉴别力。（俄国文学批评家赫尔岑）

——获得能力

读书功用如此之多！教师读书不仅可以拓宽视野，增长知识、智慧，扩展胸襟，涵养精神气象，还可以提升能力，开拓人生的领地。

从另一角度看，儒家注重“游于艺”（《论语·述而》），传统的“六艺之教”以审美教育为主导，旨在“人文化成”。而“化成”过程中，阅读不可少。它令国人所追求的美的生活不但有“生理的价值”“情感的价值”，还有“文化的价值”，并且可将既有的或阅读中生成的内容作为日常生活中的社会福利，使国人得以共享。阅读中的审美作为一种文明素养、文化人权，也深深影响着国人的生活走向。换言之，国人的生活史是阅读史，也是审美史。正因为如此，“美学才是国人的‘第一哲学’”①。正因阅读功用如此之多，所以我们不妨借用美国社会学家保罗·瑞恩的话语表达对阅读的认知：阅读是“健康、可持续性的生活方式”。教师理应做阅读的躬行者，阅读永远在路上。

然而，人生短促，留给教师阅读的时间有限。“逝者如斯夫，不舍昼夜。”孔子曾面对时间的流水而感喟，披览、整理群书，以致韦编三绝。借阅读所获，孔子“述而不作”，终成文化盛事。因此，高中中年教师要抓紧时间，成为阅读的主人。

（二）教师素养的外化需要爱读、善读的教师

教育教学是教师素养外化的过程。教师素养的高低，直接影响着学生对教师的评价、亲近程度，也决定了教师对学生的影响力和教育教学效果。

清华大学附属小学校长窦桂梅说：“教师要努力成为学生的审美对象。”作为学生的审美对象，外表的靓丽或英俊、衣着的整洁与简朴等固然能给学生留下良好的印象，仅仅如此就缺乏持久的强大的影响力，教师的美主要来自包含人格在内的素养。教师良好的素养自然又由内到外，化为儒雅的气质、彬彬有礼的言行、和善的态度、仁爱的举动和君子风范，或因缜密的思路而化为简练而严密的阐发、智慧的点拨、精要规范的板书、简练漂亮的课件。这些外化的美能给学生强烈的审美愉悦、价值认同，进而产生持久的审美诉求。

正因为如此，教师应将自身素养的提高及其外化作为教育教学过程中极其重要的着力点，让学生因教师深厚的功底、良好的人文修养和绝非矫饰的外露而真切感受教师的可敬、可亲。如此，教师就能成为学生日常审美对象和效仿对象——价值趋同，

① 刘悦笛.东方生活美学［M］.北京：人民出版社，2019：14.

教育教学就成功了大半。正因为如此，王夫之认为“身教重于言教”，叶圣陶也认为“身教最为贵”。

教师如何提高自己的素养？连片特困地区高中中年教师又如何提高自己的素养呢？答曰：“读书。”黄庭坚说：“一日不读书，尘生其中；两日不读书，言语乏味；三日不读书，面目可憎。”此言看似夸张，实道出阅读行为与阅读主体的关系。于漪曾说：教师“提升自己要有养料，要读书”。如何读书呢？我们以为，首先要做到两点。

1. 爱读

爱读，才能广读，才能拓宽视野，扩大知识面，尽力“积学以储宝”（《文心雕龙》）。教学中，教师才能口若悬河，口吐珠玑，引领学生进入“胜境”；教师才能旁征博引，使学生加深对知识的理解；教师才能思维灵动，启迪学生思维，产生良好的互动效果。

不爱读书，教师所闻必然有限，学养必然不高，甚而在教学中做出错误的传授、评判。2017年全国高考语文Ⅱ卷中魏源的名言“受光于庭户见一堂，受光于天下照四方”被理解为理想要远大，要胸怀天下。此言脱化于《淮南子·说山训》“受光于隙，照一隅；受光于牖，照北壁；受光于户，照室中无遗物；况受光于宇宙乎……由此观之，所受者小，则所见者浅；所受者大，则所照者博”，《淮南子》此语道出信息接收与认知的关系。魏源的话也是如此，即不要受环境局限，见多方能识广。然而，重庆高考阅卷场却按理想要远大、胸怀要宽广的意思阅卷，正确理解的考生自然被“矮化”。教师评讲这一作文也作如此理解。如此以讹传讹，岂不贻误学生？

不爱读书、不太爱读书的教师应及早行动起来，加入爱读书的行列中来。作家王蒙主张“读书要趁早”，没能趁早读的，“亡羊补牢，未为晚也”。潘裕民主张“读书永远不能等”。连片特困地区高中中年教师工作任务重，虽不能如欧阳修“枕上，厕上，马上”那般勤读，也难以如匡衡“凿壁偷光”式的苦读，但对读书心存热爱，即便忙如旋转不休的陀螺，一般每日也能挤出一小时读书。长年如此，庶几可成鸿儒。

2. 善读

选择上，择取式阅读。广读，是针对少读者、厌读者而言，是针对面窄素养低者而言；善读，是针对有一定素养、知识广度但较忙的教师而言。在时间紧的情况下贪多，读书则流于走马观花、浮光掠影，教师因来不及内化而仅仅有读之行而少读之所得。怎么选？首先，选择经典或次经典。教师不要让消遣性十足的流行读物占据自我空间。西班牙作家、诗人马里奥·巴尔加斯·略萨（Mario Vargas Llosa）说：“在新媒体时代，更要留点空间给经典阅读，因为只有经典才能给你带来智慧。”数理化教师，完全可读读顾沛的《数学文化》。当然，经典如果过于古奥，学力不济，还可选读次经典或经典解读本。例如，一般教师读《老子》《周易》，不如读曾仕强《易经的奥秘》《道德经的奥秘》，适当降低难度，节省时间，同样可以纠偏益智。其次，选择弱项类书籍。所谓弱项类书籍，就是教师在学科知识、教育学知识、学科视野内外存在薄弱、短板的，其主要涉猎书籍就是弱项类书籍。如时代视野窄、政策理论水平不高的教师，可选读《新华文摘》等；缺乏教育思想的教师，可选读《中国著名特级教师教学思想录》（柳斌主编）等。阅读的对象不止于书，还有网络等媒介，教师一定要披沙拣金，否则，溺于信息的海，终究少有收获。

思维上，思考性阅读。浅阅读只有搜索、理解，深阅读却有发现、创造，而思考是获得认知、深化认知并创造的条件。国人中有爱读者，但误读“读书破万卷”者多，追求面广量大，只在“万卷”上着力，忽略“破”字，结果书没读“破”，内化寥寥。要“破万卷”，就要思考，尤其是深度思考，从而多发现问题，获得体悟。例如读《史记》，常人多关注史实、人物事迹，语文教师还可能关注其艺术上的成功之处，但极少关注、思考其体例中的收录情况。“本纪”收录帝王行事，但为何收入项羽？楚汉相争之际，天下无皇帝，项羽只是诸侯王，本应收入“世家”，这难道是史迁的疏忽？其实不是。一是史迁认为项羽虽是诸侯王，但曾经号令天下攻秦，值得肯定；二是抬高这位悲剧性英雄的地位，变相贬损了高祖，暗含对高祖不能明断，致使自己惨遭李陵之祸的不满。由此可见，客观的“信史”亦暗含著者的情感。如此思考、分析，认识自然就比《史记》的一般读者深刻得多。思考性阅读还体现于对文本作者思维的缜密性、新颖性等方面的关注。爱读、博览本是好事，但若缺少思考，增加了内存的榆木脑袋还是疙瘩、书袋。须知，思考才能内化所读，涵养智慧。

学科上，跨学科阅读。这属于跨学科学习，也叫跨界学习。前文已有涉及，在此略谈一二。特级教师任勇说：“一点知识懂一切，一切知识懂一点。”前半句是就阅读的深度而言，主张读书时，就某点知识的道理、规律及其相关知识彻底弄明白；后半句是就阅读的广度而言，主张广阅读，跨学科阅读，以启发学生打开更多的知识之门。况且，仅以思维论，文科于理科而言，有联想思维之长，极利于思维的活跃、课堂的宏博和教师的创新；理科于文科而言，有逻辑思维之长，极利于教师思维严密、课堂浑然和治学严谨。因此，跨界读书不可不张。

品位上，高境界阅读。阅读的品位主要取决于两点：一是阅读者对读物的选择（前已谈及），二是阅读者阅读的境界。余光中曾说：“凡是值得读的智慧之书，都值得精读，而且再三诵读。”此言可见诗人余光中注重读物的智慧及其启迪，精读、诵读反映其深入地读，力求获得内心体验。林黛玉“嘴角不禁生出缕缕的清香来”，原因就在于读《西厢记》后内心有所触动和体验。这是深阅读——有内心体验的阅读。阅读境界有阅读时的思维、情感参与度和结果的区别。今人借毛泽东的诗词“此行何去，赣江风雪迷漫处”“四海翻腾云水怒，五洲震荡风雷激”“萧瑟秋风今又是，换了人间”概括读书三境界：第一境代表探寻、迷茫；第二境代表体悟、共情；第三境代表大悟、喜悦，为最高境界。[①]当然，读书还有一种大我情怀、责任意识的萌动，那是更高的境界，苏轼“人生识字忧患始”便是印证。教师读书，就应追求阅读境界，让心智达到理想的状态或程度，便拥有了阅读的品位。

方式上，学以致用式阅读。首先，读写结合。写，让自己所读得到巩固、深化、转化，甚而因写中思考而得到升华或批判，从而促进教师的专业成长。教师所读所思中的隐性知识需要梳理、提炼，也离不开写。上海市实验学校在上海师范大学教授张民选的带领下进行探索，其中之一就是以隐性知识显性化促进教师专业发展，效果明显。张民选认为：“用隐性知识显性化的方法将大大促进教师的专业发展。”[②]而隐性知识显性化，离不开写。窦桂梅说得好：“写，让自己活得明白，更让自己活得精彩。写，赢得的是尊重，积累的是尊严。一句话，写，改变了你的生命属性。”事实上，教师的成就意识能否化为教育教学硕果，在很大程度上取决于教师能否将行为中的缄默知识变成显性化的具有一定普适意义的论文、著作。当然，教师所写，以教学随笔（含反思）、教育叙事、教材分析、教学设计、论文、课题研究为主，也可写文艺随笔。连片特困地区高中中年教师普遍需要转换观念，努力从教书匠变为反思型教师，为成为学者型教师乃至教育家储积养料。其次，读用结合。教师不能只是“知道”，还要“践行”。程颐曾说：“读得一尺，不如行取一寸。”将所读用于教育教学，可化知识为能力，从而提升自我，可发现所读纰缪或缺陷，进而通过思考得出新说，从而成就自我。

若有所择取，注重思维参与，彰显阅读品位，学用结合并创造新说，教师在后续阅读中极易进入审美阅读的境界，享受到阅读的乐趣，获得素养的提升。教育需要良好素养时时得以外化的教师，自然特别需要阅读型教师。

（三）书香校园、文化中国的建设需要爱读善读的教师

进入21世纪以来，为了弘扬传统文化，增强文化自信，培育富有以“人文积淀”“人文关怀”“审美情趣”为核心内容的“人文底蕴”的“全面发展的人”，书香校园、文化中国的建设如火如荼，重庆市连片特殊困难地区的建设相对滞后于发达地区，但也紧锣密鼓地进行。

1. 书香校园的建设离不开爱读善读的教师群体

诚然，校园图书馆及其配套的图书、仿古式建筑、绿地林荫、读书廊道，都在一

① 潘裕民. 教师专业发展的理论取向与实现路径［M］. 南宁：广西师范大学出版社，2013：99.

② 张民选. 专业知识显性化与教师专业发展［J］. 教育研究，2002（1）：14-19.

定程度上裨益于书香校园的建设，但其作用非常有限。因为教育的主体是人，校园魅力的强弱取决于教师，远远不由楼宇等外在物来彰显。（中国）香港中文大学、中央财经大学校舍以陈旧居多，园内促狭，可藏龙卧虎，谁敢睥睨？

教师爱读善读，在无形中引领着学生的行为。苏霍姆林斯基认为："如果你的学生感到你的思想在不断地丰富着，如果学生深信你今天所讲的不是重复昨天讲过的话，那么，阅读就会成为你的学生的精神需要。"校园有爱读善读的教师群体，必然因教师话语的鲜活感而出现爱读善读的学生群体，必然营造出爱读善读的校园氛围，如此，书香校园方能始见端倪。

教师爱读善读，在无形中沉静着学生的内心。爱读善读的教师，内心自会少一些社会的纷扰和内心的浮躁，多一些内心的淡定和思想的沉思。学生耳濡目染，容易受到潜移默化的影响。元末明初范立本《明心宝鉴》云："心安茅屋稳，性定菜根香。"学生因内心沉静而多了阅读的时间，广了阅读的范围，增了阅读的体悟，厚了人文的底蕴，高了认知的高度。如此，校园之内，师生话语含书香，行动有书香，处处皆书香，书香校园才真正建成。

连片特困地区虽然经济相对落后于全国不少地区，但红尘扰攘不少。明确书香校园建设的主体是人，引导、激励、督促高中中年教师爱读书善读书以沉潜内心，促进学校将爱读善读的教师群体的建设作为极为重要的任务来抓，而将相对滞后的校园硬件建设作为相对次要的任务，那么书香校园不难建成，功利性的高考任务也不难完成，连片特困地区教育自能得到长足发展。

2. 文化中国的建设离不开爱读善读的教师群体

首先，教师作为文化的重要传播者，是建设文化中国的主力军之一。苏霍姆林斯基说："要天天看书，终生以书籍为友，这是一天也不断流的潺潺小溪，它充实着思想的河流。"教师爱读书善读书，在拓宽视野、启迪思维中充盈、淬炼思想，首先在教育界彰显了文化中国的特质和风采。教育部发布的《2019年全国教育事业发展统计公报》显示，中国教师已超过1732.03万人，其中普通高中教职工283.37万人。仅以2018年连片特困地区内云阳县为例，专任教职员工就达1.0073万人。这是一支庞大的队伍，再加之向其他领域、群体辐射，这对于建设文化中国的意义何其巨大！

其次，教师引领下的学生是建设学习型社会、文化中国的生力军。

学生是民族的未来。2018年6月19日，美国白宫国家贸易委员会发布了《中国经济侵略如何威胁美国及全球的技术和知识产权》的报告，尽管多有不实之词，但其中关于中国对人才培养、引进的忧虑，从一个侧面反映出人才的重要性。不过，北京科利华公司出版的《学习的革命》说："我们的孩子们将生活其中的世界正在以比我们的学校快四倍的速度变化着。"因此，让高速变革时代的学生在变化中具有一份不变，拥有一份书香，以承担国际知识竞争、人才竞争时复兴民族的重任，首先要寄望于广大教师。而且，这一任务光荣而艰巨。教育部发布《2019年全国教育事业发展统计公报》指出，2019年，全国共有各级各类学校53.01万所，各级各类学历教育在校生2.82亿人，其中普通高中在校生2414.31万人。仅以连片特困地区云阳县为例，2019年全县在校高中生就高达2.3227万人。倘若如此众多的学生都能成为爱读善读者，那么学习型社会、文化中国的全面建成便指日可待，如此，我们何愁民族不能复兴？连片特困地区经济文化何愁不会振兴？

由此可见，读书是教师的立身之本、兴业之本，也是兴国之要。

二、教师阅读现状

北京海淀区教育战略性人才培养基地主持人李希贵说：“书是最重要的教育资源。”书受到不少国家国民的青睐。犹太人年均阅读64本；俄罗斯作为“最爱阅读的国家”，户均藏书近300册，车站、地铁读书是常见的风景；全球最大的图书展每年都在德国莱比锡、法兰克福举办，仅汉堡市图书馆平均每天有18000人前来借阅；日本东京书店有7000多家。

（一）国内教师阅读现状

中国新闻出版研究院组织实施的第16次全国国民阅读调查显示，2018年中国国民年人均阅读仅仅4.67本。作为知识的传播者、人才的培养者，我国教师的阅读状况呢？

2014年3—4月，上海教育工会、上海市教师学研究会联合上海市教育发展基金会、上海市中小幼教师奖励基金会、增爱基金会发起“上海市中小学幼儿园教师读书现状调查”，问卷对象涵盖上海17个区县48所中小幼学校的3411名教师。其成果《上海市中小学幼儿园教师读书现状报告》（于漪主编）已由上海三联书店正式出版。作为我国经济、文化、教育等非常发达的重镇，上海本应是乐读成风之地，但教师阅读状况堪忧。调查结果显示，上海教师阅读数量偏少，阅读质量偏低。81.8%的教师每天阅读时间低于1小时，61.2%的教师在过去一年中的阅读量低于4本，79.4%的教师一年购买的图书低于10本。报告提出，教师在阅读方面存在的问题包括阅读动机不足、阅读环境不良、阅读方法欠缺和阅读资源缺乏。我国经济、文化最发达地区之一的上海尚且如此，而中西部地区尤其是国家级贫困地区的教师阅读状况就可想而知。难怪俞洪敏曾直击教育“痛点”：“一群不读书的教师在拼命教书。”

2017年7月，“重庆市连片特殊困难地区高中中年教师队伍建设策略研究”课题组对重庆市连片特殊困难地区所属高中学校进行抽样系列调查，其中“阅读”项的调查结果很不理想（见表5-1）。

表5-1　重庆市连片特殊困难地区高中中年教师抽样调查统计表（节选）

大项	单人总分	云阳县302人		县外抽样114人		总计416人	
		平均得分	得分率	平均得分	得分率	平均得分	得分率
阅读	100	53.29	53.29%	51.72	51.72%	52.86	52.86%

虽然调查项目不多，只有“主要阅读方式”“阅读动因”“每天自主阅读时间”“每年购书支出”“个人藏书”“主要阅读内容”六项，调查对象只是西部重庆市连片特殊困难地区内高中阶段的中年教师，调查结果也没能全部涵盖教师阅读的全貌，但“管中窥豹，可见一斑”。

综合以上调查情况，可以确认：包括连片特困地区在内的全国中小学教师阅读量普遍小，阅读的动力不足。

（二）成因

导致国内教师阅读现状堪忧的原因何在？结合《上海市中小学幼儿园教师读书现状报告》（于漪主编）“访谈调查”“问题与思考”和课题组访谈内容，可知这一现象的成因主要有以下几点。

1. 工作负担较重

社会对学校、教师的功利性期望值高，教师满工作量、超工作量运转常态化，教师不得不忙于日常教学，在题海，学生日常跟踪、辅导中消磨掉不少时间，自由支配的时间碎片化，很难挤出较长时间段静心读书。教师日日拿书、翻书而难以真正读“书”，即便阅读一二，也不是经典、次经典，而是教案，即可以“窃用”的他人经验性方案，或杂志上可以直接移植的技术化片段。

2. 业余生活丰富，心态浮躁

经济高速发展，社会节奏加快，从而导致生活调节方式丰富，无论东部西部，资讯异常发达，因此教师心态也变得浮躁，缺乏读书的闲情静气。甚而出现阅读低幼化倾向——乐于“读图”，成为读图时代的拥趸者。苏霍姆林斯基所谓“要把读书当作第一精神需要，当作饥饿者的食物”（《给教师的建议》）成了自我调侃。即便读书，也只是搜索、“鲸吞”，更遑论批判、重构。

3. 资讯化浏览冲击

教学功利驱动广泛存在，社会、家庭、学校、年级、班级对考试成绩的关注和追求，使教师在有限的碎片化时间内多着力于教参、教材、练习册、教育教学杂志，基本上缺乏对专业发展、人文素养提升有促进作用的“教”外书籍关注、阅读的热情。教师教学之余，普遍以文摘类、通俗小说类等消遣性纸质读物，微信公众号、博客、抖音中热传的视频、消息、写手短文的“去纸化阅读”作为调节手段。此类资讯化阅读，实为浏览或碎片化阅读，结果“看读”不少，皆成过眼云烟。长此以往，教师阅读去经典化突出，深读意识淡薄，惯于轻鸢剪掠式的“扫读”。

4. 读书战略缺失

不少学校缺乏促进教师专业发展的读书策略和相应举措。教师也出现认知缺陷，以让学生得高分为能事，对自身发展的意义认识不明，缺乏自我发展计划，甚而价值取向出现问题，自然没有读书战略。特级教师吴非曾说，当今所缺的不是“想做官”“搞应试”的教师，而是“爱读书”“有思想”的教师。遍观连片特困地区、全市、全国，这类现象并不鲜见。

一言以蔽之，连片特困地区高中中年教师接收信息不少，但疏于真正的阅读，因种种原因满足于技术性的扫描，增加底蕴的深阅读少，学养不济。这是制约教师专业发展的主要瓶颈之一。

三、高中中年教师阅读内容

连片特困地区高中中年教师应该阅读些什么书籍呢？

首先，要读经典书籍。何谓经典？艾略特将“成熟”作为“经典”的特征。南非诺贝尔文学奖获得者库切（John Maxwell Coetzee）在《何谓经典》中说：“历经最糟糕的野蛮攻击而得以劫后余生的作品就是经典。”换言之，历经时间淘洗却依然惠泽于人的成熟作品就是经典，如孔子的《论语》、柏拉图的《对话录》、韦纳尔·卡尔·海森伯（Werner Karl Heisenberg）的《物理学和哲学》。教师之所以要读经典，是因为“教育需要经典的依托，古典让人厚重，前沿让人激越”（潘裕民）。

其次，要读次经典书籍。我们提出的“次经典”，指解读经典，或对教师拓宽视野、滋养灵魂、增长智慧、专业发展有间接作用的厚重作品，如楼宇烈的《中国的品格》、鲍鹏山的《风流去》、顾沛的《数学文化》。之所以提出教师读次经典，一是因为部分教师弱化或失去阅读经典的热情和能力，需要以次经典阅读做铺垫、激兴趣；二是因为连片特困地区高中中年教师课余时间少，在碎片化时段内又难以展开深度思考。

读任教学科领域的经典和次经典，读不同领域、不同学科的经典和次经典，需要阅读者思维的高度参与，而这正是消除教师浮躁心态的良方（当然，起步阶段离不开督查）。教学之余，教师具体读什么书呢？我们不妨先看看学者潘裕民为语文教师提供的“推荐书目”[①]（见表5-2）。

① 潘裕民. 教师专业发展的理论取向与实现路径［M］. 南宁：广西师范大学出版社，2013：134-137.

表5-2　书目推荐表

类别		作者	书籍	评价	备注
本体性知识	汉语知识	唐汉	《汉字密码》	汉字源流，训诂	学科知识与能力，《古文观止译注》优先，创学《汉字密码》
		杨伯峻	《论语译注》	准确，平实	
	文本解读	王水照等	《古文观止译注》	精辟中肯，简明流畅	
		蒋勋	《蒋勋说唐诗》	丰富，流畅	
		叶嘉莹	《唐宋词十七讲》	涵盖重要词家，比较分析	
		艾德勒、范多伦	《如何阅读一本书》	为寻求理解力读者而写	
	学科理论实践	王荣生	《听王荣生教授评课》	课程论专家审视课堂	涉及“职业知识”
职业知识	教育学	苏霍姆林斯基	《给教师的建议》	教育“圣经”，涉及教师素养、学生兴趣等六大问题	必读
		佐藤学	《静悄悄的革命》	大家小书，析形式主义根源，教育变革	
	教育管理	帕尔默	《教学勇气——漫步教师心灵》	自身认同与自我完整	必读
		布尔科斯基	《创建优质学校的6个原则》	十五年教育改革经验	领导必读，教师了解
		郑杰、徐红	《谁是教育的敌人》	教学、教育管理，针对热点问题	优读
		钟道然	《我不原谅——一个90后对中国教育的批判和反思》	批判功利化教育现状	与教育学有叠合
人文艺术知识	文学艺术	张民生、于漪	《教师人文读本》	大师经典短文选读	
		李泽厚	《美的历程》	美的现象、新论	必读
		蒋勋	《蒋勋的卢浮宫》	美的门径	积少者读
	哲学历史宗教及社会学	冉乃彦	《中小学教师如何用哲学》	教师是思想者、创造者	必读
		周国平	《何来何往——平凡生活的心灵书》	人生哲学：执着与洒脱的平衡	悟少者读
		钱穆	《国史大纲》	文化主线下的通史	
		李学勤、何承伟	《话说中国》	经典故事说文化历史	积少者读
		楚渔	《中国人的思维批判》	哲学角度谈思维科学	悟少者读

续 表

类别		作者	书籍	评介	备注
人文艺术知识	科学	霍金	《时间简史》	科普范本	
		吴国盛	《科学的历程》	博物学到计算机，科学史	
		里吉斯	《谁得到了爱因斯坦的办公室》	重大发现串联材料	积少者读
	综合及其他	傅国杰	《聆听大师》	科技、学术、文学	积少者读
		雷玲	《教师的幸福资本——成长为优秀教师的8种特质》	教师故事，触摸幸福	必读
		崔利斯	《朗读手册》	朗读计划与指导	
		蔡家园	《书之书》	书的故事	文化普及
		达恩顿	《阅读的未来》	书的传记	

（著者将述录变为表格，并加“备注”）

此书目反映出潘裕民对中小学语文教师的期待。尽管个别书籍归类未必精确，但从学科本体、职业理论、人文艺术三者综合等方面考量，涉及本体性知识、条件性知识、影响性知识（文化、艺术）和少量实践性知识，至少暗含以下观念：①教师应强化阅读，做爱读善读的教师；②教师要在学科内外深下功夫，以跨界阅读广博学识，实现专业“增值”，成为思考型、素养型教师；③教师要关注时代、顺应时代，成为时代中优秀的生存者、发展者。

或许有不少教师对有关汉字源流的训诂学著作入选书目颇不以为然。其实，汉字训诂呈现的不仅是汉字历史、文化，更有考据所需的思维方式、科学方法。如“是”字，甲骨文为上“日”下“止”，“源自夏至这一天中午的日照”，“太阳运行到北回归线附近时，太阳与大地形成垂直状态，正午时分阳光直射人的头顶”，“可见‘是’的构形意义源自‘此时、此地’阳光直射”（唐汉）。因此《说文解字》释为“是，直也，从日正”，“是”有正是、正对之意，今日成语“莫衷一是”等保留此意。“是为黄帝”（《史记》）保留“这”之意。①至于其他意思，则因转注所致。唐汉的这一训诂例体现了词源学的精髓，也体现了古人的天地观和考据观，体现出开放的思维方式和考而有据的研究方法。不仅是语文教师，其他学科的教师阅读此类书

① 唐汉. 唐汉解字［M］. 山西：书海出版社，2003：8-9.

籍，在丰富知识的同时，也能获得思维的训练和思维能力的提升。这于教学内涵的丰富、教育教学科研大有裨益。

或许书目中有哲学宗教书籍，令不少教师疑虑重重。其实，只要走近哲学、宗教，则诸多疑虑顿消。恩格斯早就指出哲学的意义："哲学是一切科学的灵魂。"哲学是最高意义的科学，它分蘖出科学，又将一切科学收入囊中，作为自己研究的对象，对一切科学进行"抽象"。读哲学书如周国平《守望的距离》之类的哲学随笔，能增智慧，明万物之理。而宗教本是一种文化，是中外文学艺术的重要主题，也是哲学的孪生兄弟。例如佛家的"涅槃"、华严宗"一即多，多即一"蕴含哲学的辩证法，构建宗教哲学体系的犹太教关于人的主观能动性、二元论，等等，无不给人以思想的启迪和灵魂的慰藉。至于马克思所谓"宗教是麻醉人民的鸦片"论，只是针对原始宗教神灵崇拜因被世俗力量利用而沦为愚弄百姓的工具而言，并非全盘否定宗教。闲余读读《旧约》，读读赵朴初《佛教常识答问》等"大家小书"，读读充满禅理的古诗，自会获得精神的引领、灵魂的滋养。

教师需要关注哲学，因为哲学体现了人类最高层次的智慧，且广泛存在于各个学科之中。学者冉乃彦著《中小学教师如何用哲学》一书，其前提就是哲学无处不在。提倡读经典、次经典，部分原因也在于此。读经典、次经典由来已久，但国人多缺乏哲学意识，不是因为中国没有哲学，而是因为国人将经典、次经典仅仅当作纯知识文化典籍，只关注、吮吸其中道德、文化、治政等方面的观念。读孔子的"叩其两端""执两用中""过犹不及"，只将其当作世俗层面的途径、诉求，而忽略了"中庸"本是尊重客观的哲学方法论；读老子的"无为"、庄子的"齐物"，只将其当作处世的智慧，而忽略了尊重客观规律的哲学要义。这如庸常的教徒读《旧约》，只看到宗教的训诫，而昧于哲学、文学的启蒙。因此，高中中年教师要勤于阅读哲学著作，还要在阅读非哲学著作时，勤于留心、咀嚼其中的哲学营养。东方古代哲学因为文化背景的差异，素来就没有西方逻辑化系统性的存在，而是蕴含在思想、文化、文学等众多典籍中，高中中年教师要进入东方古代哲学的堂奥，就必须富有哲学意识。

或许书目中的美学著作难以引发不少教师的关注。事实上，美的事物具有"生理的价值""情感的价值""文化的价值"。亲近美学，自觉地审美，尽管不能让当代文人挂画、插花、点茶、燃香这"生活四艺"一一、时时地呈现，但可提升审美素养，获得"审美福利"，让自己即使只拥有美的乌托邦，但也拥有诗意的追求、诗意的人生。此外，阅读美学著作还有利于通过"生活美育"，培养学生的"审美情趣”，走向“观赏文明”，“构建一种审美化的‘文明生态’”。①

这份推荐书目，对于所有学科教师，对于连片特困地区高中中年教师来说，无疑具有重要的启示意义。但还有明显的缺失：哲学分量不足，也没开列逻辑学著作。亚里士多德创立的逻辑学体系虽然是从哲学中分离出来的，但逻辑学“以推理的方式使人信服”，它用逻辑推导否定错误的经验观察，以理性证明否定错误的感觉直观，实为哲学的基础和工具，其中的概念、判断、推理等体现了思维的缜密。中国传统思维以整体思维、辩证思维、直觉思维为特征，而直觉思维在张岱年看来，“只是一种主观的神秘体验”，缺乏哲学引领，更缺乏必要的逻辑推演和逻辑论证。阅读逻辑著作极有利于教师在反思、科研中形成严密的思维系统。

不过，连片特困地区大多数高中中年教师在提高道德自觉意识的前提下，首先要读的，应该是带有“补课”性质的教育教学类、文化类书籍，之后再逐步拓宽阅读面。

教师阅读，引起了社会的广泛重视。中国教育新闻网认为：“读书，让人保持思想活力，得到智慧启发，滋养浩然之气。一个人的精神发育史就是一个人的阅读史，对于广大教师而言，读书是与名家相遇，体悟教育经验；是与同行对话，分享教育心得。”由中国教育新闻网主办的“2017年全国教师暑期阅读随笔征文暨书目征集”活动，从40余家出版社征集了410余本适合教师阅读的书籍。这份清单涵盖了不同学段，并不一定都适合每位教师。教师可根据自身教学、教研上的弱项，自己的学段和学科，选读其中部分书籍。选读时，适当注意学科视野的拓展。现提供“中国教育新闻网”网址http://www.jyb.cn/，供教师们参考择取。

四、高中中年教师阅读方式

方式往往决定结果，阅读亦然。阅读的方式很多，但适合的才是上帝，选择适合自己的阅读方式，是高中中年教师必然面临的问题。

（一）方式

连片特困地区高中中年教师适于采用哪些阅读方式呢？

1. 指导性阅读

指导性阅读指教师在某组织（集体、机构）的统一部署、指导下，以教师为主体并完成一定阅读任务的阅读实践活动和方式。这种指导性阅读，也可叫任务型指导性阅读或指导型任务化阅读。

连片特困地区高中中年教师为什么需要指导性阅读？原因很多，主要有以下几

① 刘悦笛. 生活美学与当代艺术［M］. 北京：中国文联出版社，2018：34.

点：其一，学科本体性显性知识不足，这与教学任务长期过重、职业倦怠等原因导致学习被动有关；其二，科研能力普遍偏低，缄默知识缺乏提炼、转化，缺乏最新教育理论的武装，这主要与职业倦怠、功利性教学、观念更新意识不强有关；其三，人文素养有待提高，这与功利性教学、自我发展意识不强等有关；其四，缺乏进取的激情，这与晏殊"春花秋草，只是催人老"式的感叹中滋生的职业倦怠有关。

指导性阅读的指导者可以是教科室，也可以是学校聘请的专家、名师、教研员，由他们在阅读内容、方法、进度、方向等诸方面予以指导。学校教科室应制订阅读计划，可酌情开列相应清单，分科规定学期阅读任务：针对学科本体性显性知识不足的问题，开列关于学科体例与范围有变、教育改革带来新旧高考接轨、初高中衔接的书籍；针对缄默知识缺乏提炼、转化，缺乏最新教育理论的武装，开列有关当前教育思想教学理论和改革名师言论、成果的书籍；针对人文素养有待提高的问题，开列文史哲书籍，强调跨界学习；针对进取精神缺乏的现状，开列有关教师自我认知、人生意义的书籍……制订阅读计划时，教科室宜以必读书为主，选读书为辅。除了任务规定外，还应附上若干建议，如阅读时间、进度、阅读方法、思考方向，并以相关阅读核查相配套。若条件不成熟，可先着眼于语政史教师或年轻教师，后择机推广。

当然，指导性阅读时，教科室应考虑阅读的"量"，要因地制宜，综合考虑学校学期任务、进度等情况，以体现人性的温度。任务不太繁重时，还可做出一定的写作要求。徐特立说："不动笔墨不读书。"写作是对阅读的梳理、深化、批判、提升。之后还可确定一定时间，开展阅读成果汇报会、展示会、研讨会。这是指导性阅读的延伸和成果的外化，有利于激励教师阅读，以提炼的成果普惠教师，从而使教师专业发展更为迅速、顺利。唯其如此，方能真正体现教师职业的温度。

2. 自主性阅读

自主性阅读指教师根据自我需要，以自己为主体，在主动积极的思维和情感活动中进行的阅读实践活动与方式。

连片特困地区高中中年教师为什么需要自主性阅读？原因很多，主要有以下几点：其一，阅读需求不一。因为连片特困地区城乡教师的素养、知识面差异甚大，需要"充电"的方向、内容互有差异，而指导性阅读清单并不能完全满足教师的个性化阅读需求。因此，切不可"一刀切"，让指导性阅读的任务成为限制教师渴望、眼界的桎梏，更不能成为教师的沉重负担。其二，教师的思维习惯、禀赋存在差异。阅读时思考的着力点、深度、广度互有不同。其三，学科教师作息时间并不统一，教师阅读更多地处于"个读化"状态。

有鉴于此，为了人与书相遇，为了教师与发展相遇，学校、教科室除了指导性阅读外，更多的是阅读上的倡议和激励。此时，教科室一般不开列阅读清单；若开列，则宜开选读书。开列书单时，除了注意教师的专业性而开列学科内外书籍外，要特别注意开列能增长智慧的中外哲学（含教育哲学）类书籍和逻辑学著作。中国古代哲学几乎没有大部头的专著，尽管被东西方不少学者错误地作为中国人缺乏学术精神的依据之一，但中国早有哲学，古代哲学散见于中国第一部哲学、文化巨著《周易》和其他诸多文化经典中。学中国古代哲学，不仅能增长哲学智慧，还能得到文化熏陶。不仅如此，还能训练教师的形象思维能力。因为中国古代哲学观念多借助于形象表达。被儒家尊为“群经之首”的《周易》，将“阴阳”作为“表述自然界普遍联系的基本范畴”①，以“一阴一阳之谓道”的命题，蕴含朴素的唯物主义和事物对立统一、普遍联系、发展变化的辩证主义哲学观，如“亢龙有悔”形象地反映出矛盾双方的转化，“天地氤氲，万物化生”形象地反映出事物运动、发展不息的哲学观。中国古代的逻辑学，同样也采用“白马非马”式的形象言说方式。以形象言说抽象，可谓中国古代哲学、逻辑的表达特色，这与华夏先民“日出而作，日入而息”的生活方式和“天人合一”文化哲学观影响下重直觉、重感悟的认知特性密切相关。阅读这类书籍，极有利于教师拥有灵动的形象思维，在教育教学中关联诸多物象、事例，统整教育行为中零散的片段，构建相关体系，形成科研成果。

不过，万物皆长短同存，利弊共生。尽管学者楚渔的“概念模糊是我们中国人致命的思维弱点”②论颇有危言耸听之嫌，但他关于“中国传统思维特别依赖于感觉，重视具象的知觉”③的言论道出了国人思维的普遍性特征，这一思维特征特别有利于艺术的孕育和发展，但客观上减弱了科研所需的理性。事实上，包含教育科研在内的一切科研行为还需要抽象思维。西方哲学和国内现当代不少哲学著作（深受西方哲学影响）、逻辑学著作（中国古代的除外）恰恰以抽象思维为特征。抽象思维中的概念、判断、推理等线性思维要素容易形成逻辑链条，最有利于科学研究。仅以概念而论，形象思维（也叫非线性思维）中缺少概念和概念的准确界定，如“形在江海之上，心存魏阙之间”（《文心雕龙·神思》）说的是想象、联想，中国古代的文人均没有对此做出清晰、准确的定义。王昌龄在《诗格》中最早提出“意境”概念，却没界定其义，一直到晚清，王国维也没有界定，只是在激赏“红杏枝头春意闹”时说：“着一‘闹’字，而境界全出。”这依然是形象思维的路子。如果以此出发，只有利于关联相同、相反的现象，为科研拓宽思维路径，或做材料上的储备，或做随感式的杂谈，却难以进行逻辑严谨的科研。况且，概念往往有广义、狭义之分，还因本义、引申

① 崔波译注. 周易［M］. 郑州：中州古籍出版社，2007：9.

② 楚渔. 中国人的思维批判［M］. 北京：人民出版社，2010：26.

③ 同上。

义、意义范围的扩大与缩小等语义流变现象的存在而有多义之别。如“批评”，多就缺点、错误提出意见，如“批评教育”；但在“文艺批评”中还包括对优点的评价、评判。如果不厘清其意义范围，就极易引发误解，导致有关“批评”的科研出现歧义，甚而难以进行下去。中西方哲学的表达方式有异，这是开列选读清单时务必注意的。

不过，西方哲学著作、现当代不少中国哲学著作和逻辑学著作都有利于教师浓厚逻辑意识。正因为如此，连片特困地区高中中年教师在中国古代哲学中获得浸润的同时，还得关注具有另一种思维特征的哲学著作和逻辑学著作，尽可能自主学习、消化。康德的《纯粹理性批判》《判断力批判》，黑格尔的《小逻辑》《历史哲学》，马克思的《资本论》比较抽象、宏阔，可以涉猎；杨国荣的《中国古代哲学史》、陈达先的哲学随笔《静园夜语》、周国平的《人生哲思录》，以及路德维希·维特根斯坦（Ludwig Wittgenstein）的《逻辑哲学论》、华东师范大学哲学系的《形式逻辑》等则不妨细读。不但可吸收智慧成果，还在深阅读中获得严密的逻辑思维训练，极有利于教师提高抽象思维能力，从而拥有学习、科研的理性。

需要指出的是，无论是指导性阅读还是自主性阅读，首先要主动性阅读，因为“如来原是幻，何以度苍生”[①]，教师要通过阅读，提升自我境界，从而“度己”；其次要鼓励个性化阅读。个性化阅读本是《普通高中语文课程标准（2017年版）》阅读教学提出的一个重要理念：“阅读是学生的个性化行为，应该引导学生钻研文本，在主动积极的思维和情感活动中，加深理解和体验，有所感悟和思考，受到情感熏陶，获得思想启迪，享受审美乐趣。要珍视学生独特的感受、体验和理解，不应以教师的分析来代替学生的阅读实践。”教师的个性化阅读，就是教师钻研文本，在主动积极的思维和情感活动中加深理解与体验，有所感悟和思考，受到情感熏陶，获得个性化的思想启迪，享受审美乐趣的阅读理念。教师在阅读中不断“同化”，不能“同化”时便创造新的信息图式来“顺应”，在完善自身知识结构时可能有自己的独见——个性化阅读的成果，这意味着教师在深度阅读中获得专业成长，应得到及时的肯定。

（二）诉求

如何促成个性化阅读成果？孔子说：“吾尝终日不食，终日不寝，以思。”思考是阅读成果出现的前提。学校、教科室要大力提倡思考性阅读，引导教师与文本对话，而不是一目十行式的消遣性阅读、“读图”式的微阅读和浅阅读。对于美的文本，还应“慢慢走，欣赏啊”（朱光潜）。

教师与文本对话，应该有两个层次的诉求。

① 叶嘉莹. 掬水月在手［M］. 成都：四川人民出版社，2020：13.

1. 灵魂共振，情感共鸣

在思考中进入深阅读状态，领悟文本情感潜藏之深、作者见识之高、行文表达之妙，从而因灵魂合拍、情感共鸣而获得审美愉悦。这一愉悦往往产生于两种情况。

（1）重叠。

教师阅读文本时，往往会出现自我储备（含自己创见）与文本内容部分或完全重叠的现象，而重叠部分往往为常人所不知或知之甚浅。此时，教师恍然间穿越时空，有与文本作者相引为知己、抵掌晤谈的快慰。

曾国藩率湘军灭太平军后，一时位高权重。湘军将领中有人劝曾国藩“鼎之轻重，似可问焉”，即效仿楚庄王问鼎中原，自立为王。曾国藩题联语“倚天照海花无数；流水山高心自知”以明志：太阳倚天照射，海面浪花很多，而自己自然知道心中有古曲《高山流水》般的淡泊、超然情怀。言下之意，对王位乃至帝位看得淡，崇尚清高、淡雅的圣贤，不会为“倚天照海花无数”式的生活所惑。此联一出，令湘军将领的妄念自消。教师因一代鸿儒谨守君臣之义和用舍行藏之道，与自己有关儒家知识分子的人格、责任等知识储备重合而深感愉悦。

这种“重叠”在阅读行为中经常出现，如读到课堂的“创生”理论、《论语》中曾皙言行所凸显的“曾点气象”、李叔同临终偈语“问余何适，廓尔忘言”，往往会唤起关于实效课堂、创新意识、达观态度的记忆。

（2）同化。

教师阅读文本时，尽管与文本内容有一定的距离，但通过分析、咀嚼，认可文本作者的观点、情感。此时，便有被“同化”，增长见识，且与文本作者为伍的快感。

文化之旅应是“乐旅”，余秋雨为何将散文集命名为《文化苦旅》，细读《文化苦旅》，教师不仅渐渐认同“没有悲剧就没有悲壮，没有悲壮就没有崇高”“再小的个子，也能给沙漠留下长长的身影；再小的人物，也能让历史吐出重重的叹息”之类的精警之语，更感到作者外在的文化古迹旅行，实为内在的文化回溯，在回溯中蕴含着思考的艰难和苦涩。这艰难和苦涩的背后是文化的良知、责任。读到此时，教师被文本“同化”，或完成了自我“同化”。

事实上，新的教学理论、未知而科学的领域，均为“同化”教师的内容。教师在阅读中被“同化”，也意味着有了学养的增长、专业的生成。

2. 拨云见日，析疑匡谬

浅阅读中，很难发现“鲁鱼亥豕”之类的文字错误，更难发现论调偏激之处，结果生吞活剥，以讹传讹。只有在阅读中深入思考，透过文本表象，才能发现疑惑处，参互比较，获得真知，从而一语点明文本纰缪，获得“柳暗花明又一村”的愉悦。这一层次的阅读，用李镇西先生的话说，就是“读出自己，读出问题”。这也是批判性阅读，分为两步。

（1）发现。

文本作者有时因“执象而求”而“咫尺千里”，有时因考据不足而妄下断语，有时因虑大不周而体例失乖，前后抵牾。这都需要教师在阅读时予以发现。

有学者根据云阳方志所载，后蜀灭亡前一年（964年）的除夕，蜀主孟昶命学士辛寅逊（云阳人）在寝宫门上用于辟邪的桃符上题写“新年纳余庆，佳节号长春”，而撰文称此联为“天下第一联”，尊辛寅逊为对联之祖，以致云阳龙脊岭文化公园建“天下第一联”牌坊以资纪念。方志虽不是野史，但也无正史的权威性，“第一联”之说颇值得怀疑。这是阅读中的问题，是思考、探究的起点。

这种“发现”引人研究，可以令阅读者得知，“他说”有时是错误的，有时是正确的。但无论正误，都不影响“发现”的价值，因为“发现”意味着阅读时有批判性思维的参与，而批判性思维是教师专业发展特别需要的思维方式。

（2）修正。

修正错误，意味着生成，而众多生成就构成了专业发展。如何修正呢？先论证其正误，如有误，再考证并提出新说。

上文“第一联”之说是否正确？只要查找相关史料，就不难确认。蔡东藩《联对作法》云：“至唐以律诗律赋取士，于是谐偶兴焉。……厥后或拟诗一联，贴于门楹，称为楹帖，亦号楹联。”也就是说，对联出现早于后蜀辛寅逊题写之时。当然，一家之言还不足为据，还需多方印证。学者余德泉认为唐代是“对联的产生时期”，其著述中载，中唐诗人张祜有无锡惠山题联语“小洞穿斜行，重衔夹细沙”于壁，唐僖宗曾书赐江州义门陈氏联语：“九重天上旌书贵，千古人间义字香。”唐僖宗时陈蓬也曾题居所联语：“且竹篱疏见浦，茅屋漏通星。”尤袤《全唐诗话》中李义山得上联“远比赵公，三十六年宰辅”，温庭筠以“近同郭令，二十四考中书”相对等典故，胡仔《苕溪渔隐丛话》中也存有唐人酒令。[①]可见，对联至少在中唐就已经出现，“天下第一联”之说委实有误。

不过，以上联语均不是迎春联语，北宋神宗时还有“千门万户曈曈日，总把新桃换旧符”（王安石《元日》）的习俗，可知辛寅逊联语为至今记载中最早的春联。因此，“天下第一联”应为“天下第一春联”。

阅读时发现、修正，也属于创新性学习的范畴，教师在阅读中因修正而获得发展。至于阅读后的创造，则为文本对话的延伸和升华，也是文本对话的追求。

① 余德泉. 对联通［M］. 长沙：湖南大学出版社，1998：2-13.

五、高中中年教师阅读督导

尽管自主发展已经成为新时代教师核心素养的重要构成部分，教师“个人本身一定要有自主发展的素养”①，但繁重的工作任务、快节奏的生活所引发的慵懒、倦怠及其常态化状态，决定了如果只有倡导、指导而没有督导，那么，教师阅读对多数教师尤其是连片特困地区高中中年教师而言，就极有可能被虚空化、边缘化，最终形同虚设。

何谓督导？督者，从目，察也，督促也，如“萧何为丞以督成其事”。导者，从寸，导引也，如庖丁之“导大窾”，解牛之有向。“督导”之“督”，离不开“察”“查”与评价。“督导”阶段的“导”，并非“指导性阅读”之“导”，是“督”后以优者之长引领他人，以劣者之短警戒他人。

督导教师阅读的内容是什么？①督。书是否读完？从勾画、批注、笔记、写作等方面看，深读状况如何？登记后对教师个体作何高下评价分类？于深阅读者，是否建议成文或改文以参赛或发表？这一环节需要制表、登记。②导。将阅读后形成的哪些文章纳入每年教师作品集？学期评价后作何表彰（加分、精神或物质奖励）？对哪些备课组或教研组通报表彰？何时做优缺点述评通报？确定选择哪几位教师在“名师论坛”或“教坛风采”做主题交流？建议哪些教师可以申报课题深入研究？

教师阅读是为了给教师自身发展、给教育教学增加能量，因此不可因阅读而影响教师日常工作，也不可借口日常工作繁忙而荒废阅读。在强化日常教育教学管理的前提下，将阅读作为校本研修的一种重要形式，积极开展教师阅读督导工作。为了保证督导有实效，还需注意以下事项。

（一）留足读书时间，淡化倒逼印象

读书本是教师生活的一部分，如果从学校角度“逼”教师，迫之越急，则教师逆反越甚。连片特困地区高中中年教师较之于发达地区的教师，差距明显，需读的书甚多，因此，教科室要给教师留足阅读时间。如此，也要给教师营造宽松的学习环境。古希腊圣贤亚里士多德曾说：“闲暇出智慧。”张文质《教育是慢的艺术》云：“教育需要的是持久的关注、耐心的等待，需要的是潜滋暗长与潜移默化。”教育是慢的艺术，阅读也不是迅跑，而是散步。留足时间阅读，就是给中年教师以细嚼慢咽、潜滋暗长、潜移默化的时段和空间。《说文解字》云：“休，息止也，从人依木。”可见，“休”是所为的暂时止息。《晏子春秋》载：“景公猎，休，坐地而食。”这一史料富有启示意义。齐景公所“食”为所“猎”之物，但若无一定时间的“休”，猎

① 桑国元，郑立平，李进成. 21世纪教师的核心素养［M］. 北京：北京师范大学出版社，2017：8.

之不止，此时又何以“食”？同时，相对于“猎”而言，“食”为“休”的方式之一，为再“猎”积蓄力量。给教师一定时间读书、思考，又何尝不是如此呢？在教师意识到读书重要性的前提下，“逼”之不甚或不“逼”，反倒有收获。亚里士多德所谓“幸福存在于闲暇之中”就蕴含着这一道理。

（二）合理考核交流，激发内生动力

督导时强化登记，因为登记是考核、评价的依据。考核前应将“教师阅读”纳入教师绩效测评体系之中。无论考核、交流，其本质都是分差或级差。这是导引、激发教师内驱力的关键。

何谓内驱力？内驱力这一概念最先由瑞士著名哲学家、分析心理学的创始人荣格（Carl Gustav Jung）提出，它指在某种需要的前提下，生命体内部因唤醒或紧张而产生的可以推动生命体通过行为、活动以满足需要的内部动力。“内部动力”通常也叫内生动力，它的诱因是“需要”。而“需要”的诱因呢？就参与阅读的教师而言，首要的是考核、评价时产生的“分差或级差”及其所关联的年度考核结果。就其本质而论，“分差或级差”是外在的刺激信息，而教师此时内心的“唤醒或紧张”就是内在的刺激性力量。因为“分差或级差”的出现，令教师觉悟到阅读的意义和价值、自己阅读的状态和效果。被评为阅读优秀的教师，有一种成就感、价值感，会进一步产生更优的愿望或被赶超的忧虑；被评为阅读不优的教师，则有一种挫败感、危机感，往往会产生绝地而起的冲动和愿望。于是，教师自发产生驱使自己奋进的动力。

作为管理机构，教科室要充分激发教师的内生动力。评价教师之后，教科室还可进一步激励，如搭建阅读成果展示平台，评选优秀阅读教师，奖励高等级获奖、发表论文或文化随笔、著述的教师。连片特困地区高中中年教师因地域条件、生理状况等因素带来的职业倦怠感尤其明显，只有不断激发他们的内驱力，才能使他们将阅读进行到底并最终得到专业发展。

（三）珍视阅读成果，丰富教学资源

教师阅读不是目的，而是促进教师专业化发展的手段。将教师阅读的交流成果结集印刷，既激励教师，又丰富学校教育教学资源，可以通过一定平台如校园局域网予以呈现。还可将这些成果，如本体性知识阅读成果，转化为教育教学专题中的材料；将有关新的现代教育技术知识转化为促进教学的手段；甚至以阅读成果中的理念为指导，组织优秀阅读教师编写校本教材，如学科第二课堂教材、校园读本、地方特色教材。如此，可以最大限度地让教师获得专业发展上的成就感。若将连片特困地区高中中年教师调动起来投身于此，那么，一则迟滞其职业倦怠，二则催生出专家型教师乃至教育家，三则带动年轻教师学习，四则促进学校和连片特困地区教育的长足发展。一举多得，令教师专业发展之路富有人文的温度和公德的光华。

教师阅读督导大有可为。希望连片特困地区高中中年教师深悟之，参与之，希望连片特困地区各级教育管理机构深思之，践行之。

明代岳麓书院山长车万育所题“自卑亭”警示我们：远行必自迩，登高必自卑。芸芸众生没有傲视的本钱，勤于读书，充实自我，才是专业成长之道。爱读，是一种状态；善读，是一种品质。连片特困地区高中中年教师应深明长袖善舞、多钱善贾之道，从爱读、善读中获取营养，实现自身专业发展，从而进入教育教学的“善舞”“善贾”之境。同时，教师也因自我充实而淡忘岁月的流逝，提升自己的精神境界。连片特困地区高中学校领导和教育主管部门若能促成于此，则德莫大焉，功莫大焉。

附：

永远的匍匐

张 锋

多彩的诱惑令我们渐渐迷失于物质的丛林，远离精神的原乡，误读美丽的坚守。这一江四河之间，不乏文化自持的原乡！

——题记

还能奢望什么，这蓬蓬乱草之间！

没有塞上蜿蜒的城墙和坚固的垛口，没有皇城旁静穆的庭院和幽深的巷道，没有秦淮河上穿梭的画舫和婉转的笙箫……我实在不想为难这深深的壑、窄窄的谷、曲曲的路、高高的岭！这僻远的土家聚居区，这巴人后裔繁衍生息之地，远离华夏文化核心区，没有一缕唐风宋韵，也在情理之中。

这壑谷之上，自然也没有浅薄的劲歌和浮华的霓虹，如果有，至少能令人一时获得视听冲击之愉呀！

那座小小的石寨，孤零零地踞于高高的峰岭之上。通体青黑中现出赭褐，与周遭色彩驳杂的岩石混为一体。寨下，纷披的绿草在山风中无休地摇曳，给单调的山道添了些微生气。远离繁华倒也无妨，飞瀑，流岚，雀噪，林涛，都能构成澄澈心灵的画卷；即便是颓败之象，但只要配上几许柳丝，几尾燕影，抑或几层云絮，几抹残霞，沧桑中显现几分灵动和诗意，苍凉里透出几许厚重和深邃，也是不错的图画。然而，这一大片喀斯特地貌之上，没有诗意葱茏的物象，也没有大漠古城的断垣残阶、巴人狩猎的遗存，甚至，连昔日残损的瓦当也不可寻。

韵味的缺失往往源于浅薄。或许，老寨子是浅薄的，缺少应有的长度和深度，老寨子之行，将是失望之旅。

几年前，为了景区的文化设计，受邀偕友人前往龙缸。我们随景区工作人员穿映月洞，过月来亭，绕鹰嘴石，别壁上松，然后直奔老寨子而去。激情在山道上消耗得差不多了，待到老寨子跟前，见到这一幅图景，兴致几乎荡然无存。弓着腰，攀着护栏，挪步于又窄又陡的不规整的石梯，一步，一步，又一步，总算挪进低矮逼仄的寨门。

抬眼一望，再扫视四周，疑窦隐然而生。渝东多寨堡。云阳山高谷深，土地贫瘠，过去匪患猖獗，而官府"虽鞭之长，不及马腹"。家境殷实人家多于沟壑山梁等诸多险隘处，移石垒寨，囤聚粮草家资，并建立人数不等的私人武装以求自保无虞。景区工作人员说，这是一谭姓地主避匪的老寨。此处四周都是绝壁，寨门前虽有石梯，但陡峭狭窄，易守难攻。然而，这座依山取势而砌成的寨子，宽不盈两丈，长不足七丈，两端各有一间一人高的石屋。蕞尔之地，何以囤积家资？家人、家丁又住何处？况且寨中池小水浅，匪徒啸聚只需三日，此寨就会因饮水用尽人人自危而不攻自破，寨主何以作长守之计以避患呢？

细看寨墙，不仅令人惊异万分。那一条条、一方方石灰质岩石虽没斧凿琢磨的痕迹，却在不使用任何黏合剂的情况下契合严密，可见建造之初工匠用心之细之深。寨墙多半人高，石头轻则百余斤，重则半吨，石门竟然重近两吨。于如此险要之地，石头的采集、运输、垒砌确乎不易。

建造如此之艰，又不能作护家之用，所为者为何呢？风，悠悠地吹，却没有回答。阳光依旧多情地洒下来，空山一片静寂。

忽然，一只山雀飞来，卖弄一番翅影和歌喉，然后与我们对视。它栖息处，在老寨子一端，突兀而立。石柱？石柱！

脚边，是一汪水池。圆圆的水池，怎么是北宋陈抟老祖所传的被称为"中华第一图"的太极图形状呢？易辞云："是故易有太极，是生两仪。""两仪"为天地，亦即阴阳。兀立的石柱？凹陷的水池？阴阳！一瞬间，我如醍醐灌顶。石柱不就是坚挺的阳具吗？水池不就是女阴吗？水池里的阴阳鱼，正代表着男女交媾、阴阳和谐，它催生的，是生命的诞生、循环和永恒。看来，前人费尽心力，旨在拥有举行生殖崇拜仪式的场所。至于营造时选取这荒岭处，怕是担心喧嚣的市井之声惊扰，亵渎了主宰生育的神灵。对生命的呼唤和对生育神的敬畏，被眼前的石柱、水池诠释得淋漓尽致。

我国夙有崇拜生育神的民俗。人口生聚，攸关部落兴衰乃至存亡，对生命的珍重与呼唤，对生育的倚重和崇拜，汇成历史的河流，在史册里悠悠流淌。人类始祖女娲，这位母系氏族社会时期涂山氏首领，就获得生育神的至尊地位而被芸芸众生顶礼膜拜，以至《说文》就有"女娲，古之神女也，化万物者也"一语。生育当有征兆，征兆为"胎"，即"禖"，"禖"可通"腜"。《说文》云："腜，妇始孕，腜兆也。"因此，主宰生育的神灵又被称为高禖神。商人崇简狄，夏人礼修己，周人重姜嫄……一尊又一尊高禖神就这样永远留在历史深处，却又时时揭开历史的帷幔，向我们投来深情瞩望的目光。不过，孕育后代，需要两情相悦。何以相悦？古人以为，始祖母与图腾感应即为相悦。《史记·殷本纪》就有“三人行浴，见玄鸟坠其卵，简狄取吞之，因孕生契”之类的记载。于是，麟、凤、龟、龙等物也成为氏族的生育神，走进图腾崇拜的序列之中。当文明进程不断推进，祖先们渐渐明白：生殖器才是生命的根系和门扉。于是，对生殖器的崇拜应运而生，有的氏族以形如女阴的贝壳为图腾，有的氏族甚而将生殖器作为词语公然流行，如彝族“阿央白”一词就指女始祖的生殖器。到了父系氏族社会时期，人们便笃信男性的威力，男性生殖器恍若重器，备受青睐和崇拜，新疆出土的史前男根就是明证。不唯如此，男性生殖器还被大量引入造字活动之中。例如“且”，形如男根，被广泛用在“姐”“组”“祖”“咀”等汉字里。祖先造字的灵气自不必说，对生殖器的这份敬重和崇拜，由此可见一斑。这份敬重和崇拜，本质上是对族群归属的认可和对祖先的怀想，彰显了人类童年时期的天真和智慧。这份天真和智慧，令子孙在烂漫中多了一份沉静，并引领子孙穿越人类懵懂的雾霭一路走来，生生不息。

面对粗犷朴拙的老寨子，我不敢再高傲地漠视。诚如赫拉克利特所言：“美在于和谐。”石柱与太极池穿越岁月的尘烟，静静厮守，不就是和谐之美吗？不仅如此，它遥承远古，下启未来：珍视生命，敬畏生命，崇拜生命，在生命的曼舞里彰显文化的绵长。

此时，率真的土家情歌自远处飘来：“妹妹鲤鱼河中游，郎撒渔网急急收。妹是画眉林中落，郎提鸟笼快快走。”收网也好，提笼也罢，无外乎阴阳相守。如果说阴阳的阻隔带来的，是生育链条的断裂和文化积蕴的散逸，那么，阴阳的调和所带来的，则是生命的延续和文明的演进。无论是老寨子静默的守望，还是土家汉子火辣辣的呼唤，都令我在咀嚼一番之后，感受到生命的原初意义。情之所系，禁不住轻轻吟哦匆成的联语：

邈然天地成偶配，
缘乎阴阳孕灵根。

“天地有大美而不言。”老寨子的静默，正昭示着一种永恒。或许，老寨子的历史可以追溯到父系氏族出现之时。姑且不考其历史，但至少有一点可以确认：它承继了祖先生殖崇拜的衣钵。老寨子的和谐不仅是静穆的美，还是厚重的美，如同谷底的绿绸，迤逦而来，却令人望不见它的源头。看来，简单不是浅陋，朴拙不是浅薄；秉承原初的智慧，简单也是丰厚，朴拙也是隽永。

当我决定第二次去老寨子以重温这一段文化旅程时，内心竟有几分迫不及待了。归来，朴实的诗句化为笔底波澜：

连同逼仄的寨门/老寨子向我飞来/撞得我/攀着陡梯的护栏/几近匍匐了/整整一个下午

那青黑的寨墙/不知斑驳了多少岁月/竟然在无水的喀斯特地貌上/守望/阴阳和谐的风景/云水一般地缠绵

坚挺的石柱/不是激情肆虐的旗帜/多情的鸟啼也改变不了/与太极池的对视/那是生命原初的注脚/且听土家村寨的情歌/没有轻佻的热度/只有虔诚渴盼的厮守

窗外，霓虹依旧闪烁，伴舞的乐声如水中的泡沫，泛起，消失，消失，泛起，无休地蛊惑着世俗中游走的灵魂，令其没有归所。林立的高楼之间，何处才是文化的巢穴、灵魂的原乡？

是的，“与太极池的对视／那是生命原初的注脚”。老寨子亘古不改最朴拙的形式，只知静默自守。她，是林泉佳趣之外别样的风景，文化的芳醇！我，匍匐于地，不仅源于对生命的敬畏，源于对美的误读而自觉渺小浅薄心生惶恐，更源于老寨子对灵魂的自持和文化的坚守！

哦，老寨子，我的文化的巢穴，灵魂的原乡！

跪拜，不，匍匐，永远！

（“锦绣云阳”全国征文一等奖）

第六章
创新性学习与连片特困地区高中中年教师专业发展

《礼记》有言："苟日新，日日新，又日新。"创新是时代的命题。

在竞争的时代，保守，意味着灭亡；创新，意味着生机。2010年，中共中央、国务院发布的《国家中长期教育改革和发展规划纲要（2010—2020）》明确指出："建设创新型国家，坚持育人为本……加快从教育大国向教育强国、从人力资源大国向人力资源强国迈进。"在这场创新大潮中，教师也要加强转换观念，做创新性学习型教师。唯其如此，才能成为永不落伍、时时行进于专业发展大道上的优秀教师，从而培养出"学会学习"、富有"实践创新"精神的人才。

前一章所谈阅读本是一种学习行为，其过程中也涉及创新性学习的部分内容，但对连片特困地区高中中年教师来说，重在"充电""补课"。又因我们处于知识爆炸的时代，信息甚多，而重庆市连片特殊困难地区高中中年教师又因种种原因，知识结构不太合理，教育教学观念陈旧，不适应新课程改革要求，在日常教育教学中必然要面对有效学习的问题。而能够增强学习效能的创新性学习自然就提上议事日程，况且有效学习在任何时代、任何阶段都应大力提倡，因为无效能或低效能的学习，都无异于生命的耗散、浪费或降价。因此，单列一章谈谈创新性学习的问题。

一、创新性学习的内涵

创新性学习的内涵不完全等同于创新学习。创新学习既是一种对学习方法进行创新的思想、理念、诉求和行为，也是创造性学习的行为、过程、方法、方式，具有意义的丰富性；而创新性学习的内涵更侧重于后者。创新性学习是与维持性学习相对立的一个概念，两个概念最早由罗马俱乐部在1979年发表的学术研究报告《回答未来的挑战》中提出。对二者的比较，体现了对学习效能的追求。

（一）内涵

传统的维持性学习（maintenance learning），作为与创新性学习对立的概念，也叫维持学习、适应性学习，指通过对既有的经验、见解、方法、规则的获取，处理已知的和再发生的情形的一种学习方式、行为和过程。这一传统的学习方式，对于封闭的、固定不变的情形而言，是必不可少的方法，但不利于创新精神的培育，因为它所强调的是要培养对既有知识的获取和对现实社会的适应能力，其成果价值是预设的。

创新性学习指通过对已有知识、经验的提取、同化、探索、改组、重构以获得新的知识和能力的一种学习方式、行为和过程。作为非传统学习方式，它适用于开放的环境、系统、范围，代表着“综合—分析”的时代精神，其价值是不能预设的，因此也可称之为“批判性学习”。“反思性学习”可视为创新性学习形式之一。当然，创新性学习本身也可视为学习要求之一。创新性学习与“创造性学习”均反对一味著述既有，均追求对文本的突围和发现，但明显有别：前者侧重于守成基础上的“新”，即改良、改进；后者侧重于颠覆状态下的“新造”，并不拘泥于守成。

从与学习对象的关系看，两种学习方法区别明显。维持性学习的成果与学习对象最理想的距离为零，即全盘吸纳和内化学习对象，但没有突破和增长。而创新性学习的成果与学习对象的距离有时为零，但因有批判思维的参与，吸纳、内化更深入，有时有距离（甚至很大），但这一距离体现为对学习对象的完善、创造、超越或纠偏。

（二）特征

创新性学习作为学习的方式、行为、过程，有以下特征。

1. 主体性

从学习者角度看，维持性学习更多地强调学习者单向的获取，即南宋哲学家陆九渊所谓“我注六经”[①]，具有客体性、被动性。创新性学习更多地强调学习者的主体性、主动性。也就是说，创新性学习者目标意识明确，学习动机强烈，积极质疑，不断反思，具有强烈的主体意识。

2. 方法性

从学习方法上看，学习方法的选择与运用因具体的学习情境、学习主体的不同而不同。学习者能根据学习情境的差异而灵活运用学习方法，这就意味着学习者将学习

① 我注六经，指读者尽可能理解、解释“六经”。下文“六经注我”，指通过“六经”描述、印证、修正读者的观点。这代表阅读的两个阶段、层次。

方法不断内化为学习能力，也意味着学习者的心智在运用学习方法加工处理信息、调控学习过程、转化客观知识甚至构建新知中得以发展，因此学习者的学习方式才有可能转变为创新性学习方法。而维持性学习更多直接地获取，其极端表现为鲸吞活剥，“食而不知其味”。

3. 问题性

从学习者思维的着力点或突破口上看，维持性学习的核心是信息接收，学习者无所谓“问题”及其发现；而在创新性学习中，“问题”是深入学习的基础，是创新的始点和关键。问题解决就是创新性学习的成果之一。

4. 求异性

从学习者思考的方向上看，维持性学习者与学习内容是求同关系；而创新性学习时思维属于发散思维或求异思维，学习者从反面、逆向等角度思考问题，因时时多维思考、完善或质疑、重构，而表现出求异特性，这是学习高效能的体现。其结果，不仅达成对他人经验的理解，而且是在不断质疑、思考中实现对他人、自我经验的细化、深化、重组与改造。较之于既有经验，后者意味着新知、新经验的生成。

5. 发展性

国内学者认为，“创新学习”具有主体性、方法性、活动性、问题性、求异性。①我们以为，此说并不完备。如果将“活动性”之“活动”理解为多人参与的行为，那么，这就等于忽视了个体独自学习时创新、创造的可能；同时也无异于将“活动性”“窄”化，因为活动性是诸多行为的共性。也就是说，活动性并非创新性学习独有的特征。事实上，创新性学习在主体性、方法性、问题性、求异性之外，还有发展性特征。从学习者思维成果角度看，维持性学习者接受学习对象固有的封闭的系统，有所收获，可视为自身得到发展，但不存在对学习对象的发展。创新性学习者如果有所生成，先前所学就成为生成的前提和佐证，即陆九渊所谓“六经注我”，此时意味着自身和学习对象均有所发展。如果没有新颖的结果——创新、创造，只有对学习内容的认知、理解、辨析，那么，这只是学习者自我的一种发展，还不是学习者真正意义上的创新性发展。也就是说，创新性学习不一定时时都有新的生成，但时时都有发展，其发展性比维持性学习的发展性更强，内涵更广。

创新性学习因为充分尊重学习者的主体地位和创新精神，可视为学习思想、学习理念。若用之于教育，则为教育思想、教育理念。创新性学习看重对已有知识、经验的提取、同化、探索、改组、重构，可视为富有思辨色彩的哲学思维方式、建构主义

① 龚春燕．龚春燕：创新学习［M］．北京：首都师范大学出版社，2011：41-47.

指导下的学习方法论。创新性学习虽无定法，但有值得探索的适宜于不同学习者学习情境的方式、方法，因此可视为学习方式、学习方法。

创新性学习是一种有效学习，虽追求“创新”，但并不拒绝吸纳，因为吸纳是创新的重要基础。朱旭东关于“教师的有效学习不是纯概念的识记和新理论的接收”[①]一说就有失武断，值得商榷。尽管就学习内容而论，教师的有效学习多是以案例为支撑的情境学习，但在“洗脑”“充电”中，也不排斥对概念的识记和新理论的接收。这在新课程理念、核心素养理论的学习中体现得尤为充分。而且，创新性学习成果有时就体现为对学习对象的重构甚至颠覆。另外，创新性学习需要智力参与，其本质上也是一种智力活动。美国著名心理学家吉尔福特（J. P. Guilford）提出智力三维结构模型，将智力区分为三个维度：内容、操作和产品。智力活动就是人在头脑里加工（操作过程）客观对象（内容），产生知识（产品）的过程。我们借用此论，认为创新性学习就是在头脑里创造性地加工客观对象，产生新知的过程。

（三）环节

创新性学习其实并不神秘，它早已萌芽、出现于既有学习行为之中。教师也是学习者，永远在学习的路上，无论校园内外、工作与休息，都常常处于学习状态。教师学习是否具有“创新性”，应着眼于“新”——“新”是在“创”这一内因驱动下的结果。高中中年教师的创新性学习可以体现在以下几个环节。

1. 备课环节

教师针对教材浮浅、缺漏、错误敢于质疑，生成新知，或构建新的知识系统，或重组新的逻辑性教学推进方案；针对狭窄的解题思路，提出多维思考、解答的路径；针对方法的缺失，建构关于知识小点、板块、学科的学法指导方案；等等。创新性学习往往为备课带来更深入的思考及其成果，更缜密、新颖的思路和方案。

2. 反思环节

教师针对教育教学得失，力求富有创见的“一课一得”（含纠偏方案）；针对自己教法的僵化，建构个性化情境性教法系统；针对不同课型，提出不同的情境创设方案或课型建模；课题研究中提出新观点、新思路、新方法；等等。创新性学习往往对学习对象进行深化、纠偏、完善、提升。

3. 自学环节

教师活到老、学到老，在吸纳新知的同时，对已学知识予以个性化、情境化解读；或大胆质疑、批判，调整、颠覆、重构其系统或子系统；或以此为思维触发点，

① 朱旭东. 教师专业发展理论研究［M］. 北京：北京师范大学出版社，2011：153.

获得新的发现；等等。创新性学习会提高教师的自学品质，丰富其成果。

4. 指导培训环节

专家理论引航时，将其观念、理论迁移到具体的教育教学情境之中（运用），还要探究其限制性条件，即专家观念、理论因并不全是“放之四海而皆准”的真理，而是具有局限性的。对专家观念、理论做批判性吸纳或重构，在论文、建议、总结提交过程中提出建设性创造性方案或意见，等等。创新性学习不仅体现为对培训内容全面而深入的审视，还体现为对培训内容的批判和选择。

（四）层次

高中中年教师作为学习者，可能因年龄等原因，认为自己已经失去了创造性学习的能力，因而妄自菲薄。如何自我衡量是否拥有创新性学习的能力，国内学者曾就创新学习提出“学会—会学”“会学—创新学”两层次论。①我们不妨称之为“准创新学习”“创新学习”两个层次。

1. 准创新层次：从“学会”上升到“会学”

“学会”是就学习者对知识的理解、储存、运用而言，“会学”是就学习者在受到引导者引导之后运用一定的方法学习而言，二者都属于维持性学习范畴。尽管“学会”还意味着学习者处于学习被“扶”阶段，但它是“会学”的基础；而“会学”意味着学习者有进入创新性学习阶段的潜力，只是还不具备创新性学习的能力。

2. 创新层次：从“会学”上升到“创新学”

“会学”还不足以适应知识爆炸的时代培养创新人才的需要。学习者有创新的意识，且能创造新的习惯、思路、方法，能在复杂的知识体系、现象中有新发现，生成新知，构建新的体系，这才意味着此时的学习属于创新性学习，也意味着学习者拥有创新性学习的能力。

不过，这一创新学习两层次论略显粗疏。因为“学会”“会学”之“学”，还处于知识的吸纳阶段，只不过“会学”更偏重学习知识的能力罢了。而“创新学”之“学”对应更高明的方法、更高层级的能力，有的是在“学”中质疑、批判时形成的，有的则是在“用”（含创新性地“用”）所“学”解决学习问题的过程结束后逐渐形成的。“用”所“学”解决学习问题是“学会”的延伸和升华。也就是说，在“会学”“创新学”之间宜增加“学用”或“会用”一环。我们不妨稍加改造，同时变更“创新学”为“创学”，以求语言的整齐。模型如图6–1所示。

① 龚春燕.龚春燕：创新学习［M］.北京：首都师范大学出版社，2011：26.

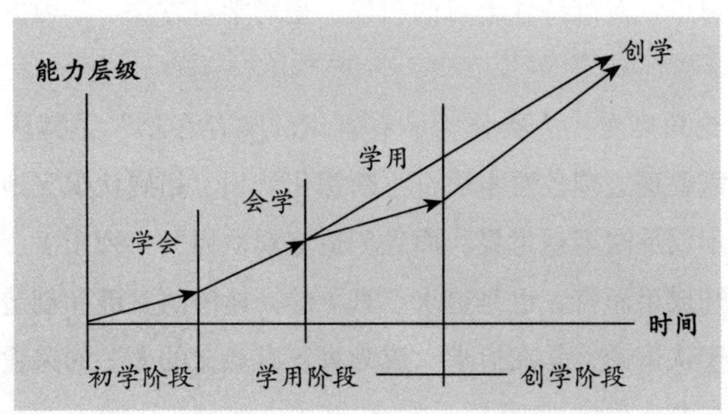

图6–1 学习发展阶段示意图

根据模型可知，“初学阶段”与“学用阶段”中的“学会”“会学”用时较短，而“学用阶段”与“创学阶段”中“学用”“创学”时间相对较长，且“创学”永远在路上，只有开始，于个人而言，只要生命和创新的愿望没有终结，“创学”就没有终结点。“学用阶段”“创学阶段”可能存在部分叠加现象。只有在“会学”之后，才可能出现“创学”。对照这一模型，高中中年教师会发现自己有时能够“学用”“创学”，换言之，拥有创新性学习的潜质，只是创新性学习能力不强罢了，只需坚持，便能创新有为。

二、创新性学习的理论依据

创新性学习既有时代背景和现实需求，也有其理论依据。学者龚春燕从哲学等视角审视创新学习，无疑为我们理解创新性学习的合理性、科学性提供了有益的启示。

（一）哲学依据

从哲学唯物论角度看，马克思认为，“人是唯一能够由于劳动而摆脱纯粹的动物状态的动物”“他的正常状态是与他的意识相适应的，而且是要由他自己创造出来的”。这充分体现了人的主观能动性。树立创新意识，坚持创新性学习，实际上是发挥主观能动性的表现，能够最大限度地激发学习者的内驱力（内生动力），这体现了尊重客观规律和发挥主观能动性的统一，也体现了实事求是的精神。

从哲学辩证法角度看，首先，事物是发展变化的。古希腊哲学家赫拉克利特曾说：“一切皆流，无物常住”“人不能两次走进同一条河流”。外界永远处于变化之中，学习方法和学习者状态亦然，创新性学习体现了对僵化思想、观念的摒弃，体现了学习主体与时俱进的精神，也赢得自身动态的发展。其次，事物是互相联系的。传统的维持性学习仅仅维系着传授者对于学习者单向的联系，而没能尊重学习者对于传授者及其所有知识系统的反作用，而创新性学习恰恰关注到学习者的反作用力：创新性学习成果是对学习对象的完善或纠偏。最后，事物是矛盾统一的。维持性学习利弊

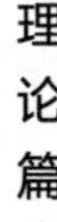

共存，创新性学习正是对维持性学习的纠偏，是对学习方法、学习方式最有力的弥补和贡献。

从哲学认识论角度看，人类作为“有意识的类存在物”，其认知的对象存在时空上的无限性，需要透过现象看本质，不断深化认识，拓展认识天地。从这一意义上看，“人的意识不仅反映客观世界，而且创造客观世界”（列宁）。认识的深入、全面，对于原有认知成果而言，也是追求“真”的征途中的突破和创造。因此，教师的创新性学习也属于认识论，是在追求“成为真正有意义的人”的路途上的富有创新意义的学习行为和方式。

（二）心理学依据

依据马洛斯的需求层次论，人人都有被尊重、自我价值实现的心理需求，而创新正是赢得尊重、实现自我的途径。换言之，人人都有创新的心理需求。这一需求能否满足，在一定程度上取决于人是否具有创新意识和创新能力。事实上，人类及其若干个体都具有创新乃至创造的意识和能力。德国哲学家、心理学家恩斯特·卡西尔（Ernst Cassirer）曾说：“真正的人性无非就是人的无限的创造活动。”（《人论》）也就是说，创造是人的本性。正因为如此，美国心理学家吉尔福特在进行智力结构试验后，于1950年提出一个口号：“人人都具有创造力。”美国心理学家阿瑞提（Arett）也认为，“每个精神健全的人都具有普通创造力”。换言之，包含高中中年教师在内的每位教师，都有创造的心理潜质。

当然，创新与创造略有区别。创造是最终产生新的有社会意义的物质性、非物质性成品的行为、过程，“是解决问题的最高形式”（邵瑞珍《教育心理学》）。而创造力则是人创新心理的集中体现，离不开个体的认知、行动和创新意识的充分展开。创造与创新二者彼此联系，都追求变革、更新、发展、提高，都具有个体性，但又有所区别：创造强调前所未有，更关注结果；创新还强调“优化”重组，更关心过程。因此，我们提倡创造，但首先要强调创新。

无论创造、创新，都是今日教师应具有的心理品质和职业诉求，创新性学习便是培养这一心理品质、增强这一职业诉求的重要手段和方式。围绕创新性学习，心理学家就兴趣、情感、意志等展开了深入的研究，尤其是20世纪70年代以来，脑科学研究中“全脑模型”研究成果丰硕，为创新性学习提供了重要的理论支撑。

美国心理生物学家罗杰·斯佩里（Roger W. Sperry）与同事波根（Bogen）、葛萨纳嘉（Michael Gazzanaga）在合作进行“分脑手术”后提出的“左右脑分工说”；美国国家健康学会的麦克连（Paul Mclean）提出的“脑部三分模型”；担任GE管理发展中心主任的美国奈德·赫曼（Ned Hermann）博士在研究思维偏好之后提出的“全脑四分结构模型”揭示了“全脑创造历程”。这一创造历程显示：要产生创新思维成果，务必令左右脑协同思维，要积极开发、训练左右脑。毋庸置疑，“全脑创造历程”佐证了创造、创新的客观存在，也佐证了创新性学习的客观性，同时还指出了训练、开发智力以创新的这一途径。它对培养教师创新思维、进行创新性学习具有重要的启示意义：高中中年教师有创新性学习的大脑生理机制，在创新性学习过程中，要注意对大脑的训练和开发。

（三）教育学依据

从教育的起源上看，“教育起源于人类在劳动过程中形成的超生物经验的传递和交流，是人类特有的遗传方式和交往方式，是人类自身的再生产和再创造”（桑新民《呼唤新世纪的教育哲学》）。如果没有创新性学习的意识和能力，那么人类自身便无“再生产和再创造”的成果，“经验的传递和交流”就难以为继。因此，创新性学习不仅有利于学习者的自我发展、超越，更有利于人类文明成果的赓续。

从教育的本质上看，“教育的本质是一棵树摇动另一棵树，一朵云推动另一朵云，一个灵魂召唤另一个灵魂”（雅思贝尔斯《什么是教育》）。传统的维持性学习只是让学习者获得既有的经验、认知并以此获得解决相关问题的能力，这种“摇动”“推动”“召唤”还不能将学习者真正“唤醒”，因为学习者依旧在旧有认知体系中存在，没能令学习者有意识地突破和创造。就其状态而论，此时的学习者无异于引导者的奴仆。而教师创新性学习就为教师自己和所教学生提供了因“召唤”而“醒”的可能性。

从教育的目标上看，教育以培养能够“实践创新”的创新人才为目标。具体而言，诉求有三：其一，使学习者“生动活泼地主动地得到发展”，这是认知、改造世界的基础；其二，为学习者个性发展提供更多可供选择的良机；其三，培养学习者创新意识、创新精神和创新能力。如此，才能与核心素养之一的“实践创新”接轨。

从实现教育功能的途径上看，教育具有两大基本功能：其一，影响社会发展，主要表现在教育是人类社会延续、发展所必需的途径、工具，为人类“扩大再生产”提供智力资源，为人类文明的进步提供诸多创新性文明成果；其二，影响个体发展，教育能为学习者提供知识汲取、思维训练、方法创新、能力提升的场域，帮助学习者选择合适的发展方向，并为其终身发展奠基。教育这两大基本功能能否真正实现，取决于教育者能否保持创新的意识和活力。教师创新性学习在学习方法上为教育提供了先决性条件，用之于教育，无疑有利于学生未来的发展、社会智力资源的丰富。

三、创新性学习的路径

创造、创新既然是今日教师应具有的心理品质和职业诉求，创新性学习理应成为高中中年教师的自觉行为。如何使创新性学习成为有效学习、高效学习呢？学者莫利曾说："书的真正目的在于诱导头脑自己去思考。"创新性学习离不开书，更离不开学习主体的思考。因此，从思维层面，我们不难找到创新性学习的路径。

（一）思维路径

创新性学习所凭借的思维是创造性思维。创造性思维指关联诸多事物，以综合、探索、求异为特征，以创造新事物为旨归的思维方法。

1. 发散思维

发散思维又叫辐射思维、扩散思维、开放思维，指立足某一事物或现象，从不同角度、不同层面，多维输出信息，以寻找可能的答案、设想或解决方法的一种思维模式。此概念最先由美国心理学家吉尔福特提出。"头脑风暴"所体现出的联想也属于发散思维。

发散思维具有三个特性：①关联性，体现为联想的信息间有外在或内在的关联，只是其思维层次较低，尤其是外在关联时的思维层次；②变通性，即在发散中有新思路、新观念，其思维层次较高；③独创性，即发散时思维主体不为常规、经验所束缚，能突破惯常思维模式，非常独特，其思维层次最高。例如面对人类灾难，西方科幻作家多走"逃离地球"之路，但刘慈欣的科幻小说《流浪地球》却视地球为家园，多方协作以拯救地球。这固然与东西方文化背景差异有关，但仅从思维层面看，《流浪地球》就突破了西方既有的思维范式，体现了发散思维的变通性和独特性，引发全球评论家高度关注自在情理之中。发散思维的基本方向为由此及彼（有时是多个"彼"）。

教师进行创新性学习时，如何提高自己的发散思维能力？其一，注重多向思维，即多层次、多侧面、多角度审视对象；其二，由此及彼，触发联想、想象，因为"创造性思维需要有丰富的想象"（黑格尔），如同想象之于诗歌，是翅膀；其三，独立思考，淡化他说和答案，不为其所缚。

2. 聚合思维

聚合思维又叫辐合思维、集中思维、收敛思维、求同思维、同一思维，即以某对象为中心，将不同部分、角度、方向、来源、思路所涉及的信息汇集一处，通过比较、筛选、组合、论证、重组、创造为一个整体，从而建构新知，得出最佳路径或方案的一种思维模式。聚合思维的核心是思考逻辑链条，其基本方法为：合并同类，主次求序，由果溯因或由因推果。

聚合思维通常有三个特性：①同一性，思维求同，目标明确，即要通过求同寻求解决问题之法；②程序性，在思维过程中，根据逻辑的先后顺序收集、比较、筛选信息，再组合、论证等，这一过程均有序进行；③比较性，针对某问题、现象，解决的方法、途径，认知的结果、观点不少，要通过比较才能得出答案。如果说发散思维更多地体现出感性，那么聚合思维则更多地体现出理性。

聚合思维的这些特点决定了它适用于探索真理、寻求规律、抽绎思路、提炼概念，有利于培养创新性学习者的逻辑思维能力，有利于包含教育科研在内的一切科研行为有效。教师进行创新性学习时，如何提高自己的聚合思维能力？①求同训练，即从多种不同情况中排除无关因素，找出“公因式”，如各个学科中的归纳。这样的实践性训练叫求同训练。②求异训练，即着眼于两个或多个场合的差异，从而寻找导致不同情况出现的原因的方法。这样的实践性训练叫求异训练。③共变训练，根据某一因素发生变化时另一因素的变化，而推知两个因素之间可能存在着的因果关系。这样的训练叫共变训练。④剩余训练，即考察某复杂现象时，先找出引起其中某现象的原因，就可推断剩余的部分间可能有因果关系。这样的训练叫剩余训练。这一训练非常有益于科研探索与发现。

3. 批判思维

批判思维是创新性学习者进行创新思维的前提，是创新性学习者应有的良好的思维品质。

批判思维又叫批判性思维，在充分理解的基础上，积极主动地以严格的标准来自觉、清晰地审查和监控我们特定思维的要素、结构与过程，以区分其好坏优劣，并着重分析和纠正其中的缺陷偏误，从而力求“更好地思考，思考得更好”的反思性思维。由此可知，批判只是手段，而不是目的，其目的是使我们的思维走进或更接近真理。从这一意义上看，批判思维是一种思维习惯，也是一种思维方式，还是一种思维品质。需要强调的是，批判并不意味着必然的否定（有时是全盘认可），只是不盲从，有时是全盘否定，更多的是在承继中扬弃或扬弃中承继。北宋儒家承继春秋儒家以来的成果，将社会价值系统理论抽象为“天理”（“理学”由此得名），在排斥佛、道的同时，又吸收其思想精华和思维方式，“使儒学思辨化，使自身成为古典哲学的总结形态”[①]，以至于日本学者堺屋太一认为北宋鼎盛时期是“合理精神充溢的‘东洋文化复兴’”（《知识价值革命》）时期。[②]北宋理学运用批判性思维看待儒、佛、道，现代新儒家代表冯友兰在《新理学》中所谓“照着讲”到“接着讲”亦与此同理。批判思维的基本方向是由表及里，即思考本质，明辨正误。当然，为辨正误，会有由此及彼等方向，但思考本质是前提、关键，因此由表及里看本质当为重中之重。

批判思维的大敌是思维定式（也叫惯性思维）。在长期的思维实践中，受民族文化、科技条件、环境、经历等诸多因素的影响，人们自然而然地形成特有的思维路

① 许总. 宋明理学与中国文学［M］. 南昌：百花洲文艺出版社，1999：1.

② 许总. 宋明理学与中国文学［M］. 南昌：百花洲文艺出版社，1999：2.

径和思维框架，这就是思维定式。吃一堑，未必长一智，其原因是经验作祟。此时的“经验”体现出思维的惯性。

教师学习中如何破除思维定式呢？其一，不盲从旧说，不膜拜权威。“圣人不死，大盗不止”就体现了庄子的批判精神。其二，学会反弹琵琶。即多反向思考，如针对韩愈《进学解》中“业精于勤，荒于嬉”，可反弹“勤未必业精”。其三，借鉴头脑风暴。美国创造学家亚历克斯·奥斯本（Alex Faickney Osborn）于1939年首次提出的“头脑风暴”原是精神病理学上的一个术语，现被用来喻指无限制的自由联想、自由讨论，也叫智力激励法、自由思考法。“无端涯”地遐想万方，暂时不求“一是”的众说纷纭，都极有利于参与者消除思维惯性。

（二）质疑路径

质疑，就是提出问题。孟子所谓“尽信书不如无书”就从一个侧面说明学习中问题存在的普遍性。古人注重“质疑”，程颐以为“学者先要会疑”，张载告诫“在可疑而不疑者，不曾学；学则须疑”，发明家保尔·麦克里德也曾说：“唯一愚蠢的问题是不问问题。”因为问题是深研的起点，质疑、“问难”（反复辩难）是深研的关键。当然，辩难的过程中也有新的“质疑”行为。质疑是思维深入的前奏和关键，体现出良好的思维品质。

何谓问题？美国心理学家、新行为主义学习理论的创始人伯尔赫斯·弗雷德里克·斯金纳（Burrhus Frederic Skinner）曾说：“能使人探究、考虑、讨论、决定，或解答的询问便是问题。”可见，问题就是一个有价值的情境。美籍华裔学者郭有迁在《创造性问题解决法》中说：“问题是属于各行各业中具有危机性的知性问题。”[①]从这一定义上看，问题因具有“危机性”而需要解决，同时因具有“知性”而有利于训练思维，自然也有利于创新性学习。学者曾仕强针对“道可道非常道”一语的两种断句“道，可道，非常道”“道可道，非常道”所引发的问题（为什么道非常道）进行研究，再联系《老子》所体现的辩证法，认为应读作“道可，道非，常道”。这体现了正反对立统一。[②]此即为学习时以质疑为路径而创新的显例。

20世纪60年代末“水平思考”方式的提出者法国心理学家爱德华·德·波诺（Edwardde Bono）在《水平思维的运用》中认为：“问题是‘所有’与‘所要有’之间的差异。”这一定义揭示了问题的结构：“所有”即问题的存在或条件，“所要有”即问题的结论或目标，“差异”即两者之间的思维距离。而要揭开“所要有”，

① 知性，德文为Verstand，德国古典哲学术语，本义是介于感性、理性之间的认知能力，有知道人的本性、有智慧的意思，也经常被译为“理智”“悟性”。

② 曾仕强.道德经的奥秘［M］.西安：陕西师范大学出版社，2012：55-56.

就必须通过创造性思维，缩小、消除“差异”。

按表现形式，问题有基础型、开放型、研究型问题之分。要呈现问题并消除问题内部的“差异”，创新性学习的教师就要明确两点。

1. 提问策略

（1）放胆。

提问犹如作文，首先需要“放胆”。宋代谢枋得《文章轨范》在强调作“小心文”阶段前作“放胆文”，不要为种种“轨范”约束。提问的“轨范”是什么？一是自卑，以为自己因为学历、学力、环境等，早已不及他人，提问之后因积累有限、口才不及而难以“问难”，于是不敢提问；二是自尊，唯恐所提问题过于简单，暴露自己的短处而失了颜面。创新性学习中的自卑者可从私下交流开始，渐渐消除胆小自卑心理；自尊者则需改变观念，知识才是教师的“上帝”，提问是“转益多师”的重要方式。

（2）认真。

认真对待“问题”，体现于“思”。古人云：“善思则疑，思起于疑。”唯有多思，才可能多发现问题。发现问题后再多思，为“问难”等交流做好准备，从而有所得。坚持下去，教师就会激发出对“问题”关注的热情和信心。

（3）效度。

效度指通过测量工具或手段能够准确测出所需测量的事物的程度，即有效性。如何提高提问的有效性呢？其一，善疑。“小疑则小进，大疑则大进”（陈献章《论学书》），因此要从无疑处生疑，思考而疑。其二，善问。提问的基本原则是由易到难，“善问者如攻坚木，先其易者，后其节目，及其久也，相说以解。”（《学记》）此外，还有由此及彼、由表及里、由小及大地思索，惑者即问，可参照教育家陈龙安“十词提问法”（假如、列举、比较、替代、除了、可能、想象、组合、六W、类推）。其三，善思。问题出现前后，由于有思维，尤其是深度思维的参与，问题就更有“含金量”。

关于提问策略，美籍华裔学者郭有迁在《创造性问题解决法》中提出“问题的三维结构”，从方法类别、问题类别、问题情境入手寻找问题，可资参考。

（4）互动。

教师创新性学习时，还要注意与他人（同事等）互问，互相启发，发现新问题。因为社会应是协作学习的社会，教师在创新性学习中离不开通过彼此间信息的交换、调整来完善自己的认知系统。

2. 解决路径

问题的解决被美国认知心理学家加涅视为人类学习的最高层次，“问题解决的教学”被日本教育界作为重要的研究课题，可见问题及问题解决何等重要。何谓问题解决？问题解决指寻找、接收信息，回忆知识、方法并进行加工，以消除问题的行为、活动和过程。它也是学习的目的。

解决哪些问题呢？当然不是加涅、奥苏伯尔所否定的"可以直接从已知的认知结构中提取"解决办法的无知性问题，这样的问题只适用于对学习对象的梳理，缺乏含金量；而是那些需要从已有知识结构迁移、具有潜在生成性的问题。

解决问题时，问题是起点，解决是过程和目的，有效是要求和关键。如何解决创新性学习中的知识性或行为性问题呢？

（1）梳理—界定—定向，在自己或他人提出问题之后，首先要梳理问题，明确是什么问题，界定其是知识性问题还是行为性问题，并排除无关因素，确定其重点、核心，为解决问题确立思维方向。

（2）分析—逻辑—方案，分析问题出现的诱因，逐一弥补或解决诸多步骤或措施，以逻辑链条或逻辑树的方式呈现有关主次关系、因果联系的框架，从而提出参考性方案。若方案复杂，则可以书面形式呈现。

（3）实施—检查—优化，按照逻辑链条或逻辑树的先后顺序一一实施，在实施中检查。若发现新问题，则予以调整，优化解决的路径或方案。

四、高中中年教师专业发展中的创新性学习

"教育即生活，教育的目的是更好地造就人。"全国政协委员、重庆理工大学校长杜惠平如是说。重庆市连片特殊困难地区高中中年教师首先处于教育生活状态之中，为了实现"更好地造就人"，就必须在专业发展的道路上弄清是否需要创新性学习、学什么和怎么学的问题。

（一）迫切需要创新性学习

1. 创新性学习是载体多样化、传播高速化时代教师学习的需要

在时代发展潮流中，知识的创造者空前增多，图书业空前繁荣，2018年、2019年全国561家图书出版单位报送的选题分别高达235 042种、228 020种，图书浩如烟海。而载体多样化，除报刊文字与图片、电视影像与文字外，还有微信、公众号、慕课（MOOC）、钉钉、博客、QQ、抖音等。通信高速发展，中国移动通信集团公司原总经理李跃在以"智能网联·于斯为盛"为主题的2019互联网岳麓峰会上深度诠释了"4G改变生活，5G改变社会"的主题，无不佐证了信息量大、节奏加快、阅读碎片化严重的时代真正来临。在自媒体时代，人人都可以是信息的生产者，而信息真假难辨，优劣不一。年轻人即便日日目不窥园，接收速度也难以跟上信息生产、传播的节奏，更何况连片特困地区高中中年教师？终日在海量信息中"泅渡"，筋疲力尽，因少"思"而少获，因一鳞半爪而不"透"。但我们不可能固守桃花源，甚至回到小国

寡民、老死不相往来的时代，更何况海量信息里毕竟有“精品”，弃之无异于封闭。连片特困地区也是今日图书、现代资讯辐射区，自然也不例外。

因此，书籍的选取，信息的收集、筛选、重组，就成为当下学习不可回避的话题，时代要求读者不能仅仅按照旧法学习。

2. 创新性学习是对象发生变化时教育教学的需要

今日教育教学对象，较之于过去，自主意识大幅增强，视野空前扩大，批判性意识和能力都有大幅提高。但是，专注力、沉潜的意识、彼此关爱意识和程度等都普遍不及过去的学生。而今日教育教学理论、理念多如牛毛，珠砾互见，如果教师不能创新性地学习，就难以辩证地分析、科学地择取，在教育教学时难以真正尊重学情，或沿袭陈法，或机械套用，结果师生互动少。不能创新性学习的教师，其知识面、见识、思维上难以与时俱进，也常会为学生所轻视。如此，教育教学事倍功半，乃至事倍无功。

3. 创新性学习是时代培养实践创新人才的需要

“创造教育”是陶行知先生的重要主张，英国心理学家、优生学家高尔顿开创造教育研究之先河。之所以强调教育的创造，是因为未来需要更多的创造型人才，教育的重要目标就是培养学生的创造力。而提倡创新性学习，无论是思维上还是方法上，都有利于教师专业发展，从而有利于培养学生的创新意识和创新能力。很难想象，一个缺乏创新性学习意识和能力的教师，能启发学生的创新意识并提高其创新能力。“为什么我们的学校总是培养不出杰出人才？”钱学森之问的破解其实不难，人才的培养始于教育创新，始于师生学习方式的创新。钱学森之问反映出富有创新精神的“杰出人才”是时代的需要，也反映出创新性学习是时代的需要。

4. 创新性学习是连片特困地区高中中年教师自身专业发展的需要

连片特困地区高中中年教师较之于区内年轻教师、发达地区教师，在专业发展上普遍存在瓶颈、短板。如果不能以创新性学习加快追赶的步伐，并带动思想观念的更新，提升自我素质，成为创新者、超越者，则必然因教育教学观念的僵化、综合素养偏低而难以卓越，遑论引领青年教师成长。金美福博士在《教师自主发展论》中指出，教师自主发展是“教师的一种生存方式”。高中中年教师理应自觉将创新性学习常态化，求得专业发展，拥有与时俱进的“生存方式”。

5. 创新性学习是连片特困地区教育跨越式发展的需要

连片特困地区教育相对滞后，要实现跨越式发展，就要着力于教师的专业生成，因为教师发展是教育发展的核心。教师在创新性学习中更新观念，丰富和重构自己的知识体系，能够创新性地建构课堂结构并提高自己的教育科研能力，这才意味着教师得到了跨越式发展。高中中年教师是连片特困地区教育的重要力量，其素养的高低直接影响着年轻教师。因此，通过创新性学习，实现高中中年教师的跨越式发展，是连片特困地区教育大步前进的重要突破口和关键。

（二）创新性学习的内容与方法

就其内容、方法而论，教师创新性学习与传统学习没有本质上的不同，都体现在三个维度上：其一，知识。从作用上看，包含学术性知识、行为性知识；从领域上看，包含学科性知识、非学科性知识；从生产时间上看，包含前沿性知识和非前沿性知识。其二，能力。其三，思维方法。

不过，创新性学习更关注前沿性知识、跨学科知识（跨界知识）、思维方法。传统的学习方法是以阅读文本内容、搜索其中知识为主要目的的学习方法，而创新性学习方法与此有别，通常有以下几种方法。

1. 问题学习法

问题学习法是以问题为起点、以问题的解决为目标的学习方法。

问题学习法与课堂教学中的问题学习法本质相同，但有差异。课堂中的问题学习法是以学生为主体、以教师为引导的一种新的教学模式，问题可以由学生或课堂学习小组提出，也可以由教师提出。例如地理学科中教学山麓冲积扇时，可以先提出“为什么山麓冲积扇往往是山区人口密集、经济发达的地方”，然后由学生通过阅读、思考、探讨，教师引导，获知土壤肥沃、土地平坦、交通便利、不易盐碱化等原因。

而教师问题学习法中，问题则由学习者教师提出，学习者在问题的解决过程中获得知识，训练思维，得到启迪。如教师作为学习者带着“儒家不少知识分子隐居，能否视为道家人物”这一问题去阅读《中国的品格》（楼宇烈），然后深入思考或讨论、请教，最后弄清儒家、道家虽有互通互补之处，但儒家隐居，不排除有道家价值取向，但主要是因为“穷”（困窘），隐居旨在“独善其身”，而没忘“达则兼济天下”，因而仍属于儒家人物。

2. 专题学习法

专题学习法是以专题为核心和起点，以构建或重构专题知识能力体系为目标的学习方法。

先根据工作需要、个人兴趣、个人发展目标等确定学习专题，学习的专题可以是人，可以是物，也可以是一定的范围或领域。这可以由教科室设置，也可以由教师自己设置。然后到实体书店、网络空间“淘宝”，“宝”最好是专业性杂志、专著。如历史课、语文课教师为了拓宽视野，设置“古代邮驿制度”专题，然后教师收集、购买、学习刘广生主编的《中国古代邮驿史》、叶美兰《中国邮政通史》、马楚坚《中国古代的邮驿》等专著，在甄别、互补中构建、完善属于自己的邮驿专题的知识体系。

3. 择要学习法

择要学习法是以学习者即时需要为核心和起点，以择取相关知识为目的的学习方法。它广泛运用于问题学习、专题学习和平时学习的过程中。

如上“古代邮驿制度”专题学习开始之初，可先读《中国古代邮驿史》的目录，按需要的板块对应书中，再做择取；之后，再看《中国邮政通史》《中国古代的邮驿》等专著的目录，优先取用不同点及其对应文本，后取用重叠板块中或有新见，或分析更深入，更有高度之处。

择要学习时，如果涉及的书刊不多，通常可直接勾画，或做精要摘录，然后构建系统。如果内容特别多，通常可以做“索引”，消化后再构建系统。“索引”分卡片式、表格式，将所勾画信息的压缩文字及其所在页码写于卡片上或填入表格中，表格以电子表格为宜。若借助大数据，则整理、建构更为便捷。当然，卡片要做逻辑分类，表格可以进行分类、重组。择要学习时，也可借助高精度扫描仪，扫描所需内容，冠以内容提示，缀以出处、页码，分类粘贴。

由上可知，择要学习法包含择要理解—提要摘录（张贴）—体系重构三个环节。

4. 批判学习法

批判学习法是以学习内容为起点和研究对象，通过深思，以达到去伪存真或补充完善这一目的的学习方法。此方法的关键是力戒盲从。例如《诗经·小雅·采薇》“岂敢定居？一月三捷”一句，教材释“捷”为“胜利”。既然一月多次取胜，又为何不敢“定居”？很明显，教材解释导致诗句前后矛盾。“捷”到底作何解释？通“接，即“短兵相接”之“接”（接触，引为交战），“一月三捷”言战事紧迫，故不敢“定居”，诗句间呈果与因的关系。此意同于《吕氏春秋·论威》“其藏于民心，捷于肌肤也，深痛执固，不可摇荡，物莫之能动”中之“捷”（通“接”）。此为去伪存真。又如《生物》必修一中，“物质跨膜运输”形式遗漏了“胞吞”“胞吐”，教师通过查阅专著，认真研究、讨论，后予以归入。此为补充、完善。

需要再次强调的是，“批判”并非一定是对错误的思想或言行的批驳否定。例如，康德《纯粹理性批判》、李泽厚《批判哲学的批判》中“批判”，指考查分析；而“所有都省常程文字，并只委左右丞一面批判，指挥施行”（司马光《进呈上官均奏乞尚书省札子》）中“批判”，则表示批示、判断。批判学习之“批判”作何理解？我们不妨从语义学的角度分析。“批”，打开，如庖丁“批大款”（《庄子·养生主》）。可以引为剖析、分析，如“批究往说，各有其理”（《魏书·礼志》）。“判”，分，分开，如“使夫纯朴之事，十剖百判”（《论衡·艺增》）。可以引为区分、辨别，如“故不战而强弱胜负已判矣”（苏洵《六国论》）。“批判”的本意是打开后判定，批判学习之“批判”亦然，存在肯定、否定（含部分否定）两种情况。至于观点、现象、行为，无论有无错误，都可以是“批判”的对象，对其审视都离不开批判性思维。若有错、伪，需通过“批判”改错归正，去伪存真；若无错、伪，也因“批判”而令理解深入。只不过，“批”是“判”的基础和前提，“判”是“批”的结果和延伸。因此，批判学习时，先“批”以了解，而后通过思考、分析才能“判”。

5. 思创生成学习法

思创生成学习法是以学习中的内容为起点，以创造有所生成为目标的学习方法。国内学者研究学生创新学习时，曾总结出“TADI”思维①，如图6-2所示。

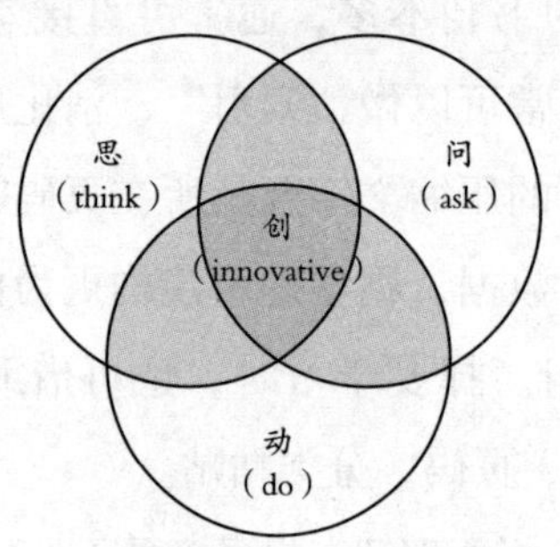

图6-2 TADI思维示意图

所谓“T”，指“思”（think），多思考，并分析所收集的信息。

所谓“A”，指“问”（ask），在思考上提出问题并发散，多向考虑。

所谓“D”，指“动”（do），动手实验或搜索资料，并在行动中反思。

所谓“I”，指“创”（innovative），评价、修正自己的设想，使自己的设想合理、新颖、适用。

这一思维实为路径、方法。“思”是前提，“问”“动”是手段，或“问”后“动”，或“动”时“问”；“创”是目的，在“思”“问”“动”某一环节或彼此叠加、互动中达成。这一方法本是针对学生学习而提出的，同样也适用于连片特困地区高中中年教师，因此将其作为一种创新性学习方法。这一方法的要点部分地存在于前面四法中，只是特别强调“创”而有成。

思创生成学习法具有永恒的价值，也适用于人工智能普及、脑机接口技术得到广泛运用的未来社会。因为人工智能、脑机接口技术只是工具，永远不能取代人脑，否则，人将失去创造的活力，沦为机器的附庸，甚而形同机器人，就意味着人类的终结。

6. 大数据学习法

大数据学习法指学习者借助大数据的存储、处理、分析、生成功能而拓展知识广

① 龚春燕.龚春燕：创新学习［M］.北京：首都师范大学出版社，2011：26.

度与深度，并获得新知的学习方法。

“大数据”（big data，mega data）由未来学家阿尔文·托夫勒（Alvin Toffler）在《第三次浪潮》中提出。大数据又叫巨量数据、巨量资料，尽管本质上是人类智慧凝结的工具性成果或成果性工具，但不能简单以工具视之。它有别于传统工具，是数量大、来源多、类型多的数据的集合，有新型的数据处理和分析技术，可形成新的价值。“互联网+”时代的到来，决定了教师学习方式有所变革。有学者将信息意识、信息知识、信息能力、信息伦理作为教师信息素养的构成。此说颇有见地，但没能将“大数据”的深度分析、发现作为信息能力的构成要素。①这反映出对“数据挖掘”（data mining）的忽视。数据挖掘指从大量杂乱、不完全、模糊而随机的应用数据中，提取隐含的有价值的知识或信息，即大数据环境中的知识发现，故也译为“数据采矿”“资料探勘”。挖掘时，可运用数据关联（看存在的相似性）、聚类分析（找出相似元素并分类）、递归分类（在自上而下的运行过程中调用自己，以逐步精确分类）、数理统计（运用统计方法分析数据）、可视化分析（对由单个图表元素构成的若干数据图像进行多维度观察、剖析，洞察不同层次的细节）、预测（在根据数据找出规律，建立模型的基础上预测，其典型办法是回归分析）等方法。

大数据的功能强大，益处很多。简言之，它不仅因为可以提供可视化、个性化情境而有利于教师多元发展，提升教育教学策略，因信息海量而有利于教师拓宽视野，拓展思想深度，还因有分析、整理、组织、加工的技术而能够主动建构或优化方案，生成新知，有利于教师学习。换言之，运用大数据的过程，可以是整理、自我管理的过程，也可以是生成、发展的过程。因此，大数据是工具、手段、渠道，也体现为观念、方法。它尽管不能取代人类思维，却可以成为人类倚重的学习工具和伙伴，教师理应运用大数据学习法促进专业发展。

以上诸法主要就教师学习而言，都需要教师思维的积极参与，但同样也适用于学生课余自主学习。既可以单独运用，也可以综合运用。

（三）创新性学习的推动

创新性学习应成为教师的自觉和行为，但学校若加以推动，使之成为具有普遍性的意识和行为，则有利于教师更好地生存和再发展，于学校发展的意义也更大。从这一意义上看，学校采取促进教师创新性学习的举措，实在是双赢的行为，也是智慧管理的体现。如何推动教师尤其是高中中年教师的创新性学习呢？

① 桑国元，郑立平，李进成. 21世纪教师的核心素养［M］. 北京：北京师范大学出版社，2017：123-128.

1. 平台创新

学校为教师搭建创新性学习平台，主要有：①读书平台。除广置图书外，还可为教师开列购书清单，分学科提供必购书清单、选购书清单，鼓励跨学科购书，并提供配套的补贴资金。但资金不是平均分配的福利，而是有学有得的报偿。②学习平台。设立“学习沙龙”“阅读合作体”，使教师有交流、合作的平台；设立“名师论坛”，使教师有获得启示、追赶的平台。③研学行动。采用优秀教师领头成立的研学共同体和研学个体两种形式，每学期举办一次全校性研学行动，围绕学科内外选题，形成研学报告。

以上平台创新举措，旨在通过不同形式的学研组织，引领、督促教师（尤其是高中中年教师）成为学习者、研究者。

2. 课堂观察与评价的创新

无论是学科教研组、备课组的校本常规教研，还是优秀高中中年教师主导的“青蓝工程”师徒结对后教学观摩、指导，都需要打破听评课旧有的评课格局，即将“学习内容”（有无价值？目标是否科学？是否达成？）、“教师”（导、引是否恰当？语言表达简明科学？机智与否？）、“学生”（参与程度如何？学习效果如何？）的三维结构，通过增加“文化”维度，形成“四维评课体系”。“文化”指课堂文化，如内容上的文化传递，积极互动所体现出来的平等、和谐，人生引领上的人文关怀，缜密推导体现出来的科学精神，勇于攻艰时的意志品性和进取精神的张扬，等等，都或多或少地在不同学科课堂中得以体现。

“课堂观察”便是校本常规教研的一种良好形式，它以“四维评课体系”为观察、评价的核心，使教师间具有互助性质的“教学合作体”共同成长。

以上创新，在一定程度上可以检视教师创新性学习及学习成果向课堂生产力转化的努力程度。

3. 成果呈现

成果呈现旨在激励。如何呈现？其一，优秀研学笔记、研学报告展示；其二，高效教案展示；其三，论文、论著、校本教材的登记、展示。对有成果参展的教师，分等级加分并计入年终教师绩效测评之中，并筛选优秀作品，定期结集。鼓励呈现的成果，可以是学科内的，也可以是学科外的，这与跨学科学习、跨界阅读的本质、诉求契合。

需要指出的是，创造性学习中，对所学知识进行迁移、重构中所援引的材料或用来引领的观点，是新成果有益的佐证材料。但在迁移、重构的过程中，极易出现剽袭现象。迁移，是将他人成果运用到他人尚未涉足或涉足不深的领域，或某个着力点，进行再研究；重构，是教师对现有成果体系内部为他人所不知，或知之不详、不全的联系，予以构建或完善。鼓励迁移、重构，但力戒剽袭，这是成果呈现前衡量教师创新性学习成果应注意的问题。

如果说创新让郑燮因“删繁就简三秋树，领异标新二月花”而独树一帜，让画家范曾拥有“向世界出卖智慧”的底气，那么创新性学习会让连片特困地区高中中年教师拥有新颖的学习路径、别样的成长。

附：

苏子泛舟赤壁无悲论

——《前赤壁赋》解读补正

张 锋

解读文本，既要深究文本，又要“知人论世”。前者求细求深，后者求广求真，两者参互，方能真正解读文本。不然，解读就会因轻掠而失之浮浅，因牵强而失之偏颇乃至谬误。个人贻笑方家事小，误导读者事大。

前人解读《前赤壁赋》，对文本内容及其前后联系关注不够。例如，清人储欣“行歌笑傲，愤世嫉邪”（《唐宋十大家全集录·东坡全集录》卷一）之说因背离文本而失之武断。今人吴功正先生谈赤壁构思时多有高见，却因忽略苏子所歌内容而部分误读，因忽略客人身份和“倚歌而和之”等语，而认为客人有悲。一般人解读此文，多就文中“乐—悲（‘愀然’）—喜”三词而妄断，以为苏轼夜游赤壁经历了三次情感变化，并以此将赤壁当作苏轼由愁郁到达观的精神分水岭。此论大错特错，首先错在没有细读文本，不明前后联系；其次，对夜游情形和背景以及歌词内涵细究不深或回避。

事实上，苏子泛舟赤壁之时，已然无悲。原因如下：

其一，情感主体有异。

文中“饮酒乐甚”，可知“乐”的主体是主客。客之洞箫声“呜呜然，如怨如慕，如泣如诉”，可知“悲”的主体是客；下文客人关于昔日雄杰不存所引发的“寄蜉蝣于天地，渺沧海之一粟”的怨艾，人生须臾、长江无穷的悲哀和羡慕，不可“挟飞仙以遨游，抱明月而长终”的失落，也足以证明这一点。（事实上客不悲，“其四”中再议）苏轼只是因受洞箫声感染而一时“愀然”（容色忧惧或严肃样），本人并无悲愁；下文从变与不变角度所作的哲理性议论，如“盈虚者”“卒莫消长”，可“共适”“江上之清风”“山间之明月”，恰恰反映其被贬之后的超脱之乐。至于“喜”，其主体是客，但联系上文议论和下文“洗盏更酌”诸语，可知“喜”的主体还应包括苏轼。情感主体不完全相同，又怎能张冠李戴，认为苏轼悲愁而匆忙下苏轼夜游赤壁经历了三次情感变化之类的断语？

其二，苏子扣舷而歌只是兴起所为。

壬戌七月既望，苏轼与友人（客）夜游赤壁，见“清风徐来，水波不兴”之景，便举酒诵歌《诗经·陈风·月出》；不一会儿见月出东山之后水光接天之景，顿有遗世独立、羽化登仙之感，于是饮酒而歌。前后两次作歌，都出现于见美景举酒之时。“乐甚”一语不仅表明作歌只因兴起，而且无悲。古人素有饮宴作乐的风习，五代王仁裕《开元天宝遗事》就有关于“消寒会”的记载，《韩熙载夜宴图》中也有夜宴听琵琶的场景。可见，这并非苏轼所创。游兴浓而举酒，酒兴浓而诵歌，此为“乐”之表现。

客人为何吹出“呜呜然”的洞箫声？因为苏轼“诵明月之诗”，见明月下美景，兴之所至，即兴唱出化用《楚辞·少司命》中诗句“望美人兮未来，临风怳兮浩歌”之意的诗句。“桂棹兮兰桨”中桂树、木兰为香木，此句正继承了“善鸟香草以配忠贞”（王逸《楚辞章句》）的美学传统。“击空明兮溯流光”反映出“不随其流扬其波”（《史记·屈原贾生列传》）的品性。“渺渺兮予怀，望美人兮天一方”又化用诗句“帝子降兮北渚，目眇眇兮愁予”（屈原《湘夫人》）；按“灵修美人以媲于君”（王逸《楚辞章句》）的传统，此句暗蕴望君重用之意。但望君重用时心境有多种可能性：或因怀才不遇重用无望而怨悲，或因自负才高必有重用之时而自慰乃至自得……而客人读到歌中似有人生失意，故以悲声相和。需要指出的是，客人对苏轼所歌内容的解读仅仅基于屈原（也许还有贾谊）这一背景，但于解读夜游赤壁时的苏轼及其歌词而言，却是“误”读（“其三”中议）。客“倚歌而和之”，于苏子心境而言，虽“和”得离谱，但绝无悲愁可言。

为什么说客人无悲呢？

据林语堂先生考证，首次夜游赤壁随苏轼前往的是蜀地名道士杨世昌（绵竹人）。苏轼《蜜酒歌·序》云：“西蜀道人杨世昌，善作蜜酒，绝醇酽。余既得其方，作歌遗之。”由此可见，二人关系非同一般。能被有儒释道情怀的苏轼视为友者，岂非等闲的世俗中人？况且入道且名，当能超越尘俗，超脱生死。其洞箫声之所以“呜呜然”，是因为杨世昌自以为深明所歌意趣后“倚歌而和之”而已。唐朝即有作诗配乐而歌之习，宋人填词配乐而歌已成世风。因应景而填词作诗奏乐，并不要求创作者与演奏者一定有相似的心境。杨世昌以洞箫声相和，也是兴起所致，十足的和歌之举，以增夜游之乐。因此，客之悲声，并不表明客“悲”（也不表明苏轼心怀悲戚）。需要指出的是，苏轼针对箫声所发“何为其然也”之问也反向证明了苏轼作歌时无悲。

其三，苏轼似有自比屈原、怜惜贾生之意而无屈贾之愁。

当然，不排除夜游中触景生情或乐极生悲的可能。苏轼所歌四句，初看有沉郁的风格，诗句外在形式颇类于《离骚》，也貌似贾长沙痛吊屈原而悲吟的《吊屈原赋》。因此，这极易令人联想品行高洁、不愿随波逐流、被逐自伤依然渴盼任用的屈原、贾谊，也极易令人联想到苏轼因乌台诗案被贬黄州而伤感，自然就以为苏轼乐中有愁，甚而认为乐只是其表。难怪“客”也“误”读。

事实上，看苏轼对待屈、贾的情感、态度，也可知《前赤壁赋》有愁绪之见似有合理性。苏轼以为“屈原古壮士，就死意甚烈”（《屈原塔》），以致想到“遗风成竞渡”（同前），深感“哀叫楚山裂”（同前），景仰赞美之情充溢其间。如果有人持自言“浩然天地间，惟我独也正”（《过大庾岭》）的苏轼自比屈原之论，自然也符合情理。苏轼虽认为“贾生志大而量小，才有余而识不足”（《贾谊论》），但认为贾生是“王者之佐”，其论“虽三代何以远过”（同前），冷静评价中有怜惜之意。苏子因屈、贾两人才高、品高而敬，似乎因彼此不遇被逐而悲。

不过，笔者以为，苏轼似乎自比屈原，怜惜贾生，但此时绝无屈、贾之愁。①若真正有愁，一者“乐—悲—乐”的快速转换难以理解，情感的陡转自会消解此文“适调而畅遂”（方苞语，引自王文濡《评注古文辞类纂》）的流畅性——古文大家岂会犯这一低级错误？自然，这一洗万古之作，也不会有此错误。二者更不会有下文关乎人生的通达彻悟。②“渺渺兮予怀”不等同于“目眇眇兮愁予”（屈原《湘夫人》）。苏轼与屈原虽都望“美人”（君王），但所面对的“美人”不同。宋神宗不同于昏庸的怀王，他励精图治，重用王安石进行“熙宁变法”，当入明君之列。苏轼心中之思“渺渺”（悠远，遥远），于远方“望美人”。心思虽没明言也不宜明言，但本质是希望得到宋神宗起用。乌台诗案发生后没被重处，也决定了苏轼似有东山再起的可能（6年后以翰林学士知制诰便是明证）。自然而然，其希望的灯火没有熄灭。屈原望“帝子”（湘夫人），因距离遥远（小人进谗被贬所致）而“眇眇”（看不清），得到昏庸的怀王重用的希望渺茫，所以“愁予”。两句诗的侧重点、所蕴含的情感不同，缘于所面对的最高统治者不同。③苏、贾之人际环境、时代环境不同。二人虽都遇明主，但贾谊因才名远播、识见卓异、政绩斐然而不能“使天子不疑，大臣不忌”（苏轼《贾谊论》），故有朝堂“鸾凤伏窜兮，鸱枭翱翔”（贾谊《吊屈原赋》）之论，萌生“国其莫我知兮，独壹郁其谁语？”（同前）的哀叹和“横江湖之鳣鲸兮，固将制于蝼蚁”（同前）的无奈。屈原虽不遇明主，但其处境亦如是。苏轼虽遭不幸，但北宋爱才、惜才成风。“乌台诗案”发生后，太皇太后曹氏、大臣章惇等人出面力挽，宰相吴充直言：“陛下以尧舜为法，薄魏武帝固宜，然魏武猜忌如此，犹能容祢衡，陛下不能容一苏轼，何也？”（李焘《续资治通鉴长编·卷三百一》）已被罢相的王安石也上书说：“安有圣世而杀才士乎？”（同前）苏轼没被重处与此不无关系。加之司马光、王安石等政坛巨擘胸襟宽广，驸马王诜是其好友，因此苏轼还有东山再起的可能。再者北宋中叶不同于经历战乱而休养生息的汉初，当时四海清晏，吟诗作画、谈禅诉志、流连山水之风蔚然，苏轼的苦闷渐渐消散于谈禅赏景之中，更何况苏轼在释家情怀之外，还兼具儒之“用舍行藏”、道之超迈自我的智慧。

苏轼无屈、贾之愁，却化用“望美人兮未来，临风怳兮浩歌”（《楚辞·少司命》）而作歌，旨在“述志”，表明自己高洁的品性，似有自比屈原之意。

其四，虚拟客人之悲缘于写作需要。

杨世昌无悲，为何还要发出人生短促、渺小之叹呢？事实上，全文只是苏轼受司马相如《子虚赋》以虚拟子虚、乌有先生对话而结构全篇的启发，运用主客问答的形式，巧妙借虚拟出来的客人之“悲”（客人误读的结果）来表现自己过去的心境，从而表现被贬黄州后的心境变化。

需要指出的是，夜游赤壁时，苏轼已经走出“人生如梦”的精神困境，“过着快活的日子”（林语堂《苏东坡传》）。或许有人会以《念奴娇·赤壁怀古》中“人生如梦”的感喟予以反驳。但笔者以为，此不足为据。因为“故垒西边，人道是，三国周郎赤壁”一语表明作此词应在被贬黄州之初，而此时苏子尚未泛游赤壁，未对赤壁是否是昔日赤壁古战场作考证，故用“人道是”。

苏轼写客人之悲（其实并不存在），不仅是为了表现自己过去的心境，还想以此反衬自己今日的达观。通观全文，客人吹箫实为苏轼有意设计，旨在引出苏轼自己“何为其然也”之问，从而引出下文友人的议论，前后浑然一体。不唯如此，乐悲起伏变化，“便于形成波澜”（吴功正，见《古文鉴赏辞典》），使文章有跌宕、摇曳之妙。难怪金圣叹批此文时云：“游赤壁，受用现今无边风月，乃是此老一生本领，却因平平写不出来，故特借洞箫呜咽，忽然从曹公发议，然后接口一句喝倒，痛陈其胸前一片空阔了悟，妙甚！”（金圣叹《必读才子书》）也就是说，写客人之悲而非自己之悲，只是写作时熔裁、布局的需要。

综上所述，苏轼夜游赤壁并不悲愁。明代“唐宋派”代表作家归有光对此文读得透彻，谈论古今风流人物而例举《归去来兮辞》时，认为“苏子瞻《赤壁赋》之趣，脱自是篇”（《文章指南》）。既如此，那么陶、苏欣然流连于山水之间是相同的。这在一定程度上也佐证了苏子泛舟赤壁无悲之论。只不过陶潜以美景、乐事表现归隐之乐和“聊乘化以归尽”的超脱，苏轼以主客议论凸显人生短促而永恒的人生观和共享自然时的超然。

如果说苏轼被贬黄州之初宿于定慧院时还有“缥缈孤鸿影”（《卜算子·黄州定慧院寓居作》）式的孤寂、“人生如梦”（《念奴娇》）的幻灭情绪，那么，“料峭春风吹酒醒”（《定风波》）之后，苏轼便有了“一蓑烟雨任平生”（《定风波》）

的旷达、“小舟从此逝，江海寄余生”（《临江仙·夜归临皋》）的解脱、悟透“庄生天籁”（《水调歌头·黄州快哉亭赠张偓佺》）后“快哉”（同前）和“放乎中流，听其所止而休焉”（《后赤壁赋》）的逍遥。从某种角度说，《前赤壁赋》应当是苏子走出被贬阴影后的人生宣言。

参考文献

[1] 吴功正. 古文鉴赏辞典 [M]. 南京：江苏文艺出版社，1987.

[2] 林语堂. 苏轼传 [M]. 海口：海南出版社，1992.

[3] 袁定基，易泉源，黄世礼，译注. 金圣叹选批才子古文 [M]. 成都：四川大学出版社，1997.

（载全国中文核心期刊《中学语文教学参考》2016年第27期）

第七章
反思与连片特困地区高中中年教师专业发展

据前文调查研究结果可知，连片特困地区高中中年教师普遍存在中度职业倦怠现象。换言之，教师自我效能感普遍偏低，普遍存在教师角色冲突或角色模糊的现象。这固然与其他诸多原因有关，但与教师反思意识的普遍性不强带来的自我干预缺失有极大关系。从另一方面看，教育产生于经验，但“教育即经验的改造”（杜威），若反思意识不强，教师则难以达成对自我经验的改造，教师的专业发展则缺乏应有的实践基础。

教师通过反思成就自身专业发展早已成为全球共识。反思意识不强，导致经验主义盛行，自我缺陷难以及时发现，难以时时自我弥补、进步，对职业角色模糊状态和现象缺乏反思，也自然使工作上的倦怠、学习上的懈怠难以得到及时有效的遏制，因而专业发展出现停滞乃至倒退。因此，连片特困地区高中中年教师更有必要理解教师反思理论，并尽可能深入学习，明确反思的策略。

一、教师反思理论

教师能力的提升，由多方面因素促成，尤其离不开教师反思。教师反思是教师自我干预以实现教师专业发展的前提。

何谓教师反思？“教学主体借助行动研究，不断探究与解决自身和教学目的以及教学工具等方面的问题，将‘学会教学’（learn to teach）与‘学会学习’（learn to learn）统一起来，努力提升教学实践的合理性，使自己成为学者型教师的过程。”① 这一定义体现了“反思”的动机、本质，但有两点不足：其一，只是仅仅定义为“过

① 孙春成. 语文反思性教学策略［M］. 南宁：广西教育出版社，2004：3.

程”不够准确。反思固然体现为过程，但也体现为过程中的行为。其二，终极目的不具有普遍性。教学主体反思的目的是解决问题，但不一定是“成为学者型教师”，“成为学者型教师”只是不断地自觉反思的结果；一般教师也常常“不断探究与解决自身和教学目的以及教学工具等方面的问题”，这也是反思行为，而解决问题既是其动机，也是部分教师的终极目的。只有不断追求价值实现的教师，才会将“成为学者型教师”视为终极目的。

何以定义反思？不妨从语义学、行为学角度思考。“反”者，“翻转”之谓也，枚乘“易于反掌，安于泰山”（《谏吴王书》）即是；亦“反复”之谓也，孔子“子与人歌而善，必使反之，而后和之”（《论语·述而》）即是。“反”因“翻转”而引为“返回”，因“反复”而有多次之意。所以，反思有“返”思、多次“返”思之意，自然也因“返”思后可能出现否定、纠偏而含有对原有认知颠覆、完善之意。教学主体反思行为的起点是问题，动机是解决问题，目的是在解决中总结与提升。因此，反思是指教师对教育教学实践的再认识、再思考，并以此来总结经验教训，进一步完善教育教学、提高教育教学水平的行为和过程。从这一意义上看，反思不仅是对先前思考、行为的回顾、检视，更是对先前思考、行为的批判性沉思；可重复“返”思，即“反思之反思”。

（一）背景

其实，“反思”似乎早已有之。曾子曰：“吾日三省吾身，为人谋而不忠乎？与朋友交而不信乎？传而不习乎？”（《论语·学而》）此处的“省”即“反省”，多限于处世、修身，是对过往的回顾、检查，即对预设的质疑和反动。其对象为自己道德、处世行为层面的错误、不足。孟子所谓“反求诸己”亦与此同，是自我人格建构必不可少的环节和举措。“反思”与“反省”一样，都历经哲学家洛克、斯宾诺莎所谓“内省”这一环节，即元认知过程，所获得的是极为重要的“元知识”。事实上，元认知理论就是反思重要的心理学理论基础。不过，“反思”作为近代西方哲学中的概念，指不同于直接认识的间接认识，是一种从把握外在本质到把握内在本质的过渡，是有较高价值的内省认识活动。除了检查错误、不足之外，还涉及自我总结性肯定，其内涵大于“反省”。反思者由于进行“自我关注”“自我评价”“自我批判”，自然就是富有理性的梳理者、总结者、校正者、提升者。

美国实用主义哲学家、教育家杜威于20世纪30年代最早将“反思”引入教学领域，认为反思是“对任何信念或假定的知识形式，根据支持它的基础和它趋于达到的进一步结论而进行的积极的、坚持不懈的和仔细地考虑”“开发反思性教学意味着对某种情境或人做出积极反应的习得的意向”，教师应具备“虚心的态度”“富有责任感”“全心全意投入”三种心态；同时提出了反思性思维和相应的教学过程的六阶段理论。教师反思理论肇始于杜威，到20世纪80年代在美国、加拿大、英国、澳大利亚等国家的教育界兴起。美国教育家、哲学家唐纳德·舍恩在著作《反思实践者：专业人员在行动中如何思考》中正式提出“反思性教学”这一概念，同时提出“行动中的识知”“行动中反思”“对行动的反思”的反思路径。舍恩的理论代表着教师反思理论的发展。20世纪末，华东师范大学熊川武的专著《反思性教学》开国内以专著讨论反思性教学之先河，随后，“反思”“反思性教学”“反思型教师”“反思型教师教育”等成为国内学界研讨热题，相关著述甚多。反思理论之所以成为全球热潮，是因为它拥有以法兰克福学派所创立的批判理论、德国哲学家胡塞尔（Edmund Gustav Albrecht Husserl）创立的现象学为内核的后现代哲学基础，由约翰·华生（John B. Watson）所创立的以“刺激—反应”为特征的行为主义、以布鲁纳为代表的认知主义、以皮亚杰发生认识论与维果斯基社会建构理论为先导的建构主义所共同构成的心理学基础，以及由以孔德（Conde）与迈克尔·波兰尼（M. Michael Polanyi）等为代表的知识观、以奥斯特曼（Osterman）为代表的教学理论所共同构成的知识观基础。①

（二）理论

目前，教师反思理论主要有以下几类。

1. 教师反思分类理论

教师反思分类理论主要有舍恩的两种类型反思理论、布鲁巴赫（Brubach）的三种反思类型理论、范梅南（Max Van Manen）的四种反思类型理论、格里菲斯与唐的五种反思类型理论。

其中舍恩的“对行动的反思”“行动中反思”与布鲁巴赫的“对实践的反思”“实践中的反思”“为实践的反思”异曲同工。

2. 教师反思过程理论

教师反思过程理论主要有杜威的思维六步理论、舍恩反思三阶段理论、奥斯特曼与科特克姆（Cortexim）的反思四环节理论、汉德（Learned Hand）与莱沃斯（Levors）的反思三层次理论。

其中舍恩的“欣赏—行动—再欣赏”三阶段构成螺旋上升的过程；汉德与莱沃斯“常规的教学行为，计划和反思，教学实践的伦理思考”的反思三层次中“伦理思考”颇有人文性，即教师提问是否有助于维护学生良好的学习环境，是否有助于加强和促进对每个学生的平等和公正。如此反思，有利于建设课堂文化，是促成教育教学高品位的关键，也彰显了教师对学生的人文关怀。今日国内课堂观察将课堂文化作为

① 朱旭东. 教师专业发展理论研究［M］. 北京：北京师范大学出版社，2011：168-178.

观察维度之一，与此理论不无关系。另外，安德鲁·波拉德（Andrew Pollard）等提出以背景、师生关系、课堂参与、学习环境为内容的“反思教学环境”，以课程、教学计划、教学法、沟通、评估为环节的“反思教学过程”，以及以成果、全纳课堂为内容的“反思教学效果”①，涉及反思过程，但多属于反思途径。

3. 教师反思水平理论

教师反思水平理论主要有范梅南的教师反思水平三层次论，安妮·布威克·班克（Annie Blaywick Bank）和伊恩·麦吉尔（Ian Mc Gill）的教师反思五水平论、斯巴克斯–兰格的教师反思水平七层次论。

在加拿大教育家范梅南“技术合理性水平”“实用行动水平”“批判反思水平”理论体系中，能够整合道德、伦理标准的反思才达到“批判反思水平”。这和汉德与莱沃斯的“伦理思考”，都体现了教育人本观。

4. 教师反思策略理论

教师反思策略理论主要有哈顿（Hatton）、史密斯（Laura Jane Smith）的提高反思水平四策略论，罗斯（Philip Roth）的反思实践十三策略，斯蒂芬·D. 布鲁克菲尔德（Stephen D. Brookfield）的培养教师反思能力四途径论。

其中，哈顿、史密斯“描述作品”“描述反思”“对话反思”“批判反思”为四种水平，实际上也是四种类型、模式、路径、策略，具有一定的可操作性；布鲁克菲尔德关于自传式反思、从学生眼中认识自己、与同事合作、理论的视角的反思途径为教师指明了反思的方向。国内学者将“再理论化”作为反思类型之一②，这与布鲁克菲尔德的理论的视角的反思途径如出一辙。以“总结性思考”“自我检讨或赏析”“对比性思考”“批判性思考”为常见反思途径③，带有策略性质。尽管这较为粗略，还没真正上升到策略层面，但反思的“再理论化”无疑会增强教学主体改变、完善自我的自觉性，并为科研储备了资源，奠定了基础。

5. 教师反思能力培养模式理论

教师反思能力培养模式理论以美国学者瓦利（L.Valli.）为集大成者。

目前，反思有技术性反思、行动中和行动后反思、缜密性反思、人格性反思、批

① ［英］安德鲁·波拉德，克里斯廷·布莱克–霍金斯，加布里埃尔·克利夫·雷奇斯，等. 反思性教学［M］. 张蔷蔷，译. 北京：中国青年出版社，2017：123–400.

② 赵明仁在其专著《教师反思与教师专业发展》（第59页）中将“教学后反思”分为对教学的回顾、对教学的研究、再理论化三类。

③ 王陆，张敏霞. 基于课堂教学行为大数据的教学反思方法与技术［M］. 北京：北京师范大学出版社，2019：31.

判性反思五种模式。其中，人格性反思模式深受英国道德教育学者诺丁斯（Noddings）思想的影响，认为反思的质量取决于教师的同情能力，因而较少关注学业成绩，多关注学生富有同情心的生活与学生获得信赖、支持好体制的能力。此模式具有发展主义价值取向，即着力于学生未来发展进行反思。而批判性反思模式明确将学校、学校知识作为政治建构的一种反思，旨在理解和改善处于不利地位群体的生活质量；批判反思模式认为反思质量的高低，取决于教师将伦理标准用于目标的确立、达成的能力。它与前一模式一样，着眼于发展，只是反思的侧重点不同而已。

6. 教师反思倾向理论

教师反思倾向主要有学术取向、社会效能取向、发展主义价值取向、社会重构主义价值取向、一般反思性取向。

其中，社会效能取向突出教育教学理论研究成果具有权威性；发展主义价值取向重在促进学生发展；社会重构主义价值取向强调教师应是有社会责任感的反思型教师，既要关注自身实践，还要关注他人，创建互相支持可求发展的反思合作体。

7. 教师反思方法理论

教师反思方法主要体现在反思日记、反思对话、微格教学、档案袋创建、行动研究。其中，微格教学，又叫小型教学、微观教学、微型教学，本用于培训师范生和在职教师，后由斯坦福大学的爱伦与同事引入教学。微格教学运用一定技术手段录制教育教学即时情境，教师以观察者的身份观摩自己的教育教学片段，在他人帮助下发现不足。行动研究法强调由教师或合作体在即时情境中解决问题，微格教学也体现了行动研究法在反思中的运用。由于借助技术手段“还原”了课堂情境，授课者与合作成员一样可以旁观，因此其最大的好处在于最大可能地消除局中者的自蔽现象，有利于教师总结、完善、提升。

（三）特征

教师反思有何特征？其一，实践性，即教师反思是教师在教育教学行动中将所见、所为进行审视并重新编码，以产生新结果、新行动模式的实践行为；其二，反观性，即反顾、分析、思考过去；其三，反省性，即立足自我，对自身实践情境与经验予以多层次、多视角的思考；其四，自我性，自我是反思的对象，也是反思的主体，即教师是引导者、审视者，也是评论者、受教育者；其五，过程性，反思是由意识期、思索期、修正期构成的过程，自然也伴随教师专业发展过程；其六，研究性，反思不是浅层次的回忆，而是深层次的思考，有研究性质。反思有以上特征，自然而然，教师反思是一种有益且必要的行为。从现象学角度看，“现象学反思的目的在于获取事物的本真意义”（马克斯·范梅南《生活体验研究》）。也就是说，反思的目的是解释现象的意义，从而明确长短利弊，便于扬长避短，守正纠偏。

（四）环节

教师如何反思？其路线、过程或环节又如何？学者赵明仁建立的“反思过程模型”值得参考①，如图7-1所示。

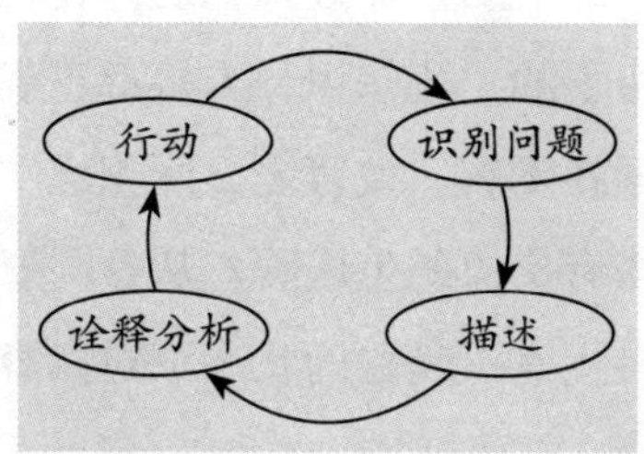

图7-1　反思过程模型示意图

由模型可知，这一过程由四步构成：第一步，识别问题。思维始于困惑。教师自我理解出现危机和负向经验，意味着问题的发现、识别的开始，也意味着探究的方向明确。第二步，描述。对问题情境进行细致描述、组构，以逐步聚焦、界定问题。第三步，诠释分析。先诠释宣称理论（信念是什么？期望怎么做？结果是什么？），再揭示行动理论（什么思想产生了什么行动？如何做的？结果呢？），然后比较宣称理论与行动理论（信念与行动中的指导思想一致吗？行为符合期望吗？结果是期望中的吗？），最后修正、重建宣称理论与行动理论（什么理论可引导更好的结果？何为好的实践行为？实践行为是最好的吗？）。这是反思的主要环节。第四步，行动。将经诠释分析后产生的理论概念化，并付诸实施。

二、反思的作用

正因为在反观、反省过程中的研究能够获取教育教学的本真意义，所以苏霍姆林斯基认为“只有善于分析自己工作的人，才能成为得力的有经验的教师”（《给教师的建议》），美国心理学家、教育家波斯纳（R.Posner）甚至提出“经验+反思=成长”这一教师成长公式。反观教师行为，可知反思广泛存在于课堂教学、课堂听评、课堂观察、校本培训、校本科研、教育叙事等教育教学活动和科研活动中。

反思如此重要，具体而言，有哪些作用呢？

（一）反思是教师生成以实现专业发展的关键

反思是学有所成的关键。刘勰曾言：“积学以储宝，酌理以富才。”（《文心

① 赵明仁. 教学反思与教师专业发展——新课程改革中的案例研究［M］. 北京：北京师范大学出版社，2009：58.

雕龙·神思》）要富有才能，就必须“酌理”，而自我斟酌本身就是反思。教师博览群书固然好，但如果不学会反思，纵然所记甚多，也只是处于“积学”阶段。所积累之“学”虽是增长才能的必要之“宝”，但还是“死知识”。“死知识”与“才”之间离不开“酌”这一环节——以“酌”促进知识的内化，进而以“用”促进知识向能力的转化。况且，书中前人留下的“死知识”未必都正确无误，即使问世之初正确，但世易时移，在当下未必就颠扑不破。换言之，所积之“学”未必都是“宝”。如果“积学”有误，那学习又何谈有价值的生成呢？从这一意义上看，此时的反思也是批判性反思，有助于学习者在自主意识唤醒的状态下对内容进行深化理解，更有助于学习者去伪存真，远误趋正。

反思是重构、建构的条件。认知心理学研究表明，新、老教师在相同教学活动中有关教学的现象或事实、原理、经验的组织有明显差异，其原因之一在于反思意识的强烈与否。也就是说，知识的良好建构离不开反思。正因为如此，建构主义认为“反省”或“反思”是建构的条件，是新旧知识联系的催化剂。所积之“学”体系欠当，更需要学习者“酌理”后重构。西方所推崇的“反思性建构”是创造性学习的体现，体现了思与创的结合，是对维持性学习的反叛和颠覆，也是获得新知的必要途径。

教师更需反思。舍恩将反思作为教师专长形成的重要途径，认为教师应该是反思的实践者。在教育教学实践中，教师注重反思，会真正“储宝”“富才”，为科研打下坚实的基础，从而获得专业上的长足发展。有学者提出“教学+反思=成长”，其道理与波斯纳“经验+反思=教师的成长”、林崇德“教育过程+反思=优秀教师”的教师成长公式并无二致。

（二）反思是自我解构、重构和自我干预的决定性条件

对外部的认知、自我的丰富需要反思，对自我的认知同样需要反思。

反思行为会促成自我干预。如前所述，在教师生涯阶段论学者休伯曼所构建的“教师生涯发展模型”中，教师在“试验与再评估期”内容易出现“中年危机”，会因自我怀疑、教师职业角色模糊而趋于保守，甚而出现严重的职业倦怠。怎么办？积极反思，追本溯源或解构自我，进行教训的梳理或进行“经验总结或整合”，重新评估自己，从而有所发现和生成。这样就能逐渐摆脱自我怀疑的阴影。教师生涯实现论学者斯蒂菲构建的“教师生涯发展模型”中，教师“更新”自我以实现“成长”的推动性力量同样是“反思”。

连片特困地区高中中年教师面对中年困境时，是走向“创生”还是“停滞”乃至落伍，这固然需要外部环境的优化和外部干预，但更离不开自我反思。将反思作为自我干预的重要手段，不断“总结和整合”，不断生成，才能重拾自信，化“危”为“机”，从困惑走向超越。

反思行为会促成自我重构。任何一个人的认知都难免出现纰缪，其认知体系都难免有缺失。缺乏反思，自我错误得不到发现、纠正，自我得不到发展，而且会以误传误，贻误他人。前人痛改前非、改弦易辙，离不开面壁思过。“思过”即为反思，这是符合否定之否定的哲学辩证法规律的。尔巴兹认为教师实践性知识的获得，离不开教师在实践情境中的比较、观察、判断、改造、反思。教师比较、观察、判断、改造、反思，实际上就是反思的过程。比较、观察是反思意识支配下的行为，其中，判断是反思后的决断，改造是反思后的纠偏行为，而反思又是对反思结果——“改造”后成果的二度反思。可见，自我认知的完善离不开反思和不断的反思。难怪格里菲斯、坦恩会将“理论重建”作为“反思”中除了“快速反思”“修正”“回顾”“研究”之外的第五个维度。古人所谓“知耻而后勇”，“知耻”就是反思时自我重估的反应和结果，是对旧我的扬弃；“后勇”是反思成熟后的行为，而行为与此前的反思之间必然存在自我的重构。有了反思时的自我解构和重构，教师才可能运用“理论重建”的成果去实施反思性教学，才能达到孙春成所谓的“追求教学实践的合理性”这一目标。

无论是自我解构、重构还是自我干预，都会因有所得而拥有专业生长的前提。需要指出的是，自我解构、重构、完善有时需要外部干预，但外因只是条件，内因才是根本。因此，高中中年教师应有反思的自觉，让反思成为生活的需要，让反思催生自我成长的风景。

（三）提高反思意识和能力是教师合作的策略

教师需要反思，需要积极的反思。陶晓丽认为，合作需要教师既要积极地反思自身的教学行为，也要反思他人的教学。反思自身，明白得失、长短；反思他人，取他山之玉，或以他人为镜鉴以映照自身。教研贵在分享，贵在成全，需要通过分享自我反思成果以促进他人成长，因此教师应该在合作中反思，在反思中合作。

反思代表着教师合作的诚意和责任。无论反思自身还是反思他人，需要心血的付出。在教师合作之中，付出心血，无偿献出思考的成果，意味着诚意的怀揣和责任的担当。如果在合作中彼此经常缺乏反思成果，那么交流、共享便如空谈，合作便缺乏诚意和责任。这样的合作是松散的，难有成果的，合作也难以久长。套用吴国平所说“教育贵在成全”一语，合作贵在反思。

反思代表教师合作的智慧和力量。无论是课堂观察合作还是其他合作形式，本是通过互助达成取长补短、智慧优化的行为。教师合作体深入反思，合作便有智慧成果的交流、共享，而且还因有所启发而拥有支撑共同成长的力量。如此，教师合作才因有存在的价值和继续存在的必要而不可或缺。相反，如果缺乏反思和反思能力，合作时没有智慧成果，教师合作体的存在不仅无益，反而因耽误时间而有害。

反思作为困惑中的探究、情境中的建构行为，能增强教师的专业自主性，促进教师的学理探讨和专业发展。正因为反思有如此作用，学者靳玉乐认为反思“开辟了教师继续教育的新途径”①，推动教师在专业发展之路上不断迈进。恩格斯曾说：“劳动创造了人本身。”反思也是一种智力劳动形态，将催生卓越教师。因此，连片特困地区高中中年教师要有自我反思的意识，让反思成为教学常态、学习常态，积极反思，为自己，也为他人，奉献自己的反思成果。

三、高中中年教师反思策略

连片特困地区高中中年教师反思意识普遍不强，变相失去了在教育教学实践中获得专业生成、发展的不少良机，这是教师自身的损失，也是连片特困地区教育的损失。因此，增强反思意识，明确反思策略，提高反思能力，实为当务之急。

不过，反思理论虽多，但主要涉及反思的分类、过程、水平、能力及其培养、倾向、方法或路径，而以哈顿、史密斯的提高反思水平四策略论，罗斯的反思实践十三策略，斯蒂芬·D. 布鲁克菲尔德的培养教师反思能力四途径论为代表的教师反思策略理论，或略显粗疏，或失于琐屑。为此，我们提出如下反思策略：

（一）有序反思策略

有序反思策略指教师根据自身能力、素养等实际情况，从基础性问题入手，渐次提高反思难度的策略。能力、素养高的教师反思时，问题难度系数也由较高到高甚至极高。遵循这一策略，目的是保证每次反思都有所生成。

连片特困地区高中中年教师反思能力普遍偏低，因此深层次、高难度的反思宜在反思能力得到明显提升后进行。高中中年教师因种种原因，教育教学的知能存在短板，而这些短板又难以一时补齐，存在轻重缓急的问题，因此反思不能全面辐射，遍地开花。

1. 由浅入深

反思是一种行为，也是由具体经验、观察分析、抽象的重新概括到积极的验证的过程。这一过程告诉我们：反思应从具体经验入手。此处的“经验”指教师所经历的即时情境和即时情境中的体验。连片特困地区高中中年教师专业上普遍“钝化”，成熟的经验累积不够，因此反思时适宜从浅层次的体验甚至教育教学中有关得失的片段入手。换言之，由浅处入手，逐渐反思深层次问题。此处的“浅”，即教育教学行动及行动体验。舍恩提出“行动中对行动的反思”，就包含“对行动的反思”“行动中反思”两层意思。

---

① 靳玉乐. 教学反思［M］. 成都：四川教育出版社，2016：38.

反思是一种意识，也是一种行动，即研究或行动研究。它涉及观察、谈话、测验、调查问卷、查阅文献等，旨在解决行动中难以解决的问题，表现出为行动而研究、在行动中研究、由行动者研究的特征。这一方法也叫行动研究法，最早由杜威提出，1949年由哥伦比亚大学学者史蒂芬·考瑞（S. Corey）引入教育教学之中。

2. 由易到难

哈顿、史密斯从提高反思水平的角度，提出了描述作品、描述反思、对话反思、批判反思四种策略，尽管前三种更多地属于路径或举措，但它启示我们：反思的意识和能力未必人人都有；反思的水平有高低之分，也未必人人都高。因此反思时，应由简单到复杂。

一般而言，深层次问题较浅层次问题反思难度大，但也有浅层次问题反思难度大的情况。所谓的难易，每个人并不完全相同，不可一概而论。他人简单的，于自己而言如果难，可略置于后予以反思。

3. 由急到缓

连片特困地区高中中年教师存在的问题相对较多，远不是校本培训、科研培训、课堂听评、课堂观察等一时就能解决的。怎么办？分清缓急。涉及课堂教学能否顺利、精彩地进行的问题，就是中年教师迫切需要解决的问题，是为“急”，其他为“缓”。

中年教师具体有哪些“急”呢？有降低或消除职业倦怠感、独立备课、课堂建构、上课、命题、评改等问题，这直接关系到中年教师能否立足与提高学生满意度，也是能否实现专业发展的基础和前提。反思时，应将这方面的现象、问题、体验作为首要的反思对象。至于课堂文化建设、科研等，虽是重要问题，但前面的问题若得不到有效反思，得不到解决和很好的解决，课堂文化建设、科研等则无从说起。因此，课堂文化建设、科研等可以暂缓一步。

（二）多维反思策略

多维反思策略指教师坚持从多个维度反思的策略。

斯蒂芬·D. 布鲁克菲尔德曾提出自传式反思、从学生眼中认识自己、与同事合作、理论的视角等反思良策。当前反思主要存在学术取向、社会效能取向、发展主义价值取向、社会重构主义价值取向、一般反思性取向。尽管这些观点、取向更多属于反思的途径或价值倾向，但能启示我们，反思存在不同的维度和视角，为获取多种智慧成果，我们还应遵循多维反思策略。

课堂反思的维度有哪些呢？

1. 课堂

课程目标的认识与课堂目标的确立是否恰当，环节与目标关系是否紧密，内容的正误与多少，实施的方法、情境创设是否恰当，学科本质或特色是否彰显，资源的运用恰当与否与新资源能否生成，都是反思的内容。这直接关系到课堂建构及其质量。

2. 教师

知识有无错误或疏漏，讲解是否有效，板书是否科学，是否体现评价，言语动作是否得体，对话的目的性、得体程度是否合适，处理是否科学，是否有学法指导，指导方式是否多样而恰当，课堂机智如何，都属于教师维度中的反思视角。这都关系到教师即时教育教学行为中专业能否得到有效发展。

3. 学生

课前准备情况如何，倾听、互动是否到位，自主是否有序有效且持久，目标是否达成，学生是否得到发展，都属于学生维度中的反思视角。这些可以反映行为视域中教师关注学生的意识和信念等状况。

4. 文化

汉德与莱沃斯曾提出反思中的“伦理思考”，崔允漷将课堂文化作为课堂观察的维度，都体现了他们对学生发展的关注和教育人本观。其实，这也是反思的重要维度，其视角包括思考的氛围、质量，民主对话情况，互动中的创新性生成情况，课堂的和谐度，课堂的品质和风格。

加拿大教育家范梅南不是从反思的维度考虑，而是从反思水平的角度提出了“技术合理性水平”“实用行动水平”“批判反思水平”理论，并认为能够整合道德、伦理标准的反思才达到“批判反思水平”。我们认为，“伦理思考”主要是批判反思的角度或着力点，而不是提高或彰显反思水平的条件，而从纯技术、行动的视角，也可洞见“批判反思水平”的程度：只有自觉坚持多维反思，不断提高反思能力，才能达到“批判反思水平”。

不惟课堂反思有这些维度，其实对课堂之外的问题的反思也存在不同维度。学会从不同维度反思，会使教师看问题更全面，认识事物的方法更多，进而真正拥有智慧的大脑。不过，当中年教师的反思水平达到一定程度后，先前的部分短板已经得到补齐，此时反思就应有所侧重。

（三）理论反思策略

理论反思策略指教师在教育教学能力和反思能力到达较高程度之后，将理论维度对教育教学行为的反思作为常态的策略。理论本是“多维”之一“维”，理应成为教师，尤其是对新理论了解不多的高中中年教师反思的一“维”，需要促进行为问题思考的“再理论化”，将理论反思提升到策略的高度。

作为思想产品，先进的理论是实践的萃取和抽象，代表着思维的智慧和高度。连片特困地区高中中年教师也面临着红尘的诱惑，甚而为世俗的潮汐所裹挟，在人生观、道德观、伦理观、价值观上多有迷茫。因此，需要通过先进理论的引领，提升境界，拥有安身立命之魂；通过咀嚼先进理论，吮吸营养来提升人格品位。从理论的高度审视自己的教育教学行为，评判对学生的思想引领、价值引领是否有缺失，无形中也固化了自己内化先进的思想理论、价值理论的成果。这是走出职业倦怠阴影、增强教育感召力的根本。

作为教师，不但要以先进理论淬炼自己思想的纯度，还要以先进的教育教学理论武装自己，以拓展自己专业发展的空间。以理论为准绳，时时反思备课，反思上课等，将有利于拓宽视野，自主获取教改信息，从而修正、完善自己并不先进的学生观、教师观、教学观。同时，反思也有利于深入理解时代教育方针、新课程理念，有益于开辟思路，创新教学模式，提升教育教学品质。且看：

“飞流直下三千尺，疑是银河落九天”（一米为三尺），这句诗出自诗人李白的《望庐山瀑布》。瀑布如果从此陡峭山顶静止落下，则瀑布的水落到山底的时间可能正确的是（　）。

A. 5s　　B. 10s　　C. 15s　　D. 30s

高中中年教师第一次见到此类试题，无疑会感到困惑：古诗文怎么进入物理领域？其实，此时只要联系新课程改革理论和培养“全面发展的人”这一总目标，就不难理解命制此题的用意。这道题以古诗为载体，考查对“自由落体运动”概念的理解，并借诗中蕴含的物理量，探求落到山底的时间，从而培养学生物理学科中“物理观念与应用”“科学探究与交流”等方面的核心素养。这就是反思中的发现。理论反思令教师深知自己学科教学理论的不足，会自觉地部分改变先前的教学观。

理论反思策略有利于中年教师形成亲近先进理论的习惯和理论自觉。韦纳的归因理论是一种动机理论，其内涵是判断和解释他人或自己的行为结果的原因。如果在反思时条件性地联想到这一理论，教师就会自觉探求原因，寻求教学的问题和学生的短板，从而将反思引向深入，逐渐提高自身素养，并为教育科研奠定坚实的基础。

理论反思所体现的是理论自觉，而理论自觉是特别重要的学习自觉。换言之，时时遵循理论反思策略的教师，将时时处于学习之中，也时时行进于专业发展的路上。

（四）批判反思策略

批判反思策略指教师通过深层次反思，以实现对教育教学行为的进一步理解和判断的策略。批判反思也叫批判性反思，它不属于解释学（诠释学）范畴，不是通过回顾教育教学行为而做出解释，而是批判，即在理解的基础上辩证地肯定或否定。于国人而言，这一策略非常重要。华夏威权政治存在的历史漫长，使众多个体奴性意识根深蒂固，因而国人多秉承顺应、适应的世俗哲学，缺乏反思的意识、批判的勇气，尤其是反思批判权势、权威的意识和勇气。即便偶有不合“时宜”的独见，其光彩也暗淡于权势的黑幕下，湮没于权威的光环中。长此下去，国人惯于接受，缺乏反思、批判还自然地折射出思维的惰性。例如，诸多权威解读《前赤壁赋》，均认为苏轼在体悟人生真谛之前充满着失意。此说流布甚广，无人质疑。而如果进行多维批判，就会发现苏轼根本“无悲”。[①]由此冰山，国人批判反思的缺失可见一斑。

黑格尔将“反思”看作把握发展的一个辩证概念，认为反思的层次有三：“建立的反思”“外在的反思”“进行规定的反思”。对于认识本质而言，“建立的反思”还停留于抽象的自身同一层次，还处于初级本质阶段；“外在的反思”进了一层，达到把握区别与对立，但因反思者只是观察者、比较者而没有达到纯粹思维层次；“进行规定的反思”层次最高，从联系上把握对立面的统一。黑格尔在认识反思上实现了飞跃：反思不仅是一种行为，也是一种过程；反思时既要批判自我，还要批判他人。黑格尔对反思的理解足以说明：教师在批判反思时，对象可以是自己的教育教学行为，也可以是他人的教育教学行为。

为加深理解，试举在清华培训时系列日记中评价钱志亮先生一例（见第三章附录中《北行书草》）。

此语段为作者对钱志亮讲座的批判性反思。钱志亮是教育部“国培计划”专家库首批专家、著名学者，自然站高望远，所作讲座“教育的逻辑起点——人性善与恶的视角”振聋发聩。“然窃以为有虑大不周之处”以上及下段末两句为理解、判断、态度，之后至“远不及无善无恶之时”亦为理解、判断——部分地否定。这里的肯定、否定，都是批判反思的成果。若思考众人只知叫好的表现，认为不可盲从权威，这也是批判反思，且是此前批判反思的继续、延伸、深化。

批判反思是一种重要的反思模式和方法，它的对立面是盲目、盲从。批判反思方

① 张锋. 苏子泛舟赤壁无悲论——《前赤壁赋》解读补正［J］. 中学语文教学参考，2016（27）：35-37.

式极有利于反思者深化理解，科学择取。美国学者瓦利从反思能力培养的角度提出五种模式，将其中“批判性反思模式”作为最高能力层级的模式。可见，高中中年教师在反思中应将批判反思作为提高反思能力的追求目标。

（五）合作反思策略

合作反思策略指教师以两人或多人合作的方式，共同反思合作方或他人的教育教学行为，或相互将对方作为反思对象，以利于各自取长补短，共同实现专业发展的策略。这一策略广泛适用于各种“教学合作体”“研学合作体”“校本培训合作体”“科研合作体”。

合作反思，尽管以个体反思为基础，但具有个人反思所不及的作用。

1. 促进自我认知

个体反思的深度、广度、高度毕竟有限，因为个体即便有独特的观察视角、丰富的知识经验、较高的专业发展水平，也往往会虑大不周，甚而“差之毫厘，谬以千里”，更遑论自身素养不高的个体。“三个臭皮匠，赛过诸葛亮”就是这一道理。况且，闭门常思己过，有时也会不明“过”在何处，因为“不识庐山真面目，只缘身在此山中”，自我经验有时会遮蔽缺失，掩盖真相，不利于认知抵达本质。而合作体的智慧更有利于全面、深入地审视某教育教学行为。北京第二外国语学院附属中学提倡“做精准的专业教师”，每年高考后组织高三任课教师参加的“高考复盘”活动，就是合作反思的典例。

2. 突破思维定式

反思的个体在长期的思维活动中往往存在“路径依赖”现象，这是思维定式作祟的结果。连片特困地区高中中年教师因缺少新观念的“刺激”，思维定式尤其明显。而反思合作体成员间的思维方式、思维品质都有差异，在多元思维的碰撞中，无疑为高中中年教师个体提供了思维参照。长期合作反思，有利于他们修正自己的思维模式和心智模式，有利于思维形成开放、灵动的特质，从而有利于良好思维方法、学习方法的生成，最终有利于认知、理解、学习。

3. 推动自我践行

高中中年教师反思意识普遍不强，更缺乏实践自觉。反思合作体的智慧值得珍惜，它往往会促进中年教师践行，从而在实践中增强解决问题的能力，推动专业发展。

例如，高中英语中有涉及Appreciation of Chinese and Western art（中西艺术欣赏）的内容，许多中年教师视之为畏途，特别是Chinese and Western painting（中西绘画），则干脆回避。请看下面四幅画的相关内容：

第一幅是传统的工笔画，以盛开的桃花和其上正张开翅膀掠飞的鸟结构全图。花鸟均用细腻的线条勾勒而成，主要以形似制胜（类似于西方写实主义绘画），当然也追求传神，表达对春日的喜爱。第二幅为传统的写意画（非大写意），以一前一后两匹飞驰的马结构全图。既有线条勾勒，又有皴染之笔，形神兼备，但主要以写意传神至胜，表达傲岸不羁的豪情。两幅图画的相同之处在于均可借形似来达意。第三幅是Ana bstract work of art，即抽象艺术作品（源于西方现代派艺术），以线条为绘画元素，以凌乱无序的线条所构成的球团状物为主体，且有少数曲弯线条逸出。这迥异于东方绘画传统，不求形似何物。画家将关注的重心放于内在的情绪情感，以抽象的绘画元素（紊乱的线条）含蓄乃至晦涩地表达后现代时空中人们内心的纷乱、焦灼和对现实的忧虑。第四幅画为传统水墨画，将山峦、房屋屋顶化为墨块，以简约的线条勾勒草木、房屋墙壁的轮廓，有或浓或淡的墨染和丹青。它介于中西两类绘画之间，既有东方艺术的形似、神似，又不乏西方现代派艺术中实物的抽象，反映出对中西艺术的融通，表达了对秀美、明丽的江南水乡的热爱。

不少中年教师看见类似的题材，往往采取排斥的态度。为何不反思自身的不足？为何不通过合作反思来解决自我反思不能解决的问题？有时，如果学科内部的合作反思难以奏效，还可进行临时性的跨学科合作反思，如上文事例，中年英语教师除了与本学科教师合作反思外，还可与美术、语文教师合作。英语教学中还会遇到诸如西方古典音乐、现代摇滚、NBA文化等跨文化问题，高中中年英语教师完全可以与音乐教师、体育教师进行合作反思。须知，“他山之石，可以攻玉”，诚为合作反思的真谛。

（六）转化反思策略

转化反思策略指将反思成果转化为文字以利于进一步反思的策略。这一策略具有特别重要的意义。

1. 文字表达是深化反思的形式

尽管“语言是思想的外壳”（马克思），是思想的直接现实，但文字表达在斟酌、整理语言的同时，也在斟酌、整理思想。从这一意义上说，文字表达本身也是思维积极参与的活动。正因为有思维的参与，文字表达就不仅仅是反思成果的整理和固化，还是整理过程中纠偏、完善和新发现的呈现。

因此，文字表达在转化反思成果的同时，也完成了反思的深化和完善。在反思之后还坚持表达反思的教师，其反思成果较不愿进行文字表达的教师更显得丰富。

2. 文字表达是再反思的重要基础

反思转化为文字表达材料后，此时的文字就不再是缄默知识，而是经验的显性化，即显性知识，甚而是与一定理论相关联的智慧成果。当然，个中不免瑕疵，但为进一步反思做了准备，意味着更高意义层面的反思成果将会问世。

名师因“明”而有成，进而“名”，是因为名师首先是反思的践行者、坚持者。将反思不断转化为文字，不仅为再反思提供了基础，还会使教师养成反思的习惯。将反思作为生活的一部分，从而时时处于“明”的状态，最终成为智慧型教师。

3. 文字表达是科研素材和智慧的累积

反思的成果是智慧的经验、经验的智慧，但往往灵光一现，不久便消失得了无痕迹。因此，不断将反思转化为文字，无异于存储、累积智慧。

高中中年教师所从事的教育教学科研多是行动研究。教师的行动研究成果自然多为经验性的成果，但如果借助于先前行动反思后的文字表达，那么科研的时间缩短，而且科研更有智慧的闪光。余映潮、于漪等专家型教师、教育家无不如此铸炼而成。

由此看来，文字表达是践行反思、形成反思习惯，从而实现专业自我发展的途径。当前，转化反思的文字表达有反思日记、档案袋创建（记录专业成长过程，有利于累积经验，存储智慧，其写作、整理、阅读的主体是教师本人）等物化形式。我们认为，对围绕备课、上课、辅导、改卷等环节的反思，可采用“教学行为反思录”（样表见附录）的形式。它既有精要的反思记录，便于他日（靳玉乐所谓“对行动中反思的反思”）科研时回顾、取用素材，也有片言点批和提炼，利于科研时顺利地再提炼，而且可将反思序列化，还有专业成长档案之功。

其实，无论采用什么形式都不重要。学者王陆、张敏霞提出的由“教学日志法”“角色模型法”“教学审计技术”“同伴观察技术”重组所形成的四种反思方法（实为反思形式）都各有利弊。关于反思形式，重要的是适合，因为适合才是上帝。在教师成长范式从接受向探究转移的今天，连片特困地区高中中年教师若能真正理解反思的意义、路径，遵循反思的策略，择取适合自己的转化形式，必将有利于自觉反思。如此，在专业发展上，就能以自我意识（而不是标准化知识）改变认知、情感，完成由课堂教师向课堂专家、实践促进者、理论创生者的角色转变，最终获得专业发展。

以上反思策略可综合实施。为了促进教师反思自觉，连片特困地区高中学校也要有所作为。在赵明仁看来，领导风格、绩效责任、发展空间、发展战略、教学理念、时间安排、交往社群等都是学校场域中影响教师反思的因素。而教师专业态度、改革动机、教学信念、探究能力所构成的教师习性与来自学校的良好促进因素相遇时，才会形成“反思地带”[①]。例如，学校拿出部分资金，每年遴选优秀的“教学行为反思”或相关论文结集，并对作者予以一定奖励，在绩效评价时加分，是能够促进教师积极反思的。总之，“教学反思是教师和学校层面多因素互动的结果”。

① 赵明仁. 教学反思与教师专业发展［M］. 北京：北京师范大学出版社，2009：201.

附：

教学行为反思录

<table>
<tr><td>教师</td><td>熊建</td><td>时间</td><td>2020年2月21日</td><td>编号</td><td>47</td><td rowspan="2">自我点批</td></tr>
<tr><td>对象</td><td colspan="5">高一“经济生活”专题复习</td></tr>
<tr><td>背景</td><td colspan="5">今年年初，我国爆发了新冠病毒疫情，各行各业都受到不同程度的影响，全国各省市各类学校都延迟开学。按教育部和重庆市教委“停课不停学”的指示，我校结合实际，也制订了相关方案，我在高一上了四节《经济生活》复习课。（自己教学）</td><td></td></tr>
<tr><td>内容描述
+
诠释分析</td><td colspan="5">【要点】
本次上复习课。我主要从社会再生产四个环节入手，以专题形式进行复习。同学们听课热情一直高涨，交流互动很多，还不停地点赞，令我颇为欣慰。这不禁令我思考：学生点赞或者说复习课成功的原因何在？
识别问题
其一，设计。以习近平总书记提出的“八个统一”为魂，以打好新冠病毒疫情防控阻击战为素材，灵活关联“经济生活”知能点，如此构思，当为成功的首要原因。
突出强调政治立场的显著重要性，可帮助学生确立正确的政治认同。我将很多与打赢新冠病毒疫情防控阻击战相关的新闻、时事、案例融入课堂中，学生感觉很新颖亲切。这既符合学生的个性发展水平，又较好地达成了知识统一性的教学目标。学生既深深感受到人民在习近平总书记心中崇高的位置，又充分感受到我国社会主义市场经济体制的独特优势；既看到我国国内进行疫情防控精诚团结，又看到向全世界进行通报的公开透明，这就是经济全球化时代，进入新时代的伟大中国。这些使学生在心中更加坚定地热爱祖国，并时刻将法治理念融入于心。
其二，方式方法。既有一定的理论讲解，又进行了“实践性”的议题教学。以我为主导，设置了简单、一般、复杂、具有挑战性的多种不同水平的情境问题，同时充分发挥学生的主体作用，在生生间充分讨论的基础上，师生间进一步交流互动，学生较轻松地掌握了相关知识，又提升了理性认识水平。我注重启发式教育，引导学生发现问题、分析问题、思考问题，在不断启发中让学生水到渠成地回顾相关知识并深化理解。
当然，这几节复习课，也还存在一些不足。例如，不能很娴熟地运用钉钉等现代网络技术，在一定程度上影响了课堂效率；对时政素材的迁移运用能力有待进一步提升。
识别问题</td><td>课型

核心＋载体（建构课堂）

人本化

课堂文化生态—未来地位

教学贵在生成与发展

教学，永远在路上</td></tr>
<tr><td>行动理论</td><td colspan="6">1.复习不是简单再现，而是有趣的智慧性重组。
2.精心建构课堂严谨而有艺术性的结构，是教学成功的先决条件。
3.互动等于为学生搭建思维积极、深入参与的平台。
——心得提炼</td></tr>
</table>

行为篇

遵循六原则，按照五阶段、三形式进行校本培训，因为它具有解决问题、提高水平、优化学科、促进发展的作用；搞好课堂听评与观察、专题研讨等主要校本常规教研，在创生中发展；遵循五原则，注意论文写作的“五化”、课题研究的“三阶段十句话”、校本教材编著的“四化”，注意科研制度建设在“四词”上的制度化、常态化，从而远离“伪科研”；推进以高中中年教师为主导的多形式“青蓝工程”项目；构建有边界理性、因合理而无限接近科学的高中中年教师绩效测评体系。此为高中中年教师专业发展的行为路径。

第八章
校本培训系统

如果说教师平时学习，无论自发状态还是自觉状态，都是一种需要，有时也是迫于压力而做出的无奈选择，那么，校本培训则是在外在力量的驱动、组织下，教师应该积极配合、参与的学习形式。

何谓培训？培者，垒土以增其厚也；训者，教诲是也，训练是也，解释是也。“培训”是以培训者解释、教导乃至适当训练的方式使受训者增长学养、才干的一种行为或方式。校本培训是以教育教学方针为指南，以学校为主体，以学校需求为中心，以本校教师为对象，旨在提高本校教师教育教学能力的学习行为和学习方式。连片特困地区高中学校对包括中年教师在内的广大教师开展的校本培训与前文中阅读、创新性学习都属于广义的学习行为，校本培训与后文的课堂评价观察和校本科研都属于教师专业发展的行为路径。至于进修、继续教育，属于校外培训。此章仅就校本培训进行阐述。

一、校本培训的背景与意义

20世纪80年代以来，终身学习理念深入人心，教育已经被广泛地视为国家竞争力的杠杆，各国的教育危机意识异常强烈。1983年，美国高质量教育委员会的报告《国家处于危险之中：教育改革势在必行》就在这一背景下出台。它甫一问世，便引起全球广泛关注。

在此背景之下，各国教师培训中心纷纷出现，教师上岗前与上岗后培训的方式、层次非常丰富。为了保证教师培训的落实，美国还出台《师资能力培养法》。我国也加大了教师培训的力度，教育部和财政部出台《中小学教师国家级培训计划》（简称“国培计划”），主要采用远程教育和高校培训两种方式，涉及国家政策、法规，课程理论、体例安排，学科知识，文化知识，案例分析等，于是“慕课”（大规模在线课程）纷纷出现；各地（省、市、县）在重视“国培”的基础上，还安排了诸多培训项目，如“未来名师工程”“卓越教师培训”“骨干教师培训”。“教师培训”成为时代热词，包括连片特困地区高中学校在内的各校纷纷采取相应举措，在“国培”“市培”“县培”之外，还依托校本培训，让本校、地方名师或延聘的外地名师、学者参与其中，内容涉及新课程理论、教材处理、教师素养提升、新教育技术的应用等。需要指出的是，尽管教育主管部门多将学校领导纳入国家、省、市、县培训体系中，但学校领导也可以成为校本培训的对象，一是因为不少领导兼有教师身份，二是因为这更有利于领导深入理解教育教学及其实际问题。不过，教师是校本培训的主要参与者。

尽管如火如荼的校本培训还有方式单一、层次偏低、培训与教育教学一体化程度不够等不足，但培训作为学校、领导、教师发展的福利，其重要意义不言而喻。美国认知心理学家、归因理论的提出者伯纳德·韦纳（B. Weiner）认为：“教育和培训将使人在成就方面发生激励变化并促进激励发展。”连片特困地区高中学校的校本培训若能落到实处，那么，对中年教师和其他教师、学校的发展，具有极其重要的作用：

其一，解决问题。连片特困地区高中学校的问题偏多，如教师素养偏低、中年教师的职业倦怠、教师专业发展的激励、新课程理念的理解、新课程的设置与处理、校本教材的编写、教育教学科研、教师绩效评估，都或多或少地存在问题。开展校本培训，具体落实，就能完全或在一定程度上解决相关问题，从而清除或减少学校发展的拦路虎和相关掣肘因素。

其二，提高水平。学校的管理水平不高，管理举措不科学、不配套，可以开展有关管理的专题培训，消除困惑，提出管理思路，建构切实可行的管理体系和激励机制。教师教育教学水平不高，可以开展课堂结构建构、知识讲座、能力素养专题、反思路径、科研方法等校本培训，进而内化，从而让领导、教师脱胎换骨。

其三，优化学科。学科建设是学校发展的重要课题，是集学科发展方向、课程开发、课堂建设、学科科研、学科人才梯队发展于一体的系统工程。如何建设学科？基础是学科教师队伍建设。而校本培训的对象就是若干学科教师。通过培训，教师更新观念，优化学习方式，提高教育教学能力，才能真正拥有良好的课堂生态[①]。此外，

---

① 课堂生态，指课堂在学生需求、欲望、意识得到高度关注，教学方法、手段与学生核心素养提升、个性化发展统一等方面所体现出来的健康情态。其内涵与“生态课堂”（能够使学生需求、欲望、意识得到高度关注，教学方法、手段与学生核心素养提升、个性化发展统一等的健康课堂）相同。

“校本教研有助于培养教师的课程意识，提高课程开发能力”[①]，从而有利于学科建设，如部编教材的优化、校本课程的开发。从这一意义上看，学者杨九俊所谓“教师即课程”一语中的。既如此，我们提出的“教师即学科”也无不实之处。

其四，促进发展。学校诸多问题的解决，领导管理能力的提高，教师科研能力与教育素养的提升，就一定能带来教育教学效益。连片特困地区高中学校逐渐进入良性循环轨道，校园软环境将得到极大的改善，这反过来又倒逼逐渐进入职业倦怠的高中中年教师回归到专业发展的路上，并带动青年教师成长，从而促进学校整体的持续发展。

通过科学的校本培训，众多高中学校的发展，必然带动连片特困地区教育的发展，诚可谓功德无量。

二、校本培训的原则

俗语云："没有规矩，无以成方圆。"校本培训也有自己的“规矩”，这就是校本培训的原则。不循原则，则校本培训易失于乱，易迷失方向，其系统化便是空谈，结果导致校本培训低效甚至无效。

连片特困地区高中学校开展校本培训，务必遵循以下原则。

（一）需求原则

校本培训应以学校需求为出发点。学校的需求是什么？其一，问题解决。学校管理问题、教育教学问题的解决是学校的基本需求，也是永恒的需求。其二，发展。任何培训都不可能从根本上彻底解决问题，一劳永逸，眼前问题解决后，还会有新问题出现。在问题的不断困扰、不断解决中，领导、教师的素质就会得到提升，学校就会得到发展。如果说“教育的目标是使学生始终处于问题之中”（哈佛名言），那么，校本培训，则应使教师始终不断地摆脱问题而迎来问题。通过校本培训解决眼前问题，即“摆脱问题”；同时在发展中发现问题，即“迎来问题”。如此，才体现领导、教师的专业化发展。而发展，就是校本培训的根本需求或终极需求，也是目标。

不以需求为出发点的任何校本培训，都是不接地气的虚浮化行动和应景文章，因缺乏针对性而低效甚至无效。

① 教育部基础教育司，师范教育司．校本教研与教师专业发展［Z］．北京：高等教育出版社，2004：27.

（二）规范原则

韩非曾言："言无二贵，法不两适。"规范的"言""法"是治政的前提。培训需要规范，需要制度约束，使学校层面、教师层面都体现出"从心所欲而不逾矩"。否则，校本培训就有其名，初少其实而后无其实。因此，在开展校本培训前，学校要有规范的设计程序、计划、要求，甚至有相关合同。对于主持校本培训的本校部分教师，该支付酬劳的应理直气壮地支付，不要统统冠以"奉献"之名而让教师感到没得到应有的尊重。

此外，要搭建规范的平台，如"名师讲坛"，不能随意化。唯其如此，才能保证校本培训的质量。要保证培训的规范，就必须建立相应的制度。

（三）评估原则

评估，是培训的延伸和深化。任何校本培训都有普适性内容，也有个性化内容，都有价值大小之别。校本培训开展之前，要评估其意义、价值，以确定此培训是否开展或及时开展。之后，要及时进行评估，结合学校实际，以便合理性择取。有些培训利弊共存，若利大于弊，则"不以不善而废其善"（王安石）。若无评估，不具有普适性的培训内容会令教师"走弯路"，低价值的培训会耗费教师时间——也是资源浪费，从而部分地降低了校本培训的价值。而放弃虽有瑕疵却有重要价值的培训又令教师失去学习机会。从这一意义上看，评估是培训及其成果择取的重要保证。

（四）兼顾原则

校本培训于教师而言是福利，但毕竟需要时间，极易出现工学矛盾。校本培训所追求的，就是赫拉克利特所谓"有如调正弓弦和竖琴"的和谐——工与学的和谐。学校如果只是一厢情愿地顾及培训的初衷，而忽视连片特困地区高中学校教师，尤其是高中中年教师非常忙碌的实际情况，就会带来"促尔耕，勖尔植"（柳宗元《种树郭橐驼传》）式的"扰民"弊端，引发培训与教学的严重冲突，不仅会导致教师日渐抵触，培训内容得不到很好的落实，还会引发干群矛盾。

因此，学校安排校本培训，并非"韩信将兵，多多益善"。要充分考虑：对具有共性的校本培训，可以安排集中培训；对具有局部共性的，可安排分组（教研组或备课组、中年教师等）培训；对个性化强的培训内容，或者虽有共性，但近来教师特别忙，可借助校园局域网等安排独立培训。

（五）落实原则

校本培训只是学习方式之一，没有落实，校本培训就会流于形式，培训的内容也得不到内化、实践。因此，要提倡"笃行之"（《礼记》），践行研训一体、训教一体的思路，并因地制宜地出台相关的考核办法，如教师培训后的文章、精要感言的搜集，教育教学过程的督查，以保证培训内容的内化、实践，外化培训的价值。

当然，需要普遍性落实的内容，必须是经过教科室评估且认为有价值的理论或方案。至于教师个体，也需经过自我评估，才能择取有价值的个性化的内容。不过，像这种落实，需要时间，需要过程。学校不可急于求成，也不要安排过多。

（六）持久原则

高中中年教师和其他教师的专业化发展没有尽头（除了退休），这就意味着校本培训不是一时的风景，不能“一日曝之，十日寒之”（孟子），杜绝“行百里者半九十”（《战国策·秦策》）的现象，学校应有长效机制来保证校本培训的运行，令其长期化、常态化。例如，制定三年或五年教师校本培训规划，安排培训人员，确立多样化的培训形式，筹划资金，切忌一时兴起临时安排，更忌盲目跟风，因为各地实情有异，高中学校各自的校情有别。

以上六原则缺一不可，但一定要立足于需求。遵循需求原则是前提，遵循规范原则是培训质量的保障，遵循评估原则是择用的保障，遵循兼顾原则是培训质量的保障，遵循落实原则是培训及其内容转化有效性的保障，遵循持久原则是培训长效的保障。这六原则是校本培训必须遵循的原则，自然而然，针对连片特困地区高中中年教师的校本培训也不例外。

关于需求，有必要特意提及。《论语·卫灵公》有云：“君子谋道不谋食。”我们以为，学校既要谋“道”，更要谋“食”。什么是连片特困地区高中学校的“道”与“食”？学校的科学化管理，教育、教师的精神品质，就是学校所“谋”之道，校本培训开展之初应加大这方面的培训力度，以尽快促成教师道德自觉、专业自我。基于即时情境中的问题，如课堂建构、反思、评估、科研，就是学校所“谋”之“食”，在后续培训中要加大这方面培训的力度。这样安排，并不意味着“道”就一定重于“食”，只是要说明，“道”是“食”的基础和前提，校本培训应有逻辑顺序，应有科学规划，优先考虑“谋道”，但重在“谋食”。

三、校本培训的操作体系

体系决定差异，校本培训亦然。连片特困地区多所高中学校的校本培训都有零散化的不足，这不利于校本培训的健康发展。

(一)模型

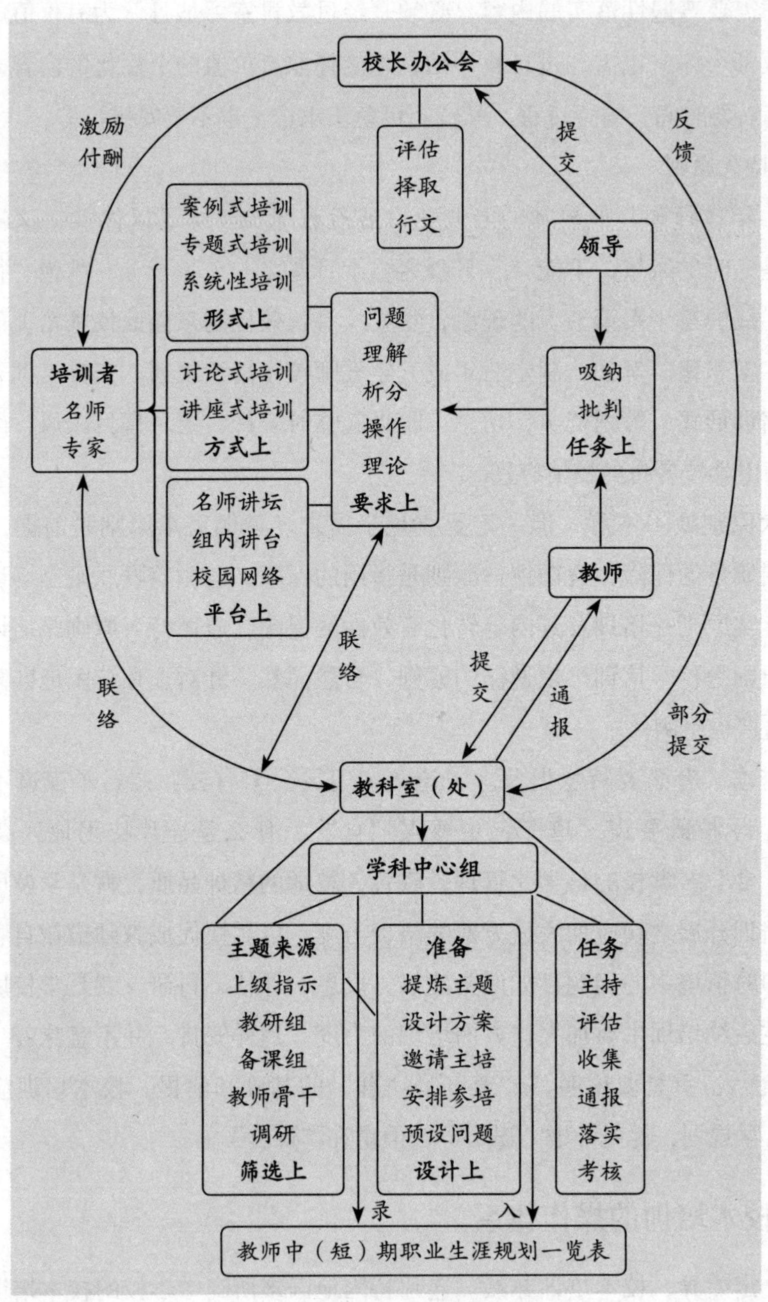

图8-1　校本培训模型

从图8-1校本培训模型可知：校长办公会是校本培训最高决策机构，即决策层；教科室是培训的核心机构，承担校本培训设计、督导的主要任务，即管理层，兼部分执行功能；学科中心组直接负责相关设计，即执行层。校内外名师、专家是培训者；教师是培训对象和培训项目的重要建议者。

尤其是教科室，其作用不可忽视。从某种角度而论，它是校本培训、校本常规教研、校本科研策略的研究者、计划的制定者、项目的执行者。连片特困地区不少高中学校都设有教科室（部分学校名为教科处，部分学校将教科室作为教务处领导下的分支机构），但多赋予其上传下达的事务性功能，因而人员少，且能力结构与教育科研匹配度低，致使校本培训、校本常规教研、校本科研层次普遍偏低，甚至处于自流状态。这突显出对教科室功能不明的现实问题。如果说教务处是日常教育教学的服务机构和管理机构，那么，教科室则是研究教师专业发展、学生成长、教育教学中突出问题的解决、校本课程的开发、测评体系的建构等方面的问题的学术机构和相关初案的出台机构和管理机构。这些问题是关系学校生存、发展的命脉。从这一意义上看，教科室的意义重大，关系着教师、学校的品质和未来。因此，连片特困地区高中学校应变革约束型组织文化，适当调整管理结构，以常规教研、科研精英充实教科室，建立起有机适应型科研组织结构①，引导“群体学习与合作文化”②的形成，使之在教师、学校的发展、品质提升上发挥应有的主导性作用。

（二）阶段

就某次校本培训而言，教科室工作的开展一般可分为以下五个阶段。

1. 准备阶段

准备阶段的主要任务是提炼、确定培训主题。主题除来自上级指示外，还来自从教研组、备课组、教师骨干处的收集和日常调研。这类似于教师绩效评价体系调整过程中的“响应式聚焦”，也体现了对需求原则的遵循。收集的主题可能很多，需要评估、甄别和筛选；有的可能琐碎，但只要有明显的价值，就应将若干有联系的小点组合成专题，甚至将某小点体系化。

2. 设计阶段

设计阶段的主要任务是设计培训方案。在提炼、筛选的主题统领之下，确立培训形式、方式、平台，确定主培人（讨论式培训时为答疑人）、参培人的范围、提问人，预设问题，规划成果呈现方式和教师推行方式。设计出样稿后，联络培训人（名师或专家），并就培训主题、要求进行交流。在培训人认可后，再将其姓名填入样稿中，并签订相关合同，设计才算完成。设计中，万万不可漏掉交流互动环节，因为互动最能调动受训教师思维，并使之积极参与。而思维参与，一是教师内化受训内容的必要条件；二是校本培训深化的渠道；三是培训与教育教学实际有效接轨，增强培训针对性的关键。

---

① 邵水潮. 组织文化变革与校本教研［R］. 郑州：大象出版社，2018：36-39.

② 胡庆芳，陈向青，徐谊，等. 校本教研制度创新［M］. 北京：教育科学出版社，2007：29.

3. 主持阶段

主持阶段的主要任务是保证培训过程顺利。教科室领导做主持人（也可根据培训范围另定他人），做好培训者与参培教师间的互动工作，最后总结，提出要求教师消化、反思的内容并予以督查。“要求”不可少，它可以促进教师通过批判性学习内化受训内容，从而在专业发展中让培训化为教育教学的“生产力”。否则，极易出现一“听”即了、一了百了的培训结果。

4. 评估阶段

评估阶段的主要任务是形成评估方案。其一，收集、整理参训教师的理性认识材料或批判性文章，评估其价值，择取有价值的成果，注明其作者的姓名（作年底考核加分依据）。尤其要注意评估高中中年教师的成果，及时肯定，还要及时指出问题。其二，分析、评估此次校本培训的内容并进行择取，连同参训教师成果形成通告（纸质或电子文稿），及时反馈于参培教师。对重大校本培训所形成的重大成果，在通告材料基础上附上推广要点，然后提交校长办公会讨论是否能实施。对一般性的校本培训，只需在第三阶段总结时予以强调，提出要求。

5. 落实阶段

落实阶段的主要任务是督促。在备课组、教研组的配合下，检查重大培训成果在教学、科研上是否得到推广。在落实后期，还应对推广的效度进行评估，并将评估结果细化到教师绩效测评体系之中。

（三）关键

校本培训的个例如此操作。“凡事预则立，不预则废。”校本培训需要未雨绸缪，三年或五年等较长时期的校本培训规划如何制定呢？在遵循校本培训六原则的前提下，要突出以下关键词。

1. 缓急

对于连片特困地区高中中年教师而言，最急迫的是消除职业倦怠及促进专业再发展，因此，关于这类专题培训应在时间上靠前。对于青年教师而言，最急迫的是教学环节的安排、课堂组织、师生沟通等，因此，课堂建构等专题培训宜早做安排……凡是最紧迫的，就优先安排。这与有序反思策略中“由急到缓”同理。

当两个或多个培训因校本培训在一定时期内不宜过多而在时间上相冲突时，不妨分析彼此联系，权衡缓急，再作调整。如前面所举例子，如果学校青年教师剧增，可能会带来大面积的教学问题，此为“急”，则优先安排培训。如果青年教师增加量不大，可以备课组、教研组、中年教师骨干为单位进行小范围培训。

2. 轻重

教育部等出台的新政策、高考的改革或改良等，直接关系到学校教育教学和学校发展，是重中之重；教师的教育教学观念与能力、科研能力、教师学科素养与综合素养，同样关系到学校的发展，是重中之重。因此，这类培训应优先考虑。关于高中中年教师观念的问题，这不仅涉及道德、价值信念，还涉及教学观念，如民主课堂中师生地位问题，高分低能现象所暴露的核心素养意识不浓、培养无方问题，教师主导下的提问艺术问题。

关于提问，不妨饶舌几句。“其钓语合事，得人实也。其犹张置网而取兽也，多张其会而司之……常持其网驱之”[①]（《鬼谷子·反应》）本用于与人交往、辩论，也适用于提问。“网”喻教师所提问题，“兽”喻学生，“会”（聚集处）喻重难点，持网驱兽喻教师在重难点处多设问，引导学生积极思维，教师就会达成教学目标，如持网者“取兽”。当然，系列设问时要讲逻辑，不然，“兽”不敢入“网”。诸如此类问题，也应成为培训之“重”。

其余相对次要或比较次要的培训，或延后，或变换方式。

3. 多样

校本培训形式、方式要有新意，不能总是“老面孔”。教师对讲座式培训习以为常，何尝不可根据培训内容，安排讨论式培训？这样，让教师深度参与培训，在培训中闪现智慧的火花，纠正自己的谬误。当然，多样也体现在培训规模上，不能不管培训内容（如学科、学科中某问题）是否具有普适性，都一律规划成大规模的校本培训活动，而要根据培训内容和校情，或大或小。例如，围绕某教师教案中的“体育课活动更改示意图”，就可以进行一次专项小培训，所图8-2所示。

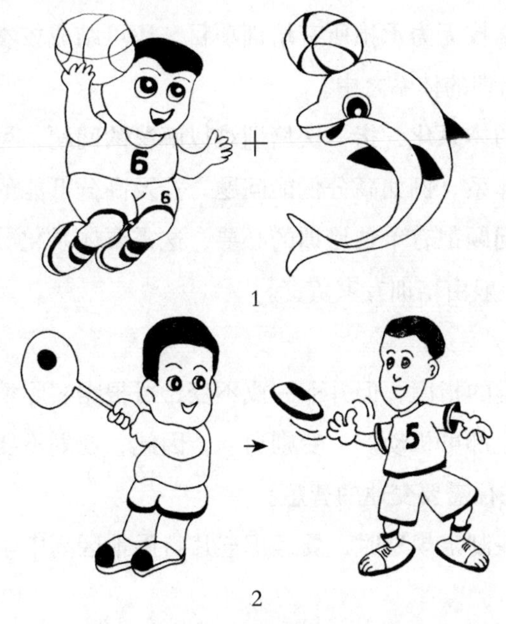

图8-2 “体育课活动更改示意图”（杨贵友绘制）

① 鬼谷子. 鬼谷子［M］. 陈默，译注. 长春：吉林美术出版社，2015：73.

图8-2组图1中，左为篮球运动项目，右为篮球娱乐项目，表明体育课同一时段内有两个项目，体现了教师根据学生不同特点所做的调整和对新课程“尊重需求”理念的践行；组图2中，左为相对危险的链球运动项目，右为掷极限飞盘娱乐项目，表明某时段内以掷极限飞盘娱乐项目取代链球运动项目，体现了“健康”理念。两组图都体现了教师通过身体练习这一手段来达成教学目标和践行《普通高中体育课程标准》（新修订），体现了对选项教学组织模式的积极探索。培训者完全可借助此类实例，组织小规模、小专题培训，甚至在微信群、QQ群、钉钉群中提出这一培训内容，让教师思考其中原因后交流，从而达到新课程理念培训的部分目的。

4. 适量

凡物皆有度，《易传》所谓“日中则昃，月盈则食”、《老子》所谓“反者道之动”即为此意，所以“‘毋太过’历来是两家的格言”[①]。校本培训不是越多越好。有的培训内容可以化大为小，通过日常教研方式解决的，坚决不搞大范围的校本培训。教科室要分析其缓急、轻重，对缓与轻者，可以部分去除，要有“消肿”的胆识和魄力。

5. 体系

体系体现于两个层面，一是培训整体的体系化，二是特定专题培训的体系化。教科室规划前，先通盘考虑三年或五年可能应培训的内容、项目，再按照操守、学习能力、课堂驾驭、科研、命题、活动设计等分类，类别要尽可能全。然后按照轻重、缓急排序，将培训项目一一分散于每年中。这就是一个宏观体系，主要由教科室承担。当然，教科室还应考虑参加培训的人员、费用、规模、教师生成与激励的举措等，在表格中一一注明。当学校无力承担所有培训项目，还可结成校本培训协作体等，将校外部分学校纳入学校培训的体系之中。

而特定专题培训的体系化，指一次培训难以解决的问题，可分解为若干有逻辑性的小专题，从而构成体系。例如高分低能问题，涉及高分低能的本质、教师的观念、实施的途径等。每个问题都有单独培训的必要，这需要体系化。特定专题的宏观构建可由教科室承担，但一般由培训专家负责。

6. 灵活

规划只是培训安排的指南，但并非一成不变，可根据实际情况微调，如安排时间上、形式方式的转化上都可机动。“变则通”，因此，规划不要过死，要预留机动空间。科学规划的落实往往需要变通的智慧。

需要强调的是，在制定规划时，要考虑连片特困地区高中学校高中中年教师这一

① 冯友兰. 中国哲学简史［M］. 北京：中华书局，2017：531.

群体所显现的问题，并适当倾斜，多考虑一两次校本培训。

四、校本培训的重要形式

对校本培训形式的探索一直在路上。传统的校本培训主要是讲座式培训，任务色彩浓，信息传递呈单一方向，受训者只是被动的“信息受体”，因而培训效益不明显。新课程理念下的校本培训者，固然是校本培训的组织者（有时是半个组织者）、参与者、管理者，但也是教育教学的研究者、受训教师的指导者和服务者。这一角色定位，决定了培训者务必要考虑受训教师的需求。因此，校本培训应由封闭式向半开放式、开放式转变，需要改良传统的讲座式培训，酌情增加互动环节，多采用校本实践交流的培训方式，或改革，甚至另择方式。只有这样，培训者才能在“研训一体化”中真正地让受训教师分享自己的研究成果。

从培训的内容上看，目前，培训者采用的校本培训的形式主要有三种。

（一）案例式培训

案例，又叫个例、个案、实例，即教育教学中某即时情境的反映，主要体现为课例。美国小劳伦斯·E. 列恩（Laurence E. Lynn Jr）在《案例教学指南》中指出：“案例是对一个复杂情境的记录。”具有一定的真实性、完整性、典型性和问题性①。既如此，案例，可以是录像中的公开课，可以是书中的教学事例（含片段），也可以是常规教研中的即时公开课、研究课等。

案例式培训就是围绕教育教学个例，以讨论为重要手段，以为参培教师提供实践范本为最基本目的的校本培训形式。这一培训方式虽立足于即时情境，但不限于情境，蕴含着理论的引领、经验的总结、新观念的生成，所以顾泠沅认为“案例是教育理论的故乡”。由于案例式培训有智慧的碰撞，所以有观摩课、赛课、听评课等所不及的价值。当然，观摩课、赛课等也可转化为案例，此时的培训，也是案例式培训。

培训者如何实施案例式培训？

第一步：准备。

培训者选择案例，可以从培训对象及其所在学校的需求中筛选；可从各种媒介、载体里搜集、筛选；也可提前指定即时呈现案例的教师，上一堂公开课。之后，培训者熟悉案例，要求上课教师提前提交教案。结合教案或录像，将培训主题分解为若干思考性问题，如目的与重难点的确定是否科学，课堂环节是否紧凑，思维的激发、训练是否注意或到位，提问与互动方式是否恰当，课堂文化是否得到彰显或合理彰显，

① 潘裕民. 教师专业发展的理论取向与实现路径［M］. 南宁：广西师范大学出版社，2013：160.

学生能力是否达成及其原因。这些问题应是受训教师普遍忽略或相关意识、能力缺失，同时有利于引发思维、促进生成的问题，否则，会影响培训的效度。每次的培训量不宜过大，小而深、广最好。

第二步：开展。

注意四个关键词：①了解。培训者明示培训主题，将问题、方案或教案分发给参培教师阅读（这一步也可于正式开展前分发）；如果采用公开课的形式，教案可在听课之前分发。②分组。将参培教师分成2～5组，将思考性问题按组分发，每组探讨，组长安排人做好笔录。每组承担1～2个（最好1个）问题的合作研究任务。③汇报。各组集中，于培训班内一一回报。④总结。培训者根据汇报情况，肯定亮点，作经验性或理论性总结、延伸。

第三步：要求。

培训者要求参培教师自我反思，就自我教学与案例的结合点、生成点，写一篇短文（如教育叙事、论文），或结合培训主题和收获，另设计一份教案，并将短文或教案反馈于培训者。

案例式培训应用广泛，可在教研组、备课组内进行，培训的主题则由教科室或教研组长、备课组长确定；也可由教科室延请校外名师、专家进行，培训主题则由教科室确定；当然，也可在结成“校本培训共同体”（协作体）的学校开展，培训主题则由邀请方定，受训教师可以只是邀请方教师，也可是共同体内学校的教师。

例如，2015年暑假，连片特困地区某县申报副高的高中语文教师围绕《故都的秋》说课，19名教师中，有18名教师对主题的理解有误。县中学语文教研员就“文本解读”这一话题请课题组某成员对全县高一语文教师展开培训，后在校内对高二语文教师进行培训。其简案（培训者版）见表8-1。

表8-1　文本解读培训列举

<table>
<tr><td colspan="3">培训主题</td><td>文本解读的视角选择与原则</td><td>备注</td></tr>
<tr><td colspan="3">培训人</td><td>张锋</td><td rowspan="5">有文本解读困惑的，可提前就相关问题联系张老师</td></tr>
<tr><td colspan="3">参培人</td><td>重庆市云阳高级中学校高二语文教师</td></tr>
<tr><td rowspan="3">过程</td><td colspan="2">准备</td><td>熟读《故都的秋》后，思考以下问题。
1.申报副高的教师解读的以下主题对不对？请从文中找出理由。
（1）爱故都体现了对中华文化的爱；
（2）爱故都体现了对日寇的憎恶；
（3）爱故都体现了逍遥的人生态度。
2.如果你认为以上某一主题不对，请你说说解读者能力缺失在何处</td></tr>
<tr><td rowspan="2">开展</td><td>了解</td><td>宣布：本次培训的背景和主题</td></tr>
<tr><td>分组</td><td>分组讨论，形成笔录。
第一、二组各完成1、2题。</td></tr>
</table>

续 表

<table>
<tr><th colspan="3">培训主题</th><th>文本解读的视角选择与原则</th><th>备注</th></tr>
<tr><td rowspan="3">过程</td><td rowspan="2">开展</td><td>汇报</td><td>第一组汇报结束，第二组汇报。</td><td rowspan="3">有文本解读困惑的，可提前就相关问题联系张老师</td></tr>
<tr><td>总结</td><td>一、点明遗漏之处
如受写作时间影响，误以为暗示写作的时代背景。此为思维惯性所致。
二、明确误读根源
（1）只见此而不见彼。
只看到景色描写，没看到审美内容，采用剥离式阅读而非整体性阅读，结果一叶障目，不见森林。
（2）忽略文章逻辑。
任何锦绣文章，均有其内在关联性。两组对前后两主体部分内在关系不明，眼中文本支离破碎。事实上，清静、悲凉的故都的秋只是郁达夫的审美对象，而非时代悲歌的凭依。作家恋故都的秋，只是想品咂深沉的秋味而已。
（3）忽略细处。
文中“到了秋天，我想也一定会感到一种不能自已的深情”，明确彰明作者的爱秋情结，故而有专程前来赏秋之举。
（4）先入为主之误。
见首段“悲凉”一词，误以为此词奠定了感情基调，于是误认为在九一八事变后的动荡的1934年前后，文人们都有相同的时代悲情；同时也误以为此文为写景抒情散文。这实为误读。
三、解读文本
（1）视角。
中心句、情感句，人物景、身世际遇、时代环境等。
（2）原则。
立足文本，前后圆合（优秀作品都是逻辑严密的系统）；适当跳出，合理佐证。
全文即使不归入美学随笔，但也是关于审美的散文。
四、强调
教参诸物是他人的智慧成果（不排除错误），仅作参考之用；若一味依赖，那么，审美者的主体地位必然丧失，即便一星半点儿独见偶尔出现，也会消解在众口一词的言说或权威的定评之中。长此以往，教师独立解读文本的能力的提高只是呓语，在开放课堂里令学生闪现思维创新的火花只是幻想。
文本对话的实现（条件+途径）</td></tr>
<tr><td colspan="2">要求</td><td>1.读《合欢树》，写出内容框架、主题和解读依据，有自己的见解和一定的理论支撑。
2.文档发yyzxzf@163.conm或1487844421@qq.com.</td></tr>
</table>

案例式培训的以上过程并非一成不变。在准备阶段，可以联系参培教师，收集问题或困惑，在“开展”阶段“总结”环节后，安排“答疑”环节。

另外，常规教研中教研组组长或备课组组长所主持的听评课教研活动就类似于案例式培训，但两者有明显不同：①研究范围不同。听评课活动针对的是课堂；案例式培训除了课堂，还可以是说课、科研、学习中的案例。②侧重点不同。听评课活动侧重于帮助授课教师，案例式培训侧重于提高参培教师。③要求不同。听评课活动要求授课教师自我改进、完善，听课教师可作借鉴；案例式培训要求所有参培教师反思，完成相应任务。④层次不同，听评课活动虽有理论，但更多地停留于经验层次；案例式培训虽有经验，但一定有理论的点拨和引领。如果听评课活动中，主持人也注意深入讨论，在总结中增加理论的引航，并对全体听课教师提出相应任务，则听评课活动就成为常规教研中的案例式培训了。

（二）专题式培训

专题，指专门研究或讨论的题目，这样的题目往往是某体系内的单个话题。专题式培训指就某体系中某单个话题而展开的校本培训形式，如某课型建模培训、课堂思维激活的路径培训、教师的人文修养培训、试卷命制培训（如教考分离的避免、梯度与信度的追求）、空间想象力培养渠道培训、化学知识的体系化与非体系化记忆培训、大数据在教学中的运用培训、班级文化建设培训。这类培训一般有讨论式和讲座式两种培训方式。

培训者如何实施专题式培训?

如果采用讨论式，培训者在设计方案时，一定要给出可激发参培教师讨论热情的问题，同时要有说服力强、站位高的解说，还要预设一些问题，深入思考以供质疑之用。其步骤与上文案例式培训几乎如出一辙，只不过讨论的是专题，而非案例。至于有的案例本质上就是专题，如课例中的某一专项，那么，此时的案例式培训也是专题式培训。

如果采用讲座式，培训者设计讲座提纲或培训稿时，一定要要点简明，与教育教学实际密切相联，但要“高于生活”。例如：

量化增分

——考试大数据的价值

刘丽娟

一、教师如何利用考试数据增分

A. 备课组利用考试数据增分

B. 学科教师利用考试数据增分

a. 高三复习利用考试数据增分。

b. 新授课的教学也要利用考试数据增分。学科教师分析要细致：细到每个知识点；细到每个题型；细到每个学生。

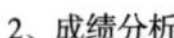

2、成绩分析

表一：一模各班得分情况

班级	听力	单选	完形	阅读	听力主	阅读主	写作1	写作2	第一部分	作文	总分
1	18.6	11.2	19.9	19.7	4.8	[illegible]	[illegible]	[illegible]	[illegible]	.5	97.9
2	17.1	9.4	16.8	16.0	3.6	3.5	8.6	5.7	66.7	14.4	81.1
3	17.6	9.9	17.0	16.7	3.4	4.7	8.0	4.8	69.6	12.9	82.5
4	1[illegible]	[illegible]	[illegible]	[illegible]	[illegible]	3.6	7.2	3.7	65.9	10.9	76.9
5	1[illegible]	[illegible]	[illegible]	[illegible]	[illegible]	3.7	7.8	4.6	62.6	12.5	75.1
6	16.6	11.2	16.6	17.2	4.2	[illegible]	[illegible]	[illegible]	5	12.1	82.7

能力强；落实差

基础弱+不落实

落实基础好

题型成绩–对应–班级
找出各班出现的问题

知识点、能力点正答率在70%以下

题型	考查内容	年级正答率	低分原因分析	1班	2班	3班	4班	5班	6班
阅读理解	65写作意图	62.3	篇章分析能力弱未落实此项技能	73	51	68	63	67	50
	66猜词	32.2	审题干不仔细	35	22	33	24	39	42
	67细节推断	54.8	归纳能力有待提高	59	51	35	59	65	56
	69猜词	14.6	段落理解不到位不具备句子结构分析的能力	22	8	8	10	27	8
	70篇章结构	37.2	篇章分析能力时间[illegible]	51	35	25	34	39	39

题型　内容　数据

这样的分析看上去有点麻烦，实际上，网上阅卷很容易实现，把你的诉求告诉电教老师！

通过考试看教学——考试数据统计

科目名称：历史　　科目内容比较表

内容	满分	平均分	标准差	难度	区分度
"文革"期间城镇化	2	2	0	1	0
"新民"的含义及意义	6	0	[illegible]	[illegible]	[illegible]
19世纪中后期中国自强努力及认识	9	6.1[illegible]	[illegible]	[illegible]	0.28
保护文化遗产有何社会价值	4	0	0	0	0
布雷顿森林体系	2	1	1	0.5	1
对梁启超思想观点的认识	6	0	0	0	0
对孙中山民生思想及活动的[illegible]	6	0	0	0	0
对义和团的评价	[illegible]	[illegible]	1	0.5	1
法国大革命期间的民族主[illegible]	[illegible]	[illegible]	0.75	0.84	0.5
改革开放后所有制形式趋[illegible]	[illegible]	[illegible]	0	1	0
古罗马法	2	2	0	1	0
古希腊苏格拉底	2	2	0	1	0
19世纪欧美取代亚洲的主要因素	8	3.83	1.34	0.48	0.38
总体	100	78	0.65	0.6	0.37

发现教学漏洞！

按知识点统计
数据更直观！

行政数据分析——云阳中学2018届第二次月考

级序	姓名	语文	数学	英语	物理	化学	生物	总分
1		120	136	130	106	92	82	666
2		120	138	139	98	93	65	653
3		123	128	128	99	92	81	651
4		112	135	130	99	91	83	650
5		117	142	126	92	92	80	649
6		118	127	132	108	92	71	648
7		122	127	131	99	90	74	643
8		123	131	130	94	96	68	642
9		120	129	121	95	99	76	640
10		123	128	127	92	90	79	639

关注各个学科对班级的贡献率的同时，还要关注各个学科对评价指标的贡献率。鼓励教师形成团队，共同培养尖子生。

二、如何利用考试数据帮助学生增分

科目名称：生物　考号：150000026　姓名：××

知识点	分值	成绩	得分率	失分率	得失比
光合、有氧呼吸的物质转变及场所	1	1	100%	0%	100:0
基因对性状的控制，孟德尔遗传定律及其应用	12	10	83%	17%	83:17
基因频率的计算	2	0	0%	100%	0:100
基因突变：特点、结果	1	1	100%	0%	100:0
减数分裂的基本步骤	1	1	100%	0%	100:0
减数分裂过程[illegible]	[illegible]	[illegible]	[illegible]	0%	100:0
结合细胞分裂[illegible]	[illegible]	[illegible]	[illegible]	0%	100:0
考察影响光合[illegible]	[illegible]	[illegible]	[illegible]	30%	70:30
解旋酶的功能	1	0	0%	100%	0:100
进化：对人工选择和自然选择	2	0	0%	100%	0:100
中心法则的内容以及DNA的复制	8	4	50%	50%	50:50
绿叶中色素的提取实验	1	1	100%	0%	100:0
酶降低活化能的含义	1	1	100%	0%	100:0
染色体结构变异、与基因突变区别	1	1	100%	0%	100:0
染色体数目变异、染色体组概念	1	1	100%	0%	100:0

按知识点统计：基础知识漏洞多，应逐个补漏！

考号：150000026　姓名：××

科目	成绩	得分率	失分率	名次
数学理	104	69%	31%	55
语文	116	77%	23%	18
英语	129.5	86%	14%	37
物理	96	87%	13%	27
化学	98	98%	2%	5
生物	67	74%	26%	62
总分	610.5	81%	19%	29

生物学科有问题！怎么解决？

三、班主任的考试数据管理

姓名	语文	序	数学	序	英语	序	物理	序	化学	序	生物	序	总分
XX	120	57	136	7	130	16	106	4	92	17	82	2	666
	120	57	138	5	139	2	98	42	93	14	65	177	653
	123	17	128	25	128	24	99	30	92	17	81	4	651
	112	357	135	8	130	16	99	30	91	27	83	1	650
	117	130	142	2	126	37	92	107	92	17	80	6	649
	118	96	127	35	131	9	108	1	92	17	71	67	648
	122	33	127	35	130	13	99	30	90	36	74	35	643
	123	17	131	20	130	16	94	80	96	6	68	116	642
	120	57	129	23	120	66	95	64	99	1	76	19	640

理科××同学，排名第一，数、生、理比较靠前，但英语、语文成绩不理想，这就与英语、语文老师协调针对该生强化培训。

姓名	语文	序	数学	序	英语	序	政治	序	历史	序	地理	序	总分
	124	11	143	3	133	4	71	20	87	1	73	78	632
	126	1	144	2	128	10	74	11	74	40	82	11	629
	121	29	139	6	122	22	77	6	62	192	88	2	610
	125	8	139	5	119	35	72	16	[illegible]	[illegible]	[illegible]	25	609
	123	17	127	41	131	6	72	16	59	242	82	11	594
	117	64	125	49	133	4	73	15	59	242	80	16	588
	121	29	135	13	135	2	69	30	60	222	67	154	587

1、2、3号各个学科都排名比较靠前，只有个别学生的个别学科稍逊色！

班主任与各个学科的教师协调、沟通、商量、想办法，齐抓共管，形成合力。高考成功是团体赛！

年级主管的考试管理——调整教学的全局；备课组长的考试管理——专业发展和业务能力；任课教师的考试管理——找优势、查不足，提升教学水平；班主任考试管理——抓重点，提高升学率。

四、利用考试数据讲评试卷

1. 讲评不是从头到尾讲试题；

2. 讲评要有目的性—讲评准备—数据；

3. 讲评要建立一种“模式”；

4. 讲评中树立教师权威。

★小考讲评之前调查表

* *学科考试调查表　姓名____班级____

题号	得分率	主要错误及典型例子	失分原因	补救措施

对于学生：漏缺在哪里？怎么补？

如实填写才能有效解决问题！

试卷讲评课的最高境界：

☆教师围绕一道题**讲好题意、讲清思路、讲明方法。**

☆从一道题中跳出去讲联系、讲创新并非易事。讲一道题通一类题，**讲一个知识点，激活一片知识群。**

☆通过教师的有启发式地讲评，激发出学生的创新思维，促使学生**创新解题。**

讲评课的教学水平层级由低到高依次为：只讲答案，讲评题意、思路和方法、讲评高考联系、诱导创新.

不是看到希望才坚持，而是坚持了才有希望！

专题式培训中，培训者一定要有核心的经验和理论。这也体现着一位培训者应有的良知、真诚、责任和智慧。当然，上文所举《量化增分》主要针对大数据运用，属于实践性或行为性培训，其理论含量可以少一些。

（三）系统性培训

系者，缚也、拴也，“曲岸持觞，垂杨系马”（辛弃疾）是也；统者，丝之头绪、总束也，“茧之性为丝，然非得工女煮以热汤而抽其统纪，则不能成丝”（《淮南子·泰族训》）是也。系统，本指缚丝而为一体，今指同类事物按一定的关系组成的整体。系统性培训，不是就学校所有校本培训组成体系（由教科室构建培训体系）而言，而是就某次特定专项问题培训的内容而言。换言之，系统性培训指就某系统性内容而进行的校本培训形式，如新课程理念体系培训、班主任素养体系培训、骨干教师教育教学品质提升体系培训。与之相反的就是专题式培训和案例式培训。

当然，有的专题式培训可以转化为系统性培训，这要视情况而定。例如，班主任工作培训，可以在一次培训中涉及班主任工作的若干方面，这时的培训就是专题式培训。也可以将其析分为班主任的信念及其培育、班主任的修养、班级文化建设、班级组织建设、班干部的培养等若干专题，并一一培训，这时的系列化培训就是系统性培训。与之同理，班级文化建设专题，也可析分为班级文化理论、班级文化的作用、班级文化的提炼、班级文化的呈现方式（班徽、班训、班歌、班主任寄语等）、班级文化与班级管理的接轨等专题，此时的班级文化专题式培训就成为系统性培训。

每一个系统性培训的内容都是一个大系统，远非一两个小时、一两天所能完成，连片特困地区高中学校当慎用，因为这极易引发工学矛盾，结果事与愿违。因此，一般不建议学校将系统性培训纳入校本培训范畴，而建议将其转换为一个或若干专题培训，甚至是案例式培训；或作为继续教育中的校外培训工程，与高校接洽，由高校继续教育学院做培训方，即“走出去”，如“未来名师北师大培训”。

当然，连片特困地区高中学校普遍经费紧张，难以使“走出去”常态化。为节省教育经费，系统性培训有三条路可走：

其一，细化系统性培训，即将培训的系统分解为若干子题，将其纳入学校3年或5年校本培训规划，以若干次案例式培训、专题式培训达成。这样做，必须及早谋划，思虑周详，如制定课程讲义，只是工程量大，可采用本校名师领衔与“请进来”相结合的方式进行。

其二，购他山之石，即与高校继续教育学院联系，购买与学校培训主题相同或相近的课程讲义、录像带，然后分散且有选择地进行即时情境的校本培训，或利用校园局域网培训。

其三，校际培训资源共享。相隔不太远的学校可以打造片区培训网络，结成“校本培训共同体”，共同体内的学校各自承担几次子题培训任务，校际互通有无。这样既可节省经费和设计时间，还可摆脱因智力资源有限而独立承担校本培训的困境。

如果从培训对象范围的角度看，校本培训有全员培训与非全员培训之分。采用哪种形式，取决于培训的适用范围。切忌不管培训与培训对象的匹配度，一概采用全员培训。这会导致培训经费的浪费，也耽误其中一部分教师的时间。培训本是教师的福利，但这一福利是精神层面的福利，是专业发展上的福利，而不是物质上的福利。因此，不能将培训视为福利均享、体现公平的手段、方式。不仅如此，教师即便与培训有一定的专业匹配度，有时也不应都成为培训对象，因为这里涉及教师因素养高低带来培训必要性强弱，以及学校激励的问题。

随着现代科技的飞速发展，校本培训还可能有更多的形式，如大数据、人工智能背景下的诸多校本培训的创新形式，这需要我们与时俱进。学校在规划校本培训时，尽可能考虑形式的多样化，甚至创新培训形式，切不可拘泥一端。至于某次培训具体采用什么方式，某方面培训具体采用一种或几种方式，需要“兼陈中衡”，甚至借助大数据全程跟踪、分析、取舍，尽可能规避弊端，力求“尽美”。这也体现出“中庸”思想，即便在信息时代，也自有其普适意义。不过，任何培训形式都只是“术”，而不是具有普适性的“道”，任何培训都一定要以实际需要为出发点。

附：

人文精神：教师生命中最美丽的花朵

（提纲）

张 锋

什么是人文精神？作为形而上的东西，人文精神是对人的尊严、价值、命运的维护、关注，是对各种精神文化现象的珍视，是对理想人格的肯定、追求和塑造，是在人道主义的文化厚土中培育出来的一种精神。

一、人性——人道情怀中的幸福追求

关心人，以人为本，审视、重视人的价值和欲求，是人文精神的第一维度。

对人性的关注和尊重，应充分体现在校园生活中。清代戏剧理论家李笠翁云："王道本乎人情。"教师如何处理教育中的棘手问题？

（一）差生问题

（二）恋爱问题

将学生的众多表现视为人性的流露，并予以理解、关注、尊重，体现的正是人类自身对生命个体的人文关怀，张扬的正是教师的人文精神。因此，教师应秉承人性化教育的理念，注意三个要点：其一，教育内容的处理技巧，即严肃问题具体化、细小问题深刻化。其二，教育说理方式，即严肃问题幽默化、批评中见期待、批评性表扬与表扬性批评结合。其三，"礼"的规范，即对学生以礼相待。

缺少人性的土壤，就难以催开艳丽的花朵。我们应该尽可能在理解、关注、尊重的前提下对学生予以人性化的引领和矫正。

二、理性——智慧闪光下的人文烛照

张扬人的理性，反对模糊，这是人文精神的第二维度。

教育理性体现在拥有理智，具体而言，就是晓人性，通世故，明大道，重价值。如何在教学中体现理性？

（一）联系中见理性

（二）推理中见理性

（三）比较中见理性

（四）借鉴中见理性

做教学的思想者，在遍地荆棘中为学生寻找一条路来。

三、超越性——现实困境中的终极关怀

立足世俗生活，追求灵肉和谐，是人文精神的第三维度。

（一）芸芸众生，大多都存在灵肉矛盾

（二）古人也面临这一问题，只是解决问题的方式殊为不同

（三）以“齐物论”作精神支撑，寻求精神胜利

拥有智慧的眼睛，在生活的羁绊中努力发现生命的诗意。唯其如此，我们才能达到庄子所谓“撄宁”的境界。

超脱，自古以来就属于东方的人文精神内涵。

高2018届2班班级文化建设

——如何打造班级名片

张　锋

一、班徽

（图案略）

勇气·力量·智慧·吉祥

二、班级介绍

点一盏理想的明灯，怀一个永恒的信念，擎束束希望的火把，我们乐于寂寞地沉潜，乐于奋勇地前行。展翅，于长空留下美丽的弧线；攀登，于征途留下坚实的足痕。雏鸟终将拥有强健的羽翼，幼禾终将长成参天的巨树。这，就是高××级×班，活泼而踏实的×班。

三、班训：壮心为柱　沉潜为础

四、班歌：《勇敢的心》

五、班级集体照片

（照片略）

六、任课教师团队

七、班主任寄语

只为美丽的绽放

——致我生命中的2班

洒粒粒汗珠/青春的激情迸发/看鲲鹏长天笑傲/下五洋勇捉鱼虾/谁会静守窗前/凝目舒卷的云霞

不美都市的霓虹/手机上浮肤的潇洒/燕园的柳影醉我梦中/帆樯送我天涯

历经风霜的砥砺/年轻的枝头岂止发芽/不信且看明朝/暖阳普照下的春花

八、班主任生活照

（照片略）

第九章 课堂听评观察与专题性研讨

教师专业状况首先体现在课堂生态上。课堂有无生成和生成良好与否，直接反映出教师的执教能力和素养。高中中年教师只有在教育教学上努力追赶、回升，才有精力、能力和信心更好地投入校本科研之中，获得专业上的进一步发展，进而在教学上进入自由之境。如此，对青年教师的指导才会更有效。

因此，基于课堂教学的课堂听评、课堂观察和专题研讨等校本常规教研活动，是连片特困地区高中学校首要的永恒话题，无论对高中中年教师还是青年教师都有极其重要的作用。其中，课堂听评、课堂观察也属于邵水潮所谓“教学课例”范畴。而“教育叙事”，与“教学行为反思录”、教案中的反思要点一样，只是教师教育教学反思形式，有一定的“校本”性质，但更有“个本”[①]性质，可作为校本常规教研的对象、内容、任务、要求，而且校本教研在同类形式下因多个“个本”的不同形态的存在而具有丰富性，这是交流、碰撞、生成的重要条件，但它不是常规教研活动的普遍性形式。故此章不做赘述。

一、课堂听评

课堂听评指教师深入课堂听课、评议的一种常规教研行为和教研方式。

听课，不仅仅诉诸听觉，还诉诸视觉、心觉。因此，听课时，教师既要听，又要看，还要思，为评课环节做好准备。对于优秀教师而言，听评的目的重在以自己的发现、思考和评说，帮助滞后的中年教师、年轻教师追赶、发展；对于尚未成熟的教师

① 个本，指以个人的发展诉求为根本，具有个体性、差异性。

而言，听评课的目的重在通过听评，吸取长处，反思、改进、提高自我。这一教研行为和教研方式广泛用于教研组、备课组、“师徒结对”相关活动中。高中中年教师的听评课，对自己，对青年教师站稳讲台、站好讲台，即由生手成为熟手，都具有重要的作用。

在课堂听评中，听评教师要注意以下问题。

（一）“听”什么与怎么“听”

教学即时情境涉及面广，意味着听课是一个复杂的劳动。教师话语涉及的问题及其引入、启发，解答正误及其语调、语速，以及学生的回答，要听；教师的体态与语态、内容的逻辑、教法、学生关注面、目标达成、课堂结构、板书、课件等手段的运用，要“听”（看、记、思）；学生的反应与参与度、达成效果与效率、思想与品性培养，师生的互动、情感的体验与交流，要“听”。并在此基础上进行初步诊断。“听”，是听、看、记、思统一的常规教研行为。

1. 错误导向

在追求创新、现代教育技术广泛运用的今天，听课往往存在两个错误的认知导向：

（1）将教学方法凌驾于教学内容上。

科学的教学方法很重要，能使课堂效率提高。在王荣生看来，教学方法是原理层面的“教学方法观”、技术层面的“教学策略”、操作层面的“学科具体教学法”、技巧层面的“教学技巧”[①]，在策略中贯注、在操作中体现的原理最终通过技巧落实。不过，这一切得有一个前提：教学方法与教学内容的紧密结合。方法再新，但“适合的才是最好的”，不太适合所教内容，便背离了科学。就课堂而论，教学内容、教学方法是两面，教学方法只是方法，是通过教学内容的理解、探讨，促成目标达成的“术”。“对教学方法的努力，是为了更有效地实现教学内容。先进的理念首先关乎教学内容，首先要落实到‘教什么’上。”[②]因此，要从教学内容及其目标达成、教学内容与课程目标的一致性、教学内容与学生实际需要的视角来观照教学方法的运用，思考其有效性、高效性问题。

有不少教师往往因秉持教学方法至上论而忽略了对教学内容的研究。曾被人调侃为“人人都可教”的语文并非容易教的学科，在学者魏本亚、步进看来，仅仅是语文教学内容，就存在“难以确定”“随意性大”“僵化”“浅表化”四个问题[③]，导致这些问题出现，除教师轻内容、重教法外，还有课程标准只有素养标准而无内容标准、

① 王荣生. 听王荣生教授评课［M］. 上海：华东师范大学出版社，2007：67-68.

② 王荣生. 听王荣生教授评课［M］. 上海：华东师范大学出版社，2007：3-4.

③ 魏本亚，步进. 语文课堂教学反思［M］. 上海：华东师范大学出版社，2015：4-5.

材料取代教学内容、活动遮蔽了教学内容等原因。如果教师不能真正审视自己的学科教学知识，利用有效的教学资源，依靠正确的设计思路，那么，就不能破解教学内容这一难题。也就是说，课堂教学内容的理解与处理可以部分地反映出授课教师的学科素养。

因此，“听”课的着力点，首先是教学内容，看教师对内容地位的理解，对内容理解的正误、深浅、重难点与目标的确定等。尤其要“听”是否有提炼、关于提炼的引导，因为提炼作为规律性认知的过程和成果，能有力地促成高效教学。其次才是教学方法。

（2）将技术的运用作为课堂教学重要的衡量标准。

将现代教育技术的运用，如课件的精美与否，作为重要的“听”课点和衡量指标，这颇有将手段上升为目的之嫌，且部分降低了对目标达成的关注度。其实，技术运用在具体课堂教学里有无必要，运用是否得当，技术的作用是否充分发挥，这才是审视课堂教学中现代教育技术运用状况的着力点。技术毕竟只是达成目标的辅助手段。当课堂教学不需技术辅助，或技术辅助反倒减少了必要的思维训练环节，或降低了思维训练的价值，那么，技术手段的运用则失于滥，再美的课堂也因教育技术的滥用而有了瑕疵或残缺。课堂教学需要的，是必要的技术。因此，教师不要为技术而技术，更不要将技术作为课堂教学的支撑、装点。宗白华说得好：“绚烂至极，归于平淡。”于课堂教学而言，课堂应立足于素养，“平淡”的本质是远离浮华后的平实、厚实及其所带来的有效、高效。须知，关注目标的有效达成、高效达成才是听课之本。听课，首先得回到本色课堂这条路上来，看教师是否在目标达成上归真务实。

这两个错误导向，在当前各级赛课中或多或少地存在，自然也会影响听课和评课。

2. 关注评价素养

今日听课，还常常存在一个遗漏：授课教师的课堂评价素养。“教师的评价素养及其发展是一个被忽略太久的话题”[①]，这一遗漏也会影响听课、评课。

“评价素养”最早由瑞克·斯蒂金斯（Rick stiggins）在1991年发表的《评价素养》一文中提出，学者郑东辉认为评价要素的“主要表征教师从事评价活动所需的素质”[②]。它是针对教师评价学生而言。教学之外，教师对学生以考试为中心的传统评价是纸笔测验性评价，但此法与学生真实情境有距离，所以现在提倡表现性评价。

而此处的课堂评价素养，指教师在课堂教学中合理评价学生学习行为的实践性知识、能力的总和，属于广义的教师评价素养范畴。詹姆士·波帕姆（Popham. W. J）

① 崔允漷. 教师应先学会评价再学习上课［J］基础教育课程，2008（11）：4.

② 郑东辉. 教师评价素养发展研究［M］. 杭州：浙江大学出版社，2014：3.

曾指出："如果教师缺乏评价素养，就意味着专业自杀。"（《为什么评价文盲是职业自杀》）[①]然而，课堂探究、交流中，不少教师无异于"评价文盲"，多"很好""对""很聪明"之类的判断性、激励性评价，而少有"还能从别人想不到的×角度思考""如果将这一思维漏洞堵住，再融入一二论据，你的论证将无懈可击"之类的描述性评价。现象学要求"回到事情本身""试图直接描述我们的体验之所以是"，即"把本质重新放回存在"的教学对话中。进行描述性评价的教师，就"注意在真实的情境中评价学生的表现"[②]。为何提倡描述性评价？因为"额外的奖励以及惩罚等反馈方式无助于激励学生学习动机和提升学习成绩，那些基于任务表现和给予任务线索以及鼓励学生自我调节的反馈最有效"（斯蒂金斯）。例如，上文所举评价语中，"从别人想不到的×角度思考"是即时情境中的情感激励，暗含以后要创造性思考的"任务线索"；"将这一思维漏洞堵住，再融入一二论据"作为任务，与"将无懈可击"构成富有激励功能的"任务线索"。这二者都能"鼓励学生自我调节"。这样的评价才能在师生互动、日后学习中更有效地将学生思维引向更深入处，属于高效的教育交往行为。也就是说，课堂中教师良好的评价素养体现在"任务线索"的暗示和对学生"自我调节"的激励上。此外，教师关于思想、道德等方面的科学的课堂评价也是一种激励和引领，有利于学生的人格塑造。

如果从"对话"的角度看，教师课堂评价素养的重要性也可见一斑。"对话"源自古希腊语，意思为"通过讲话进行的意义间的转换"。教师课堂评价也是"对话"的构成部分，而"很好"之类的判断性、激励性评价传达的意义非常有限，至少不是成功"对话"的有机构成部分。英国学者安德鲁·波拉德等人强调"学生和教师都得学会参与有效的对话""在所有课程中，高质量的交流是有价值的"[③]。从教师角度看，要努力提高课堂评价素养，使师生课堂对话有效、高效。

因此，听课教师务必将授课教师是否是"评价文盲"、评价素养的高低作为听课点，通过听授课教师对学生的评价内容，可以发现是否存在亮点，正确评价其评价素养，从而决定是否效仿、学习。

（二）怎么"评"

美国评估专家瑞克·斯蒂金斯坚持"用课堂评估促进教师评价"的观点，可见课堂评估、评价的重要性。高中中年教师评课时，首先就教育教学是不是"教育交往"

① 郑东辉. 教师评价素养发展研究［M］. 杭州：浙江大学出版社，2014：3.

② 沈玉顺. 课堂评价［M］. 北京：北京师范大学出版社，2006：17.

③ 安德鲁·波拉德，克里斯廷·布莱克-霍金斯，加布里埃尔·克利夫·雷奇斯，等. 反思性教学［M］. 张蔷蔷，译. 北京：中国青年出版社，2017：291.

行为做出整体性评价；其次从以上所“听”逐一地全面点评，也可择其一点评。评价必须深入有据，要有理论色彩，一者促使自己发展有方向，二者也利于授课者和听课的青年教师成长。

1. 错误导向

新课程理念下的评课，往往存在一个错误的认知导向：有互动、互动越多的课堂教学就是有效课堂教学，而互动少的课堂教学就一定是失败的课堂教学。

师生、生生互动很重要，但一定要看互动与教学内容的关系、互动与目标及其达成的关系、互动与思维训练的关系、互动与学生的关系。当对教学内容的理解大大超过或低于学生现有接受水平时，互动则往往低效甚至无效，此时互动多的课堂教学热之闹之，而少实质性的生成，自然也是失败的课堂教学。

对难度过大的内容，除了分解问题以逐步达成外，教师应优先考虑讲授法。不要因启发式教学法备受推崇而否定讲授法的价值——讲授法毕竟是在恰当运用的前提下作用明显的历史存在和现实存在，而且在人工智能时代学习空间再造时也是必然的存在。事实上，讲授法运用过程中也常常佐以启发，课堂教学看似生气不足，但学生思维在教师的步步引领下“活”——静默状态下的“活”，而老师前后讲授的停顿就为学生留下自主思考、内化的时空。此时，教师看似课堂主体，实为训练学生思维的主导者；学生看似被动接受，却因思维、学法受到教师关注而仍然是课堂主体：师生间存在内在的互动和默契。那种不顾有些教学内容适宜讲授法这一实际情况，断然认为讲授法令学生主体地位丧失的评课论调，实际上是“浅视”和机械的表现。至于用何种教学法，要看教学时能否“实”。王荣生认为上课要有“五个实”：扎实、充实、丰实、平实、真实。成功的互动也离不开“实”，没有实效的互动是“假”互动，是为互动而互动。因此，评课者不要被课堂“冷热”的表象蒙蔽，要思考课堂要素间深层次的关系。

其实，无论听课还是评课，除了以上突出的错误导向外，普遍存在重形式轻内容、重技术轻素养的导向。这些导向，既影响了课堂教学的达成，又部分阻遏了教师的成长。

2. 评课“三要”

评课，要“接地气”，切忌实际问题少，一味搬用理论，云里雾里，让听者不知所云；要“看基础”，教师的基本能力、课堂目标的达成是评课中的重中之重；要“入地穴”，就其表而道其里，评出症结及其成因、办法，显出应有的深度；要“走四方”，援引相关现象、问题，在互证中显现应有的广度；还要适当“接仙气”，有理论的支撑、引领，显出应有的高度。当然，每一次听评课未必以上几点都要显现，但有意识地这样思考，最利于评课者、听课者实现专业发展。

评课，要众人参与，切忌“一言堂”。一是因为评课者个体教学风格差异和视角不同、不全，其认知不同；二是授课者谈谈初衷，有利于评课快速“聚焦”，针对性强；三是众人参与，众口“众”词，碰撞中可以互相启发、增益。只要评课有据，允许“各美其美”，可以“美人之美”。当众人专业得到长足发展，教学各有风骚，那么，“美美与共”、众人“大同”的局面便不难形成。

评课，要讲究辩证法。首先，不要夸大缺陷，或吹毛求疵。于漪认为自己“上了一辈子令人遗憾的课”，有遗憾，反倒真实，什么都预设恰当，反倒是“假课”。一堂课有遗憾，但只要有“创生”，有文化的内涵，也是优质课堂。一堂课设计再缜密，甚而有如美国教育界来华观摩所惊叹的“精准操作”，但不“实”，还是不成功的。其次，对教学能力滞后的高中中年教师和青年教师，一般应多发掘亮点，本质性问题可抛出来共商，或私下交流，或略略谈及（赛课前的听评课除外）；对优秀的中青年教师，其亮点有目共睹，一般多析谈其不足，并提出参考性的突围路径，或共同探究，以利其更上一层楼。

教学水平相对滞后的高中中年教师和青年教师更有必要勤于参加课堂听评，或成为授课者，听“百家之言”，善取诸多益处；或侧重于观摩——“相观而善之谓摩”（《学记》），转益多师。

（三）看实例

1. 背景

青年教师吴建芳要去忠县参加“三峡名校联盟”赛课，教案已修改了三次，教研组组织课堂听评活动。评委中，六位为中年教师，两位为优秀青年教师。

2. 听评

下面材料是教案（含部分实录），听评内容见于文中批注。

《将进酒》教学设计

授课者　吴建芳

【教学目标】

知识与能力：阅读诗歌，感受诗歌的“音乐美”“飘逸美”“悲剧美”。

> 目标设计合理。从三维目标备课，还应从核心素养角度思考

过程与方法：通过朗读、小组探究，熟悉诗歌鉴赏的要点。

情感态度与价值观：在感受诗歌“三美”的同时，深刻领悟诗人坎坷中见豪情，于不平之中图奋发的积极人生态度。

【教学重点】

品读诗歌，感受诗歌的“三美”。

重难点确定准，反映出析读教材深入

【教学难点】

品读诗歌，体悟李白诗歌的“悲剧美”。

【课时安排】

1课时

【教学设计】

一、导入

同学们，我很高兴来到忠县这片充满文化气息的土地。听说忠县之名是从唐朝流传下来的，而且我还听说忠县境内流传了很多唐人的诗作，其中就有伟大的诗人李白在石宝寨写的一首《连云山》。杜甫、白居易也在此留下不少诗作。或许，我们可以这样说，我们忠县是从唐诗里走出来的国度。想到此，我倍感荣幸，尽管我今天只能用我这双小眼睛窥探我们这片诗歌的国度。但我希望，我的小眼睛能够聚拢一束光，然后照亮你，温暖你。

导入“共情”，偏长，“国度”应为“热土”

同学们，作为一个客人，我对这片土地爱得如此热烈，你们将用什么款待我呢？用我们忠县的酒吗？用我们忠县的乌杨白酒吗？但若要论起对酒的热爱，我显然不及我们今天要讲的这人。余光中这样写他：

酒入豪肠，七分酿成了月光/余下的三分啸成剑气/绣口一吐，就半个盛唐

“酒”无疑是李白和李白诗歌的生命之泉。杜甫曾说：“李白斗酒诗百篇，长安市上酒家眠。天子呼来不上船，自称臣是酒中仙。”可以说，是酒成全了李白的豪放与不羁。

二、初读诗歌——感受诗歌的“音乐美”与“飘逸美”

我们忠县有诗，有酒，有李白，真好！今天，我们将带着这份美好，一起来学习李白的《将进酒》。

（资料一：《将进酒》背景资料，注意后面的“后人评价”。）

《古唐诗合解》：太白此歌豪放极矣。

《而庵说唐诗》：太白此歌，最为豪放，才气千古无双。

【删去】

《李太白诗集》：严羽评：一结豪情，使人不能句字赏摘。盖他人作诗用笔想，太白但用胸口一喷即是，此其所长。

【删去】

资料一中重复的删去，且附于余光中诗句理解之后。重复内容也可置于导学案中

《唐诗解》卷上：此怀才不遇，托于酒以自放也。

《李太白诗醇》：一起奇想，亦自天外来。

同学们，这个字为什么读“qiāng”呢？

明确：将，是“请”的意思，将进酒就是请喝酒。

朗读。

同学们，你们的朗读很精彩，不幸的是，你们遇到了我，想不想听我朗诵一番呢？不过，我有一个要求，你们得在我朗诵时找出李白在劝人喝酒时感情变化的词语。

教师朗诵。

李白的这首诗歌经我刚才朗诵一番，“美”吗？（美、不美）

你要评价我朗诵的“美”，必须深入到文本中去，必须深入到李白的世界中去。

我刚才让大家找出李白在劝人喝酒时感情变化的词语，你们找到了吗？

> 提要，为钩玄张本。好！

明确：悲—欢—乐—寂寞—万古愁

你回忆一下，这些词语你找到了吗？我刚刚的朗读处理到位了吗？

接下来，请同学们看到课本前面的单元小标题——因声求气，吟咏诗韵。何谓“因声求气”呢？从字面上看，就是：凭借声音来寻求“气”。把握节拍、用韵等，领悟诗歌特有的音乐美和神韵。

> “气”理解有误。指精神、情怀。应略略点点“音乐美”的内涵

好了，我刚才如此用力地表演是为了展现诗歌的音乐美。你们同意吗？

我知道你们不会轻易地同意，可能是因为我刚才的朗读“飘”起来了。但是，你们应该知道，我不是读所有的诗都会“飘”的。只是因为今天读的是李白的诗。所有，飘的不是我，而是李白。

（资料二）

北京大学的叶朗教授在他的《美学原理》一书中这样写道：

在唐代李白的身上，凝结成一种体现道家“游”的文化内涵的审美意象大风格，就是“飘逸”。……“飘逸”作为一种审美形态，他给人一种特殊的美感，这就是庄子所说的“天乐”的美感。这种“天乐”的美感，庄子曾作了许多描绘。分析起来，大概有三个特点：一是雄浑阔大、惊心动魄的美感，二是意气风发的美感，三是清新自然的美感。

从这个角度来看，我刚才的朗读“美”吗？有没有雄浑阔大、惊心动魄？那么，有没有意气风发？有没有“飘逸美”？

接下来，我们一起来读诗歌前面两句，争取读出李白诗歌的“飘逸美”。

三、精读诗歌——感受诗歌“悲剧美”

【君不见黄河之水天上来，奔流到海不复回。君不见高堂明镜悲白发，朝如青丝暮成雪。】

（接上个部分）齐读诗的一、二句。注意把握节拍，调整语速、语调。

读得不错（虽然欠点儿火候，但我感到了一种“乳虎啸谷”的气势。）我还感受到了这首诗开篇“惊天动地”的气势，果然大气不凡！有如一阵阵天风海雨，翻滚着，咆哮着，携带着泥沙，携带着怨气，向我迎面扑来。我为你们点一个大大的“赞”！

不过，纯粹从音乐的角度难以抵达“飘逸美”，我们还需要精读诗歌，从内涵上去理解李白诗歌的雄浑阔大、惊心动魄，意气风发和清新自然。

巧妙：过渡，引出学习任务。

1.问题设计：这两句运用了哪些手法？

比喻：用黄河之水比喻时光流逝。夸张：大河之来，势不可挡；大河之去，势不可回。反衬：黄河的伟大反衬生命的渺小。

2. 问题设计：我们刚刚在这里找了一个“悲”字，诗人“悲”什么呢？

明确：悲时光易逝、人生短暂。

提示：百川东到海，何时复西归？少壮不努力，老大徒伤悲。——汉乐府《长歌行》这首诗从“青青园中葵”说起，再用水流到海不复回打比方，说明光阴如流水，一去不再回。

提问角度失偏，故难。改为：黄河水不再回、青丝变白发，人人都知道，诗人为什么一开篇就突出这一点？

3. 问题设计：诗人的朋友也不是泛泛之辈，黄河之壮美或许见过，青丝变白发本是自然之理。李白为何要说“君不见”呢？

明确：诗人说“君不见”，是要表明自己站在一个极高的视角，站在一个超越时间的视角，俯瞰众生。突出自己感到的“时光流逝、人生短暂”。

4. 问题设计：面对这种悲伤，李白提出了一个什么样的解决方案呢？看看原文中哪些句子可以说明。

明确：人生得意须尽欢，莫使金樽空对月。烹羊宰牛且为乐，会须一饮三百杯。——及时行乐，饮酒取乐。

5. 问题设计：这是他的第一次情感转折点，这种“得意”是真正的快乐吗？

（资料三）

仰天大笑出门去，我辈岂是蓬蒿人！——李白《南陵别儿童入京》

凤凰初下紫泥诏，谒帝称觞登御筵。——李白《玉壶吟》

天子呼来不上船，自称臣是酒中仙。——杜甫《饮中八仙歌》

此句由学生总结——扩大参与面

在长安，唐玄宗不仅“降辇步迎，如见绮皓。以七宝床赐食，御手调羹以饭之”，更不必说“贵妃捧墨”“力士脱靴”。李白是得意过的。

然而那不过是一场梦，一场幻影：

停杯投箸不能食，拔剑四顾心茫然。欲渡黄河冰塞川，将登太行雪满山。（李白《行路难（其一）》）

大道如青天，我独不得出。……弹剑作歌奏苦声，曳裾王门不称情。（李白《行路难（其二）》

李白又确乎“不得意”，有的是失望与怨愤。

此处添加一问：由此看来，李白被逐出京城后的“得意”背后是？（悲）

（资料四）

在尼采的悲剧观中：“酒神（狄俄尼索斯）状态是一种痛苦与狂喜交织的癫狂状态。醉是日常生活中的酒神状态。”

明确：这里的“乐”其实是一种假象，是李白借酒来消释自己怀才不遇的苦闷，因为他并没有真正“得意”，所以只是“暂且”为乐。从另一个角度讲，这不是乐，反而是一种“悲”。也可以说，“乐”是表象，“悲”才是实质。

老师点化及时贴切

若说这两句的“欢”与“乐”是“狂喜”，那么接下来几句呢？你且读一读，可谓是狂到丝毫没有边际了。（简要地让学生读一读）“欢”与“乐”的“狂喜”背后是无尽的痛苦与之相交织。诗人瞬间就进入了“酒神状态”。

岑夫子，丹丘生，将进酒，杯莫停。与君歌一曲，请君为我倾耳听。钟鼓馔玉不足贵，但愿长醉不用醒。古来圣贤皆寂寞，唯有饮者留其名。陈王昔时宴平乐，斗酒十千恣欢谑。主人何为言少钱，径须沽取对君酌。五花马、千金裘，呼儿将出换美酒，与尔同销万古愁。

在这癫狂之中，我们仿佛看到了一个因为失意而痛苦的李白。真是“悲从中来，不可断绝”。我把这种“悲剧”称之为李白式的“悲剧”。那么这“悲剧”美吗？

【天生我材必有用，千金散尽还复来。】

6. 问题设计：在“欢”“乐”之间插了一句，“天生我材必有用，千金散尽还复来”如何理解？

（资料五：李白两次进长安）

明确：一方面可以看出李白的肯定自我、乐观向上的自信，另一方面，“必有用”还带出没有被统治者任用的郁郁不得志（怀才不遇之感）。

提示：“必有用”暗含着眼前“还没有被重用”。

深化：“天生我材必有用，千金散尽还复来。”请同学们注意，诗人用乐观自信的口吻来肯定人生，肯定自我：“天生我材必有用。”这是一个让人拍案叫绝的句子。这不是一般的自信，一个“天生”和一个“必”字，显示出李白何等样自信的气魄。这已然大大地超出了一般的自信，简直就是一篇人生的价值宣言。就算我们读到了李白的“悲剧”，但这种“悲剧”却多了一丝“悲壮”。

尽管“还复来”说得让人没法相信，但是，李白的的确确是毫不在乎“千金散尽”的。

都说“钱不是万能的，但没有钱却是万万不能的”。但是，能够主宰金钱而不为金钱所奴役的人，堪称物质上的英雄人物，足以令一切凡夫俗子们目瞪口呆。诗人在《上安州裴长史书》一文中写道：“曩者游维扬，不逾一年，散金三十余万。”李白重情重义而轻财好施，这是怎样的一番奢华又崇高的豪举。这便给他的“悲剧”增添了一种别样的“美”。

> 价值观引领，好！但应析其因：试图一醉解千愁，“但愿长醉不愿醒”。

我们今天为什么要学李白？我想这是一层原因。但请同学们注意，李白的“千金散尽”绝不是今天某某“土豪”的穷奢极欲。一者大雅，一者大俗，二者绝不可相提并论。

【岑夫子，丹丘生，将进酒，杯莫停。】（略讲）

且看诗仙李白如何劝酒。

“岑夫子，丹丘生，将进酒，杯莫停。”李白直呼主人大名，要他们拿酒来，且杯莫停：倒满酒，就得喝；喝完酒，就得再倒满；要不然，金樽酒满空对月，是浪费；金樽无酒空对月，更是虚度。

“岑夫子，丹丘生，将进酒，杯莫停。”此处一连几个短句，语气急促，更是将李白那副急不可耐的样子，表现得淋漓尽致。所以，同学们在读的时候，这几句一定要急促一点。

【与君歌一曲，请君为我倾耳听。】（略讲）

估计是喝得痛快了，也可能是劝得太累了，李白干脆来一个借酒高歌。

北京大学的叶朗教授在他的《美学原理》一书中这样写道：

飘逸的文化内涵是道家的“游”，道家的游有两个：一个是精神的自由超脱，一个是人与大自然的生命融为一体。

> 此处宜提问：心中悲愁，却要歌一曲，矛盾吗？

我们的李白，是一个精神自由超脱的李白，是一个可以“邀明月陪酒”的李白，是一个可以“我寄愁心与明月”的李白，他把个人与大自然的生命融为一体，又随意驱使自然万物，面对友人岑夫子、丹丘生，自然不必掩饰，而是真情流露。

在李白的豪情之下，我们只有乖乖倾听的份儿。李白是和着怎样的旋律高歌的？我们不得而知。且看李白的歌词。

【钟鼓馔玉不足贵，但愿长醉不用醒。古来圣贤皆寂寞，唯有饮者留其名。陈王昔时宴平乐，斗酒十千恣欢谑。】

7. 问题设计：李白认为，人活在世上，什么不足贵？他还认为另一种人也不值得效仿？（长醉不愿醒）

明确：权贵，圣贤。

昨夜松边醉倒，问松我醉何如。只疑松动要来扶，以手推松曰去。

——辛弃疾《西江月·遣兴》

还有欧阳修，尽管他说“醉翁之意不在酒”，那不也是希望自己能够在山水之间长醉不醒吗？自古只有失意之人，尤其是命途坎坷的失意之人，才会觉得“钟鼓馔玉不足贵”；自古也只有失意之人，尤其是心有不甘的失意之人，才“愿长醉不用醒”。尽管“借酒浇愁愁更愁”，但是，人们还是习惯于将满腔愁怨泡酒喝。

借用资源丰富

（资料六）

思想决定行为，行为决定习惯，习惯决定性格，性格决定命运。

——杰克·霍吉的《习惯的力量》

命运是悲剧意象世界的意蕴核心。——叶朗《美学原理》

中国古代悲剧的核心也是命运，是命运的不可抗拒，是人们对命运的恐惧和抗争。——叶朗《美学原理》

“钟鼓馔玉不足贵，但愿长醉不用醒。”李白这样的思想，这样的性格说明了什么？还仅仅是一种狂放不羁吗？还是你一贯认为的浪漫吗？不是，都不是，这是赤裸裸的“悲剧宣言”。

8.问题设计：（1）中国历史上有哪些“圣贤皆寂寞”呢？他们同李白又有哪种共同点呢？请举例说明。（2）李白认为曹植是值得他学习的一个人，为什么选曹植？

（资料七：曹植）

（学生活动，合作探究：课前确定小组，确定中心发言人）

明确（1）：屈原算是圣贤，可是自沉汨罗；仲尼算是圣贤，只是丧家之犬；还有“冯唐易老”，还有“李广难封”，还有“贾谊屈于长沙”，还有“梁鸿窜于海曲”……

思维参与，拓宽视野，深化理解

与李白相比，他们的共同点是：怀才不遇。

明确（2）：李白是以曹植自况的，他们都心灵寂寞，抱负无法实现，才干无法施展，所以他难过、悲凉、逃避、无奈、激愤、怀才不遇、抱憾终身。

【主人何为言少钱，径须沽取对君酌。五花马、千金裘，呼儿将出换美酒，与尔同销万古愁。】

9. 问题设计：李白这次到哪家饮宴？谁是主，谁是客？劝主人喝酒的有吗？反客为主，由此看到什么？

明确：元丹丘。元丹丘是主，李白是客。传统文化中劝主人喝酒的情况很少。

这里我们看到了李白的个性，豪放率真，有作为诗人的狂放不羁。这哪是在劝朋友喝酒，分明是痛苦的心需要麻醉，不平的心需要滋润。

“主人何为言少钱，径须沽取对君酌。”径须，意思是“就应当”。沽取，意为“买酒”。

最后一句，“诗路”豁然开朗，将一个人的“愁”升华为万古以来所有像他李白一样的人的“愁”；将一个人的“悲剧”上升为万古以来所有像他李白一样的人的“悲剧”。他似乎要把古往今来，所有圣贤，所有失意之人，所有怀才不遇者通通灌进他的酒杯里。从而，悲剧的个人，在悲剧的英雄历史中，从此获得永生。说来奇怪，经他绣口一吐，这悲剧也变得那么“美”了。说来也不怪，因为他是李白，即便是“悲剧”，也会变成“美丽的悲剧”。

好，让我们再来读一读这首《将进酒》。

四、小结

同学们，今天这节课里，我们通过朗读感受了李白诗歌的音乐美与飘逸美。又通过对诗歌的内涵挖掘，深化了对飘逸美的理解。同时，更加难能可贵的是，我们体会到了李白诗歌的“悲剧美”。

我始终相信，李白是一个“谪仙人”。他虽然不容于那个时代，但在其后的一千多年里一直如北斗熠熠生辉。在我心里，李白就是那束光，照亮了我，也温暖了我。

> 强化重难点，首尾圆合。价值期待，滋养灵魂，以求生成。

我最近刚买了一本书，叫《天才在左，疯子在右》。它的封面上有这样一句话——借疯子的策略，唤醒你未知的灵魂。我把它改一下，送给大家——借谪仙的悲剧美，唤醒你未知的灵魂。

经过第三次听评、“打磨”，这堂课较原来有很大进步，如课堂结构更趋于合理，披“诗”深入，解决问题较得当；但还有不少短板，如提问不当、缺失，学生参与面不广。教研组决定：修改教案后再讲，并更换一种教研方式（见“课堂观察”）。

课堂听评活动有时还有“说课”环节，由授课者在授课之前或之后向听评教师介绍、分析教学目的、重难点、设计意图、实施策略等，即“六说”：说教材、说目标、说学情、说教法、说程序、说板书。这样更利于评课教师有针对性地评析。可见，课堂的“说听评”或“听说评”是对课堂听评的补充和完善。

不过，课堂听评这一教研形式，依然有其难以避免的弊端。因“听课”的观察视角不细不全而“评”得不实不准；听课维度、视角的不全也部分地限制了听评者、授课者对课堂教学专业化理解和自身专业化发展的空间。

二、课堂观察

课堂观察，指多维度、多视角地观察、记录、分析、探究课堂教学综合情况，以促进教师专业化发展的专业行为。

课堂观察早已有之，严格地说，课堂听评活动也是一种课堂观察，但多从教师、学生行为表现及课堂气氛入手，视角不全，观察点不多，因此，课堂听评活动所作评估往往失于粗疏，还不是真正意义上的课堂观察。而课堂教学观察细，落点多，系统性地呈现教学评价指标，而且即便是定性评价，也因有据而富有说服力，所以极有利于青年教师、中年教师一一矫正、弥补，打造高品质课堂。从这一意义上说，课堂观察是课堂听评的专业化，是基于课堂听评的不足而反思、研究、实践、提炼而成的专业化评课方式和成果。

（一）专业化观察建模

课堂观察是复杂的系统和行为，其体系的构建，历来是众多学者、教师的科研诉求。

浙江省杭州市余杭高级中学在承担教育部哲学社会科学研究重大课题攻关项目“素质教育课程评价体系研究”、教育部人文社会科学重点研究基地重大项目“基于理论与实践对话的教学创新研究”、华东师范大学“985工程”二期哲学社会科学“教师教育理论与实践”创新基地建设任务后，于2005年9月形成《课堂观察框架（初稿）》，后在华东师范大学课程与教学研究所所长崔允漷、胡惠闵指导下形成第三稿。不妨先读读《课堂观察框架简图》①（图9–1）。

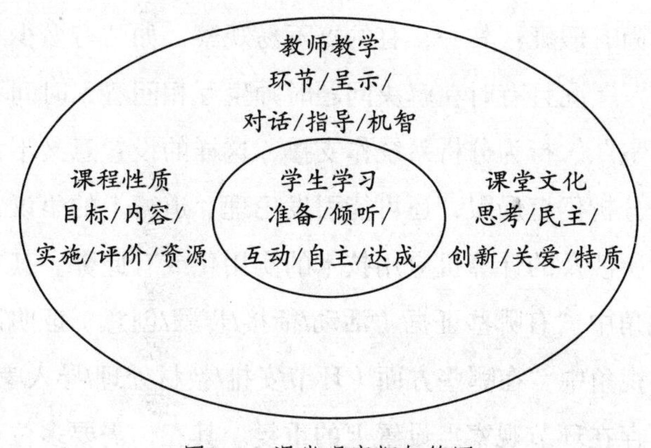

图9–1　课堂观察框架简图

① 沈毅，崔允漷.课堂观察——走向专业的听评课［M］.上海：华东师范大学出版社，2008：107.

图9-1课堂观察框架简图中，“学生学习”置于观察的中心，体现了“学生为主体”的新课程理念。其下五个视角，“准备”是一种习惯和品质，“倾听”作为一种学习方式和学习品质，体现了对学生学习习惯、品质的关注，间接地反映出教师日常对学生的培养状况，体现了“学习是一种习惯”的理念；“互动”“自主”“达成”则体现了“互动式教学”“自主学习”“生成课堂”的理念。尤有新意且尤其关键的是，将“课堂文化”作为观察维度，打破课堂听评的旧有评课格局，即将“学习内容”“教师”“学生”所构成的三维结构，变成“四维评课体系”。增加“文化”，如内容上文化传递，积极互动所体现出来的平等、友爱、和谐，以及人文关怀、科学精神、进取精神的张扬，合作探究、师生交流时的平等，等等。突出“思考”“民主”“创新”“关爱”“特质”视角，以观察课堂的格调、品位，构成衡量课堂是否是高品质课堂的重要观察维度。这五个视角，是任何学科、任何课堂都应拥有的诉求。

“简图”是纲，纲下必有目。浙江余杭高级中学结合纲、目，构建了《课堂观察框架》（第三稿）①。这可谓“范式创新”成果。它围绕四个维度、二十个视角，形成四十八个观察点，有一个观察点以两个、三个连续问的方式呈现的情况，合计九十个小观察点。由此框架可知：其一，课堂观察既是教研流程、教研系统，也是教研方法、教研方式；其二，最适用于教学合作体内的教研活动。此框架凸显其观察之细、之全，令人震撼、动容。毫无疑问，这是截至目前，课堂观察最成体系的课堂观察方案。这一框架，对于教育界课堂常规教研、赛课评课等，具有极其重要的指导作用，可谓“功莫大焉”。此外，引入“课堂观察”，以“四维评课体系”为观察、评价核心，还可使教师在具有互助性质的“教学互助体”“教学合作体”框架下实现共同成长。

不过，此框架尚有瑕疵：其一，有的点不易观察，如“有多少学生倾听老师的讲课？倾听多少时间？”况且有时在解决问题时师生互相问答，时间不易界定。如果没有相应的“智慧教室”、行为分析系统作支撑，这样的设置意义不大。即便有，这些硬件背后的大数据分析仍有局限，还可能引发伦理、道德上的争议，学者骆祖莹“课堂教学自动评价”所涉及的计算机应用技术的实用化或有此弊。其二，部分观察点重复，如“环节”视角中“有哪些证据（活动/衔接/步骤/创意）证明该教学设计是有创意的”与“特质”视角中“在哪些方面（环节安排/教材处理/导入/教学策略/学习指导/对话）体现特色”存在环节观察点设置上的重复。其三，需要多位观察者或信息搜集

① 沈毅，崔允漷.课堂观察——走向专业的听评课［M］.上海：华东师范大学出版社，2008：104.

系统支持。其四，没有赋予分值，不能量化，只适用于常规观察，没能充分发挥其广泛意义上的作用。其五，并非每堂课都存在这么多观察点，框架并不完全适用于所有课堂教学，需观察者灵活把握。

（二）模型改进与使用

《课堂观察框架》（第三稿）有瑕疵，为此，结合连片特困地区教育实际条件，特对其做如下处理：部分问题改变表述形式，删去不易观察的小观察点，增加若干易观察的小观察点，共七十个观察点计九十四个小观察点；每项均赋分。所形成的《课堂观察量表》（见后文观察实例）中诸多调整是否科学，还有待实践进一步检验。

如何使用这一量表呢？

其一，可用于合作体课堂观察活动。每次听评课，先将此表一分为四，各成一小表（表9–1）；再将教研组或备课组听课教师分成四组，每组承担一个维度的观察任务，之后汇总。如此安排，便于精准观察，精准发现问题。当然，也可用于常规听评课活动，使听评活动提质。

表9–1　课堂观察量表

学校________　班级________　授课人________　观察人________

课题			其他观察人	
维度	观察视角	观察点与分值	观察结果	得分
维度三 课堂性质 （30分）	目标	学习目标是否规范和清晰？（2分）		
		预设目标的根据（课程标准/学生/教材）是否适合该班学生？（2分）		
		是否达成了目标？（2分）		
	内容	处理（增/删/合/立/换）教材合理吗？（2分）		
		容量合适吗？（2分）		
		满足了不同学生的需求吗？（1分）		
		是否凸显了本学科的特点、思想、核心技能以及逻辑关系？（2分）		
		生成了哪些内容？处理恰当吗？（2分）		

续表

课题			其他观察人	
维度	观察视角	观察点与分值	观察结果	得分
维度三 课堂性质 （30分）	实施	方法（讲授/讨论/活动/探究/互动）恰当吗？（2分）		
		情境创设恰当有效吗？（2分）		
		有学科味（本学科特点）吗？（1分）		
		关注了学法指导吗？（2分）		
	评价	评价学生恰当、有效吗？（1分）		
		关注了相关的评价信息（回答/作业/表情）吗？（1分）		
		反馈了评价信息（解释/反馈/改进建议）吗？（2分）		
	资源	预设的资源（师生/文本/实物与模型/实验/多媒体）有助于目标达成吗？（1分）		
		生成的资源（错误/回答/作业/作品）与学习目标吻合吗？（2分）		
		推荐课外资源且恰当吗？（1分）		
总评与总得分				

______年______月______日

其二，可作赛课评分重要参考。赛课时评委少，一般不可能按上面分组、汇总的办法进行评价；即便借助其他行为分析系统，但也有不少观察点需要评委观察后才能评价。若借助量表中的各个观察点去听课，获得各视角或维度的定量评价，这样，会大大降低长期以来定性评价时借助总的印象、粗线条评价来量化这一做法的偏差程度。

鉴于吴老师第三次改教案、上课还不尽如人意，在其完成第四次修改后，教研组便组织了课堂观察活动，八位评委分为四组，每组两人，每组各自从一个维度观察，着力于众多观察点，逐一衡量、评说。最后，量化结果见表9–2。

表9–2　课堂观察量表

学校 云阳高级中学校　班级 高二（14）班　授课人 吴建芳　观察人 彭辉

课题		《将进酒》	其他观察人	王益均、张锋、黄静、李忠祥、陈晓红、邬清清、黄文鑫	
维度	观察视角	观察点与分值		观察结果与得分	得分
维度一 学生学习 （20分）	准备	学生准备了什么？（1分）		课预习（1分）	观察人：彭辉、张锋 得分：17.6分
		多少学生准备充分？（1分）		一半以上学生（1分）	

续 表

课题	《将进酒》	其他观察人	王益均、张锋、黄静、李忠祥、陈晓红、邬清清、黄文鑫	
维度	观察视角	观察点与分值	观察结果与得分	得分
维度一 学生学习 （20分）	倾听	多少学生能倾听？倾听时间？（1分）	三分之二以上学生能够倾听半小时左右（1分）	观察人：彭辉、张锋 得分：17.6分
		多少学生能倾听同学发言？（1分）	六分之五以上（0.9分）	
		学生伴有哪些行为表现（记笔记/查阅/回应）？多少人？（1分）	三分之二以上，能及时整理笔记和回应问题（1分）	
	互动	有哪些互动行为？互动有效吗？（1分）	课堂采用传统的问答形式，互动效果一般（1分）	
		问答学生人数？质量高低？（1分）	仅有5人被抽问，其中3人不明问题要旨（1分）	
		讨论人数？热烈深入吗？（2分）	全部，略显形式化（1.6分）	
		互动时学生习惯？情感行为（祝贺、争论、怒骂等）？（1分）	学生互动中较紧张（1分）	
		学生课堂互动面广吗？（1分）	不广，多教师讲授（0.5分）	
	自主	自主学习形式（探究/记笔记/阅读/思考）有哪些？（1分）	分小组探究，群文阅读（1分）	
		自主学习普遍而持久？学困生参与吗？（2分）	自主学习较为持久，个别学困生例外（1.6分）	
		自主学习有序吗？有无自主探究活动？（1分）	自主学习较为有序，设置了一个小组探究（1分）	
		自主学习的质量如何？（2分）	不好（1分）	
	达成	学生清楚学习目标吗？（1分）	基本清楚（1分）	
		预设目标达成有何依据（观点/作业/表情/板演/演示）？（1分）	教师演示到位（1分）	
		生成了什么目标？效果如何？（1分）	精读目标完成，但学生学习效果不明显（1分）	
维度二 教师教学 （30分）	环节	环节安排合理吗？是否面向全体学生？（2分）	基本结构合理，问题设计主要面向中上学生（1分）	观察人：王益均、黄静 得分：22.9分
		是否围绕教学目标展开？（1分）	是（1分）	
		时间分配合理吗？（1分）	大体上合理（0.7分）	
	呈示	讲解有效（清晰/结构/契合主题/简洁/语速/音量/节奏）吗？（4分）	讲解过快，部分问题没有深挖（2分）	
		板书科学吗？利于学习吗？（1分）	板书简洁，利于学习（1分）	

续 表

课题		《将进酒》	其他观察人	王益均、张锋、黄静、李忠祥、陈晓红、邬清清、黄文鑫
维度	观察视角	观察点与分值	观察结果与得分	得分
维度二 教师教学 （30分）	呈示	什么媒体？适当吗？有效吗？（1分）	投放PPT，预发“联读材料”，媒体运用适当，呈现效果良好（0.8分）	观察人： 王益均、 黄静 得分： 22.9分
		动作（如实验/动作/制作）规范自然吗？有效吗？（1分）	动作规范自然，有效（1分）	
	对话	提问契合目标吗？（2分）	提问总体契合目标（2分）	
		提问方式、次数恰当吗？有效吗？（2分）	提问方式单一，提问过多，效果不好（1分）	
		提问难易恰当吗？有效吗？（2分）	提问总体偏难（1.5分）	
		教师处理问答恰当吗？有效吗？（2分）	基本恰当（2分）	
	指导	指导自主学习方式（阅读/作业）恰当吗？有效吗？（2分）	指导阅读恰当，效果良好（2分）	
		怎样指导合作学习（讨论/活动/作业）？有效吗？（2分）	课前分组利用“联读材料”指导阅读，效果一般（1分）	
		怎样指导学生探究学习（实验/课题研究/作业）？有效吗？（2分）	分小组讨论，效果一般（1分）	
	机智	有哪些临时调整？合理有效吗？（1分）	设计的问题部分因时间关系未呈现，将其作为课后思考，处理有些草率（1分）	
		处理突发事件恰当吗？（1分）	基本得当（1分）	
		哪些非言语行为（表情/移动/体态语）？得当吗？（1分）	课堂走动吗，比较得当（0.9分）	
		有哪些具有特色的课堂行为（语言/教态/学识/技能/思想）？（2分）	语言风趣，教态自然，学识尚可，有一定思想性（2分）	
维度三 课堂性质 （30分）	目标	学习目标是否规范和清晰？（2分）	是（2分）	观察人： 李忠祥、 陈晓红 得分： 25.2分
		预设目标根据课程标准和教材要求，基本适合该班学生（1分）	预设目标根据课程标准和教材要求，基本适合该班学生（1分）	
		是否达成了目标？（2分）	基本达成（2分）	
	内容	处理（增/删/合/立/换）教材合理吗？（2分）	比较合理（1分）	
		容量合适吗？（2分）	容量过大（1.5分）	

续 表

课题		《将进酒》	其他观察人	王益均、张锋、黄静、李忠祥、陈晓红、邬清清、黄文鑫
维度	观察视角	观察点与分值	观察结果与得分	得分
维度三 课堂性质（30分）	内容	满足了不同学生的需求吗？（1分）	很不错（0.9分）	观察人：李忠祥、陈晓红 得分：25.2分
		是否凸显了本学科的特点、思想、核心技能以及逻辑关系？（2分）	注重文本解读；注重“听”与“读”的落实；引入美学观点解读李白的思想感情，凸显核心素养（2分）	
		生成了哪些内容？处理恰当吗？（2分）	李白怀才不遇。“乐”是表象，“悲”才是实质。李白将个人的“愁”升华为万古以来所有像他一样的人的“愁”，将个人的“悲剧”上升为万古以来所有像他一样的人的“悲剧”。处理恰当（1.8分）	
	实施	方法（讲授/讨论/活动/探究/互动）恰当吗？（2分）	以讲授、讨论为主，基本恰当（2分）	
		情境创设恰当有效吗？（2分）	有效（2分）	
		有学科味（本学科特点）吗？（1分）	有（1分）	
		关注了学法指导吗？（2分）	关注了（1分）	
	评价	评价学生恰当有效吗？（1分）	恰当有效（1分）	
		关注了相关的评价信息（回答/作业/表情）吗？（1分）	关注了学生的回答（1分）	
		反馈了评价信息（解释/反馈/改进建议）吗？（2分）	反馈了（2分）	
	资源	预设的资源（师生/文本/实物与模型/实验/多媒体）有助于目标达成吗？（1分）	预发的“联读材料”有利于文本的解读（1分）	
		生成的资源（错误/回答/作业/作品）与学习目标吻合吗？（2分）	学生的问题回答基本上与目标吻合（1.5分）	
		推荐的那些课外资源恰当吗？（1分）	推荐了一本心理学方面的书，不太恰当（0.5分）	
维度四 课堂文化（20分）	思考	是否关注高级认知技能（解释/解决/迁移/综合/评价）？（2分）	主要关注了解释、解决（1.5分）	观察人：邬清清、黄文鑫 得分：16.2分
		有问题驱动吗？问题链与学生认知水平、知识结构吻合吗？（2分）	有问题驱动，基本符合学生的认知（1.8分）	
		引导学生独立思考恰当吗？（1分）	比较恰当（1分）	
		处理学生错误思考恰当吗？（1分）	比较恰当（1分）	

续 表

<table>
<tr><td colspan="2">课题</td><td>《将进酒》</td><td>其他观察人</td><td colspan="2">王益均、张锋、黄静、李忠祥、陈晓红、邬清清、黄文鑫</td></tr>
<tr><td>维度</td><td>观察视角</td><td colspan="2">观察点与分值</td><td>观察结果与得分</td><td>得分</td></tr>
<tr><td rowspan="15">维度四
课堂文化
（20分）</td><td>思考</td><td colspan="2">课堂思考的气氛怎样？（1分）</td><td>不活跃（0.5分）</td><td rowspan="15">观察人：
邬清清、
黄文鑫
得分：
16.2分</td></tr>
<tr><td rowspan="4">民主</td><td colspan="2">课堂话语（数量/时间/对象/措辞/插话）氛围好吗？（2分）</td><td>较好（1.5分）</td></tr>
<tr><td colspan="2">参与课堂教学的人数多不多？参与时间长不长？（1分）</td><td>参与人数较多，时间较长（1分）</td></tr>
<tr><td colspan="2">师生（情境设置/回答机会/）友好和谐吗？（1分）</td><td>是（1分）</td></tr>
<tr><td colspan="2">学生间关系融洽吗？（1分）</td><td>是（1分）</td></tr>
<tr><td rowspan="3">创新</td><td colspan="2">教学设计、情境创设与资源利用有新意吗？（1分）</td><td>有，提出了用美学的角度解读文本（1分）</td></tr>
<tr><td colspan="2">课堂有助于学生表达自己的奇思妙想？教师处理科学吗？（1分）</td><td>处理得不大好（0.6分）</td></tr>
<tr><td colspan="2">是否有意外生成（目标/资源）？教师处理科学吗？（1分）</td><td>不太多（0.7分）</td></tr>
<tr><td rowspan="2">关爱</td><td colspan="2">特殊（学习困难、残障、疾病）学生的学习得到关注了吗？（1分）</td><td>对学习困难生关注不够多（0.6分）</td></tr>
<tr><td colspan="2">师生、生生耐心倾听、答疑吗？（1分）</td><td>是（1分）</td></tr>
<tr><td rowspan="3">特质</td><td colspan="2">该课体现了教师优势（语言风格/行为特点/思维品质）了吗？（1分）</td><td>语言风趣，行为恰当，思想符合时代潮流，传播了正能量（1分）</td></tr>
<tr><td colspan="2">设计有特色（环节安排/教材处理/导入/教学策略/学习指导/对话）吗？（1分）</td><td>用地方特色导入教学，用美学的观点解读教材（1分）</td></tr>
<tr><td colspan="2">学生对教师教学特色的评价（语言/表情）高吗？（1分）</td><td>比较高（1分）</td></tr>
<tr><td>总评与总得分</td><td colspan="4">亮点：
①结构清晰；②引用“美学理论”解读李白和其诗歌；③思想积极，具有很好的引领作用。
问题：
①课堂容量过大，导致内容未能完全呈现；②部分问题没有阐释清楚，例如李白表面“乐”实质“悲”的问题；③学生讨论流于形式，没有真正开展；④教师语言啰唆，不够简练。</td><td>总分
81.9分</td></tr>
</table>

______年______月______日

之后，教研组要求吴老师再修改教案，完善上课，课堂教学效果有较明显的改观。后去忠县参加“三峡名校联盟”赛课，获得一等奖（第一名）。

需要指出的是，运用此表时，可以让观察者全维度观察；也可每2人为一个观察维度小组，各小组均分的累计分即为课堂观察后的评价结果。

（三）思考

余杭中学的《课堂观察框架简图》和《课堂观察框架》（第三稿）毕竟是根据“三维目标”进行优化的方案，而对构成核心素养的“审美情趣”等缺乏关注。因此，为了课堂观察更专业，还可根据“核心素养”以“全面发展的人”为核心的三维六纲十八目来设计课堂观察量表。不过，“核心素养”需要在较长时间内才可能达成，况且作为课程目标系统，其“十八目”也不可能在绝大多数课堂一一得到关注和应该得到关注。关注点越多，导致课堂目标多，重点不突出，难点难突破，课堂教学反倒失败。因此，以上同一观察视角中的观察点因课型、目标不同而有差异，可以部分合并。余杭中学的量表虽然只能作参考，但长期这样思考，无疑有利于教师成长。

另外，课堂观察行为也存在自身的不足。例如，观察者缺乏专业观察能力，导致观察不准，评说不准；观察点只立足于可视可感的课堂行为；操作难以简易。尽管如此，较之于课堂听评，运用这一方式去观察、评说课堂教学，是专业上的完善和进步。

无论课堂听评、课堂观察，都含有课堂评价内容。以上课堂评价，更多指他人对于授课者所作评价，其实授课者还可以自我评价。无论他评还是自评，就信息采集而言，学者沈玉顺提出信息采集的测验法、观察法、调查法、作品分析法、学生自我报告法①较之于巴登（Burton）《活动指南》中十二法简便。借助于信息采集而做出的课堂评价，是“教学过程的一个有机构成部分”“教学决策的基础”“一种学习机会”②。因此，连片特困地区高中中年教师要注重课堂评价，并掌握可资评价的相关信息采集的方法。

三、专题研讨

专题研讨，又称专题性研讨，指围绕近期教学或某课堂教学中特定专题、课例或课型等专项，从知识本体、教学方法、课堂结构、资料编写等多角度、多层面进行讨论的教研行为和方式。

主题研讨类似于专题培训，都有讨论，但二者区别明显：其一，方式不同。专题

① 沈玉顺.课堂评价［M］.北京：北京师范大学出版社，2006：45-71.

② 王少非.课堂评价［M］.上海：华东师范大学出版社，2013：9-13.

研讨是合作体、备课、教研组内通过讨论或辩论方式来实现互助、提升，专题培训是通过名师或专家的培训、引领来实现提升的。其二，组织者的地位不同。专题研讨的组织者与研讨参与者处于平等地位；专题培训过程的组织者与受训教师虽在法律上平等，但在培训中不平等，受训教师须接受培训信息。其三，层次不同。专题研讨多在操作行为层面有所生成，而专题培训多在经验、理论层面有所生成。其四，自由度不同。专题研讨的参与者可畅所欲言，可讨论或辩论，可质疑、答疑；专题培训中的受训教师一般在培训范围内行动。

专题研讨可用于常规性听评课、课堂观察之中，也可用于阶段性教研活动中。其好处是针对性强，攻其一点或一面，效率高。能在较短时间内就某专题深入进行讨论、碰撞，容易有多维度、系统化的生成，快速实现资源共享，有助于教师补短、纠偏，明确专题的教学方向。“攻其一面，不如攻其一点。”我们要充分利用专题研讨的优势。

如何组织专题研讨？第一步，提前告知将要研讨的专题，使参与者有所思考，带着成果研讨；第二步，设计研讨内容，主要是有关专题的知识系统（包括易错点、关联性知识）、能力要求、教学环节、教学方法和手段（教具、课件、资料、活动等）。

2019届高三地理《水循环》研讨课

主持人　杨海波　记录人　谭　娥

【背景】

高三地理备课组即将展开“水循环”专题复习，备课组长杨海波安排青年教师赖贞奎提前上了一堂现场展示课——《水循环》，旨在通过课堂即时情境，谈谈专题“水循环”应注意的问题，从而提高复习效益。

【研讨】

备课组长杨海波：

这堂展示课，整体上很不错，让我看到了我组青年教师的活力和激情，感受到一名初入教坛的青年教师新鲜的力量和他所具备的深厚的教学基本功，这些后生所具备的东西值得我们学习！都说教学永远都是充满遗憾的，不同的人对待一次教学过程，都有各自的一些见解和看法。那么，就复习课、学科知识等而论，这堂课又有哪些值得思考的地方呢？←【明示专题】

郭敏：

重心确立有问题。教学中，小赖将教学重心放到了“水循环的类型及其形成过程”，而对“人类活动对水循环的影响”却一带而过。←【发现问题】我认为，这样的教学只是简单地给学生进行了知识再现，它缺乏了高三一轮复习对学生的学科素养培养和思维能力的挖掘。←【原因-理论】例如：在下图水循环示意图中：

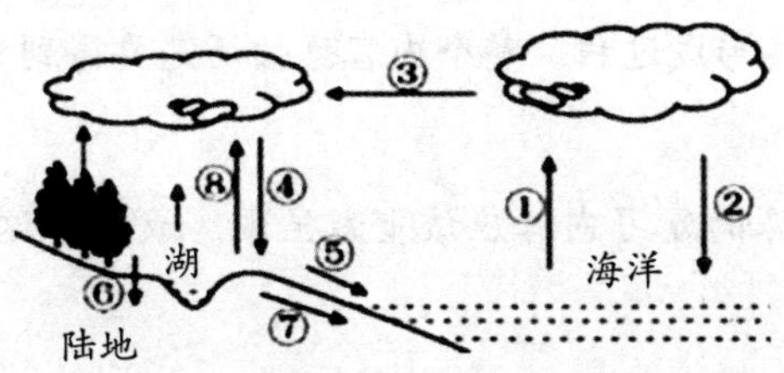

从高三学生的认知水平来看，“水循环的类型及其形成过程”其实并不需要教师花大力气来互动和讲解。作为高三的复习课，我们根据课标要求以及近年来高考试题范围，可以得知：凡是影响“人地协调”的区域和知识点，都是高考的高频考点。所以，结合本节课知识，我觉得这堂课复习的重心出现了偏离。

专题复习重心的确立问题

原因

贺星星：

我也赞同郭敏老师的意见，“人类活动对水循环的影响”这部分知识确实应该引起我们的高度关注。因为我们学知识是为人类的生产生活服务的，所以在设计这部分教学活动时，可以考虑将“高一地理下册《城市与城市化》的部分知识”融入，并将目前中国的城市化进程嵌入其中，可以考虑用最新的时代素材作为课堂设问的材料，引导学生在关注社会热点的同时，通过层层递进的方式，挖掘出我们在城市化过程中，可能会对地理环境造成的影响，其中，哪些又是与水循环有关系的……

生成——复习内容的重组

赖贞奎：

星星说得好！我明白了！要是这样来设计这堂课，学生就会获得思维启迪，课后还意犹未尽。一些学习主动性较强的学生还会在课余查阅资料，去探究知识的来龙去脉，去关注祖国的发展变化，去感受国人的自豪感；同时，如果这样设计这堂课，我们就完全打破了按部就班的复习方式，而是将某一章节知识成功地放进整个高中地理课程体系中去推理、演绎。学生在此过程中，他们的地理“区域认知、综合思维、人地协调、地理实践力”这四大能力就不知不觉地培养起来了。这四大能力正是教育部所颁发的高中地理四大核心素养的具体内容。

生成——复习内容的重组

原因−理论：关注核心素养的培养

杨海波：

贞奎收获大哟。在关注核心素养，突出复习重点，增加社会热点，激发兴趣的同时，提高学生解决实际问题的能力，很好！除了“陆地内循环”这一考点值得我们重视，去深入挖掘、重组外，我们还应注意些什么呢？

谭娥：

“水循环的类型及其形成过程”整个内容恐怕还是要得到整体呈现哟？

田稳：

是的，只不过这堂课的复习内容应该重新呈现。或许，这样设计，教学活动效果更佳。

先通过PPT将水循环图呈现给学生，让大家简单回顾一下该部分的知识点，然后，将教学重心放到“陆地内循环”这一环节。理由有：①从高考命题来看，任何一道地理高考题，命题者都是在尽力地体现地理学科素养和引导学生关注生活，关注社会热点，最终让学生成为一个热爱生活、关注社会的建设者和接班人；②在水循环的三大类型（海上内循环、海陆间循环、陆地内循环）中，陆地内循环所发生的地区恰恰是全球气候较为干旱的过渡地区，该地区生态环境比较脆弱，人地关系较为尖锐，环境破坏较为严重，人类在这一地带，时刻与环境进行着殊死搏斗，而这正是我们地理学所关注的。这有血有肉的地方，命题者岂能轻易放过？如果我们从这个高度去考虑，去设计“水循环”专题复习，那么，学生就有了高考所需要的高度。

（原因—复习内容的合理呈现）

（生成）

杨海波：

大家各抒己见，都有见地。会后，星星、田稳、贞奎将复习课件好好重构，谭娥将大家的发言整理一下，发往备课组微信群。另外，复习需要巩固，效果需要评估，怎么组织“水循环”习题？

（总生成1）

郭敏：

我建议，这个点上，每个老师准备4道题，可以搜集，可以改创或原创，其中，有关“人类活动对水循环的影响”的内容要设计2道题。

（总生成2——复习考题的组织）

杨海波：

好！就这样推进吧。散会。

专题研讨的目的是生成，核心是发现问题、分析原因（涉及理论）和求得解决办法。研讨过程中允许、欢迎思想的碰撞，因为碰撞也是生成的前奏。以上围绕“水循环”专题展开的多维度研讨，有问题的发现、原因的分析、方法的生成，无疑是一次比较成功的校本常规教研活动。

专题研讨的好处明显，但也有弊端，就是因攻其一点或一面而难以顾及全面，综合效益不彰，但攻其一点，就有一点生成。在连片特困地区经济相对滞后、经费并不宽裕的情况下，教学水平停滞、滞后的高中中年教师和青年教师，要珍惜校本教研机会，多参与专题研讨活动，还要参加其他形式的教研活动。

综上所述，任何常规教研形式都有长处，我们不可因新的教研形式的出现而全盘否定、抛弃原有教研形式。萨特（Sutter）曾言："存在即是合理。"原有教研形式既然存在很长时间，说明自有其价值。另一方面，任何教研形式都有瑕疵，最新的教研形式即便是先前教研形式的完善，也有其不足，因为教育教学活动是一项极其复杂的活动，一堂课，非数人短时间内能看尽析透。这说明常规教研不可拘泥于某一形式，可以多形式开展、互补、交融。这也启示我们：一定要注意教研范式的守正与创新。这是高中中年教师尤应切记的，否则，在新事物面前，可能不知所措，部分丢失原有闪光的一面，甚而完全迷失自我，结果事倍功半，甚而事与愿违。

需要指出的是，"金无足赤"，完美的课堂教学不可能出现，所谓完美的课堂教学，无不是做出来的。这一"做"，对不成熟教师委实有很多触动，于专业化成长不无好处，但"做"不是常态，一者精力有限，二者失去了自然，没有常态的美，反倒不完美。因此，校本常规教研的立足点是常规课堂教学，连片特困地区高中中年教师应在常态化教学、教研中获得专业上的持续发展。从另一方面看，完美虽不可得，但可成为我们的追求。先前若干局部的瑕疵一时不能发现，即便自我反思，也常有不见者，因为"当局者迷"。连片特困地区高中学校无论中年教师，还是青年教师，完全可以成立合作体，让课堂观察等成为生活常态，因为有时是"旁观者清"；如果"旁观"也难以"清"，还可借助微格教学等教学、教研新形式，针对自己的薄弱环节请合作体成员录制课堂片段，在多人观察、反思、反复研究中发现。果真如此，那常规课堂教学的瑕疵会越来越少，尽管不能达到完美，但较之于前，与完美更近。

不知诸君以为如何。盍试践行之！

第十章
校本科研路径

校本性质的研究有校本常规教研、校本科研两个层次。要成为名师，首先要成为“明师”。而求“明”，离不开思维自觉，离不开积极参与校本常规教研、校本科研。教师思维自觉的最高境界是通过科研自觉、科研实践而拥有科研成果，进而逐渐培育、涵养出科研情怀和科学精神。

无论是教研组、备课组的常规教研，还是教科室主持或委托的校本培训，严格地说，都或多或少地带有研究的成分，但它们更多地属于“修”，即韩非子所谓“今修文学，习言谈”（《韩非子·五蠹》）之“修”。此处所谓的校本科研，主要是针对教育教学论文写作和课题研究、校本教材编著而言。教育叙事、教学课例，则更多地属于教师反思、校本常规教研形式，在此不议。而研学行动，是科研与学习的融合，亦不议。从这一意义上看，所谓校本科研，作为校本科研行动，就是依托学校资源，教师积极参与的，以论文写作、课题研究、校本教材编著为主要形式的教育教学研究行为。我们提倡、践行校本科研，首先基于教师作为专业人员，是“发展中的个体”“学习者和研究者”的信念；其次基于校本科研可以促进“教师成为研究者”“学校成为学习型组织”①。当然，校本科研可以成为校本培训的主题之一，但它绝非校本培训，有自己的独立性。

校本科研所研究的对象一般不是理论，因为一线教师多限于时间和学力，难以进行系统的理论探索，而是教育教学中迫切需要解决的实际问题。这些问题是教师、学

① 教育部基础教育司，师范教育司. 校本教研与教师专业发展［Z］. 北京：高等教育出版社，2004.：72-100.

生即时情境中的问题，所以这类研究属于行动研究，即孙瑞欣所谓“实地研究”，或杜威所称的“人种学研究”[①]。这些问题有大有小，研究可凭借一己之力就可能解决的小问题，可写成论文；研究重大命题和众多相关联的小问题，有时须凭借校内乃至校际“科研合作体”才能完成，则可申报课题予以研究；至于为实现校本课程目标而编写校本教材，也常需集众人之力。

连片特困地区高中中年教师大多缺乏科研自觉，科研能力不强，导致专业发展的高度不够，缺乏科研成果对自身教育教学的“反哺”，因而专业成就感不强。如何超越自我、实现自我？校本科研就是重要的引擎和出路。

一、校本科研的原则

能积极参与校本科研的教师，在一定程度上体现了专业发展上的诉求。自然在一定程度上体现了其科研自觉。不过，在思维自觉参与中，校本科研应遵循一定的原则。

（一）发现原则

如同校本培训以需求原则为基本原则，校本科研也要立足于需求。校本科研中的需求就是问题的解决，而教育教学中的问题——必须来自发现。因此，发现问题，既是校本科研的始点，是“明辨”的前提，也是科研应遵循的基本原则。

从哪里去发现？其一，教育教学实践。这是一线教师重要的科研资源。例如，即时情境中未能预料的、没有解决好或不能解决的问题，作业中出现的未能杜绝的普遍性现象等，需要作为科研主体的教师拥有一双发现的眼睛。其二，当下教育痼疾。各种媒介报道的具有普遍性，但一直未能解决的问题，需要科研主体有敏锐的嗅觉和目光。其三，变革中的理念。这些理念，往往是诸多学者积数年研究之功而提出的，具有高度的科学性，校本科研主体不要轻易怀疑，应多从理念与自身教育教学实际接轨的角度，去思考自身存在的问题、接轨的方式或策略。其四，他人错误。教材、教参、课外阅读书籍中，都有不少虑大不周之处，乃至“谬悠之说”。教师要勇于质疑，要有批判意识，研中才能有得。孔子“述而不作”，但“述”中能发他人因未虑及而未发，亦为发现。因此，科研主体应做有心人、细心人。当然，发现问题后，还应思考问题的价值。价值不高，可写科研笔记，异日与相关、相近问题一起，作为要点之一，融入论文之中。

校本科研切忌轻易跟风。热点问题固然值得研究，但研究者多，自己的研究成果如果没有新意，这就是智力资源的浪费；况且，热点是他人的发现，也未必是自己教

① 孙瑞欣. 校本教研的7个关键点［M］. 重庆：西南师范大学出版社，2013：33.

育教学中的热点。

（二）真诚原则

校本科研属于学术行为，教师一定要拥有学术真诚。其一，动机纯洁。不能只考虑到评职晋级之需，让校本科研附着世俗功利的色彩，自然会让学术追求变味。校本科研的目的是解决教育教学实际问题，促进自身专业发展，从而推动教育的发展。因此，教师不能为科研而科研。其二，严禁抄袭。有的教师为了“速成”，在所谓的研究中，大量征引他人成果，甚而将他人成果改头换面。没有思维的真正参与，这样的科研还有何意义？

庄子尝云：“真者，精诚之至也。不精不诚，不能动人。”校本科研亦然，没有真诚的学术精神，就没有智慧的学术成果，即便结出几粒所谓的果实，也“不能动人”。而且，没有真诚的学术精神，却从事校本科研，反倒有损自身形象。“君子戒自欺”（海瑞）不可不记。

总之，校本科研需要真诚，动机不纯、剽窃抄袭的校本科研是对学术和自身的不恭和亵渎。当然，必要的参考和借鉴不可少，但应注意三点：其一，不宜过多。过多的参考和借鉴会淡化、湮没研究者的智慧，甚而有剽窃之嫌。其二，尊重他人。引用或转引须有出处，注明于“注释”“参考文献”。如征引他人著述、论文中的成果，可分别采用“作者姓名.书名（不加书名号）［M］.出版社所在城市名：出版社名，出版年份：页码.”、“作者姓名.论文名（不加书名号）［D］.学位论文完成地所在城市名：大学名，年份.”、“作者姓名.论文名（不加书名号）［J］.学报或刊物名（不加书名号），发表年份（期数）：起止页码.”（“参考文献”中可不加起止页码）的格式（见本书下空注释和书后“参考文献”）。其中，国外著者前也可加“［国籍名］”，其后宜附译者姓名；译著者附其后，多名译著者姓名间加逗号。年月、期数一律用阿拉伯数字（例见参考文献）。其三，他说可成为佐证，也可在与自己观点相左或不完全吻合时作批判材料。

（三）生成原则

教师不仅是知识的消费者，还应是知识的生产者。科研有所生成，才有价值。校本科研如果只有问题而没有生成，就意味着科研主体只是对研究主题有了关注，而科研本身是失败的。因此，校本科研行为的目标是生成。生成什么？理性思考成果。教师在“置心在物中”（朱熹）式的直觉思维下，所获得的感性经验还不足以“究见其理”（朱熹），还不是真正意义上的生成。柏拉图哲学体系的核心是“理念说”，此说也

“认为感性的具体事物不是真实的存在”①。因此，教师科研还需进入到理性层面。

如何进入理性的世界而有所生成呢？其一，思考。这一问题的本质？为何出现？弊端？怎样杜绝或达成？等等。通过不断追问，加深思考，研究者才可能明确部分经验的不足，有新的智慧的发现。其二，提炼。思考，意味着视野扩大，感性认知更为丰富，理性的、零散的办法增多，但缺乏规律性、系统性、普适性和高度。由此两点可知：校本科研成果的生成是教师感性到理性的深化、升华的过程，也是运用逻辑进行加工、整理的过程。因此，科研主体要在深入思考的基础上不断提炼出规律性的认知成果和富有可操作性的途径。这自然离不开文字表达，因为“善于表达凸显研究的价值”②。而不善表达，或言不尽意，或词不达意，易使价值“出偏”；不表达，成果仅有个体意义。当然，思考、提炼的内容不是简单“重复昨天的故事”，不是人云亦云，不能老调重弹，要有新意，因为富有创造性的生成才会令校本科研主体拥有学术尊严和学术成就感。生成之后，还需追求价值。生成的成果要合理，且用之于实际时有效甚至高效。

（四）严谨原则

“研”之本意为磨、碾，“末路益可羞，朱墨手自研”（苏轼《和陶诗》）是也。墨之磨、碾，必求细、匀，斯为严谨。校本科研作为科学研究，贵乎严谨。

校本科研最易出现以下现象：其一，只见树木不见森林。“凡人之患，蔽于一曲，而暗于大理”（《荀子·解蔽》），囿于一孔之见，结果只是一知半解。其二，瑕瑜互见。有智慧的闪光，又有偏激乃至谬误之论。其三，支离破碎。不成系统，要点或紊乱，或重复，缺乏应有的逻辑链。这些现象，凸显出科研成果的不成熟、科研主体的不严谨。其四，缺少理据。拘泥于感想、经验层次，不能引经据典，成果可信度不高，透露出理论学养不济。当然，理据不宜过多，这样反倒遮蔽生成，科研则沦为理据的展示和兜售。

如何解决科研不严谨的问题？除了明确科研的意义、端正科研态度外，还要强化思考的广度、深度和“凿石索玉，剖蚌求珠”（陈寿）的探索精神。“索”“求”过程中有广度，在认知上可避免晕轮效应③，在分析上增强说服力；“索”“求”有深度，有利于发现研究对象内部间的联系，从而获得真知；要有“格物致知”之“格”（推究），推究中有严密的逻辑，在概念、判断、推导等方面多下工夫。这需要科研主体有沉潜的定力，唯其如此，才能摒除内心的浮躁，增进理论学养，且“兼陈万物

---

① 程孟辉.西方美学文艺学论稿［M］.北京：商务印书馆.2007：4.

② 孙瑞欣.校本教研的7个关键点［M］.重庆：西南师范大学出版社，2013：199.

③ 晕轮效应，人们根据个人的好恶或对象遮蔽其他特征的某一特征，而错误地判断推论的现象。

而中悬衡焉”（《荀子·解蔽》），从而避免认知的肤浅、成果的粗疏。

（五）评估原则

校本科研属于教育教学行动研究，一般都有“问题—归因—行动—评估—归因”这一流程①。在这一流程中，校本科研的成果价值如何，有无缺陷，是否有发表、出版、运用的条件和价值，都需要评估。

事实上，以上流程并不准确，因为评估不仅存在于研究结束后，还存在于研究之始、之中。发现问题后，问题是否具有普遍性，问题的价值，“归因”是否存在遗漏或偏离，行动是否科学有效，行动成果是否是严谨的系统，是否有意义，都需要评估，且评估要基于一定的验证。也只有这样，才能体现科研主体对学术的真诚、严谨，也才能保证科研有效并有所生成，促成问题的真正解决。因此，我们认为，校本科研的宏观流程应如图10-1所示。

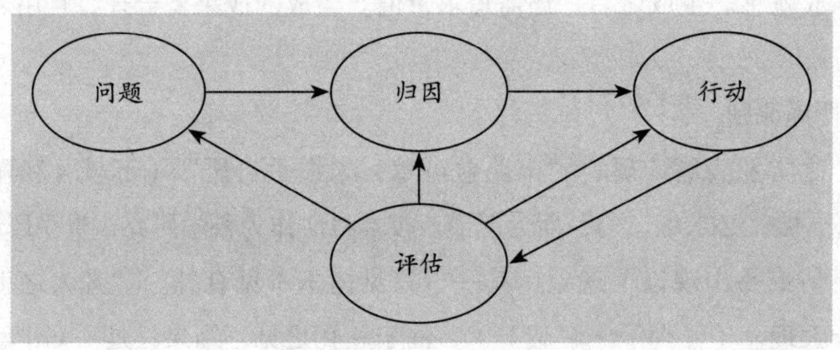

图10-1　校本科研宏观流程示意图

评估的属性因评估者身份属性的不同而不同。在这一流程中，评估者通常为科研主体，此时的评估也是一种反思行为。但有时是合作伙伴，此时的评估无异于科研合作；有时是学校组织的专家组，此时的评估也是一种科研指导行为。

综上所述，校本科研的价值取决于问题价值和生成价值，而二者的价值是否得以实现，取决于科研主体和评估者是否真诚、严谨。因此，以上原则确需谨守。

二、论文写作

“论文”一词最早见于曹丕的《典论·论文》，其意思是谈论文学，所谈论的是文学功用、作家的修养与风格、文体等问题。后世“论文”，多谈论辞章或交流思想。而今日所谓论文，指学术领域内表达研究成果的文章。它是探讨问题的一种手段，也是呈现、交流学术研究成果的一种工具。此处所谈论文，即为后者。

① 柯孔标. 校本教研实践模式研究［M］. 杭州：浙江大学出版社，2008：23.

（一）分类与误解

教育教学论文，从研究对象、研究方法的角度考虑，一般有三类：第一类，理论性论文，对象上侧重于教育教学学理，研究上侧重于文献研究法，做理论上的推演；第二类，行为性论文，或叫经验性论文，对象上侧重于教育教学中即时情境问题，研究上侧重于经验总结法；第三类，教育教学调查报告，对象上侧重于教育教学中某个方面，如新教材的使用、高中德育现状，虽用到调查研究法、经验总结法，但只梳理出问题，或初步研究后摸索出对策等，还谈不上深入研究，但这为深入研究奠定了基础。至于教育叙事、教案分析，准确地说不应在论文之列，只是作为反思、常规教研形式，可为论文写作做准备。连片特困地区高中中年教师和其他教师限于理论修养，不宜从事第一类写作。至于第三类，需要多人配合，可写。但平时最宜写的，是行为性论文。

论文写作者首先要消除对论文的误解。理科教师，不少人热衷于解难题，或一题多解，然后形成文章。严格地说，这不同于“1+1=2”式的基础理论研究，所形成的文章还不是真正意义的论文，只是可对教师、学生言说的解题底稿，而且解难题或一题多解还只是教师最基本的能力要求。论文写作并不反对解题，关键是要有经验性或理论性“建模”——对事物、现象的逻辑化、抽象化。就以数学而论，教师解出难题或能一题多解，为何不提炼出此类问题在解题方向、方法上的共性或思维模型，即寻求“类”的路径？为何不探求学生不能解或想不到的原因，寻求因应措施及其理论依据？在解题、提炼、追问基础上成文，即为论文。比较这两种思路，凭借追问所提炼的内容比借助归纳所提炼的内容更有深刻性。换言之，解题后的反向设“问”（追问）比解题后的“提”（提炼）更有价值。不过，无论“提”还是“问”，都是论文写作的必要环节。解出难题或一题能多解并成文的教师，就差临门一“提”、临门一“问”。就是这一“提”一“问”，会使教师找到具有普遍意义的策略、方法乃至理论。这一“提”一“问”的缺失，固然与教师误解论文有关，也与“中国传统思维特别依赖于感觉，重视具象的知觉”①不无关系。看来，坚持论文写作，还有利于改变自己的思维属性、思维模式。

当然，知识的辩证、学理上的推演辨误所形成的文章，虽以研究过程的呈现为主，但即使没有普适性的应用路径，也因为普适性研究成果的存在而成为论文。

（二）写作要略

思考（含反思）需要文字表达，因为文字表达本身含着思考，是思考的延伸、细

① 楚渔. 中国人的思维批判［M］. 北京：人民出版社，2010：26.

化、深化，也是再思考的重要起点。思考成果若不形之于文字，那么，思考的轻鸢剪掠常失于浮浅、零散，极易沦为坊间游谈。这种经验的言说作用极为有限。如何搞好行为性论文的写作？在遵循校本科研五原则的基础上，还要注意以下“五化”。

1. 现象问题本质化

“借芦苇的摆动我们才认识风，但风还是比芦苇更重要。”法国作家安德烈·纪德这句话形象地说明认识本质的重要。因此，“莫看江面平如镜，要看水底万丈深”。发现问题后，不断追问：这是什么问题？（教育的？教学的？品德上的？行为上的？思维上的？基础上的？）什么原因？（缺乏恕道？疏于自律？先天智障还是开发不够？）怎么办？（用榜样示范？自我设范？培育信心？知识衔接？生活化操作？）或者对不对？教材有无依据？教材外还有哪些依据？总之，教师要思考问题的本质和本质性成因，思考得越深入，就越能抵达本质，根据成因反向找到策略或措施。

2. 缄默知识显性化

以上的策略或举措还处于经验状态，属于个体的，处于缄默状态的“元知识”，还“养在深闺人未识”。将其提炼一番，得出几个要点予以表达，此时的缄默知识就完成显性化过程，成为显性知识。例如，教师凭借经验备出教案——这只是教学的底稿（相当于说书艺人的“话本”），教师不妨再思考：①为什么这么备课？凭借哪些经验性认知？合理否？②从哪些渠道培养学生核心素养？③备课后有何启发？有何主张和理据？④在教案中达成目标的手段？科学否？为什么？……将这些经验表达出来，这就是隐性知识的显性化。高中中年教师，尤其是数理化生教师，相对而言，显性化的难度大一些，但坚持做一段时间，显性化便不成难事。上海市特级校长张人利物理教师出身，敢于研究，之后善于研究，最终誉满天下。这是理科教师专业大发展的显例。

3. 问题解决普适化[①]

策略或措施转化成显性化知识，就意味着问题解决了三分之一。但此时的策略或举措只是个例解决方案，教师要思考三个问题：①有无效果或高效？②操作性强不强？③是否具有普适性或得到普适性解说？如果无效果，说明“本质化”不够，需要再深入思考，或者转化角度思考，甚至搞学情调研。如果操作性不强，就要考虑是不是策略或措施过于笼统，需要细化出具体的小点来支撑；如果普适性不强，就要思考不同性别、不同班级学生在这一问题上的共性问题，围绕这一“交集”再思考，直至能够“种瓜得瓜，种豆得豆”。

① 普适化（generalirati），即普遍化，指将科研中的规律性成果尽可能扩大其适用范围。

4. 零散收获系统化

提炼出的策略或措施是否有重叠部分？若有，说明分类不当，需要再提炼，让各个要点在一篇论文主题下彼此独立。策略或措施顺序是否恰当？不当，就要按照由主到次、由内到外等逻辑顺序重新排列、组合。总之，让诸多要点成为有机的逻辑系统，这也是科研经验层次的成果“建模”。“科学是系统化了的知识。”（斯宾塞）论文写作呈现出逻辑系统来，就意味着有了一定的科学性，能够体现出一定的科学精神。

5. 理性认知理论化

科研中的经验也有理性，但多停留于感性层面、实践层面。完成以上四步，说明教师完成了由感性经验到理性认知的过程，但还多停留在感性层面、实践层面。尽管能说常人话，但还要能借“高士语”。因此还要思考，这些策略或措施是否有理据。如果没有，寻找文化背景、哲学思辨、教育学、心理学等方面的理论、最新教育科研学说，择其一二融入其中（切忌过多）——也是一种求证行为，同时增强论文的说服力，浓厚论文的理性色彩，增加论文的高度。借用康德先验性哲学中的术语，此时科研主体的经验理性或“实践理性”就上升到“理论理性”。这是“后验”的，是论文写作特别需要的理性。反过来，“理论理性”又可指导实践，使实践和相关的行为研究具有理性。一线教师不宜做理论研究，这只是就研究对象、方向而言，但这并不意味着一概排斥理论。将理论纳入论文写作之中，是就理论的功用而言——验证科研的正确性并充作依据。当然，科研能力极强的教师，也可在论文中提炼出自己的理论——创“高士语”。

走自己的科研之路，不盲从他说，教师还可创新思维，甚至“反弹琵琶”，别开生面，体现“吾爱吾师，但吾更爱真理”的求是精神。如果富有新意的“己见”与“高士语”不完全吻合甚而对立，教师应思考“己见”是否科学，是否缺少条件。如果不科学不完备，就要修正“己见”。当确认“己见”无误时，照样借“高士语”，析其条件限制乃至不科学处。此时的“借”，就不再是将“高士语”作为理据，而是作为对比分析的材料。如此，在丰富论文内容的同时，也增强了论文的理性色彩。

另外，略略提及教育教学论文的语言风格和语言表达方式。论文语言不是通俗随意的生活语言，不是形象生动的文学语言，不是古奥典雅的古代文言文，不是庄重朴实的公文语言，而是准确凝练的科学语言。论文写作不必掉书袋，不必状形貌，也不必借藻饰。它对问题、现象的“描述”并非“描”（描写），是“述”（叙述）——准确凝练地叙述；并非“描”（描写），是“论”（议论）——逻辑严密的分析。

（三）例举分析

1. 背景

中年数学教师××在教学立体几何时，抱怨数学难教。他认为，用向量的办法，将立体几何转化为坐标，再用代数解，好是好，降低了难度，但有的题还得用立体几何的办法解决。可尽心尽力教学生立体几何的解题方法，但多数学生一做题还是错。

2. 评析

以上背景，至少反映出××教师以下情况：

其一，了解教材变化。新教材为降低立体几何的难度，增加了借助向量解立体几何题的内容。

其二，重点把握准确。××能认识到立体几何应用的广泛性，着力于立体几何的教学。

其三，缺乏反思自觉。多数学生为何在老师教之后还是“一做就错”？学生普遍缺少什么？教学策略应怎样调整？对此类问题思考少。

3. 指导

先肯定其优点，再就学生解答立体几何题“一做就错”的问题反思性提问，共同探讨。要点如下：

其一，分析症结。

学生“一做就错”。原因是什么？排除多数学生不听讲、教师对多数学生关注不够等原因后，得知：学生对立体的理解不深入，其空间想象能力不强，而空间想象力是基础性能力和瓶颈。我们以为，立体，是看得见的点及其构成的线共同构成的无穷的平面或曲面，与看不见的点及其构成的虚拟性的线共同构成的无穷的虚拟性的平面或曲面的集合。而要关联若干点、线、面，特别是关联这些看不见的点及其构成的无穷的虚拟性的线、平面或曲面，尤其需要空间想象能力。（现象问题本质化）

小结论：“想象就是深度”（雨果），学生缺乏空间想象力，实际上反映出思维深度不够；培养和提高学生空间想象力是此板块教学的突破口。

其二，教学评估。

先就“怎么教”描述自己的教学形态。你的教法能有效培养、提高学生的空间想象力吗？得知：按照老师所画图形讲空间几何例题的行为过程，可知学生更多地明晰了具体例题的解题思路，这虽有利于培养学生空间想象能力，但作用非常有限，不能在进一步提高学生空间想象能力上有较大的突破。

小结论：教师把握住重点却没把握住难点，因而教学低效，策略需要改变。

其三，寻求对策。

哪些措施可能会有效提高学生的空间想象能力？基本公理、点线面的关系、典型例题的反思。这些工作落实得多不多？不多就强化。除了这些对策，还有没有其他办法？画图。怎么画？学生实图操作。还有其他办法强化画图吗？操作图形处理器，多演示；运用几何画板等软件；趣味观看三视图；联系实际，观看生活中的立体图形。

（零散收获系统化——前奏）这样做有理论依据吗？新课程强调“四基”：在掌握基础知识的前提下，形成基本技能、基本思维，积累基本活动经验。（理性认知理论化）

平时有时间，也有这些工具，但考场没有，这说明了什么？以上举措只是为了“扶”，学生还应有凭空想象空间的能力。还应怎么办？凭空描述生活中的立体图形。（零散收获系统化的前奏——补充）

但实施这些办法、策略要实践，怎么解决时间与教学进度的矛盾？少讲精讲多看多操作，训练时间可不变，或酌情减少。（零散收获系统化的前奏——补充）

小结论：培养、提高学生空间想象能力有多个途径或策略。

其四，行为验证。

运用这些办法、策略，注意效果。两周后验证，有明显效果。（问题解决普适化）

小结论：教学策略调整后出现有效教学行为。

其五，梳理路径。

将问题、成因、能证明有效的举措或策略一一写出：画图、操作工具、看生活立体图（含三视图）、凭空想象描述。“少讲精讲”算不算？可不算，它只属于条件，与培养、提高空间想象力无直接联系。将以上要点按逻辑排列，并整理语言，策略为：观察生活策略，实际操作策略（按纸上绘画、操作工具展开），凭空想象策略。（缄默知识显性化）（零散收获系统化）

（在课题组与数学备课组长联系后）在备课组常规教研会上交流。拟什么题？试论空间几何教学的突破；提高学生空间想象力管窥；提高学生空间想象力的策略研究……？

小结论：论文写作需要提炼和有序排列。

其六，修改材料。

经济语言，精粹要点，补足理据，注明出处。（理性认知理论化）

小结论：视论文写作为畏途，是因为平时疏于系统而深入思考，少于平实规范的言辞表达。任何教师都有科研的潜力。

结论：论文写作来自教师行为实践，反思是论文写作的关键。

综上所述，任何学科的论文都需要遵循“五化”。另外，就教育教学中某个问题或现象，既可写成一篇论文；也可从不同角度，如培养、提高空间想象力的策略、策略在课堂或课外的实施、课内外结合方式、配套活动，由一人或多人写系列论文；还可就同一角度提出不同的观点而写成系列论文。当某一篇高质量论文超过4万字，可出单行本时，此时的论文就成为专著。当然，同一主题下若干论文可分类组合，构成系列性合集。

三、课题研究

课题研究是一个较为宏大的科研工程，远非一人之力就能完成，它必须借助于“科研共同体”。

什么叫课题？课题与论文写作中研究的对象一样，都是教育教学中的问题，只是课题研究的问题更宏大、复杂而已。因此，所谓课题研究，指科研主体就教育教学中较为宏大的命题或个人研究难以解决的问题进行的合作研究的行为。

（一）四阶段十句话

怎么开展课题研究呢？我们认为，科研合作体成员，尤其是课题主持人要明确四个阶段并记住十句话：

第一阶段：诱发阶段

诱发阶段即产生研究动机的阶段。研究主体自觉反思，发现研究主题，感觉需要、有用，因而产生研究的意愿。此时需记住两句话：

（1）“需求是上帝”。课题研究同样以需要为前提，以解决问题为出发点，研究的课题是实际问题。

（2）“有用是宗旨”。预设的研究成果是否有用有效；如果有用但低效或无用，则暂时放弃研究。

第二阶段：准备阶段

研究主体为申报课题做准备，要对问题进行初步研究（主要由主持人承担），因此，在申请得到批准后，此阶段也可视为课题研究的前期。此时记住五句话：

（1）“了解是前提”。对这一课题的本质、相关背景、相关理论及其长短、他人研究情况及成果的利弊、所需理论支撑、研究意义、理论基础、研究的目的等都要一一了解，做到胸中有数。这也显现出本课题研究的必要和价值。

（2）“命题是方向”。在深入了解的基础上，联系教育教学实际，提出研究的课题名称，从而明确自己研究的方向。

（3）“分析是重心”。分析的内容有二：其一，课题名称。课题名的关键词，分析关键词间的关系，并界定核心概念。其二，课题内容。对课题涉及的众多内容要点分类、重组，按照逻辑，提出可支撑课题的若干子课题，以3～5个为宜。其三，技术路线。例如“在实践中探索—反思—提升—总结—实践”。其四，研究方法。通常有调查法、案例分析法、文献研究法、行动研究法、经验总结法、数量研究法等。其五，假设。预设可能达成的成果形态，如论文、专著、教材、案例、录像、调查报告、资料汇编、研究报告。其六，创新点。基于现有的他人成果、研究思路等，预想本问题研究的新颖之处。其七，可行性。如设想中的合作体成员的科研能力、初步构想的合理性、学校相关制度与举措。

（4）“组队是关键”。课题研究需要5～7位教师参与，主持人要选择有科研热情、科研能力及科研成果的有追求的教师（这也是课题研究可行的重要保障），否则，极易出现“在其位不谋其事”“动口不动手”“出工不出力”的现象，导致课题研究流产。组建科研合作体后，要明确子课题的主研人员，做到分工合理。

（5）“申报是环节”。主持人在以上六句话所对应的工作完成后，就着手写申报书（申报书有固定格式），然后申报；再写好开题报告（有固定的内容板块），等待开题会的到来。

第三阶段：行动阶段

课题申报成功后，问题正式成为课题，意味着课题研究的全员性行动阶段开始。此时记住两句话：

（1）“研究是保障”。研究，是课题研究最重要的环节，时限一般为2～3年，主持人要提出研究中期、后期的不同任务。研究前，主持人就每个子课题提出意见，建构框架，提出要求；研究过程中，主持人要不定期或定期督查，尤其要注意子课题初案有无生成及其阐述、理据。同时鼓励成员撰写与本课题相关的论文，力争获奖、发表。一旦子课题研究完成，就意味着研究中期结束。

（2）“提炼是核心”。进入研究后期时，主持人与成员一道，对子课题研究成果一一进行整理，总结、提炼出若干具有推广价值、可操作的流程或方案。另外，要思考本课题研究的影响及效果，尚未研究的地方和其他不足，再检查是不是逻辑严密的系统。之后，按照研究报告的固定板块，写出研究报告，字数一般在15000～30000。至于特别重大的课题，其研究报告的字数可突破这一范围，甚至结集出版。

第四阶段：结题阶段

此阶段只需记住一句话：

“结题是考核”。结题前，按照“结题材料”要求，备齐资料，整理成册，并汇总（尤其不要忘记物化成果），静待专家评审组前来。

（二）例举分析

1. 背景

中年教师××从时兴的课堂教学模式中发现了不少人认为行之有效的“微格教学”，忽然来了兴趣，想结合自己的高中语文教学实际，探索一些实施路径，从而提高教学效率。其课题为“运用微格教学提高高中语文课堂效率的实践研究”，子课题为：①“高中语文微格教学内容的设计研究”，②“高中语文高效课堂微格教学实施的策略研究”，③“高中语文微格教学效度和信度的评价研究”。

该课题已于2018年成功申报为市级课题，但半年过去了，主持人××不知下一步该如何进行。

2. 评析

其一，想借“微格教学”提高教学效率，反映出现有教学效率不高，说明有教学高效的需要，这体现了“需求是上帝”。

其二，不少人认为行之有效，便想用于高中语文教学，部分地体现了“有用是宗旨”，但缺乏验证。

其三，课题名称好，课题也有现实意义，体现了“命题是方向”；课题名称与三个子课题关系很紧密，反映出主持人××对课题名称关键词“微格教学”“课堂效率”“实践”把握准确，部分地体现了“分析是重心”。尽管子课题由教学内容的设计到教学策略再到效度信度评估具有逻辑性，但“微格教学”被他人认为行之有效，但未必具有普适性，主持人××需要了解“微格教学”的内涵、背景、理论及其得失、现有研究成果，方能确定其价值，使研究动机有所依托，所以，“了解是前提”未能完全体现，课题最好添加子课题“微格教学现有理论实践的价值研究”，以期指导后面的实践研究。因此，作为课题研究重心的“分析”是不太成功的。“申报是环节”，此课题能申报成功，亦属侥幸。

其四，半年过去了，不知如何区处，说明成员也少建设性意见，这反向印证了“组队是关键”“研究是保障”。成员需要大力充电以形成优秀科研团队。

3. 指导

先将研究做细做实，才能体现“研究是保障”“提炼是核心”。唯其如此，“结题是考核”，结题也就不足为虑。

其一，价值研究。借助互联网、专著，广泛收集“微格教学”的内涵、背景、理论及其得失、现有研究成果，提炼出“微格教学”现有理论、实践的价值。此作第一个子课题，原有子课题依次作第二、三、四个子课题。

其二，细化内容设计。

（子课题二）

首先，摸清高中语文哪些内容适合微格教学。其次，对这些内容予以分类，分别梳理、总结其适用“微格教学”的不同内容的设计模式，或整体的设计模式。它们的表述用语为“梳理出……适合技能训练的内容”“建构了……教材体系”“总结出……建设的规律”等。

（子课题三）

首先，“策略”是方案性、概括性词语，每一个实施策略须有一个名称，如“理论学习为主导，技能训练为主线的策略”“角色扮演的调控策略”“板块一体化的统筹策略”“务实多变的总结策略”，其表述方式为“提出了……”“研究了……”“摸索出……”等。其次，每个策略下应有能够支撑该策略的要点，如“理论学习为主导，技能训练为主线的策略”下，要点可能有“教师转变了只重理论而轻技能的教学观念”“摸索出理论精要呈现的模式”“提出了‘微格’技能训练的路径”；“务实多变的总结策略”下，如果从课堂内容、语言、总结方式上入手，要点可能有“探索出理论、能力要点精要呈现的方法”“提出了合作总结的方式”“总结出总结性语言的重要风格”。各层次的要点按先主后次等顺序排列。

（子课题四）

效度，指实施“微格教学”的效果与课题组的期待的吻合程度，吻合程度高，说明其实施有效、高效。信度，指检测的一致性、稳定性、可靠性，只有多次对“微格教学”的效果检测一直都好，才能证明“微格教学”的良好效度具有真实性。因此，二者是衡量“微格教学”实践研究是否有价值的极其重要的指标。

二者都离不开检测。如何检测？平时作业、周考、月考、期末考，以及专项能力检测、综合能力检测，都可以作为检测手段。因此，要研究所收集的前后学生成绩，专项或综合能力检测的成绩或情况描述。还可通过问卷调查（设置若干问题）来佐证。将整理出的表册、调查结果分析纳入子课题四研究报告中，并得出结论。

其三，总结要出彩。

撰写研究报告时，首先将各子课题成果梳理、提炼、重组，纳入“研究成果”中；若有物化成果，还要单列一条，如“物化了一系列成果，……为高中语文‘微格教学’提供了可资借鉴的范例”。写毕，其后附参考文献。其次，按照“研究报告”的板块一一写出。

较之于论文写作，课题研究要复杂得多，但是，就其核心板块——子课题研究而论，课题就是同一研究主题下不同角度的多个论文写作的有机集合。因此，在研究过程中，论文写作的方法完全可用于课题研究。但子课题必须各有研究的侧重点，彼此呈逻辑序列，最终作为骨架，支撑起整个课题。

四、校本教材编著

校本教材是开发校本课程的产物。如果说“课程实施是将课程规划的‘筑梦’愿景与课程设计的‘逐梦’方案，转化为‘踏实’的实践过程”[①]，那么，校本教材就是校本课程实施的载体；而校本教材编著便是实施的起点，必然涉及目标达成、体例等方面的研究，自然是校本科研的一种形式。

① 崔允漷. 学校课程实施过程质量评估［M］. 上海：华东师范大学出版社，2017：3.

今日校本教材的编著所体现的，是教育质量标准时代的基于课程标准的实施，而不是个别化教育时代的基于教师经验，或普及教育时代的基于教科书的课程实施[1]。

（一）内涵

校本教材编著，指以学校为本位，为达成校本课程目标，由教师个人或集体编写，并由专家审核的行为和成果。

要真正理解校本教材，就要先理解校本课程。要理解校本课程，先说说课程。“课程”一词始见于孔颖达疏《诗经・小雅・小弁》：“维护课程，必君子临之，乃得依法制。”此处的“课程”指礼仪活动的程式。朱熹《论学》多次提及“课程”，如“小立课程，大作工夫”。此处的“课程”指功课及其进程。显然，两者与今日“课程”的意思不同。赫斯特认为，“课程是为使学生通过学习而达到一定目的和目标而专门组织的活动计划”[2]。课程有广义、狭义之分。广义的课程指学校为实现培养目标而选择的教育内容及其进程的总和，包括各门学科和配套的有目的、有计划的教育活动。狭义的课程指某一门学科，如语文、地理、音乐。至于师生使用的某学科书本，则为教材。另外，课程有使用范围之别，分为国家课程、地方课程、校本课程。

何谓校本课程？校本课程指以学校为本位、由学校自己确定的课程，如“巴人文化”“云阳对联”“公益美术”“红楼人物”“杜甫旅云诗”“龙缸地貌”。学校拥有一定的课程自主权，是课程开发主导方和场所，教师是课程开发主体。校本课程最早于20世纪末出现于英、美等国。何谓校本教材？校本教材指以学校的校长和教师为主体，为了有效实现校本课程目标，研究校本课程的教学内容，开发和制定的有关教与学的素材的集合。例如，信息技术是一门课程，教学所用的书《信息技术》就是教材。上文校本课程研究、编著的成果《巴人文化》《云阳对联》《公益美术》《红楼人物》《杜甫旅云诗》《龙缸地貌》，就成为校本教材。开设的每门校本课程，一般都对应着一本或数本校本教材。

校本教材与校本课程相关，但有本质性差异：其一，内涵不同。校本课程是目的、标准和框架，校本教材是媒介、手段。其二，时空差异。校本课程是所有学校所必需的课程管理标准和长期的存在，而校本教材因各校校情不一而不一定必备，其使用范围、周期、效率都受到一定的限制。其三，地位不同。1999年6月13日中共中央国务院颁布的《关于深化教育改革全面推进素质教育的决定》指出：“试行国家课程、地方课程和学校课程。”2001年6月8日教育部印发的《基础教育课程改革纲要（试

① 崔允漷. 课程实施的新取向：基于课程标准的教学［J］. 教育研究，2009（1）：74-79.

② 罗厚辉. 课程开发的理论基础［M］. 济南：山东教育出版社，2002：15.

行）》规定："改变课程管理过于集中的状况，实行国家、地方、学校三级课程管理，增强课程对地方、学校及学生的适应性。"这反映出校本课程具有合法性。尽管2001年6月教育部发布的《中小学教材编写审定管理暂行办法》要求"编写教材事先须经教材审定机构审定后才能在中小学使用""教材的编写、审定实行国务院教育行政部门和省级行政部门两级管理"，但目前校本教材不具备这一审定条件，因此不具备教材政策的合法性。

尽管如此，但校本教材作为校本课程的媒介和手段，其编写仍具有重要意义，是部编教材、地方教材的补充，是发展学生个性、建设特色学校的重要手段。

（二）要略

校本教材不是校本课程的简单匹配，其编著自有方略。

1. 接轨的兴趣化

校本教材要与国家教育方针、教学大纲、新课程及其理念接轨。由于部编教材直接体现了国家教育方针、教学大纲、新课程及其理念，一线教师在真正理解国家教育方针、教学大纲、新课程及其理念的基础上，可以直接与部编教材接轨。例如，部编教材高中语文必修一"梳理探究"中有《奇妙的对联》，它有利于学生了解中国传统文化，淬炼语言，而学生一时难以真正欣赏和拟写。教师完全可由教材出发，设计若干与对联相关的问题，辐射到名联或地方性妙联，编写《对联夜话》之类的教材。冉径、冉云飞、郑丽老师为了让学生了解生命的常识，感受生命的奇迹，为自己的生命感到自豪，开发了校本教材《生命的奥秘》，体现了与高二生物教材中"精细胞与卵细胞"等知识的接轨。

接轨后，一定要考虑学生兴趣和兴趣化呈现。作为培养学生个性的载体，校本教材是部编教材的补充，在一定程度上也是延伸、深化和提高。但若以学术化的面孔出现，大大超过了高中学生的认知水平，则令学生望而却步，结果校本教材就因可读性的降低、丧失而失去了应有的价值。如何增强校本教材的趣味性？以问题为主线，立足实际，图文并茂，理论后更有活动及其过程。如此，学生才能在兴趣中参与，在参与中思考，在思考中生成。

因此，教师在编写校本教材时，要考虑接轨与兴趣的紧密结合。

2. 内容的开放化

校本教材既然是部编教材的延伸，就应该有丰富的内容，呈现出开放的系统。

校本教材的问题可以是教学部编教材时遇到的某一个小点，也可以是某一类问题或现象。其开放性体现在以下几方面：①素材丰富。生活现象、名人事例、陈年旧事趣闻、自然现象，凡有助于学习校本教材的知识点、能力点，在思想健康的前提下均可纳入其中。②时空延伸。古今、中外、天地，课内外活动，都不限定；通过对应教学的图片、文字，课外探究，得到有意义的彰显。③学科跨界。有的知识点、能力点及其备用材料，涉及不同学科，教师编著校本教材时可酌情吸纳，以最大可能地加深理解，利于运用。换言之，校本教材是主题封闭单一与内容开放丰富的统一体。唯有如此，才能在兴趣中拓宽学生视野，在兴趣中加大思维参与的力度。包和镜、向守军、廖成刚老师开发的高二校本教材*Wednesday Talk*主题丰富，形式多样，内容包括生活口语、热点话题及名人演讲等话题，就体现了内容的开放性。

内容的开放化必然带来材料的丰富，但丰富的材料是就异质性材料而言；若是同质性材料，则要比较、筛选，精益求精，而并非多多益善。

3. 编著的严谨化

校本教材的教学要实现校本课程的目标，一个重要前提是校本教材的质量。因此，学校组织、建立编著队伍时，对教师的审查要严谨，对功底薄弱、进取意识与责任意识不强的教师，尽可能不予使用。编写校本教材的教师，要秉承使命与责任，以严谨的态度，多从以下几方面审视：校本教材的内容是否健康，是否准确；编排的内容是否能激发学生兴趣；内容的呈现方式是否新颖、科学；编排的体例是否得到科学的统整，与课程目标是否接轨，能否有效达成校本课程目标？……这样做，不仅可以尽可能地保证教材的质量，教师也可在自我反思中得到专业发展。池白容、张浩、徐军、贺礼平老师为了拓宽学生化学基础知识的应用范围，增强实验操作技能，反复探讨编排的形式和体例，最终开发出很受高一学生欢迎的校本教材《前沿化学》。

此外，校本教材编著的程序要严谨科学。从教材的名称、目标、框架的确立，是否民主公开；编写之后，是否经过成员集体研究、审定？本来，校本教材还要“实行国务院教育行政部门和省级行政部门两级管理”（教育部《中小学教材编写审定管理暂行办法》），不过，限于条件，部省级审查难以进行，但校级审查不可少。这是校本教材编著严谨、程序合理的重要保障。

4. 评估的持续化

校本教材编著完毕后，学校教务处、教科室对校本教材的审查实为评估，从上文所谈教师自我审视等角度入手，发现问题，提出修订意见，以确保教材质量。如条件允许，还应邀请专家参与评估。在教材运用的过程中、结束时，学校要逐一评估教材效益，此亦为验证，其形式有听评课、问卷调查、考试等。如果没有评估，就等于没有基于验证的审查；没有基于验证的审查，就不知编著行为及其成果的价值。而坚持评估，科学地评估，就有利于实现教师与学生、教师与课程、教师与学校的多维互动。

对经评估进入优秀系列的校本教材，还要评估其价值的持久性。若能在较长时期内适用，则出版；对持久性不太强但略加修改即可沿用的校本教材，亦纳入出版之列。校本教材的物化，一者丰富学校的课程资源；二者增强教师的成就感，使之自觉地学习、创造，获得专业发展。

中国古代教育也是艺术教育，以礼乐作为重要内容，走以艺入道之路。它启示我们：达成目的，须有良途。校本教材编著等科研形式正是连片特困地区高中中年教师渐明科研之道的有效路径。

五、科研制度

“制度”一词出自《易经》。《易·节》云：“天地节，而四时成。节以制度，不伤财，不害民。”制者，断木也，“是故贤主之用人也，犹巧工之制木也”（《淮南子·主术训》）是也；度者，计量之器具、标准也，“度者，分、寸、尺、丈、引也”（《汉书·律历志》）是也。所谓制度，本指约束、裁夺的依据，今指众人遵循的办事规程、行为准则，有约束、引导之用。校本常规教研和校本科研作为一种行为，亦需相应的科研制度给予约束和引导。如此，学校教研与科研管理的共性要素人、财、物、时间、空间、信息等才能综合有效地发挥作用①。

“科研兴校”为“道”，科研制度为“器”，属于校园文化中制度文化的范畴。尽管校本科研的主体是教师，但校本科研的进行离不开学校科研制度的保障。连片特困地区高中学校要“道”“器”并重。高中中年教师普遍缺乏科研创新精神和科研的动力，如果学校没有相关制度予以推动，那么，高中中年教师专业发展则处于自流状态，学校内涵化发展就会失去根本。

（一）核心

学校科研制度建设的核心就是在“结构、要求、评估、激励”四个关键词上制度化、常态化。

1. 结构

教育科研作为教师行为，许多时候需要多位教师协作（常规教研也不例外）。这决定了科研应以学校制度下一定的组织结构为基础。连片特困地区和国内不少学校采用年级组负责制下各自运转的模式，有利于学校有序和学校决策的执行、落实，但因多关注年级备课组常规教研和学科教学进度，而极易“忽略学科教学的综合思维”②，且不同年级同一学科的教师合作性降低，一定程度上弱化了学科中心组的活力，也减少了年级备课组的部分智力资源，不利于教师专业发展和科研协作。这一组织结构需要优化。

不少中小学校效仿杭州胜利小学“一长三中心”管理组织模式委实值得借鉴。

---

① 葛新斌. 学校组织与管理［M］. 北京：北京师范大学出版社，2015：198-200.

② 柯孔标. 校本教研实践模式研究［M］. 杭州：浙江大学出版社，2008：231.

在“学生发展中心”“师生服务中心”外，设“教师发展中心”，负责“校本培训”“外出培训”“教育科研”“教学管理”“教师评价”。这一模式无疑增强了科研及其管理的活力，但对规模较大的学校而言，又少了年级组负责制的部分优势。因此，将年级组并列模式与三中心结构模式科学融合，应当是一条各扬其长、各避其短的新路。

在学校管理结构中，教科室的结构、功能定位的制度化自然是学校科研制度建设中的重要一环。其作用已在第八章谈及，于此不再赘论。

2. 要求

学校的持续发展很大程度上取决于教师的持续发展。学校科研制度建设的出发点、立足点应是教师专业发展，尤其是通过高中中年教师的发展有效促进青年教师的成长。因此，学校应出台诸如有关教师中期职业生涯发展规划的制度，在目标达成、过程考核、终端评价上做出要求；在诸如包含学习、校本培训在内的教师培训上有要求，且要求因学科、专业原有状况等差异而有差异，而重心不是不少学校考勤指纹机上的“点卯”。

点卯，源于旧时衙门卯时查点出值人数之制，故有此名。官员、差役“应卯”，表明出值。这对于懒散成习的官衙而言，无疑有纠正、规范之功。不过，“点卯”并不表明勤政尽职，历朝尸位素餐、今日“懒政”大有人在便是明证。因为“点卯”，只意味着出值信息的发出与接收，而不意味着内心的触动、对职责的理解和坚守。“点卯”之后，不敬业者照样可以身在曹营心在汉，甚而借故临时离开，各行其是。明人张岱曾言：“人无癖不可与交，以其无深情也。”部分“点卯”无漏者，看似无瑕，实无对科研的真情，甚而为十足的乡愿，故“不可与交”，更不可委以重任。“点卯”，只能约束极个别无教育教学研究之热情者，对于多数人而言，没有实质性功能，反倒是千夫所指的绳索。这足以说明，“点卯”不能成为管理、评价的手段。从管理学层次看，“点卯”还停留于规范层次，要进入精细化层次，还需有相应的合理的、科学的要求和督查；“点卯”体现于粗线条的要求，更没有进入能体现对个体、类群的差异尊重、关注的个性化层次。因此，科研要求不要停留于外在形式上，而应着力研究如何激发教师的内驱力，教科室对其测评，应着眼于教师入世情怀、求是精神前提下的科研成果。如果还热衷于“点卯”，则反映出科研制度建设的低层次化、表层化、形式化；如果还不得不“点卯”，则反映出学校不得管理学要义，导致包括科研制度在内的不少制度的建设并不完备、科学。

科研的具体要求前已涉及，于此不再赘述。学校制度首先要系统化，实现无缝对接；其次要切实可行。既要能增强教师的紧迫感，又不能成为教师的负担，以真正促进教师在校本研修一体之路上得到发展。

3. 评估

没有评估的“要求”是虚设，结果是“令不行”，无疾而终。如何评估？首先，弱化与强化分明。师德、工作态度确实重要，但在校本培训、教学业绩等诸多方面已经得到反映，不必强化。对能促进教师专业发展的阅读、科研等方面的过程和成果，以及相关教学的科学化评估，需要大力强化。其次，定量与定性结合。对于师德、工作态度等不易考核的，适当淡化或予以定性考核。定量评价时要有科学的测评方法，例如科研考核，运用增值模型①，要兼顾科研主体的实情和科研成果数量、质量的进退，不能简单将单位时段内的科研成果作为唯一的考核标准。再次，落实评估环节。例如不少学校重视科研，但只看论文、课题数量而不看质量。论文是不是抄袭的？论文是不是高价买来的？不好确认，可通过“查重”软件等定夺。每年将优秀作品结集。课题是否可以在学校教育教学中运用？不能运用的，价值不高。若不易评估价值，学校可单列专项资金，责成课题组编写使用材料或教材。若不能，这样的科研还有何意义？对教材编著，更应评估，因为它直接关系到校本课程目标能否实现。

落实评估，旨在引领教师从事真科研而非“伪科研”，旨在让校本科研成为创生的行为和过程，从而使科研成果成为教师专业发展、学校发展的引擎，而非作秀或遮羞的凭借。

4. 激励

缺失内生动力的学校，往往是死气沉沉或内耗不少的学校。教师缺乏内生动力，或消沉以度时日，或心有旁骛而生不端。

评估是认可或部分否定，激励是刺激，唯有科学的“刺激”，才能激发内生动力，使教师有效地“自我引导”。这是约束性规定所不具有的功能。对于智慧型劳动，一定要尽可能体现“按劳取酬”的社会主义分配原则。通过奖励的方式，让有追求的教师有继续奋斗的动力，让无追求、处于职业倦怠期的中年教师猛醒。加大激励力度，才能让死水化为春水。

“激励”的反面是“抑制”或“打击”，介于二者之间的是“补偿”。教师从事科研，既利于自我专业发展，更利于学校发展。而从事科研需要付出，学者邵水潮认为应“建立多样化的利益补偿机制”②，如物质、精神、时间上的补偿。其中，精神上的补偿，不只是评优、晋级，还有科研成果的物化。它还有利于丰富学校科研方面的器物文化。其实，物质、精神、时间上的“补偿”，既是对科研主体的认可，也是变

① 增值模型，又名增值评价模型，指通过追踪研究不同时间节点的实绩变化，所建立的多水平分析模型，有分数增值、协变量校正、田纳西、持续效能四种模型。

② 邵水潮. 校本教研与行动改进［R］. 郑州：大象出版社，2014：9.

相的激励。

（二）落点

以上四词，是学校科研制度建设的核心，也是管理学的重要命题，不过，落点还是激励。其原因有以下几点。

1. 从管理的本质性内涵看，激励才会带来和谐

学校要求发展，出效益，管理确为关键的一环。管者，掌握之谓也，即《荀子·富国》“人君者，所以管分之枢要也”之“管”；理者，因有条理而顺适、和顺之谓也，即《吕氏春秋·劝学》“圣人之所在，则天下理焉”之“理”。可见，管理之“管”只是手段，“理”才是归宿。

“管”何以促成“理”？激励。激励是有别于“管制”的思路、方式和行为，也属于广义的“管”。它能令“管”由封闭、控制走向开放、引领。若只注意“管”，缺乏激励，教师的主人翁地位则渐渐丧失，又缺乏推动前行的力量。如此，中年教师不但因幸福指数降低而加重职业倦怠感，专业自主发展之路受阻，而且因不满意度增加而令“理”难以成为现实。

如何形成激励机制？让管理下的科研制度成为学校科研文化的外化。现代管理学之父彼得·德鲁克（Peter Drucker）曾说：“管理不只是一门学问，还应是一种‘文化’，它有自己的价值观、信仰观和语言。”要培育、生成学校科研文化这一亚文化，就不应只让科研成为口号，而应将求是、进取等内蕴体现在科研制度中，落实到科研行为上。通过较长时期的实践，让科研成为教师生活的一种需要、方式，进而潜化于灵魂，成为价值实现的方式乃至信仰。如此，学校科研文化才能形成，科研激励自在其中。换言之，科研制度建设必须着眼、立足于科研文化的培育。

2. 从学校结构本质看，激励才会带来活力

比利时物理学家伊利亚·普里高津（Llya Prigogine）研究非平衡热力学的输送过程而提出耗散结构论。在平衡态和近平衡态，“涨落”作为一种干扰，对系统的破坏稳定有序，但在远离平衡态情况时，非线性作用使涨落放大，使系统由无序状态自发地转变为宏观有序状态，形成新的、稳定的有序结构。这一非平衡态下的新的有序结构就是耗散结构。德国理论物理学家哈肯（H. Haken）在此基础上，将组织分为“他组织”（He organized）①和“自组织”（self-organization）：他组织系统由外部指令形成；自组织系统则按互相默契的某规则，各尽其责而又协调、自动地形成。

学校事务甚多，教师众多，是一个非平衡态的开放系统，学校及其科研能否成为

① 他组织，指依靠外部的组织机制形成和维持的系统。

耗散结构，很大程度上取决于“自组织”的功能，而不是学校指令下的“他组织”。激励，是一种引领，是一种良性的“涨落”，有利于产生心理学家C.C.罗西（Rosis）与L.K.亨利（Henry）所谓的“反馈效应”，有利于学校指令下的科研“他组织”拥有某个或多个富有个体色彩的充满活力的“自组织”，从而浓厚学术氛围，建设科研上的精神文化，促进教师专业发展。如果缺少激励，教育科研行为及其成果变相被边缘化，“自组织”就会因丧失活性而萎缩，进而被平庸化，减弱乃至失去保持、产生新功能的活力和能力，学校指令下的科研便成为任务和形式，相关结构便沦为“他组织”，很难结出硕果，更遑论学术精神、科研文化的形成，教师发展便成为画饼。

此外，激励所形成的活力及其相关活动，又反作用于学校原有结构，最大可能地避免“内卷化”①状态下的自我懈怠和自我消耗，从而有利于学校科研活力的保持。

3. 从制度功能差异看，激励才有情怀和温度

毋庸置疑，管理成效取决于制度及其运用。从制度外在功能、特性上看，制度可分为约束性制度和激励性制度两种。约束性制度不可不要，但它侧重于对外在行为的干预，其作用毕竟有限。而且若束缚过多，会遏制活力，甚至出现抵制、抗拒，如此，则与“理”背道而驰。这就是“不要管得过死”的道理。而激励性机制侧重于对教师内心的干预，内心所产生的触动、苏醒、激奋，是助推教师个体、学校良性发展的根本性力量。因此，学校在约束性制度的作用下走上正轨后，工作的重心是激发教师工作的热情和创造力，以实现教师，尤其是高中中年教师的专业化发展，此时制度建设的重心便转移到激励性制度的建设上，而只需对先前约束性制度进行完善、补充。

只有这两种制度或某一制度的两个方面的建设在不同时期主次分明且真正统一，并在学校有序执行之后大力创新、推行激励性制度，才能让制度冰冷的面孔下有情怀和温度，真正使学校“理”，使教师在良好的环境中有章可循，并专一于专业上发展自我，从而促进校本科研的良性发展，促成“理”这一局面的稳固。唯其如此，学校科研理念、制度、成果才会真正上升到文化层面，形成科研观念文化、科研制度文化、科研器物文化，成为推动教师专业发展、学校发展的核心力量。

因此，连片特困地区高中学校领导作为教育教学的理解者、促进者、服务者、学习者和激励者，在科研激励性制度的建设上要再下一番功夫，以成就“管理出效益”的大文章。

① 内卷化，美国人类学家吉尔茨（Clifford Geertz）《农业内卷化》中的核心概念，指某种社会或文化模式在某发展阶段形成某种确定的形式后，便停滞不前或无法转化为另一种高级模式的现象。此指学校、学校科研某种僵化的结构或模式。

附：

“撰”之辨正

张 锋

人民教育出版社全日制高级中学语文教科书必修本高一下册《子路、曾皙、冉有、公西华侍坐》一文，“异乎三子者之撰”中“撰”被释为“才能，指为政的才能”，笔者以为此说殊为不妥。

首先，从文理上看，“撰”宜释为“通‘选’，选择”。子路、冉有（求）、公西华（赤）侍坐“言志”后，曾皙（点）所云“莫春者，春服既成，冠者五六人，童子六七人，浴于沂，风于舞雩，咏而归”只是其人生追求的一种目标，一种恬淡、自适的境界和逍遥的生活状态（由子路等人“言志”时他却在“鼓瑟”可窥其端倪）。这被誉为“曾点气象”，体现了儒家“退”的智慧，但与为政才能无关；一个“异”字表明在作比较，四人关于人生追求的选择不同。

笔者谈至此处，颇有微词者恐怕不少。孔子一生鼓吹“复周礼”、施仁政，听了“莫春者……咏而归”后感叹“吾与点也”，因此，曾皙的人生追求境界当视为理想中的太平盛世景象，这正是孔子追求的终极目标，而要让治下如此太平逍遥，自然离不开为政之才，因而才有文中注释。不过，若照此解读，曾皙就在大谈宏图伟略，颇有自傲自吹之嫌。须知，孔子哂笑子路，原因就在于“为国以礼，其言不让”。按常理，曾皙是不会在一生倡导“克己复礼”的老师面前马上重蹈子路“覆辙”的。因此，“撰”不应解为“才能，指为政的才能”。顺提一下，文中“言志”的“志”应训为愿望、希望。

其次，从背景上看，曾皙之“志”与孔子“入世”情怀不悖，“撰”释为“选”成为可能。也许有人持异议：“莫春者……咏而归”是人生追求的恬淡自适境界，而孔子“与点”，这不与其“知其不可而为之”的入世精神相悖吗？其实，二者不悖不难理解。第一，“复周礼”，行王道，“君君，臣臣，父父，子子”，上下有序，人人和睦，“莫春”句正是这一境界的生动诠释。第二，据《史记·仲尼弟子列传》载，“公西赤字子华，少孔子四十二岁”，由此可知“侍坐”“言志”之事当在孔子近六十岁之时，而孔子在周游列国处处碰壁之后，虽“不降其志，不辱其身”（《史记·孔子世家》）而“不仕”，但失望自不可少，而曾皙关于“莫春者……咏而归”的畅想正好触动其情怀，因此，“吾与点也”的喟然之叹应是挣脱尘网羁绊、呼唤回归本我的潜意识流露。如果偏要将孔子所赞同的曾子之“志”与孔子“入世”情怀对立起来，那么，这种对立恰恰反映出孔子奋斗时王道与霸道、尚礼与征伐剧烈冲撞所构成的矛盾状态下的焦灼、无奈和妥协（如此，就不难理解“喟然”二字）。我们不必为揭开这层面纱而自责，因为漠视人性，神化名人，只暴露出学术的虚伪和怯懦。第三，曾皙虽为孔子弟子，但《史记》尚无其积极“入世”的记载，他看惯风云，泯灭壮志而自适，此亦未可知。《史记·仲尼弟子列传》倒是有其子曾参“能通孝道……作《孝经》”的记载。

最后，从词义上看，“撰”释为“才能，指为政的才能”大谬。《汉语大字典》第99页训“撰”：（一）zhuàn①天地阴阳等自然现象的变化规律；②具备；③特；④制作；⑤写作；⑥纂集；⑦同“赚”。（二）xuǎn同“选”，择。“（一）”中任何义项均不适于原文，只有选“（二）”。“撰”之注释，《辞海》（1979年9月版）1630页（三）（xuǎn又读suàn）通“选”“算”。历数而选择。《周礼·夏官·大司马》：“群吏撰车徒，读书契。”贾公彦疏：“择取其善者。”《辞海》（1980年修订本）1311页有注：“撰，犹择也。”班昭《东征赋》“时孟春之吉日兮，撰良辰而将行”可与之互证。

综上所述，“撰”宜读xuǎn，通“选”。

（载全国中文核心期刊《中学语文教学参考》2005年第7期）

第十一章
中年骨干教师主导下青蓝工程研培路径

学校的发展固然离不开领导科学地“管”所达成的“理”，学校教育固然要关注学生的人格建构和当下发展，但这一切，都离不开课程的教学和课程的开发。而“教师即课程”，课程的教学和课程的开发离不开成熟有为的教师队伍。因此，开发、储备教师人力资源，打造高水平的教师队伍，是学校管理工作的重心、核心。

如何打造高水平的教师队伍呢？在校本培训、校本科研基础上，以得到专业发展的高中中年骨干教师作用的发挥为抓手，展开相关活动，为青年教师成长、学校发展做出贡献。达成这一目标的实践方式，最重要的就是开展以中年教师为主导的“青蓝工程”（取“青出于蓝而胜于蓝”之意）之类的研培活动。

一、意义与路径

连片特困地区高中学校应将高中中年骨干教师主导下的青蓝工程研培活动常态化、持久化，这是由连片特困地区教育实际情况和这一研培策略的普遍意义所决定的。

（一）意义

1. 促进中年教师的再发展，可普遍提升学校教育品位

抽样调查显示，重庆市连片特殊困难地区12所高中学校，1410名高中教师中，中年教师416名，占比高达29.50%。这意味着中年教师是高中学校不可忽视的重要群体。尽管其中不乏专业停滞者、滞后者，但较之于青年教师，他们有更多的教育教学经验。中年教师中的优秀教师在不太长的时间内成为卓越教师、专家型教师乃至教育家，具有更大的可能性。

高中中年骨干教师主导下的青蓝工程研培活动能够激励未能参与此项工程的中年教师奋进。当然，这项工程能否有效开展，首先取决于高中中年骨干教师能否胜任此项工作。要胜任这项工作，中年骨干教师就必须主动有为。它促使中年骨干教师在校

本培训、校本科研中所获能力的“固化”，同时促进其培训自觉，时时将缄默知识显性化，还要促进中年教师学习自觉、科研自觉，获得教育教学理念的补充和更新，从而达到新的高度。而青年教师的视角和思考，在中年教师指导下得到进一步发展，为自己日后再发展提供坚实的基础，还反作用于中年教师，在“碰撞”中拓展中年骨干教师的视野，这与“教学相长”的道理相同。从这一角度看，青蓝工程研培活动也是中年骨干教师专业成长的实践活动。

教师是学校的标尺，名师代表着学校的品位。高中中年骨干教师及其他中年教师专业上的普遍提升，将提升学校、连片特困地区的教育品位。

2. 促进青年教师的发展，使学校可持续发展

从抽样调查情况看，连片特困地区12所高中学校40岁以下青年教师994名，占比高达70.50%。这意味着青年教师是高中学校的教学主体，是当下和未来教育教学倚重的对象。学校能否发展，能否可持续发展，从某种程度上说，就取决于青年教师的专业发展程度。

《孟子・梁惠王上》中所谓“数罟不入洿池”“斧斤以时入山林”，反向证明了可持续发展的重要性。学校不宜只谋眼前，不谋未来，要着力于打造可持续发展的校园绿色生态①，高中中年骨干教师主导下的青蓝工程研培活动就是学校的一项绿色工程。它通过对青年教师的系列研培活动，提升其教育教学能力和科研能力，为学校发展提供源源不竭的动力。而青年教师的成长，又倒逼落伍的中年教师进步。只要相应的评估激励机制配套，“比学赶帮”的局面就不难形成。如此，学校持续发展便有可资凭依的力量。

3. 消弭代际鸿沟，丰富校园文化内蕴

因为经历、知识结构、心理、生活状态等方面的差异，中年教师、青年教师存在代际鸿沟，且各自拥有话语群落。两个群落各有优势，鸿沟的存在，不利于两个群落沟通、互补，易导致教师智力资源的流失。鸿沟越明显的学校，这种资源流失越严重。由于缺乏智慧的碰撞，丰富校园文化生活便减少了来自教师方面的专业成长。

相反，高中中年骨干教师主导下的青蓝工程研培活动在一定程度上可以弥补这一不足。通过不同路径，促成代际沟通与融合，形成团结和谐的校园氛围。在活动中，中年教师的坦诚、正直、无私、进取等品性和精神，活动中民主、公平的氛围，自会影响青年教师。在深入的研培中，才会有深层次的发现和发现后的践行行为。如此，校

① 校园绿色生态，指以团结和谐、蓬勃向上、富有底蕴为特质，有利于教师持续发展的校园环境。其内涵大于教育教学生态文化。

园文化的内涵就得到了丰富。文化内涵丰富的校园，最适宜中年教师、青年教师成长。

（二）路径

高中中年骨干教师主导下的青蓝工程研培活动的意义如此巨大，“青蓝工程”如何开展呢？我们以为，师徒结对、中青年教师会研是非常重要的路径。

所谓“师徒结对”，就是在一定时期内，以中年骨干教师为师，以不成熟的青年教师为徒，彼此结对为师徒，并以相关协议、考核为保证的校本研培方式。它秉承自愿原则，同一时期内可由多名教师结成一一对应的若干组师徒关系，到期后还不成熟的，可根据实际情况变更师徒关系。师徒结对，使中年教师与青年教师的关系密切，使教学指导更具有针对性，也使中年教师专业发展获得更强的反作用力。

至于中青年教师会研，是在中年骨干教师组织、指导下，以培养青年教师为目的，多名中年骨干教师与若干青年教师就某问题、现象共同商讨、研究的校本研培行为和方式。这种“会研”，可采用专题性研讨形式，是思维成果的展现和思维的碰撞，极有利于中、青教师间信息反馈、刺激的增速，是一种促进共同成长的有效机制。

当然，这两种形式可以结合。这两条路径的有效实施，都有利于青年教师尽快站稳讲台，并以自己的专业成长辉映讲台。涉及的内容有备课、上课、命题、科研、学习，其形式自然就有备课指导、上课指导、命题指导、科研指导、读书指导。科研上的指导在前文已详谈，本章联系实践，着重谈谈备课指导、上课指导、读书指导。

二、备课指导

备课指导是中年骨干教师就备课对作为徒弟的青年教师所作指导的行为和研培方式，也是“磨课”的构成部分。这一“磨课”在师徒间展开，有别于课堂听评和课堂观察。前者在备课环节展开，可以在青年教师备课之前进行，有时也因为上好了另一个班的课前，需要调整教案，而在上一堂课之后进行；后两者在上课后、上课时进行。

备课指导的内容是一个完整教案所涉及的全部内容，如教学目标、重难点、教法的确定，内容容量、课堂结构（含环节先后）的安排，情境、问题的设计，问题的引导；也可以是某个或某几个备课难点；还可以是方向性的指导。这由“师傅”或前来指导的中年教师群体根据实际情况决定。有一个要求，一定要贯穿指导始终：自主备课。要求青年教师在理解教材后再备课，备出初案后可参照他人成果。切忌先找他人做教案、课件，先入为主式备课，更要杜绝抄袭现象。因为缺乏或没有自主思维参与的备课，实际上是缺乏或没有深入思考的，自然也少有或没有内化教材内容的过程，这种情况下的备课指导就失去了意义。

（一）重点指导

在青年教师基本能“站稳讲台”后，中年教师指导备课，除了以上内容要考虑外，还应尽可能注意不少教师容易忽略的三个“重点”。

1. 备“理论”

所谓备“理论”，指从课程目标、教育理念、知能理论、文化理论等方面备课，旨在使课堂教学有高度。首先，高度应成为教师备课的追求。教师要拥有课堂教学的理论高度，要拥有相关的学科知识、理论的高度，才有宏大的格局和高远的境界，才能高瞻远瞩。其次，高度应成为教师课堂教学的追求。课堂教学如果只满足于学生听懂、能做、会做，那么，学生就不明学科的最高能力要求，长此以往，就浪费了学生的潜质，局限了学生自主发展的空间。

2. 备“逻辑”

所谓备“逻辑”，指从课堂环节、知识板块、课堂提问等方面的连贯性上备课，旨在使课堂环节和思维内容具有逻辑性、流畅性。传统的“组复新巩布”，合作探究中问题的逐层深入均体现出逻辑。任何学科，即便是文科，都有各自的逻辑严密的知识、能力体系；任何一堂课的知识点、能力点，其发现、探究、解决这一逻辑过程和不同层次的问题，无不具有逻辑性。这客观上要求教师备课应讲逻辑性，追求课堂结构“结而无隙”（《鬼谷子·摩篇》），时时“密针线”（李渔《闲情偶寄》）。缺少乃至没有逻辑性的课堂，是零散、凌乱的，教师治丝益棼，学生一头雾水，教学的实效、高效就无从谈起。因此，青年教师闲余还要阅读逻辑学著作。

3. 备“幽默”[①]

所谓备“幽默”，指从语言的诙谐幽默上备课，旨在使课堂更具有趣味性、有效性。语文味教学流派的创立者程少堂先生就大力提倡“备幽默”。备幽默，不是为幽默而幽默，严谨或肃穆的地方却偏要幽默，这种不恰当的幽默反倒会败坏学生的胃口，还冲淡了课堂主题，破坏学生学习，尤其是学习难点时深入思考所需要的清净氛围；也不是了无雅趣的滥俗，不雅的幽默反倒损害了教师的形象，“矮化”了课堂。课堂所需要的幽默，是既能调节气氛又能闪现智慧的幽默，是既能吸引学生又能加深对知识理解的幽默，是既能提醒、提示学生学习思考又充满价值引领、人文情怀的幽默。逻辑严密的数理化等自然科学学科可以幽默，而且更需要幽默；严肃的老师因为幽默而令教学增效，令自己的形象因富有立体感而备受学生喜爱、尊重。因此，指导青年教师备课，要有“幽默”上的引领。

下面，试以“师徒结对”中备课之后上课之前的指导为例，见表11-1。

---

① 备幽默，现当代中国百名教育家之一的程少堂关于备课的主张。他认为，缺少幽默感的教师，为增强课堂趣味性、有效性，有必要将“备幽默”作为备课的内容和环节。

表11-1 青蓝工程备课指导一览

2018年5月9日　　　　课题组

授课内容	能量之源——光与光合作用	指导
备导	备课教师 李泽刚　　指导教师 晏寿云	
教案	**一、教材分析** 《能量之源——光与光合作用》是人教版必修一第四章第4节的第二节课。主要介绍光合作用的探究历程、光合作用的过程等知识。与光合作用有关的几个经典实验有利于培养学生的科学精神和严谨的科学态度，培养学生掌握生物科学的研究方法。光合作用的过程介绍了光反应和暗反应过程中物质和能量的变化。 **二、学情分析** 学生缺乏相关知识储备，难以理解光合作用中的光能转化成不稳定的化学能、从不稳定的化学能转化成稳定的化学能的转变过程，对于暗反应中的二氧化碳的固定，三碳化合物的还原等的必要性的理解也有一定的难度。 **三、教学目标** 1.知识目标 （1）说出绿叶中色素的种类和作用。 （2）说出叶绿体的结构和功能。 （3）说明光合作用以及对它的认识过程。←［同组分列的要点间的句号一律改为分号。文中甚多，改！］ （4）说出光合作用原理的应用。 （5）简述化能合成作用。 2.能力目标 （1）尝试探究影响光合作用强度的环境因素。 （2）通过光合作用发现史的学习，培养学生实验探究的能力。 3.情感态度与价值观←［要用核心素养术语］ （1）关注科学工作的方法和过程，形成严谨的科学态度及创新合作的科学精神。 （2）领悟科学探究的思想方法，培养学生质疑、求实、创新以及勇于实践的科学态度和精神。 **四、教学重点、难点** 1.教学重点 （1）绿叶中色素的提取和分离。←［原理与方法］ （2）光合作用的发现及研究史。 （3）光合作用的光反应、暗反应过程及相互关系。 （4）影响光合作用强度的环境因素。 2.教学难点 （1）光反应和暗反应的过程。 （2）探究影响光合作用强度的环境因素。←［常结合图形或材料来考查］	体现生物学科的探究能力。 为培养学生的推理演绎能力埋下伏笔。 光合作用是新陈代谢的重要内容，高考中出现概率较大。结合科研热点命题，考查学生的获取信息能力、图文转换能力和语言表达能力。 小评 有分析教材、学情的意识和习惯，是成功教学的前提。 科学史，培养学生的批判性思维。

续 表

授课内容	能量之源——光与光合作用	指导
备导	备课教师 李泽刚 指导教师 晏寿云	
教案	**五、教具准备：**课件、微课导学案 **六、课时安排：**2课时 **七、知识网络** 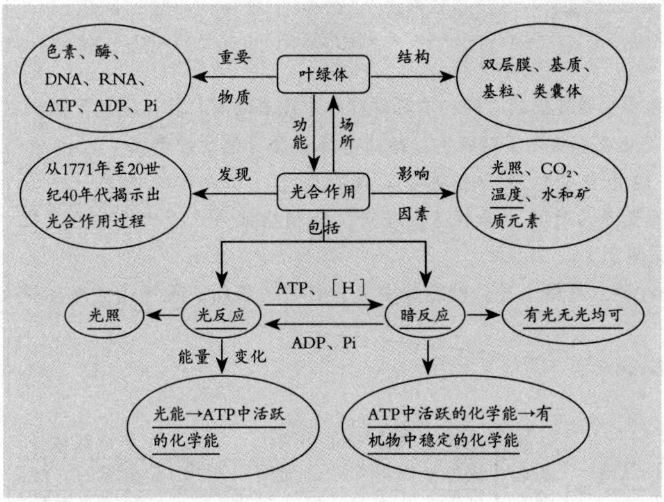 叶绿体 —重要物质→ 色素、酶、DNA、RNA、ATP、ADP、Pi 叶绿体 —结构→ 双层膜、基质、基粒、类囊体 叶绿体 —功能→ 光合作用；光合作用 —场所→ 叶绿体 光合作用 —发现→ 从1771年至20世纪40年代揭示出光合作用过程 光合作用 —影响因素→ 光照、CO_2、温度、水和矿质元素 光合作用 —包括→ 光反应、暗反应 光反应 → 光照 光反应 —ATP、［H］→ 暗反应；暗反应 —ADP、Pi→ 光反应 暗反应 → 有光无光均可 光反应 —能量变化→ 光能→ATP中活跃的化学能 暗反应 → ATP中活跃的化学能→有机物中稳定的化学能	知识点之间的联系清楚。
	八、教学过程（第二课时） 复习提问：绿色中与光合作用有关的色素有哪些？这些色素的作用是什么？色素分布的场所又在哪里？ 叶绿体的类囊体薄膜不仅分布着与光合作用有关的色素，还分布着与光合作用有关的酶。那么这些酶所催化的光合作用的反应式怎样发生的？需要什么原料，产生什么物质？	复习旧知识，引入新课。此处也可联系生活。
	（一）光合作用的探究历程 1. 微课播放光合作用的探究历程 （1）2000多年前，亚里士多德：构成植物体的原料是土壤，植物增加的重量=土壤减少的重量。	观察植物往往生长在土壤中这一现象，作出假设。
	（2）1648年，海尔蒙特：植物的物质积累来自水。 不足：只考虑到水分与无机盐的因素，未考虑到空气。	实验验证。
	（3）1771年，普利斯特利：植物可以更新空气。 实验内容： 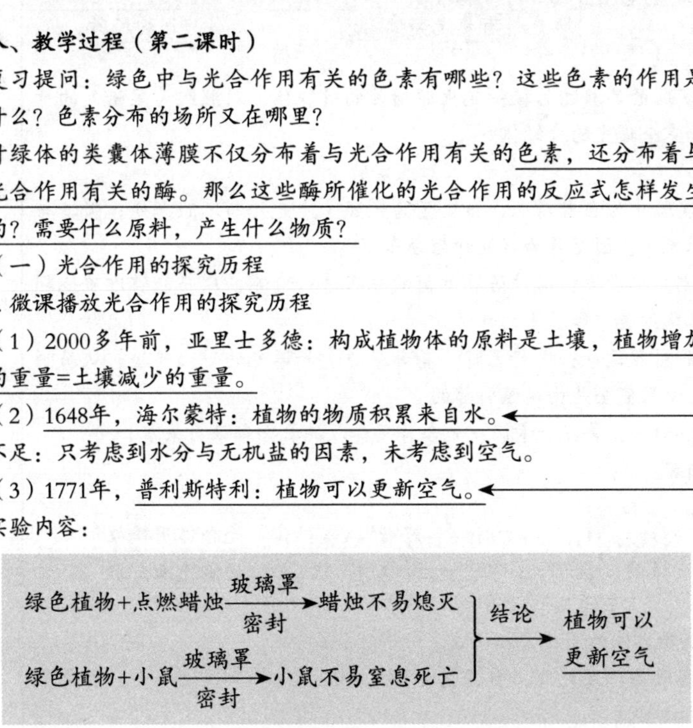 绿色植物+点燃蜡烛 —玻璃罩密封→ 蜡烛不易熄灭 绿色植物+小鼠 —玻璃罩密封→ 小鼠不易窒息死亡 —结论→ 植物可以更新空气	培养学生的批判性思维，提出新的问题。
	（4）1729年，英格豪斯：只有在阳光下，植物才能更新空气。 （5）1785年，绿叶在光下放出的气体是氧气，吸收的是二氧化碳。 （6）1845年，梅耶：光合作用把光能转换成化学能。	设计新的实验，验证新的假设。

续 表

<table>
<tr><td>授课内容</td><td>能量之源——光与光合作用</td><td rowspan="2">指导</td></tr>
<tr><td>备导</td><td>备课教师 李泽刚　　指导教师 晏寿云</td></tr>
<tr><td>教案</td><td>（7）1864年，萨克斯：光合作用的产物除了氧气外，还有淀粉。
实验内容： 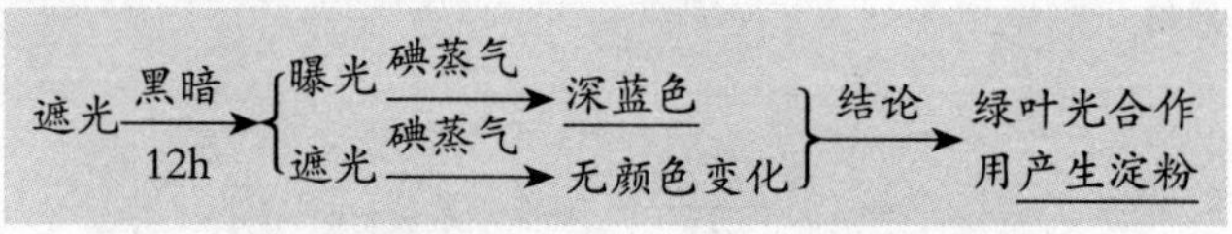
遮光 —黑暗 12h→ {曝光 —碘蒸气→ 深蓝色；遮光 —碘蒸气→ 无颜色变化} —结论→ 绿叶光合作用产生淀粉
① 本实验中黑暗处理的目的：消耗掉叶片中原有的有机物，避免干扰。
② 碘蒸气处理前要热酒精脱色：防止叶绿体原有色素的干扰
③ 本实验为自身对照，自变量为是否照光（一半曝光与另一半遮光），因变量为叶片是否制造出淀粉，观测指标为是否出现颜色变化（出现深蓝色）。
（8）1880年，恩格尔曼：叶绿体是光合作用的场所；氧气是叶绿体释放的。
实验内容： 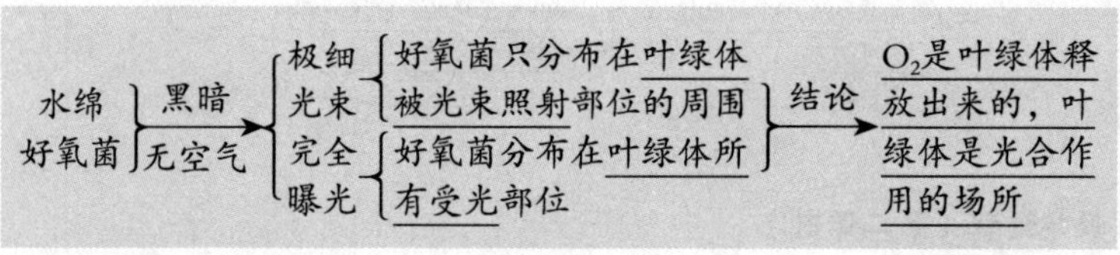
水绵好氧菌 —黑暗 无空气→ {极细光束：好氧菌只分布在叶绿体被光束照射部位的周围；完全曝光：好氧菌分布在叶绿体所有受光部位} —结论→ O_2是叶绿体释放出来的，叶绿体是光合作用的场所
① 本实验的实验组为极细光束照射处的叶绿体，对照组为黑暗处的叶绿体和完全曝光的叶绿体。
对照实验
② 本实验中为自身对照，自变量为光照（照光处与不照光处；黑暗与完全曝光），因变量为好氧细菌分布。
③ 观测指标设计：通过好氧细菌的分布进行检测，从而能够准确地判断出水绵细胞中释放氧的部位。
④ 实验对照设计：进行黑暗（局部光照）和曝光的对比实验，从而明确实验结果完全是由光照引起的。
（9）1941年，鲁宾和卡门：光合作用释放的氧全部来自来水。
实验内容： 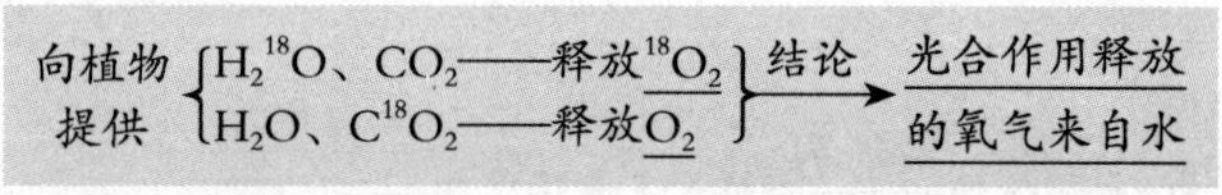
向植物提供 {$H_2{}^{18}O$、CO_2——释放$^{18}O_2$；H_2O、$C^{18}O_2$——释放O_2} —结论→ 光合作用释放的氧气来自水
① 本实验方法为同位素标记法。
② 本实验为相互对照，自变量为标记物质（$H_2{}^{18}O$与$C^{18}O_2$），因变量为O_2的放射性。
（10）20世纪40年代：卡尔文：探明了二氧化碳中的碳在光合作用中转化为有机物中碳的路径。</td><td>不足
缺少空白对照；没有认识到光照的作用；没有明确更新气体的成分

实验设计的基本原则之一。
考查点！

缺易错警示

恩格尔曼实验方法巧妙之处：

（1）实验材料选得妙：用水绵作实验材料。水绵不仅具有细而长的带状叶绿体，而且叶绿体螺旋状地分布在细胞中，便于观察和分析研究。</td></tr>
</table>

续表

授课内容	能量之源——光与光合作用	指导
备导	备课教师　李泽刚　　指导教师　晏寿云	
教案	2. 根据导学案让学生练习对应的科学家以及结论 讲练结合，及时巩固，好 科学家　　实验结论或观点 ①普利斯特利　a.只有在阳光下，植物才更新空气 ②英格豪斯　b.植物可以更新空气 ③梅耶　c.光合作用的产物除O_2外，还有淀粉 ④萨克斯　d.光合作用释放的O_2来自水 ⑤鲁宾和卡门　e.光合作用把光能转换为化学能 ⑥卡尔文　f.暗反应^{14}C的转移途径（卡尔文循环） 3. 对经典实验进行分析 萨克斯的实验、恩格尔曼的实验、鲁宾和卡门的实验中的自变量与因变量以及观测指标。 （二）光合作用的过程 （1）通过光合作用的探究历程来总结出光合作用的反应式： $CO_2+H_2O \xrightarrow[叶绿体]{光能} CH_2O+O_2$ （2）过程图解 光能；H_2O 水在光下分解 O_2；叶绿体中的色素；[H]；ATP 酶 ADP+Pi 酶；供氢 酶；供能；$2C_3$；还原；固定；多种酶参加催化；(CH_2O)；C_5；CO_2 光反应：条件：光、色素、酶；场所：类囊体的薄膜上；物质变化：$H_2O→[H]+O_2$，$ADP+Pi→ATP$；能量变化：光能→ATP中活跃的化学能 暗反应：条件：酶；场所：叶绿体基质；物质变化：$CO_2→C_3→CH_2O$，$ATP→ADP+Pi$；能量变化：ATP中活跃的化学能→有机物中稳定的化学能 数字带括号作序数时，后括号后不加标点。后面的都要改过来。 ① 光反应阶段：（见上表） ② 暗反应阶段：（见上表） ③ 光合作用的实质：合成有机物、储存能量 （3）、光反应与暗反应二者的关系： 光反应是暗反应的基础：提供[H]和ATP	（2）排除干扰的方法妙：实验成功的关键之一在于控制无关变量和减少额外变量，恩格尔曼将临时装片放在黑暗并且没有空气的环境中，排除了环境中光线和氧的影响，从而确保实验能够正常进行。 还可引导思考总结科学发现的一般过程。学习科学发现史，认识到科学发展不是一蹴而就的，要经过不懈努力，培养学生探究能力和抗挫折能力。总结科学探究史，为学光合作用过程作铺垫。

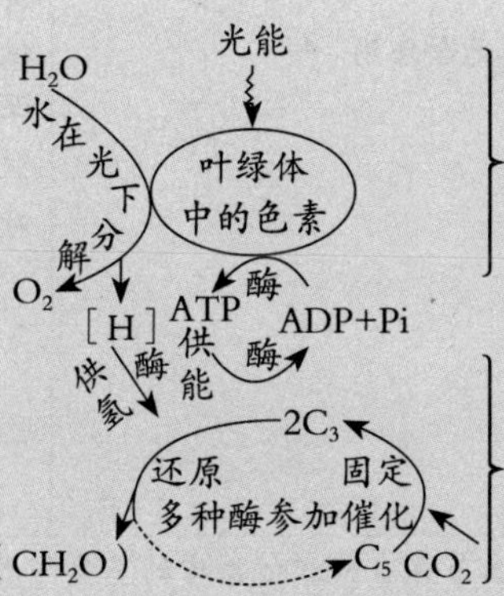

续 表

<table>
<tr><td>授课内容</td><td>能量之源——光与光合作用</td><td rowspan="2">指导</td></tr>
<tr><td>备导</td><td>备课教师　李泽刚　　　　指导教师　晏寿云</td></tr>
<tr><td>教案</td><td>（解释［H］在这里指NADPH，既可作为还原剂，又可提供能量）
暗反应为光反应提供原料ADP、Pi。
注意：ATP的移动方向：从类囊体薄膜到叶绿体基质。ADP、Pi的移动方向：从叶绿体基质到叶绿体类囊体薄膜。
课堂练习
提示：练习内容是什么？要明示，细微处也不能不遗漏，更何况“课堂练习”是教学的一个环节。青年教师要严格要求自己哟。
小结：
一、光合作用的探究历程
二、光合作用的过程
1、反应式
2、过程
（1）、光反应。
（2）、暗反应。
3、光反应与暗反应的联系
[阿拉伯数字作序号时，后带小圆点。以后写论文时，也要从这些细小处体现严谨的态度。]
结语：光合作用将光能转化为有机物中的化学能储存在有机物中，被不能利用光能的生物所利用。光合作用使太阳能成为地球生命的“能量之源”。
布置作业。
提示：作业要明示，细微处也不能不遗漏，更何况“布置作业”是教学的一个环节。青年教师要严格要求自己。
九、板书设计
第10讲　能量之源——光与光合作用
一、光合作用的探究历程
二、光合作用的过程
1.总反应式：
2.过程
（1）、光反应阶段。
（2）、暗反应阶段。
（3）、光合作用的实质。
3.光反应与暗反应的关系</td><td>讲练结合，及时巩固。

板书简则简矣，但形同虚设，因为本节课核心点、易错点没得到很好的呈现。</td></tr>
<tr><td>评价</td><td colspan="2">本节课教学设计科学合理。教材分析明确了本节课在知识体系中的重要作用，然后分析学情，明确了对象。构建的知识网络体系颇具匠心，明确了知识的内在联系，有利于学生在学习过程中整体把握。通观教案，发现你具成为未来卓越教师的潜质，但部分细节还需要进一步处理，如在光合作用的探究历程中，经典实验之间的相互衔接、引领这些实验的内部联系等均需要进一步引领；需要强调恩格尔曼实验方法的巧妙之处；在对具体实验进行分析时，可以从实验的基本原则入手，让学生感悟经典实验，为学生的实验思维的形成和培养打下基础——与“积累基本活动经验”的精神相承。能注意培养学生的科学精神，好！</td></tr>
<tr><td>建议</td><td colspan="2">其一，“备幽默”。科学知识枯燥，因此教师在讲课时要注意联系生活，及语言的幽默化。我们不能只满足于准确传授知识，备课时，还可加一环节——“备幽默”，以增强趣味性。其二，增加互动、讨论内容。唯有互动、讨论，才能使学生思维最大化地参与，从而深化理解，训练思维。</td></tr>
</table>

高中中年教师对初出茅庐的青年教师进行备课指导，是全方位的指导。因为青年教师还没能充分地、深入地开展教育教学的全域性实践活动，还缺少应有的经验，因此，指导不但要面广，还要尽可能细致入微，从知识的传授到能力的生成，从课堂的建构到情境的设计，从体系的呈现到板书的设计，从问题的探究到品性的影响……先按基本要求全力指导、扶持，令其早日“乱分春色到人家”。

（二）特色指导

当青年教师真正站稳讲台后，中年教师指导备课的追求、方向就应该调整，即从全面指导到重点指导，从常规指导到特色指导，尤其强调特色指导。具体而言，要注意两点。

1. 备“创新”

所谓备“创新”，指在达成目标的前提下为求新意而备课。创新，永远是教育教学的主题。备课，本来因课型不同而有不同的范式，在成熟之前还有必要构建课堂范式，但范式也束缚思维，不利于教师的再发展。教学水平本是在范式的构建、突破、再构建、再突破中得以提高的。如果满足于一定范式，备课就会形成“路径依赖”，教师的思维就会日渐僵化。因此，不要迷恋于一定的备课范式，要备出新意。课堂的新意体现在哪里？主要体现在内容的择取、组合，目标达成的有效方式、手段，课堂结构，课堂的广度、深度、高度等与一般教师不同，且高效。

2. 备“个性”

所谓备“个性”，指在达成目标的前提下为求富有个性特色而备课。从本质上看，它也是一种创新，但重在促成教师个人教学风格的形成，即让某一方面的特点成为教师的名片。按照普拉哈拉德（C. K. Prahalad）、哈默尔（G. Hamel）的核心能力理论，这也体现了教师的核心能力（corecompetence），具有独特性、难以模仿性、动态性、综合性。“个性”体现在哪里？主要体现在艺术的感染、智慧的创造、轻松且实效上。或充满理性，具有逻辑的力量；或自然而幽默，充满机趣；或儒雅，使课堂充满文化气息；或情感渗入，在令学生备受感染的过程中达到目标……当然，教学个性的形成非一日之功，需要引领，需要有意识地发现、保护教学“专长”，但备课时先注意而非刻意地扬其长，日久自然功成，彻底摆脱“匠气”，以“格”而胜。

美国哲学家、教育家杜威曾言：“教育即生长。”教师指导亦然。高中中年教师成功地指导备课，会促进青年教师的成长、发展，甚而使他们的教学诉求实现由“效”“思”，到日后“美”的转换，其教学境界实现由实效课堂、思想课堂，到日后艺术课堂的跨越。果真如此，高中中年教师自己不仅获得“既滋兰之九畹兮，又树蕙之百亩”的欣慰，更有植桃者目睹“桃之夭夭，灼灼其华”式的成就感。

三、上课指导

上课指导是中年骨干教师对青年教师备课之后就课堂教学行为进行的指导，是一种重要的研培渠道和研培方式。它可在课前，就教材内容重要点、青年教师难以驾驭处进行指导，更多在课后，就课堂教学中教师行为进行会研、评析，利其改进，为后续教学（含重上）作引领。

当然，“青蓝工程”中上课指导完全可采用第九章中课堂听评、专题性研讨等常规教研形式，甚至采用相对专业化、“精确化”的课堂观察，只是这样做需要不少时间、人力。作为“师傅”的高中中年教师偶尔邀请其他教学合作体、备课组、教研组的教师前来会诊，也未尝不可。

偶尔组织中青年教师会研，这有利于更多的青年教师参与研究，深入思考，但常态化的上课指导仍在“师徒”间进行。尤其是青年教师接近成熟时，更需要指导教师着力于“徒弟”的软肋，做到精准指导。而这类定点指导，往往不能一蹴而就，需要多次帮扶，限于精力，此时中青年教师会研的次数就更为有限（赛课指导除外）。因此，非精确化甚至有几分模糊，非精细化甚至有几分宽泛，但方向正确的指导就是必然的选择。这种指导还有利于青年教师自我思考、消化，有所“学得”，更有所“习得”（acquire）①。

听课之后，如何进行上课指导呢？自然，按照备课基本要求一一对照、评价、修正，是很有必要的，尤其是对从教不久的青年教师。从“创新”“个性”的角度高要求，则要看青年教师的实际情况。就一般上课情况而论，指导教师着眼于以下三个关键词。

（一）达成

达到目标，是“生成性课堂”的基本要求。如何看学生达成是否理想？首先看有无知识性错误，再从学生的回答、探究参与度、课堂练习情况可知学生思维参与情况和目标达成情况。无论达成理想与否，都还要看为达成而采用的手段、方式、教法，提问与目标的关联度与提问的难易、逻辑，环节的完整与逻辑，巩固性练习、作业与目标的紧密度。达成不理想，更要回过头来看目标、重难点的设置与课时安排是否有科学性，有无学法指导。

① 习得，知识的学习阶段之一，指新旧知识相互作用，新知识转化为个体所理解的意义的过程。最早见于斯蒂芬·克拉申（Stephen D. Krashen）的语言习得理论。“习得”与“保持”“运用”构成知识学习的过程，其意思与“学得”（知识正在掌握之中）不同。

（二）素养

素养，指一定的素质、修养，涉及知能、审美、思想、为人处世等方面，这并不是一堂课所能养成的，因此素养只能是课程目标，是课堂教育教学的目的、价值指向，而不是特定课堂必须达成的课堂目标。换言之，学生的素养不理想，只反映出任课教师或学生生活中以前的教师同行，尤其是家长做得不太好，并不一定要成为否定一堂课效果的理由。

指导教师要关注的，是青年教师有无关注素养培养的意识和行为，如是否体现探索的意识、方法的引领，是否体现思想的碰撞与浸润，是否体现精神的引领、情怀的培育。一句话，是否给学生呈现出一个开放的可引航的课堂。这也是衡量青年教师是否成熟的关键。同时，指导教师还要特别关注青年教师的学科素养和评价素养。

（三）美感

无论是传统的理科课堂，还是传统的文科课堂，在达到目标、关注学科核心素养的前提下，还能给人美感，这样的课堂教学无疑是最高境界的课堂。课堂美感体现在两个方面：一是艺术美，二是文化感。从哪里去发现、感受课堂教学是否具有艺术美？课堂情境设计的语言是否恰切优美，点拨是否精警有哲思或诗意，衔接语、总结语是否连贯流畅，环节是否紧密严谨等。从哪里去发现、感受课堂是否有文化感？引导、分析、拓展的内容是否包含、彰显了仁爱、进取、宽容、民主、科学等内涵在内的东西文化精髓。理科课堂也有美感，精准的表达、缜密的逻辑，无不彰显出科学精神，这是科学而艺术的美，也是文化的美。当艺术、文化的因子自然地融入课堂教学，此时的课堂就是真正充满美感的课堂。这是衡量教师课堂教学是否迈向卓越的重要指标。

叶澜认为："要从生命的高度，用动态生成的观点看待课堂教学。课堂教学应被看作是师生人生中的一段重要的生命经历，是他们生命的有意义的构成部分，要把个体精神生命发展的主动权还给学生。"若能"把个体精神生命发展的主动权还给学生"，则意味着教师积极关注目标的有效达成和学科核心素养的培养。课堂因生成而有价值，因素养而有内涵，因美感而有张力，这样的课堂就是"有生命力的课堂"，也成为"师生人生中的一段重要的生命历程"。

下面是中青教师会研的一份研究评析材料，见表11-2。

表11-2 中青教师会研一览

教科室2016年11月14日

<table>
<tr><td>授课内容</td><td>铁及其化合物</td><td>授课教师</td><td>刘燕</td><td rowspan="2">备注</td></tr>
<tr><td>会研教师</td><td colspan="3">总评 黄正超 分评 朱润军</td></tr>
<tr><td rowspan="2">内容</td><td>总评</td><td colspan="2">一、课堂教学目标的设定与达成：刘燕老师恰当地设置了具体的三维目标，通过知识与技能检测学生的学习行为，有机地将过程与方法、情感态度、价值观落实在知识与技能的形成过程中。教学呈现了知识的形成过程，老师很注重培养学生接受、整合信息的能力，及分析解决问题的能力。
二、教师的教学思路：整堂课教学思路清晰明了，整个教学过程围绕一条明线（历险员相互认识→整理装备、发现问题→解决问题、成功冒险→总结历险）和一条暗线（认识铁及其化合物→建立铁及其化合物二维坐标图→完善铁及其化合物二维坐标图→拓展应用）展开。
三、教师的教学能力：整堂课能够充分体现该教师扎实的教学基本功，能够精准地评估学生在学习过程中将会出现的各种困难，制定出适合学生学习的各种教学策略。教学的各个环节环环相扣，层层递进。
四、教师的教学方法：运用研究问题的一般方法将这堂课的知识置于真实的情境之中，富有艺术性。这对于提高学生学习能力有极大的帮助，能切实地提高学生独立思考、探索、质疑的能力。</td><td>看重基本要求。关注素养及培养渠道——注意核心素养相关理论
课堂建构
目标达成条件
课堂建构
艺术美
不能“提高”，只能帮助</td></tr>
<tr><td>分评</td><td colspan="2">刘燕老师将整堂课设计成四个环节。环节一：通过表演茶水变成可乐的魔术来激发学生的兴趣，巧妙设置悬念并提出本节课所学的内容和要解决的问题。然后又创设情景，通过维生素C和铁搭档去冒险→选择合理的路线→整理出发前的装备。环节二：在整理装备时发现问题（缺少氢氧化亚铁、氢氧化铁和一瓶试剂失去标签），然后提出解决问题的方案，通过方案的实施，巧妙地将铁的氧化物与铁的氢氧化物关联在一起。环节三：鉴别装备中的不明之物（检验Fe^{2+}、Fe^{3+}）。环节四：进一步完善二维坐标图，让学生建立起从元素组成和价态变化两个方面研究铁及其化合物的性质，进一步指导学生学习元素化合物的方法。刘燕老师秉承新课改的理念，将整堂课内容置于一个完整的故事情节之中，巧妙的设计激发了学生浓厚的兴趣，使学生能够成为课堂的主人，积极地参与其中，自行分析问题、解决问题，最后深化主题，让学生学会一种基于“元素观”和“价态观”的二维坐标图的方法，有效地指导学生对元素化合物的学习。这堂课真正印证了苏霍姆林斯基的一句话：在人的心灵深处都有一种根深蒂固的需要，就是希望自己是发现者、研究者、探索者。
最后的一点小建议：铁盐知识讲授过程中，应更加深入细致，总结出Fe^{2+}、Fe^{3+}的检验方法。</td><td>【评】较精准，重肯定，但归类略乱，需核心素养理论。
重点说课堂建构
学法指导
情境设计（目标达成条件）
方法
【评】要言不烦
问题：重点较突出，但应融入探索精神等文化内涵</td></tr>
<tr><td>青年教师</td><td colspan="3">我觉得“铁三角”更应该详细地讲解。（高欢）</td><td></td></tr>
</table>

注：黄正超与刘燕师徒结对。

上课指导后，还要指导青年教师遵循反思策略，学会反思。首先，从教案的基本结构、备课的基本要求等方面指导青年教师注意思考自己的得失；其次，指导青年教师思考自己能力和理论等的不足点及其弥补和纠正的措施。反思对象的难易要有梯度，逐渐提高难度要求和范围。例如驾驭课堂必不可少的察言观色、揣摩心理的能力，非一日之功；要达到“古之善摩者，如操钩而临深渊，饵而投之，必得鱼焉”（《鬼谷子·摩篇》）①的境界，还需高中中年教师经常点拨，助其反思。至于反思形式，教学后于教案中呈现反思要点，以及“教学行为反思录”、教育叙事，都可采用。

四、读书指导

读书，作为阅读的一种方式，自然也属于学习行为。在前面章节中，涉及读书的价值、学习的意义，也涉及阅读的方式（指导性阅读、自主性阅读，维持性学习、创新性学习）、要求（文本对话、跨界学习等）、阅读范围与内容（经典书籍、次经典书籍，本体性知识、实践知识、文化知识等）。此节略略谈谈师徒间读书指导的问题。

当今，信息资源丰富，其传播媒介多样，获取信息变得异常便捷。但是，生活节奏加快，慢生活已经成为奢侈品。现代人在获得交通便利的同时，又在拥堵中被城市遗弃。机器时代发展的无序、混乱，令生态学意义上的“人”被异化，令社会学意义上的“人”被遗忘。这一发展的悖论折射出心灵空间被挤占的现状和精神的缺失，也反映出现代人迫切需要自己宁静的精神家园。黑格尔说：“在有教养的欧洲人心中，提到古希腊，就会涌起一种家园之感。”而书，应当成为现代人的精神家园。教师，尤其是青年教师，远离并习惯于远离深阅读，没有捧卷南窗、啸歌中庭的雅兴，而“捻断数茎须”式的琢磨、“一吟双泪流”式的感动似乎只是古代学习者的专利，甚而因习惯于网络时代中虚拟技术所支撑的“超真实”信息泡沫，而自觉或不自觉地拥有历史虚无主义倾向，从而缺乏最基本的历史记忆。可是，高中教师要将激情挥洒三尺讲台，要引领高中学生漫游知识的海、文化的海、艺术的海，还必须拥有相应的素养。而素养的形成，首先离不开深度阅读。因此，指导青年教师读书，便成为高中中年骨干教师应尽之责。而高中中年骨干教师也不必担心“长江后浪推前浪，前浪死在沙滩上”，因为“后浪”的进步、新生，不仅可以延伸教育文化的河床，具有文化学上的内涵，还具有社会学、美学上的意义。

如前所述，指导性阅读，指教师在某组织（集体、机构）的统一部署、指导下，以教师自己为主体并完成一定阅读任务的阅读实践活动和方式。何谓读书指导？读书

① 陈默译注. 鬼谷子［M］. 长春：吉林美术出版社，2015：120.

指导指高中中年骨干教师就读书问题对青年教师予以指导的行为和引领方式，它也是一种研培方式。高中中年教师如何对青年教师进行读书指导？要求青年教师将读书当作生活的一部分，指导时应注意三个关键词。

(一) 路径

为青年教师指出读书之路，强调读思结合，学科优先，读教联系，跨界拓展。这是方向上、面上的指导。学科优先，旨在丰富学科知识，消除教育教学的知识短板，提升学养；强调读教联系，旨在以所学优先服务于教育教学，体现学以致用和职业精神；强调跨界拓展，旨在学博力强，增强教学的自由度和课堂的饱满度。此三点落到实处，可为日后教学研究、专业发展打下坚实的基础。从这一意义上看，高中中年骨干教师从阅读路径上指导青年教师读书，是研培活动的前奏或前提。

1. 跨界联系

青年教师不但要跨界阅读，还要在阅读中跨界联系。跨界联系指阅读中跨学科联系，即突破学科知识的界限。无论是阅读任教学科相关书籍，还是阅读其他学科书籍，都要有意识打通不同学科的知识通道，明其理，才能学渊识高。下面这段话，与地理学科直接联系：

> 予观雁荡诸峰，皆峭拔险怪，上耸千尺，穹崖巨谷，不类他山，皆包在诸谷中……今成皋、陕西大涧中，立土动及百尺，迥然耸立，亦雁荡具体而微者，但此土彼石耳。
>
> （沈括《梦溪笔谈·雁荡山》）

在沈括眼里，浙江的雁荡山的形体与今陕西成皋地区有点儿类似，只不过规模小罢了。试问：二者的地貌属于一类吗？为什么？联系地理学科，比较分析后可知：

两者地貌不属一类。成皋地区属于黄土峁地形地貌，其成因是800万年前漠北戈壁风化的泥沙随风而来沉积于大海，今陕西一带因青藏高原隆起而变成高原，海水西流，因雨水侵蚀而成为峁，其下多土；雁荡山所在属于丹霞地貌，其成因是喜马拉雅山造山运动导致红色盆地抬升，红色砂砾石因侵蚀分割、溶蚀和重力崩塌等形成塔状地形，其下为石。沈括知其异，而未取名。

如果这样联系，地理课就视野开阔，学生也感到有趣，容易理解。

2. 思维凭依

人民教育出版社2000年版16开本教材淡化了有助于思维发展的内容，主要表现在辩证法的淡化和逻辑、语法的删除。辩证法是哲学思想，也是认知方法论，要一分为二、以发展的眼光、以联系的观点看待事物，这样极有利于正确认识事物及现象。

辩证法客观上为我们提供了认知时思维的路径。这一板块长期存在于政治学科，虽在后来修订的语文教材的作文单元中提及，但语焉不详。逻辑是哲学的工具，也是思维和整理思维成果的工具，然而相关的概念、判断、推理等核心内容不见鳞爪。语法是语言运用的通则，自然也是呈现思维成果时思维应遵循的法则、不可或缺的凭依。这些内容的缺失，必然导致青年教师读中小学时就缺乏相应的启蒙，思维素质不济，从业后，在逻辑推导、构建缜密的系统等方面力有未逮；因教材没有这些内容而于此不顾，以至于训练学生思维时毫无良策。

因此，指导时，高中中年骨干教师应明确要求，指导青年教师读读哲学、逻辑学、语法学著作。

（二）层次

高中中年骨干教师在指导青年教师阅读中，要在不同阶段向青年教师提出不同的阅读要求。依其层次，可分为梳理、批判、创新三个层次。三者是深度阅读的三个层次，其中批判离不开梳理，创新离不开梳理基础上的批判。

1. 梳理

知识是概念图式的组织和结构。梳理，旨在系统把握其组织和结构。梳理，看似信息的理解性检索，但科学的富有个性色彩的梳理，离不开研究，甚至是体系的建构、重构。教师尤其不可只寻章摘句，而要真正理解其意。如“鼹鼠饮河，不过满腹”（《庄子·逍遥游》），可理解为鼹鼠能力小、所需有限等意，但联系、梳理前文和全篇，才知庄子本意：虽然万物皆有所“待”（凭借），但人生所需有限，不必为利所诱，才能进入“无己”“无功”“无名”的逍遥境界。如此，才能为与文本对话做准备。

历史学科高中中年骨干教师指导青年教师阅读楼宇烈《中国的品格》（语文教师也应读）一书，基本要求是梳理古代各派文化的主要观点，其次以自己的方式表达对全书的理解。“徒弟”以图表的方式呈现了自己的阅读成果，见表11–3。

表11–3　代表性流派基本情况一览

关系	流派	代表	态度	理想	策略	情怀
互补	儒家	孔、孟、荀	入世	大同世界	仁政（王道）	大我
	道家	老庄	出世	精神自由	无为、亲和自然（游）	
互补	墨家	墨翟	入世	兼爱	尚贤、尚同、节用、非攻	大我
	法家	韩非子	入世	富国强兵	言谈者必轨于法	
	佛家	释迦牟尼	出世	解脱	修心证道、普度众生	

表11-3因高度概括而简明，且较为准确，将中国传统文化主要派别的个性与共性，以及互补关系一一呈现。当然，此表也体现出一定的创造性。

2. 批判

批判，旨在真正与文本对话，合理吸收与扬弃。

为了能与文本对话，有时还需与作者对话。而批判，就是对话的最好方式。例如《论语·阳货》中“唯女子与小人为难养也，近之则不孙，远之则怨”中“女子与小人”，于丹释为“女人和小孩”（心性令人捉摸不透），任德山、邢群麟释为“女子和小人”（不容易相处），并认为孔子总结了当时的社会经验。[①]很明显，这是误解。孔子主张“仁者爱人”“己所不欲，勿施于人”，尽管不喜卫灵公的夫人、生性淫荡的南子，但至少不会贬斥所有女人。事实上，此处的“女”通“汝”（通假普遍存在，后“孙”通“逊”），“由，诲女知之乎”（《论语·为政》）中“女”亦然。“女子”即“你们这些人”。学者所误解的这句话实为孔子严肃批评弟子难以教化的话语，即“唯汝子与小人为难养也，（吾）近之，（汝子）则不孙，（吾）远之，（汝子）则怨”。这种批评语气在孔子批评弟子近30次的《论语》中可见，如宰予昼寝时，“朽木不可雕也，粪土之墙不可圬也”（《公冶长》）的严厉语气过之而无不及；孔子甚而背后以“小人哉，樊须也”（《述而》）严肃批评学稼、学圃的樊迟。如果我们了解了孔子，就不会如此误解文本。以上对“女子”的理解有别于多位学者的解读，既是对《论语》的梳理、与作者的对话，也是对解读者的批判。

梳理相对简单，而批判的能力层次高得多。它要求不盲从权威，敢于怀疑，敢于发表己见。指导青年教师读北京大学叶朗的《美学原理》一书有关于“飘逸”的理解：

> “飘逸”作为一种审美形态……大概有三个特点：一是雄浑阔大、惊心动魄的美感，二是意气风发的美感，三是清新自然的美感。

有位青年教师讲《将进酒》时，就援引了这点儿文字。不过，“飘逸”的《将进酒》体现了叶朗所谓的“三个特点”了吗？没有。“清新自然”在孟浩然、王维的田园诗中体现充分，但孟诗、王诗基本不飘逸，看来，至少“清新自然”不应归入“飘逸”之中。那叶朗又如何总结出这“三个特点”的呢？大概根据才调纵横的李白《梦

① 任德山，邢群麟.《论语》的智慧大全集［M］. 北京：华侨出版社，2010：170.

游天姥吟留别》《蜀道难》等不可方物的诗歌归纳而出（姑且不谈两诗景色或奇幻或雄奇，暴露出叶朗概括不准的问题），但归纳推理时举例挂一漏万，就意味着归纳的结果需要验证，但“三个特点”在《将进酒》中就得不到验证。叶朗的观点有问题，成因何在？理解的着眼点错误。“三个特点”反映出从景色、精神气质上理解“飘逸”。事实上，“飘逸”是就思维及其内容而言。李白诗歌联想、想象丰富，思绪灵动不羁，内容不拘泥于一处，有飘逸之感。如果有批判性阅读的意识，就不难发现名家的错误，同时也深化了对“飘逸”的理解。

3. 创新

创新，旨在内化所读且有生成。它是批判的延伸，是更高的阅读层次。

某高中中年艺术教师指导青年教师阅读张彤《舞蹈艺术审美与作品赏析》、余秋雨《艺术创造论》等书时，要求徒弟根据艺术接受内容，完成学校体艺节中舞蹈节目《现代东方少女》的设计思路。这位青年教师首先想到如图11–1、图11–2所示两个形象。

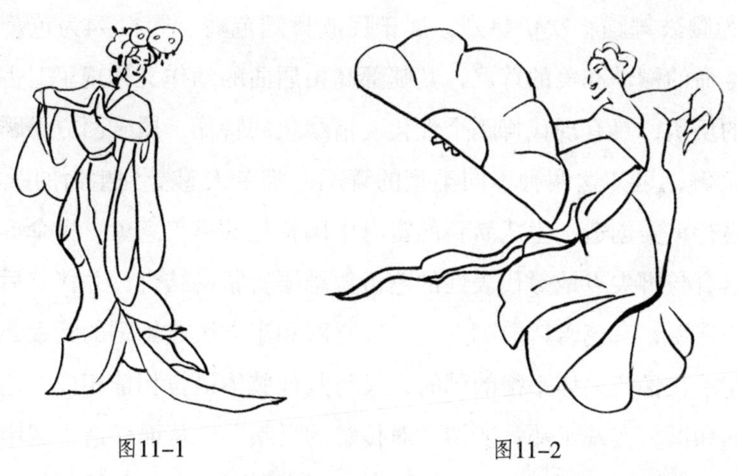

图11–1　　图11–2

图11–1形象端庄、娴雅、内敛，但少了少女的清纯；图11–2舒放、活泼、热烈，凭借的全是传统舞蹈语言，不符合社会转型时期东方少女的现代特征。因此，初案应予以否定。后在指导老师启发下重构，其宏观思路的核心如下：

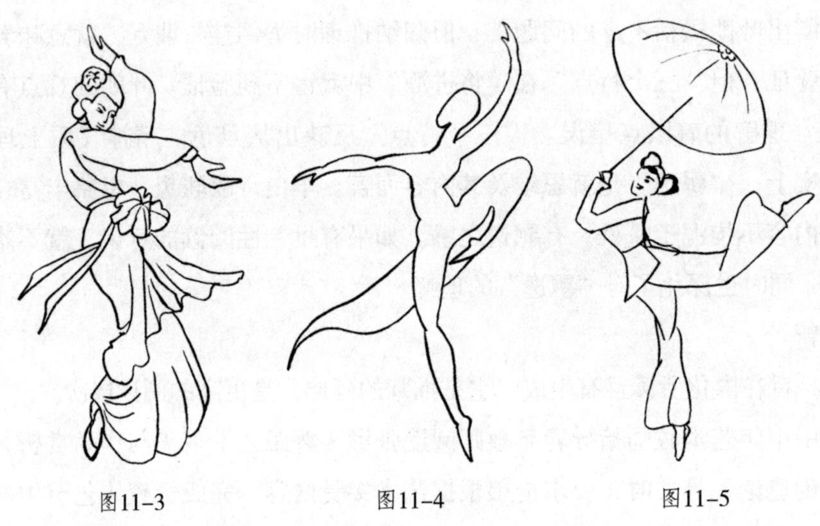

图11–3　　图11–4　　图11–5

（图11–1至图11–5均为杨贵友绘制）

图11–3为腰鼓舞蹈，欢快热烈，属于民族舞蹈范畴。图11–4为芭蕾舞，天然灵动，显现出生命的颤动和美的尊严，其腿部高抬屈曲的动作又体现了对古典芭蕾舞的借鉴和部分的反叛，具有现代舞蹈个性化、情绪化的特征，属于西方舞蹈范畴。通过舞蹈语言的读解，可知这两种不同类型的舞蹈，都令人感受到生命的跃动。图11–5将两者融合进行审美创造，生成崭新的富有中国特色的审美意象：撑伞等具有代表性的民族舞蹈语言与脚尖点地等代表性的芭蕾舞蹈语言紧密结合，并伴有后伸高扬的腿部动作。这一造型，有芭蕾舞前脚点地、凌空跃和东方民族舞蹈的元素，曲线型的腰部与前伸的左手在保持整体平衡的同时，又与其他肢体语言相辅相成，达成活泼且不乏几分妩媚的和谐，实现了邓肯所谓“对传统的反叛”，从而塑造了健康、乐观、淳朴、自然且有开放视野的现代东方少女形象。毋庸置疑，在舞蹈形象的表现手段上，这是大胆的创新，也是较为成功的创新。

不独舞蹈表现手段的整合，还有基于批判的重塑和另辟蹊径的延伸，都体现出创新精神——文化认同下艺术的“寻根”与“激扬艺术自由”[①]的统一。高中中年骨干教师指导读书时，要培育青年教师创新的意识和精神，让青年教师成为知识的生产者。这在知识产权侵夺成风的当下，在创建创新型社会的今天，无疑具有重要的启示意义。

① 余秋雨.艺术创造论［M］.上海：上海教育出版社，2005：216–217.

从以上例子可知，高中中年骨干教师从阅读要求的层次上指导青年教师读书，也是一种研培活动。

（三）督导

为保证青年教师读书真正有得，高中中年骨干教师须督促、引导其读书，并适时交流、批注、发表。

交流，是师徒间就阅读文本进行对话，旨在巩固、加深对所读文本的理解，部分或全部达成共识。批注，是指导教师对青年教师阅读底稿予以批注，对其创写的文本进行评价、注解，这可视为更深入的交流形式，类似于形成性评价，及时反馈于青年教师，旨在引领青年教师再思考，实现由走近文本到走进文本的跨越（表11–4）。发表，指将创写的文本批改、完善后见诸报刊，旨在推动、激励，使青年教师在生成中获得成就感。此三者自然离不开培训、研究，是有目的的阅读和指导，其本质是内化所读内容并予以外化，最重要的目标指向是读书成果的呈现，其终极目的是通过素养的提升，实现青年教师专业发展。

表11–4　青蓝工程读书指导一览

教科室

阅读内容	《<论语>的智慧大全集》	批注
读导	阅读人　严安宁　　指导人　张锋（修改）	
读书成果	夜行明灯　广厦梁栋 ——读《<论语>的智慧大全集》有感 尽管全书名以“智慧”，未能以专项来彰显教育的智慧，仅仅着力于仁义、修德、做人、处事、管理、待人、为学、修身八个方面（实为七个方面。“修身”与“修德”应合并），但读完这些并不精彩的解读，我仍然为《论语》这部淡出众多现代人视野的虽小而宏博、虽薄而深邃的经典叫好，禁不住挥笔写下： 俗世红尘中的精神诉求，道德操守下的人伦规则；滋养众生的心灵鸡汤，裨益处世的哲学智慧……一部薄薄的典籍，穿越两千五百多年的风雨，北斗般高远，兰台般深邃，火塘般温暖！ 春秋时鲁国大夫叔孙豹以为，人应当有“三不朽”：“立德”“立功”“立言”。教师通过多年的探索，或许有智慧的发现和生成，诉诸于文，即为“立言”。做智慧型的教师，但真正抵达大智慧门扉的教师，委实不多。因此，对一般教师而言，可追求“两不朽”：“立德”“立功”。 教师通过自身道德建构与完善，理应成为“人师”，成为道德的高标，此为“立德”。一般教师都能将“立德”作为一种自觉追求，但能否“立功”，则难下定论。如果仅仅庸凡执教，甚至得过且过，即便教人数千，也未能真正“立功”，或寸功难立。为学生的培育添砖加瓦，使之成为社会栋梁，此为教师生涯中的“事功”。	批判性阅读 典雅 巧妙表达感受 援古，有自我认知：明确价值取向 此段凸显深度

续表

阅读内容	《<论语>的智慧大全集》	批注
读导	阅读人 严安宁　　指导人 张锋（修改）	
读书成果	不过，要成就这一“事功”，恰恰需要摒除浮躁心态，远离一时之功利，切不可为当下披改革外衣而行追名逐利之实的所谓专家、学者的新奇之论所蛊惑。这些“高论”，多悖“道”而取“术”。至于远离教育教学一线，仅仅闭门以造车，其“高论”更不足听。教育的硕果当在年复一年的春风细雨中长成。这春风细雨，便是促使学生向善求真益智的良言和妙方。即使面对樗栎之材，我们也需静待花开；只要有春风雨露，它便有花开之时。 当然，课堂里，校园中，春风雨露的降临，离不开教师的智慧。这种智慧，是“中”“和”之美，是“允执其中”的智慧。	精粹而生动 卒章显志，且有曲终奏雅之妙
建议	此文不泥他说，有思想，表达曲折，言语凝练，但容量偏小，析之不深，略显浑博不足。建议：①增加相关现象或显例，析透人心浮躁成因，联系时代需求，以显孔子智慧之必要，然后投稿；②结合教材，探求孔子的教育智慧或人生智慧（点小为好），写一篇不少于2500字的论文（学期结束前交）。	

以上阅读，虽费时，在一定程度上似乎还限制了阅读面，但远比今日消遣式阅读的品位高，远比碎片化阅读收获多。今日纸质化、电子化书籍浩如烟海，这是青年教师的幸运。如果阅读方式不当，仅作走马观，掠浮影，最终逝去了时光却少有所获，幸运也变成了不幸。在高中中年骨干教师指导下，青年教师首先要“养得此心不动”（王阳明），静处书中；其次要明确，变革不当的读书方式，就是改变自己的生活，丰富自己的内涵，如此，才能提升自己的品位。

当然，督导青年教师读书，要提倡合作。按照情境学习理论，不要拒绝与他人合作、碰撞。因为，阅读信息的反馈、交换不仅有助于彼此拓宽视野，还有助于创新。岳麓书院朱张会讲时，“二先生论《中庸》之义，三日夜不能合”（王懋竑《朱熹年谱》），虽争辩激烈，而不损友谊，彼此“打通了通向真理的路径，拓宽了精神领域”，[①]且相互借鉴，自成大家。尽管如此，读书还是以自主阅读、独立思考为主，这不仅因为可为交流活动提供可交流的智慧成果，使合作阅读得以为继，更因独立思考也是创造之源，令人获得元认知。古人限于交通不便，足不出户者多，却因独立思考而有智慧的大脑。达摩面壁十年，终究破壁；王阳明蛰居龙场而悟道，对程朱理学大胆质疑，留下《大学问》等著作。文艺复兴以来的日耳曼人所在区域因地处内陆而显得封闭、落后，但落后的内陆却孕育了康德、叔本华、费尔巴哈、黑格尔、谢林、尼采等众多“哲学大脑”。这些事例足以说明：封闭未必没有众多的创造。能否有所发现、创造，不取决于环境是否开放，而取决于阅读者思维参与的程度。因此，连片特

① 江堤.山间庭院［M］.长沙：湖南大学出版社，2018：10.

困地区高中中年骨干教师及其指导的青年教师不要因身处僻塞之区而自怨自艾。能否实现专业发展，外来的助推固然重要，但关键在于读书能否自主，思维能否深度参与。

主张读书，并非一概排斥互联网，因为网络可谓异态的书，或者说是书籍的延伸。高中中年骨干教师指导青年教师阅读时可指定有品位的电子书，只是电子书不便于批注、点评，需要下载相关软件。还可要求青年教师运用大数据学习法，作主题式搜索和信息挖掘，如搜集“新古典派歌词”，像“又是一年春来到，柳絮儿满天飘，暖风轻飏，桃花红了，榆钱儿窜上了梢。谁说春眠不觉晓，雨花儿静悄悄。是谁换上了新衣裳，黄鹂儿笑弯了腰”（《小桃红》妮南填词，刘彤作曲，陈红演唱）就很唯美，若按主题或艺术手法分类，以递归方式构建树图、表格等形式的模型，编辑专题“新古典派歌词选”，选其一写文艺评论。这也有助于中年教师、青年教师厚蕴升品。

不过，高中中年骨干教师指导青年教师适当使用互联网时，一定要注意互联网资源良莠参并的现状。这一信息场域中，可谓泥沙俱下，瑕瑜互见，既有严肃的宣讲和粘贴，也有其他小资絮叨式的信息垃圾，还有光怪陆离的非理性狂欢和滥调。后两者缘于发布者没有良好的学养和专业操守，极易令人在信息浪潮中迷失方向，远离优质资源，甚而陷入民粹化的迷思，还可能令正确价值观的堤岸坍塌。如此，与读书宗旨南辕北辙。因此，指导教师需要做一定程度的筛选、框定，或提供优质网站及其网址，或明确具体的文本，使青年教师有效地吸取、批判，而不是艰难地启碇、泅渡。

督导青年教师读书，虽追求一定的功利，但要适当淡化功利色彩。一者因为阅读中的梳理、批判、创造需要时间，急之不得；二者因为阅读在某种情况下实为审美活动，青年教师如果因功利而难以完全潜心，就会远离“乐活”境界。而“美是在功利中超越”“审美超越主要表现为精神的专注”①，这与叔本华“人们自失于对象之中”、庄子的“心斋”“坐忘”颇有几分类似。换言之，高中中年骨干教师应让阅读文本成为青年教师专注的对象，使之于专注中实现专业跨越。

附：

超迈的孤独

——读《苏轼传》《前赤壁赋》有感

青年教师　聂晓霞　指导教师　张　锋

帝王良莠不分，驽骥不辨，正宣告着臣子命运的乖舛。“乌台诗案”，致使苏轼迈向理想的道路出现坎坷荆棘。被贬黄州，泛舟赤壁，沐明月清风，侣鱼虾麋鹿，仿

① 刘悦笛. 东方生活美学［M］. 北京：人民出版社，2019：26-27.

佛凭虚御风，羽化登仙，其乐融融。然而，白露横江，江天浩渺，理想如缥缈的梦。路在何方？而友人的洞箫之声低沉哀怨，如泣如诉，似有重如泰山的郁结情绪。是的，形虽在江波之上，心却存魏阙之间。天地虽广，自身却小，似沧海一粟；江水长流，而人生短促，如过眼云烟。看来，长挟飞仙，永抱明月，只是宦海沉浮之人的幻梦。江上，飒飒秋风，秋风飒飒，正诉说着无尽的哀愁。

不过，苏子自有其超迈众生的一面，面对飓风而不惊，置身狂澜而不倒。天地之间，万物消长，人生变幻无常，但明月，江波，清风，岚烟，却是人生取之不尽、用之不竭的无尽藏海。人生的永恒就在于此。去走近自然拥抱万物吧，人生的沉浮荣辱又算得了什么？

不幸的是，凡夫俗子又有几人能够如此超迈？终日汲汲于名利，即使名缰利锁令其不堪重负，他们仍苟延残喘，冥搜苦索。于是，茫茫人海中，苏子的卓立独行尤其令人注目，只是满纸常有灵魂的落寞，空留声声无力的呼唤和无奈的感喟：

在这亘古纵深的时空里，我赏尽大自然的无尽藏海，参透人世间的万象百态，而悠悠千年，泱泱大地，又有谁和我气息与共？

一轮孤月，一袭青衫，滔滔江流永远淘洗不去。酌一盏赤壁之水，我禁不住仰天长叹，泪水打湿了典籍中的那些方块文字。

（2017年6月）

第十二章

高中中年教师测评及其延伸

起源于教育视导的教师测评包含测量与评价，测量是评价的前提和手段，评价是测量的延伸和结果。二者均属于管理的手段或环节。

王充《论衡》云："事莫明于有效，论莫定于有证。"但"订其真伪，辨其虚实"，需要有据有"衡"。衡者，秤也，"衡之于左右，无私轻重"（《淮南子·主术》）。就教师测评而言，如果说"据"是连片特困地区高中中年教师的教育教学和科研的行为表现，那么，"衡"就是教育部门和学校的测评体系。如果说教师测评是促进教师专业发展之"术"，那么测评体系则为"器"。

当然，测评体系的构建要遵循效用、定性与定量结合、静态与动态结合、他评与自评结合的原则，涉及的内容全面，方法科学、合理、可行，能客观、公正地反映被测评者的实际情况。

高中中年教师测评指在教育方针和一定价值观的主导下，学校依据确立的发展目标，借助一定的技术和方法，对在职在岗高中中年教师的各种教育活动、过程和结果进行测量、评判的过程和行为。它以促进为宗旨，具有鉴定与引导功能，能起到一定的激励和变相干预的作用。在检验以上中年教师专业发展情况的同时，还能促进其自我发展。从这一角度看，高中中年教师测评既独立于教师专业发展行为之外，又是学校关于高中中年教师专业发展行为的有机构成部分。

一、测评列举批判

教师测评中"评"是"测"的延伸、结果，所以教师测评又叫教师评价。它属于教育评价的构成部分。"教育评价"概念最早由"教育评价之父"拉尔夫·泰勒（Ralph W. Tyler）提出，它除了有引导作用外，还具有约束效应，对高中中年教师的测评同样如此。

不过，测评须有边界。测评如果缺乏边界，就会因体系失范而有失于偏。何为测评的边界？就是基于测评体系的制定者良好的道德背景、学术背景下的测评理性。测评体系的制定者拥有良好的道德修养，出于公心，出于责任，才能保证测评体系的公正性；拥有一定的学术素养，尤其是专业发展理论素养、数学素养，才能保证测评体系的科学性。因此，制定测评标准，应有道德、学习、理性上的自觉，使教师测评富有边界理性。

需要指出的是，教师测评需要教师参与。以拉尔夫·泰勒为代表的第三代评价理论中，测评对象被动地接受测评。单一的测评者视角下的这一测评方式，暴露出对测评对象的背景关注不够的弊端，其“判断”容易失偏，进而导致测评者与测评对象的对立，与测评的宗旨背道而驰。第四代评价理论，进行了“响应式聚焦”（Responsive focusing），即在“利益相关者参与的基础上决定解决什么问题和收集什么信息”[①]，也就是说，采用测评者、教师双重视角下的测评方式，同时运用建构主义方法论，“在建构主义范式的本体论和认识论假设的基础上实施整个研究程序”[②]。学者史晓燕认为，“被评教师参与评价的价值”体现在“提供更多的评价信息”“改变教学评价关系”“实现教学评价的改进”[③]。以上三者中，“提供”只是为了有利于“改变”“实现”。也就是说，测评对象参与评价，只是测评体系构建过程中的建议者，而不是决定者，不能左右测评行为，作出终结性测评（也称终结性评价、总结性测评），即便自评，其结果也只能有参考之功。正因如此，提出第四代教育评价的基本理论观点和构架的美国评价专家古巴（Guba，E. G）和林肯（Lincoln，Y. S）在《第四代教育评价》中认为，评价结果并不依赖于其客观实际情况相同程度如何，而在很大程度上取决于所有参与评价者的意见一致性程度如何。换言之，教师自评结果具有比较价值，而不是决定性作用。卢萨卡瓦（Rusakawa）、胡达卡瓦（Hudakawa）所提出的360度评价反馈模式体现评价多元特征，教师参与评价过程，但来自行政人员、同事、任期（经验）、教师自评、学生五个评价指标的评价，与梁红京区分性评价模式相比，都存在“过于分散”“流于形式”（毛利丹）的弊病[④]，且会因情感失偏而出现评价严重失偏的情况。

而当前连片特困地区高中学校教师测评中，教师大多只是填填《教师考核工作登

① 毛利丹. 中小学教师评价研究［M］. 北京：中国社会科学出版社，2017：182.

② 同上。

③ 史晓燕. 教师教学评价：主体·标准·模式·方法［M］. 北京：北京师范大学出版社，2018：23.

④ 毛利丹. 中小学教师评价研究［M］. 北京：中国社会科学出版社，2017：73-74，77-78.

记表》，一无量化结果，二无自我肯定，其参考价值并不突出。教师真正参与测评，是教师参与测评的过程，如关于评价指标、要素的建议——对测评体系构建者的“聚焦”积极“响应”，配合出示测评材料，参与督查、计分，但不主张也不拒绝将自我测评排除于教师测评系列，最多将教师自评做参考之用。

（一）列举分析

表12-1是连片特困地区某高中学校的教师测评量表。

表12-1　连片特困地区校20____—20____学年教师绩效测评量化表

姓名________　职称________　任教学科________　________年____月____日

测评指标		测评要素及分值	自评	互评	校评
1.工作量（30分）		1.课时（10分）			
		2.管理（班主任工作、党政其他工作）（10分）			
		3.出勤情况（10分）			
2.职业道德（30分）		详见《××校教师职业道德考核实施细则》			
3.业务能力（10分）	精神文明、德育、综治安全（3分）	1.积极参与文明城市或文明学校等创建工作（1分）			
		2.落实全日育人责任（1分）			
		3.做好综合治理安全工作，保护学生安全（1分）			
	教学常规（7分）	1.认真备课，教案齐全、规范（2分）			
		2.尊重学情，精心组织教学，改进教学方式（0.5分）			
		3.及时辅导，认真批改作业（2.5分）			
		4.评价学生的学习效果方式多样（0.5分）			
		5.坚持课后反思，认真总结教学经验（0.5分）			
4.专业发展（10分）	继续教育（2分）	1.参加学历达标或培训，完成规定学分，考试考核合格（1分）			
		2.积极参加校本培训及其他各种进修学习（1分）			
	教学研究（8分）	1.承担各类公开课、研究课和示范课教学或讲座（2分）			
		2.参加教研活动的情况（3分）			
		3.撰写与研究课题相关教学经验总结或论文（2分）			
		4.以老带新，发挥骨干教师作用（1分）			
5.工作成效（20分）	教学效果（10分）	1.平均分、优秀率、及格率（9分）			
		2.学生和家长的反映情况（1分）			
	育人效果（10分）	1.学生身心健康发展，操行评定良好（1分）			
		2.班风学风优良，学生健康发展（5分）			
		3.学生热爱并积极参与班级生活（1分）			

续表

测评指标		测评要素及分值	自评	互评	校评
5.工作成效（20分）	育人效果（10分）	4. 关爱帮助特殊学生，开展心理健康教育，特殊生有进步（1分）			
		5.无安全责任事故发生（2分）			
6.附加指标（23分）		1.本年度教师参加教育教学竞赛活动（5分）			
		2.课改论文在省级以上CN专业报刊上发表（5分）			
		3.本年度教师组织学生参加校级以上（个人、团体）竞赛活动（3分）			
		4.教学质量奖（10分）			
总分					

初看表12-1，指标、要素不少，体现了对事物属性特征的重视，且考虑到过程性指标、要素，所设指标6赋分23分（奖励分），极有利于促进教师专业发展和教学质量的提高。不过，如果研究此表，就会发现诸多不足。

1. 学术背景导致体系不全

表12-1与教师专业发展的时代诉求并不相悖，但“阅读”“校本教材编著”以及在核心期刊发表论文、出版专著（后两者最能体现教师的科研水平）等作为教师专业生成、学校内涵发展的重要指标，没纳入测评点——评价要素，体现出对事物属性的重要特征重点论内涵的忽视，也体现了对教师专业发展理解不全不透。此表制定者这一学术背景，决定了此量表在促进教师在专业上的健康发展方面有待完善。

2. 易被认为有情感背景而引发对评价公正性的质疑

表12-1指标1中测评要素2“管理工作量”赋分10分，于兼职领导、兼任班主任的教师这一小群体极为有利，对于一般教师测评不利，因而易引发内部矛盾。评价者易被评价对象认为含情感偏向，从而引发对此量表测评公正性的质疑。如果测评体系的公正性一旦遭遇普遍性质疑，那么，其促进作用就会大打折扣，测评体系甚至被视为“打压”教师的工具，带来负面效应不言而喻。

3. 评分要素重叠

“附加指标”虽有激励、拔尖之功，但前三项额外赋分偏高，且与“教学研究”部分略有重叠。至于“职业道德”，学者杨春茂将“爱国守法，依法执教”“爱岗敬业，精心施教”“关爱学生，宽严相济”“教书育人，为人师表”“终身学习，勇于创新”五个方面作为师德考核内容[①]，但是五个方面部分地与教学常规、教学能力、教

① 杨春茂. 师德考核评价理论与实践——师德修养与师德考核评价［M］. 北京：首都师范大学出版社，2014：38-114.

育教学科研重叠。表中指标2“职业道德”可由指标3、4、5、6部分地反映，赋分高达30分，失据。重视职业道德无可非议，但应看到职业道德多渠道、多层面体现这一现实。

4. 赋分不当

表12–1指标5中“教学效果”赋分固然不宜太高，但10分明显偏低，不及“附加分值”的二分之一，极易导致教师疏于学科日常教学上的专业发展，而“剑走偏锋”，为追求加分而无所不用其极，勤于着力于附加指标而畸形发展。长此以往，于教师本人专业发展不利，于学校内涵发展不利。“教学常规”中要素5赋分太低。而指标6中要素4赋10分过高，因为“教学质量奖”远远不代表专业发展的全部，且获得者极少，赋分过高，易引导少数教师在专业上畸形发展，而对于多数教师的正确引导功能不强，容易出现学生得分可能高但教师能力低等怪象。指标1“工作量”中要素3赋分偏高，如果从人道角度考虑，确有要事需要请假者不扣分，那么，几乎人人可得满分；此要素更多地针对不敬业、旷课多的教师而设，与表中指标1中测评要素2一样，不能测评绝大多数教师，与教育评价的基本原则相悖。须知，教育评价的基本原则中科学原则要求编制指标体系，含评价要素和实施等要遵循客观规律，符合科学要求。上表中评价要素由于不能充分关联测评对象整体，就降低了应有的价值，即便纳入考核体系，分值也应大大降低。对于个别教师的测评，应视其情况，将加分或扣分的要素合理纳入体系之中。

5. 操作出偏

表12–1中指标3、4、5的测评要素因细化不够，不易操作，易沦为纯主观性测评。终结性测评中有“自评”“互评”“校评”三栏。设置“自评”，固然反映出考核测评时对测评对象的关注，体现了第四代评价理念，但测评对象参与测评，并不意味测评对象一定要参与终结性测评（只参与测评过程中其他环节），更不意味着测评对象的自评结果能够成为终结性测评的构成因素。即便允许自评，其结果仅仅作参考，因为自爱或自私的教师的自我测评容易失真。“互评”时，可能因感情的亲疏、报团取暖的心理，而出现“善意失偏”“恶意失偏”现象，导致终结性测评失偏。

6. 对测评对象的背景缺乏关注，建模单一

学校教师由初岗教师、熟手中的青年教师、中年教师、老年教师构成。不同群体的经验、学历、学力、欲求等背景各不相同，其专业需求具有差异性。学校在教学效果等核心指标之外，对不同群体的教师要求不同，如要求初岗教师听课、学习，要求优秀的中年教师指导，因而最适宜做分类或分层测评，其测评要素应存在差异。然而，此量化表以相同的指标、要素构成的尺度，力图衡量全体教师，没能考虑这些差异，如“教学研究”中要素4就不适用于多数青年教师和不少中年教师，也部分地忽视了教师发展的潜质和空间。以此测评，不利于教师分层发展和个性化发展。

美国评估培训学院创始人、院长瑞克·斯蒂金斯（Rick Stiggins）指出："任何评价依据，如果没有合理的标准，都会导致错误判断教师的教学效能，因此也是不可行的。"①此类不全、赋分不当、操作出偏、建模单一等弊病，从侧面反映出教师参与度低。这一量化体系将导致测评不真，不应成为测评包含连片特困地区高中中年教师在内的广大教师的手段或标准。

（二）深层原因

其实，连片特困地区这所高中学校的量表缺乏测评的边界理性具有一定的普遍性。这一缺失，自有其深层原因。

1. 教师有组织却因状态相对"无序"而难以测评

学校具有非线性，即迪伊·霍克所谓"混序"的特征，是韦克（K.E.Weick）所谓的"松散的结合系统"，处于科恩（Cohen）、马奇（March）、奥尔森（olsen）所谓的"有组织的无序状态"②，具有群体的复杂性。教师群体亦然，尽管有共性，但还有诸多差异，这给教师测评带来了难度。即便出于公心进行测评，但如果顾及其一，则极易损及其二，测评便沦为为人诟病的谈资。

2. 测评指标具有局限性

"绩效评价是教育者观察教育工作人员的行为和教学成果的一种方法，对其行为和成就做出主观的专业的判断。"③斯蒂金斯这一定义中，"教育者"指教师，但若用之于我们所坚持的教师绩效测评，则宜换作"测评者"，即由领导代表、教师代表构成的测评群体。在修改后的定义中，教师测评尽管是一种专业判断，但受测评者"观察"的角度、准度，"主观"的理性边界影响；而作出的"判断"是否相对准确，还取决于评价体系中的指标、要素及其赋分结构。而指标、要素及其赋分结构又取决于评价体系建构者的学术、情感背景。因此，任何教师测评体系，都或多或少存在指标泛化、异化的现象，"指标只能解析部分现象，不能度量一切"④。如果泛化、异化较多，测评结果就流于绝对化的浅薄和谬误。

3. 测评指标体系的建构者易出现评价错位

托马斯·库恩（Thomas S. Kuhn）在《科学革命的结构》中指出，观察者都深受观察者理论背景的影响。换言之，测评指标体系的建构者会有理论偏见。这决定了测评技术的不确定性、不科学性。其实，建构者还存在情感偏移现象。这必然带来建构

① ［美］瑞克·斯蒂金斯. 合理有据的教师评价［M］. 刘聪伦，译. 北京：中国青年出版社，2015：25.

② 董云川. 道与不道［M］. 昆明：云南人民出版社，2016：55.

③ ［美］瑞克·斯蒂金斯. 合理有据的教师评价［M］. 刘聪伦，译. 北京：中国青年出版社，2015：1.

④ 董云川. 道与不道［M］. 昆明：云南人民出版社，2016：61.

者测评错位或失偏。因此，每一次教师测评，都或多或少地存在教师被矮化、遮蔽的现象，自然也存在部分教师被拔高、放大的结果。因此，测评体系的建构、运用，会经常性地有审视、部分否定、调整相伴随。学者毛利丹认为“教师评价与利益相关者始终处于一个动态、循环的持续发展过程中”，并建构了“教师评价体系循环发展路线”模型[①]（图12–1）。

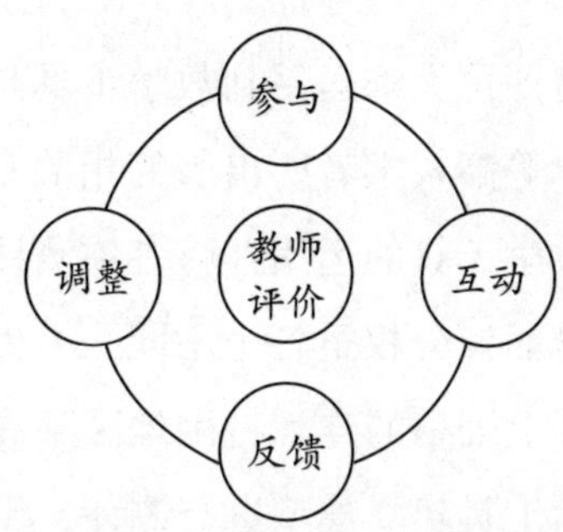

图12–1　教师评价体系循环发展路线示意图

模型中“互动”“调整”也反映出教师绩效测评体系不可能一成不变，其原因就在于“评价错位”始终存在。

以上原因，决定了体系构建者始终面临着是否科学与公平这一问题的纠缠，并要做出艰难的思考与选择。也就是说，任何教师绩效测评体系都不能“精准”测评，不能保持绝对的公平性、科学性，永远处于动态之中，在不断改进、完善中因无限地接近公平、科学而合情合理。正因如此，国内外不少学者将对教师绩效的测评称为“评估”。一个“估”字，反映出测评具有一定的主观性和不准确性。因此，作为测评对象的教师，不要因为测评结果不尽如人意而耿耿然，甚而简单地以“不公”否定测评价值。“维齐非齐”（《尚书》），意思是要达到公平，就必须“非齐”（不均平），因为每位教师的教育教学行为和专业自我发展存在差异。可能“一味追求‘齐’，结果可能反而是‘不齐’”[②]。教师也不要因为测评结果与自评有一定距离就愤愤然，因为距离是客观存在的；将测评结果产生的距离看作是提醒自己实现自我尚需时日，一者平复了内心，不因此降低生活幸福指数，二者彰显越挫越勇的斗志。当然，教师测评作为终结性测评，是对测评对象一定时期内的全面状况所进行的价值判断，要适当多吸纳过程性指标、要素，注重“响应式聚焦”。约翰·杜威说：“教育的意义存在于教育过程当中。”借用此言，教师测评的意义存在于测评过程之中。因

① 毛利丹. 中小学教师评价研究［M］. 北京：中国社会科学出版社，2017：269.

② 楼宇烈. 中国的品格［M］. 北京：当代中国出版社，2007：108.

此，测评指标体系不能局限于结果。

二、合理的测评

教师测评中，测评对象是主观性较强的复杂群体。测评体系的建构者亦然，其建构的体系同样是有一定主观性的复杂系统。这就是教师评价永远不能保持绝对的科学性的客观原因。

相对较准确的教育测评与评价大都运用到数学工具与数学模型，首都师范大学、华东师范大学、北京师范大学等高校学者所出版的相关专著和开设的教育测评研修课程，都比较充分地体现了对数学工具的运用：将各项测评控制在一定阈值之内，诸位测评专家因测评权威性的差异而计分权重各个不同……毋庸置疑，这些测评体系的客观性、测评的准确性要高于如上列举的连片特困地区某高中学校的教师评价量表。但不可否认的是，充分运用数学工具建立模型进行测评，繁复、费时。学校测评体系构建者若缺乏一些高等数学尤其是一些统计学背景知识时，运用数学工具进行测评则有不确定性，甚而举步维艰，而聘请测评专家，又增加学校的管理成本。况且，运用数学工具，在测评指标、要素及其赋分等方面同样不能绝对消除测评者主观性因素的影响，自然也难以消除测评指标与要素不够科学所带来的偏差，如马尔可夫（Markov）链分析法依据学生成绩，运用数学工具测评学生，就因考试的质量很大程度上会影响马尔可夫链分析质量，由于考试成绩具有一定的偶然性，因此这种分析也是有一定偏差的，只是一种近似方法。[①]实际上，教师测评中都包含这种局限性。

既然绝对科学性难求，教师测评就追求相对合理性。既然充分运用数学工具繁复、费时、艰深，那么，对于一般学校而言，教师测评可运用相关研究成果，采用相对合理的宏观性测评。瑞克·斯蒂金斯《合理有据的教师评价：课堂评估衡量学生进步》中评价学生，采用的也是宏观性测评。测评赋分存在变量，将“变量”控制在相对合理的范围内，本身也具有科学性。追求高中中年教师测评的合理性，需要注意以下问题。

（一）政策依据与管理目的

合理的教师测评逻辑起点是测评目的，其关键是测评理性。如何体现理性？从依据和目的出发。

《中共中央国务院关于全面深化新时代教师队伍建设改革的意见》（2018年1月20日）明确指出，“突出全员全方位全过程师德养成，推动教师成为先进思想文化的

① 佟庆伟，胡迎宾，孙倩.教育科研中的量化方法［M］.北京：中国科学技术出版社，1997：63.

传播者、党执政的坚定支持者、学生健康成长的指导者”“强化教师教育师资队伍建设，在专业发展、职称晋升和岗位聘用等方面予以倾斜支持”。因此，对促进教师师德建设、专业发展作用不大的旧有指标、要素，应尽可能淡化，甚至剔除于教师测评体系之外，以消除不良导向的影响。2018年9月10日，习近平在全国教育大会上明确指出：“扭转不科学的教育评价导向，坚决克服唯分数、唯升学、唯文凭、唯论文、唯帽子的顽瘴痼疾，从根本上解决教育评价指挥棒问题。”2019年1月18日，教育部部长陈宝生在2019年全国教育工作会议上也特别强调这一点。这些指导性文件及其精神，就是教师测评的依据。

教师测评是学校管理的重要环节。既然学校对高中中年教师所作的教师测评的宗旨基于“全面人假设”，促进其专业发展，那么，建构测评体系时既要考虑全面发展时富有共性的指标、要素，更要考虑能促进高中中年教师专业进步、发展，反映他们学习目标与成果的个性化指标、要素，“寻找并利用与特定学习目标更一致的评估”（瑞克·斯蒂金斯），而不能将翔实教案、听课学习等促进初岗教师站稳讲台的指标、要素和测评其他教师群体所用的指标、要素纳入中年教师绩效测评体系之内，即不能让只适用于部分教师的指标、要素“泛化”，即便纳入，也不是测评的重点。否则，测评体系就缺乏理性，也背离或部分背离测评的宗旨。

为了进一步促进不同层次或不同年龄段教师的专业化发展，条件允许的学校，还可分类构建不同的教师绩效测评体系，通过对不同群体的特殊性、“类性”的关照和测评，真正体现人本主义和增殖模型的要义，也无不可，只是工作量偏大而已。若条件不成熟，则在构建普适性测评体系时，务必要凸显能反映专业发展状况的指标、要素的地位。

总之，将教师测评与专业发展相结合，才能发挥教师测评的功能，也才能真正促进高中中年教师的专业化发展。

（二）指标要素与测评权重

彼得·德鲁克（Peter Drucker）在《管理的实践》中提出“目标管理”这一具有划时代意义的概念。“目标”是管理的方向，管理的目的是达成“目标”，这需要“目的与手段的统一”①。高中中年教师绩效测评，旨在达成专业发展这一目标，而教师是否达到，就体现于具体的指标。

衡量高中中年教师专业发展的指标有哪些呢？我们认为，主要是道德自觉、学习自觉、科研自觉、实践自觉四个方面，它们是直接体现高中中年教师专业发展状况的

① 李宏伟.管理效率的哲学研究［M］.北京：知识产权出版社，2013：168.

主体部分。其次就是学生测评、出勤纪律。由于学生心智水平还不及成人，测评理性不足，因此学生测评不是教师测评的主体，只是补充；而出勤纪律虽然重要，但四个"自觉"已变相体现了纪律，因此作为可量化部分，测评权重偏低，只在加分、扣分中体现，这也是对"德能勤绩"这一原有测评模式的改良。

四个"自觉"中，"道德自觉"对应于师德。学者杨春茂将自己师德观的内涵作为师德考核标准（应为指标）。姑且不论其能否有效测评，单就其内涵论，师德已部分体现于其他方面，其他板块的测评也隐含着道德因素。若"道德自觉"赋分过高，则有测评指标、要素部分重叠的弊病，因此只赋分为5。学习自觉可赋分为0，因为它部分体现于实践自觉之中，不过以加分扣分（重在加分）为补充。实践自觉赋分为75，是彰显教师专业发展的核心部分，含工作量、教学常规、教学效果三个二级指标，各赋分20、15、40。学生评价赋分为5。以上合计85分，作测评基本分。（参见表12–2）

（三）激励发展，加扣并轨

合理的教师测评结果是教师专业发展的心理基础和行为起点，结果与教师期待所构成的距离是专业发展的重要动力源，因此，对高中中年教师的测评应适当追求合理的差距。为此，采用"增值模型"，即在采用"增值性评价"（淡化横向比较，偏重个体纵向的进步或退步的测评）的同时，实行加分、扣分并轨制度，将学习自觉、科研自觉纳入其中。这样，可以体现对教师年龄、性别、教龄、学历、学力等方面差异的重视，并能激励教师产生"个人效能"。加分赋分为15（最高15），与基本分构成教师测评的理想分，即100分；扣分赋分为10（最高为10，扣完为止）（参见表12–2）。在此基础上，再细化各自测评要素。这样做，既考虑到结果，更兼顾到过程。由于测评旨在促进发展，因此在测评教学效果时，考虑进步情况而予以加分。需要强调的是，以"教学效果"的"加分要素"进行测评，并不完全科学，因为教师对学生成绩变化的实际作用有限，赫特尔（Hertel）认为"学生测试分数一年的变化，教师造成的差异约为10%"（在我国，应高于这一百分比），因此"教师增值模型分数不应作为教师人事决策的重要因素"[①]。正基于此，加分幅度偏小。学者史晓燕所提出教师教学测评的构建原则"可操作性与可测性""完备性与独立性""可行性与针对性"[②]，其中"完备性"只是教师测评体系的理想状态。

测评评价可采用自评、生评、级评、校评四级测评制度，但以学校主导下的"校评"为主。自评，供评价者了解教师背景，不纳入终结性测评中；道德自觉、学生测

---

① ［美］瑞克·斯蒂金斯. 合理有据的教师评价［M］. 刘聪伦，译. 北京：中国青年出版社，2015：43.

② 史晓燕. 教师教学评价：主体·标准·模式·方法［M］. 北京：北京师范大学出版社，2018：53–56.

评委托年级安排，做终结性测评；学习自觉、科研自觉委托教科室做终结性测评；实践自觉由教务处负责。后三者总分，即为教师终结性测评得分。

（四）模糊测度，等级归类

如前所述，教师测评永远不能保持绝对的科学性，因此需要一定的模糊测度。“教育评估介入的理性策略，就是力求把学校系统保持在复杂性阶段，保持在混沌的边缘，既不让它跌入混沌变成混乱，也不让它滑入秩序变成僵化死板。”[①]从这一意义上看，教师绩效测评也需要模糊测度。模糊测度不是模糊数学的隶属度理论指导下的模糊测试（Fuzzing），而是最后将定量测评结果转化为等级，即以等级评定法为辅助，有意模糊测评偏差的一种测评方法。根据教师评价量化结果，将教师分为四等，如20%为一等，40%为二等，30%为三等，10%为四等。这种有意追求部分“混沌”的做法，可积极地遮蔽或消除定量测评的部分偏差，实际上也是对追求准确的量化测评的纠偏、弥补。同时还能使一部分教师因同隶属于某等级而消除由模糊测度前量化结果差距所带来的心理落差，平复内心。也就是说，教师绩效测评宜呈现“混沌—明确—部分混沌”的过程。等级评定后，隶属下一等级排名非常靠前的教师，即使有可能因与隶属上一等级排名靠后的教师得分非常接近而对评价有意见，但较之于等级评定前，有意见的教师人数大为减少。从这一意义上看，模糊测度客观上还有“稀释”不满意度的作用。

合理的测评体系能够最大可能地消除矛盾，激励教师，使教师的自我意识、自我表现、自我实现处于循环发展的互动之中。任何一个测评量表都不可能令人人满意，极少数教师有意见也属正常。至于特别优秀的教师，则通过其他渠道、方式予以奖励。

三、测评量表的设计

促进专业发展，是测评高中中年教师的归宿。而测评合理只是假设，不过，可以通过相关的设计及其完善，使测评相对合理或最大可能地合理。

（一）初案

基于以上关于教师测评合理性的思考，我们经过反复研究，设计、提出以下宏观性测评量表，见表12–2。

① 董云川.道与不道［M］.昆明：云南人民出版社，2016：58.

表12-2　连片特困地区校20____—20____学年高中中年教师绩效测评量表（初表）

姓名________　高____年级学科________　________年____月____日

<table>
<tr><th colspan="2">测评指标</th><th colspan="2">基本要素（85分）</th><th>加分要素最高15分</th><th>扣分要素最多10分</th><th>得分</th></tr>
<tr><td colspan="2" rowspan="2">道德自觉（5分）</td><td>职业道德（3分）</td><td rowspan="2">可参见教师道德要求</td><td rowspan="2">校、县、市级标兵分别计1、2、3分</td><td rowspan="2">败坏，查证一次扣2、3分</td><td rowspan="2"></td></tr>
<tr><td>社会道德（2分）</td></tr>
<tr><td colspan="2" rowspan="2">学习自觉（0分）</td><td colspan="2" rowspan="2"></td><td>读书点批（1分）</td><td>无，扣0.2分</td><td rowspan="2"></td></tr>
<tr><td>思考文章（2分）</td><td>无，扣0.2分</td></tr>
<tr><td rowspan="10">实践自觉（75分）</td><td rowspan="3">工作量（20分）</td><td rowspan="3">满工作量（20分）</td><td rowspan="3">语数外2个班、理化生政史地3个班、音体美等8个班为满工作量；以上一半加班主任或中层领导，为满工作量</td><td>班主任+满工作量（3分）</td><td rowspan="3">单班扣3分
重大事故扣2分/次</td><td rowspan="3"></td></tr>
<tr><td>中层+满工作量（3分）</td></tr>
<tr><td>指导+满工作量（1分）</td></tr>
<tr><td rowspan="4">教学常规（15分）</td><td colspan="2">备上改辅考（6分）</td><td rowspan="4">教学行为反思录（2分）</td><td rowspan="4">反响大扣2分</td><td rowspan="4"></td></tr>
<tr><td colspan="2">教学方式（4分）</td></tr>
<tr><td colspan="2">教育方式（3分）</td></tr>
<tr><td colspan="2">课堂文化（2分）</td></tr>
<tr><td rowspan="3">教学效果（40分）</td><td colspan="2">年级均分、优生率前3名（或县内同级学校前5）（40分）</td><td rowspan="3">均分中上,0.3分/名；优生率中上，0.3分/名；较上期增长，一律0.5分（不含前3名）。</td><td>均分中下，扣0.3分/名</td><td rowspan="3"></td></tr>
<tr><td colspan="2" rowspan="2">中等（33分）
（也是扣分、加分的基准分）</td><td>优生率中下，扣0.3分/名</td></tr>
<tr><td>较上期下降，一律扣0.5分</td></tr>
<tr><td colspan="2" rowspan="4">科研自觉0分</td><td rowspan="4">继续教育、常规校本教研、校本培训、校本科研</td><td>论文发表：市、省、国家级分别计1、3、5分</td><td rowspan="4">累计最高分为8分</td><td rowspan="4">继续教育、常规校本教研、校本培训、校本科研每缺一次，扣1分</td><td rowspan="4"></td></tr>
<tr><td>论文获奖：省、国家级一等奖分别计0.5、1分</td></tr>
<tr><td>赛课：县、市、国家级一等奖分别计1、3、5分，指导减半</td></tr>
<tr><td>专著出版（7分）</td></tr>
<tr><td rowspan="5">其他（5分）</td><td rowspan="3">学生测评（5分）</td><td rowspan="3">着力于目标达成、互动、气氛、兴趣等</td><td colspan="2" rowspan="3"></td><td>较满意扣1分</td><td rowspan="3"></td></tr>
<tr><td>不满意扣2分</td></tr>
<tr><td>极不满扣3分</td></tr>
<tr><td rowspan="2">纪律（0分）</td><td rowspan="2"></td><td colspan="2" rowspan="2">满勤计1分</td><td>旷，扣1分</td><td rowspan="2"></td></tr>
<tr><td>严重旷，扣3分</td></tr>
<tr><td colspan="2">总分</td><td colspan="5"></td></tr>
</table>

对照《连片特困地区校20____—20____学年教师绩效测评量化表》（以下称“旧测评表”），此表作了多方面的变革，尽可能融入上文所谈测评合理性的内涵。

（二）验证

新表（初表）研制出来，就进入验证阶段。第一次用于连片特困地区某市级首批重点中学校（只有高中），对128名中年教师（男93人，女35人）进行测评，再与此校旧测评表绩效考核结果对照，结果见表12–3。

表12–3　某校2016—2017年度中年教师绩效测评新旧体系量化对照表

总人数128人（男93人，女35人）

<table>
<tr><th rowspan="2">项目</th><th rowspan="2">最高分</th><th rowspan="2">最低分</th><th rowspan="2">均分</th><th colspan="3">名次变动超10名人数</th><th colspan="5">区间变动超10名人数</th><th rowspan="2">名次剧变</th></tr>
<tr><th>合计</th><th>男93</th><th>女35</th><th>前10名</th><th>11～30名</th><th>31～50名</th><th>51～100名</th><th>101～128名</th></tr>
<tr><td>旧表</td><td>97</td><td>78</td><td>84.53</td><td rowspan="3">73</td><td rowspan="3">46</td><td rowspan="3">27</td><td>10</td><td>20</td><td>20</td><td>50</td><td>28</td><td rowspan="3">37</td></tr>
<tr><td>新表</td><td>99</td><td>65</td><td>76.24</td><td>7</td><td>6</td><td>7</td><td>12</td><td>23</td></tr>
<tr><td>差值</td><td>+2</td><td>−13</td><td>−8.29</td><td>3</td><td>14</td><td>13</td><td>38</td><td>5</td></tr>
<tr><td>变动率</td><td>/</td><td>/</td><td>/</td><td>57.03%</td><td>49.46%</td><td>77.14%</td><td>30.00%</td><td>70.00%</td><td>65.00%</td><td>76.00%</td><td>17.86%</td><td>/</td></tr>
</table>

从表12–3看，最高分接近，原得分全校后28名教师变动超10名的变动率偏低，说明特别优秀和滞后的教师不受多少影响。新表（初表）在基本分只有85分的情况下，最高分竟然高于旧测评表最高分2分，说明新表（初表）至少有利于拉开差距，促进部分教师专业成长。最低分前后相差13分，教师前后名次变动都超过49%，而女教师变动率高达77.14%，名次剧变的高达37个名次，说明新测评量表区分度增大。区间内部变动中，原前11～100名的变动率较大。从整体上看，无论是测评指标、要素，还是测评结果，新表（初表）几乎是对旧测评表的颠覆。

为何带来如此大的变动？①不少女教师、原排名51～100的教师（也包含了部分女教师）在专业发展上的意识不强，动力不够，中度倦怠；②旧测评量表对专业发展上的指标、要素关注度不够，赋分偏低，而对常规性的共性指标，如出勤情况，赋分偏高，也存在背景出偏现象；③新评价量表（初表）可能存在加分、扣分幅度偏大等问题。

带着这些思考，课题组进行“响应式聚焦”，借助两次座谈会寻求建设性意见，以提高量表的效度。这也体现了教师对测评的参与。第一次座谈会的参与者是名次前后变动大的中年教师73人，他们反应强烈；第二次座谈会的参与者是各学科教研组长

10人、各年级各学科的备课组长27人中除前后变动大的16人外的11人，多理性沟通。综合两次“聚焦”，他们的意见主要是：①基本分只有85分，而“满勤”加分太少，“基本要素”上做得全优的一般教师与在此基础上充分享受加分教师相差14分，过大；②“教学效果”中两档的基本要素分扣分要素赋分相差7分，偏大，其中扣分要素“优生率中下，0.3分/名”导致差距过大；③“学生评价”中，扣分偏多，“极不满意”扣3分，建议删去；④加分分值偏高，可酌减，所减之分计入“教学效果”；⑤现代教育技术的运用应作为测评要素。当然，也提出加分项目有待补充的问题，如教研组长、备课组长工作量的问题。

需要说明的是，这样的“响应式聚焦”，是测评体系设计中不可或缺的环节，原因有二：一是“聚焦”中有建设性意见；二是“集中”形成的测评体系虽仍然存在不足，但此前经历了“民主”，测评体系作为群体智慧的凝结，一般不会引发教师抵触、反对。

（三）修正

“响应式聚焦”是验证的必要补充，也是修正的重要参考。验证、分析并收集意见后，新表（初表）就进入修正阶段。首先，聘请教育测评专家前来做理论讲座和行为指导。然后，课题组再分析，采纳部分意见，主要做了以下修正：

其一，将“基本要素”增加2分，即将“教学效果”由40分变为42分，并将中等变为36分，略略缩小“加分要素”所带来的教师测评差距。

其二，“加分要素最高15分”变为13分，增加“运用现代教育技术”加分要素并赋1分，将“满勤”由1分变为2分；将教研组长、备课组长纳入“工作量”指标的“加分要素”中。虽略略缩小测评差距，但促进专业发展的测评要素的地位不能受到明显削弱。

其三，“扣分要素”中，删去“较上期降，一律0.5分”；并将“学生测评”的分值减为0.5、1、1.5分，尽可能降低学生认知水平有限、情感因素带来的测评偏差幅度。

修正后的量表见表12-4：

表12-4　连片特困地区校20____—20____学年高中中年教师绩效测评量表

姓名________　高____年级　学科________　________年____月____日

测评指标	基本要素（87分）		加分要素最高13分	扣分要素最多10分	得分
道德自觉（5分）	职业道德（3分）	可参见教师道德要求	校、县、市级标兵分别计1、2、3分	败坏，查证一次扣2、3分	
	社会道德（2分）				
学习自觉（0分）			读书点批（1分）	无，扣0.2分	
			思考文章（2分）	无，扣0.2分	

续 表

测评指标	基本要素（87分）			加分要素最高13分	扣分要素最多10分	得分
实践自觉（75分）	工作量（20分）	满工作量（20分）	语数外2个班、理化生政史地3个班、音体美等8个班为满工作量；以上一半加班主任或中层领导，为满工作量	班主任+满工作量（3分）	单班扣3分，重大事故扣2分/次	
				中层+满工作量（3分）		
				指导（含组长）+满工作量（1分）		
	教学常规（15分）		备上改辅考（6分）	教学行为反思录（2分） 运用现代教育技术（1分）	反响大2分	
			教学方式（4分）			
			教育方式（3分）			
			课堂文化（2分）			
	教学效果（42分）		年级均分、优生率前3名（或县内同级学校前5）（42分）	均分中上，计0.3分/名	均分中下，0.3分/名	
			中等36分（也是扣分、加分的基准分）	优生率中上，计0.3分/名		
				较上期增长，一律计0.5分		
科研自觉（0分）	继续教育、常规校本教研、校本培训、校本科研		论文发表：市、省、国家级计1、3、5分	累计最高分为8分	继续教育、常规校本教研、校本培训、校本科研每缺一次，扣1分	
			论文获奖：省、国家级一等奖分别计0.5、1分			
			培训主讲：校、县、市分别计0.2、0.5、1			
			赛课：县、市、国家级一等奖分别计1、3、5分；指导减半			
			专著出版（7分）			
其他（5分）	学生测评（5分）		着力于目标达成、互动、气氛、兴趣等		较满意扣0.5分	
					不满意扣1分	
					极不满扣1.5分	
	纪律（0分）			满勤计2分	旷，扣1分	
					严重旷，扣3分	
总分						

（四）再验证

在专家指导下，我们自始至终不忘中年教师专业发展这一主题，借助SPSS 16.0 for

windows软件验证修正表内部的一致性、稳定性，结果克朗巴哈系数（Cronbach'sa）①为0.851（α系数在0.6～0.8，表示内部一致性一般；大于0.8，表示一致性很好），这说明此表可信度高。运用此表再测评此前教师2016—2017年度教师，对照情况见表12-5。

表12-5　某校2016—2017年度中年教师绩效测评新旧体系量化对照表

总人数128人（男93人，女35人）

<table>
<tr><th rowspan="2">项目</th><th rowspan="2">最高分</th><th rowspan="2">最低分</th><th rowspan="2">均分</th><th colspan="3">名次变动超10名人数</th><th colspan="5">区间变动超10名人数</th><th rowspan="2">名次剧变</th></tr>
<tr><th>合计</th><th>男93</th><th>女35</th><th>前10名</th><th>11～30名</th><th>31～50名</th><th>51～100名</th><th>101～128名</th></tr>
<tr><td>旧表</td><td>97</td><td>78</td><td>84.53</td><td rowspan="3">73</td><td rowspan="3">46</td><td rowspan="3">27</td><td>10</td><td>20</td><td>20</td><td>50</td><td>28</td><td rowspan="3">37</td></tr>
<tr><td>新表</td><td>99</td><td>65</td><td>76.24</td><td>7</td><td>6</td><td>7</td><td>12</td><td>23</td></tr>
<tr><td>差值</td><td>+2</td><td>−13</td><td>−8.29</td><td>3</td><td>14</td><td>13</td><td>38</td><td>5</td></tr>
<tr><td>原变动率</td><td>—</td><td>—</td><td>—</td><td>57.03%</td><td>49.46%</td><td>77.14%</td><td>30.00%</td><td>70.00%</td><td>65.00%</td><td>76.00%</td><td>17.86%</td><td>—</td></tr>
<tr><td>旧表</td><td>97</td><td>78</td><td>84.53</td><td rowspan="3">32</td><td rowspan="3">20</td><td rowspan="3">12</td><td>10</td><td>20</td><td>20</td><td>50</td><td>28</td><td rowspan="3">21</td></tr>
<tr><td>改表</td><td>99</td><td>72</td><td>79.85</td><td>7</td><td>11</td><td>14</td><td>40</td><td>24</td></tr>
<tr><td>差值</td><td>2</td><td>−6</td><td>4.68</td><td>3</td><td>9</td><td>6</td><td>10</td><td>4</td></tr>
<tr><td>新变动率</td><td>—</td><td>—</td><td>—</td><td>25.00%</td><td>21.51%</td><td>34.29%</td><td>30.00%</td><td>45.00%</td><td>30.00%</td><td>20.00%</td><td>14.29%</td><td>—</td></tr>
</table>

通过对照修正表（即上表中"改表"）与初表的统计情况，我们发现，修正后测评表对特别优秀的教师和滞后的教师的终结性测评影响不大。再对照修正表与新表（初表）的统计情况，无论是整体上，还是各区间（除后28名外），名次超10名变动率都大幅降低；不过，较之于旧测评表，变动率最高依然达到45.00%。

（五）运用

表12-4只用于高中中年教师测评，至于初岗教师、熟手青年教师，因学校对他们的要求不同，其测评体系也不同。也就是说，对全校教师实行分层测评。经校长办公会研究同意后，此表进入试用阶段。先将修正表分发下去，并向高中中年教师宣布，将中年教师从全校教师原测评体系中剥离出来，以此表作为2017—2018年度中年教师的测评体系，试用一年。量化测评后，根据得分，将中年教师按20%、40%、30%、10%的人数占比分为四等。一年后，此表进入适用阶段，作为2018—2019年度中年教师的测评体系。从表12-6统计情况，可以发现一些令人惊喜的情况。

① 克朗巴哈系数，指量表所有可能的项目划分方法所得到的折半信度系数的平均值，它既是一个统计量，也是最常用的信度测量方法。最先由美国教育学家Lee Cronbach在1951年提出，后用其名命名。

表12-6　某校近三年高中中年教师专业发展对照表

128人（男93人，女35人）

项目 学年度	论文篇				参编校本教材（人数）	专著（部）	赛课		学生评价			两期末成绩总名次较上学年	
	县奖	市奖	省、国家级发表	核心期刊			县级一等奖（或第一名）（人数）	市级一等奖（或第一名）（人数）	-0.5人数	-1人数	-1.5人数	上升人数	下降人数
2016—2017年	0	1	2	1	0	0	1	1	51	16	0	68	57
2017—2018年	6	1	2	1	16	1	1	1	38	9	0	97	26
2018—2019年	9	4	7	3	28	1	2	3	25	1	0	112	1

需要指出的是，“赛课”一栏中，获奖教师人数指中年教师所指导的年轻教师获奖人数；成绩名次升降不包括名次不变的情况。尽管设置的项目还不太全面，但从表12-6可知，衡量中年教师专业发展的显性指标都有明显向好的趋势，尤其是在论文、参编校本教材、学生评价、成绩名次升降上。这说明《连片特困地区校20____—20____学年高中中年教师绩效测评量表》（修正表）对教师专业发展和学校教育教学质量的提高具有明显的促进作用。

为何出现这些喜人的变化？其一，此表既看重结果，也看重过程及其进步，促使教师平时关注自己教育教学情况和自我专业发展情况。其二，此表尽管经过修正，在一定程度上缩小了教师测评差距，但加13分，扣10分，客观上给中年教师制造了较大的追赶距离，即发展空间。其三，此表尽可能消除情感背景，体现出公平公正，有利于教师在和谐的环境中竞争。一言以蔽之，它客观上发挥了竞争机制的作用，具有职业倦怠干预功能。

由此可见，《连片特困地区校20____—20____学年高中中年教师绩效测评量表》（修正表）具有明显的测评功能，是一个能产生教育教学效益、促进教师专业发展的教师绩效测评体系。目前，连片特困地区某校正将此表所作出的特定阶段终结性测评结果作为中年教师评职晋级的重要参考。

当然，作为发展性测评量表，此表的关注点是中年教师专业上的发展，目的是促进。随着时代的发展，当学校关于中年教师专业发展的新目标、新举措出台后，这份测评量表在体系上就会有较明显的不完备之处，需要做相应的调整，使之保持较强的评价功能，同时也彰显因时而化的顺应和变通的智慧。这从时间维度上也印证了测评指标的合理性永远是相对的。

另外，教师绩效测评体系还会受到其他行政因素的影响，如当地党政部门、教育主管部门对学校的考评。这涉及当地“督学”及其评价。19世纪末英国女王督学团的产生标志着督学制度的出现，也是政府强力干预教育的开端。英国有一套完整的督学制度，教育标准局之下各级督导机构完备，从信息的采集、调查取证、判断，到反馈、问责业已体系化，且具有相对的独立性、权威性、专业化、科学性，督导成为学校发展、改进的领导性、推动性力量。①而我国督学制度很不健全，地方督学缺乏独立性、权威性。“督学的任务是检查学校使用经费情况，视导学校管理、课程、教学等情况，指导教师培训等。”顾明远这一观点部分反映出我国督学的部分现状。事实上，督学“视导”极易受到相关力量掣肘。也就是说，学校的教师绩效测评体系的建构缺乏来自督学方向的有力引导、推动，极易出现测评指标、要素不科学等现象。这是连片特困地区高中学校自我构建测评体系时应该特别注意的问题。

四、测评的延伸

对中年教师绩效测评结束后，不能让终结性测评仅仅作为数字、文字而停留于档案阶段。也就是说，测评需要延伸，需要通过延伸，以一定的因应策略来充分发挥其促进教师专业发展的作用，从而实现学校开展教师测评的目的。

（一）延伸

如何实现测评的延伸呢？

1. 公示测评结果，传达要素得分

公示测评结果，是为了让发展滞后的中年教师明确彼此间的差距，产生紧迫感，这是干预中年教师职业倦怠的重要举措。通过短信、微信、QQ、钉钉等媒介传达评价要素的得分，是为了让教师明确差在何处，从而明确发展、追赶的方向，积极进行自我干预，使自己的专业行为更具有针对性、有效性。对于优等中年教师而言，此举无疑会增强其自我效能感，使之更有信心和热情着力于专业发展测评上的诸多指标、要素所对应的专业项目，寻求进一步发展和超越。

这样做，还有助于消除测评体系构建者不良情感背景、学术背景所带来的负面效应。“智者疑邻”的典故反映出情感偏向的普遍性。古人云：“智者千虑，必有一失。”看似再完备的体系，往往也有不完备之处。教师在对测评结果的审视、解读中，会从更多角度去比较、辨析测评体系的长短得失，所反馈的信息有利于体系构建者消除情感偏向，克服学术短板，从而完善体系。“求木之长者，必固其根本；欲流之远者，必浚其泉源。”魏徵如是说道。广大教师，永远是学校领导必须依靠的情感基础和智慧源泉。教师测评体系只有充分依靠教师，才能使体系构建者尽可能地远离不良情感背景，弥补学术背景的不足，弥补由对测评对象差异性背景关注不足所带来

---

① 王璐. 教育督导与评价制度比较研究［M］. 北京：北京师范大学出版社，2018：2-61.

的体系的缺失。一个合理的测评体系才能更好地发挥其作用，才能更有利于校园人文环境的营造。

2. 务求激励有方，产生雁阵效应

《宋史》有言："人不率，顺不从。"一个没有表率的群体，就是一个缺乏活力的群体，羊群效应将会放大。因此，学校需要榜样的力量。

如何树立榜样？首先，将教师绩效测评的终极性结果作为评职晋级的重要依据。没有依据的评职晋级，往往无序，常会因情感偏向引发新的矛盾；而以特定阶段终极性测评结果为依据，不仅能保证评职晋级的有序展开，还能于无形之中树立榜样。其次，大胆表彰。终极性测评经模糊测度、等级归类后，在一定程度上会遮蔽或消除定量测评的偏差，但依然可以作为奖励的标准；况且，可对优等群体进行表彰，还可依据得分遴选、确定校外培训等人选。这种激励性延伸策略会在校内形成充满正能量的"磁场"，形成"霍尔效应"，激励后进者面对"电势差"而奋力追赶，进而在实践中产生雁阵效应。如此，学校就会进入良性循环的轨道。

至于教研组长、备课组长等评优激励问题，则依从教师绩效测评量表结果，从个人科研和科研活动质量、学科组或学科备课组的全县成绩名次等诸指标出发，单独构建测评量表进行测评。

3. 大胆赋权增能，良性培养干部

《中共中央国务院关于全面深化新时代教师队伍建设改革的意见》（2018年1月20日）明确指出，要"健全把骨干教师培养成党员，把党员教师培养成教学、科研、管理骨干的'双培养'机制"。用好终结性评价，也是学校建设"'双培养'机制"的重要体现。

从管理机制的运转和效益角度看，学校需要能人治校。提拔终结性测评多次优等、德能兼备且干练的中年教师充实领导队伍，一者，既服众，又能发挥榜样引领、示范作用，使教师积极仰他人之高而补自我之不足，同时也令其他教师产生一定的危机感，有利于形成"鲶鱼效应"。这是对中年教师职业倦怠最积极干预、避免"羊群效应"的有效方式之一。二者，此举有利于中年教师拓展发展空间，实现自我。三者，赋予其一定的权力，践行阿尔弗雷德·斯隆的"分权化管理"①理念，容易形成"万人操弓，共射一招，招无不中"（《吕氏春秋》）的局面，为学校管理的良性发展提供支持，产生"增能"效应；四者，学校需要不断充实干部，锐于提拔教师，可避免领导断层，从而有利于学校持续发展。

① ［美］彼得·德鲁克. 21世纪的管理挑战［M］. 朱雁斌，译. 北京：机械工业出版社，2019：18.

从管理风格的多样性和领导环境匹配度角度看，学校需要一线教师跻身领导之列。被提拔的中年教师因长期在一线，深知教师的酸甜苦辣，更有亲民的领导作风。被提拔的中年教师客观上也令学校领导特质多样化。美国学者斯托格迪尔（Stogdill）曾提出领导特质理论，“为什么具备同样领导特质的人，在一种场合能够成为领导者，在另外一种场合却不能成为领导者？”他认为这与领导特质有关。[①]而“领导力不仅与个人的特质有关，它还与社会环境、职业属性以及人际关系有关”。斯托格迪尔的理论核心点有二：一是领导要有特质；二是领导力不完全取决于领导特质，还取决于领导特质与职业、环境的匹配度。学校领导的职业属性一般不会改变，领导要追求的其中之一就是领导特质与环境的匹配度。而学校领导面对众多教师，当自身特质难以完全匹配于所有教师却一定要尽力去匹配，也就会渐渐失去领导特质。怎么办？以领导群体中不同领导各自的特质分别匹配于不同的教师群体，就能最大可能地消除干群不太匹配所带来的差异或鸿沟。毋庸置疑，提拔优秀的一线中年教师充实学校领导干部队伍，会使学校领导层的社会环境和人际关系的多样性更为丰富，领导群体与学校环境的匹配度更高，为领导群体拥有强有力的领导力增加了更多的可能性。

（二）保障

不过，为了保证评价延伸有效、高效，在重用卓异的中年教师（也不排除特别出众的青年教师）时领导要注意以下五个问题：

一是消除“爱人才却用庸才”背后的虚荣心理和便于驾驭、政令畅通的庸俗管理观，杜绝假借赋权之名而行操控之实，以避免学校缺少生长的活力。二是善于发现人才，最大限度地避免出现“墙内开花墙外香”的现象，切不可为“人言”所惑所蔽，远离贤良方正者，因为“言，身之文也”（介子推），未必为实。三是有评价依据，如教师绩效测评量化结果，身体状况，是否年富力强，使提拔之举服人。四是不要报团取暖，否则，令人才心寒，令众人齿冷，无形的障壁会导致学校分崩离析，难以形成合力。要有全局观，举内可不避亲，举外应不记仇，使全体教师“宅心，幽明知感”以“将收实用”（北齐樊逊《天保五年举秀才对策》）[②]。五是力戒因重用而“用重”。被提拔的教师，被赋予多重角色，一肩多任，结果教师分身乏术，苦不堪言。尽管每一角色都能扮演，但因缺少必要的“闲暇”而显得优劣参半，甚至都不出彩。如此，影响了工作，也影响了教师专业再发展。这名为重用，实为浪费。

连片特困地区高中学校领导要注意以上问题，并使之制度化，拥有欣赏的心境和

---

① 朱旭东. 教师专业发展理论研究［M］. 北京：北京师范大学出版社，2011：255-256.

② 秦榆. 贤士的答辩文书［M］. 北京：京华出版社，2006：219.

爱护的态度，培养干部才有“良性”，学校“增能”才能成为现实。如此，教师专业发展便有了保障。

如果说中年教师绩效测评旨在促进教师专业发展，体现人性的温度，那么，测评的有效延伸中的因应策略，就能保证管理学人本管理、效能原理的科学运用和人性温度的保持。

附：

重庆市云阳高级中学校德育处工作计划

（2019.8—2020.1）

制定人 李林芳、刘继军　　　　2019年8月20日

项目	内容		日期	说明
主题班会	入学教育	《开学第一课》	9.3	静心
	理想	《我们的大学》	9.17	八个感悟教育主题 可临时调整次序
		《被嘲笑的梦想》	9.24	
	文化	《中秋月话》	9.10	
	奋斗	《信念与希望》	10.8	
		《致奋斗的青春》	10.22	
		《遇见更好的自己》	10.29	
	爱国	《厉害了，我的国》	11.5	
		《青春中国》	11.12	
	亲情	《父爱如山　母爱似水》	11.19	
	思齐	《榜样的力量》	11.26	
		《功勋》	12.3	
		《感动中国》	12.10	
	创新	《从流浪地球谈聚变能源》	12.17	
	交流	《口才的魅力》	12.24	
课堂	安全	全民国家安全教育课	10.15	外聘干警
活动	国庆爱国主题系列活动		9.28-10.10	流程细节
	班主任工作经验交流会		11.21	
	班主任基本功大赛		12.24	
事务	2019届高中毕业生档案发放		8月	逐一落实
	品评	秋季开学典礼学生评优选好	8月	
		2021届新高考综合素质评价	长期	

续表

项目	内容		日期	说明
事务	心理辅导室	设备采购方案	10月	
		指导心理辅导教师宣传心理健康	9月	
		心理健康问卷调查	9月	
		个别班级的心理辅导课	9–12月	
	准备县教委对德育工作检查的材料		9月	
	组织高一班主任参加县教委主办的学生生涯规划等专题讲座		11月	
	协助	余校长开展校本课程开发等	每周三	
		安稳办与班主任学生公寓考勤及公寓巡查管理	长期	

注：此计划与当下高中学生心理特征吻合，利于纯性铸品，且体例周备。其制定者为绩效评价多次优等者，刚步入中年，新近提拔为德育处正、副主任。

创新纪要

走他人少涉足之路，不免惶然。三年研究，草成体系，但颇有心得，在理论、实践、知识上勇发新声，有自不量力之疾。增删数次，权为贽礼。

关于中年教师的专业发展，前人尚未充分关注，仅就职业倦怠及其干预等问题做了深入研究，而对于其他方面，或片言只语，或只字未提。至于高中中年教师的专业发展，相关研究文字更是难见一鳞半爪。本书对高中中年教师的专业发展进行系统研究，本身就是研究方向上的创新。

三年研究，累成此书。为便于广大教师阅读、批判、开掘、拓新，在为全书加注的同时，罗列其中创新之处。

一、宏观

在对重庆市连片特殊困难地区高中中年教师现状进行调研的基础上，提出专业发展的策略，并提出相应的理论路径和行为路径。

二、微观

理 论

1. 对教师专业发展中“自我意象”的定义。（第5页）
2. 对教师专业发展中“文化自觉”的定义。（第7页）
3. 提出并解释“科研观念文化”“科研制度文化”“科研器物文化”。（第11页）
4. 对教师绩效测评中“边界理性”的解释。（第12页）

5. 高中中年教师专业发展的必要性、意义研究。（第19～26页）

6. 针对马氏职业倦怠检测量表笼统、计算易错等不足，在样式、归类、统整上进行改进。（第45～46页）

7. 对赋权增能的相关理论比较，对“赋权增能”内部关系及其与核心校规的关系的阐发。（第61页）

8. 厘清“专业自觉”“理论自觉”的范围，并对国内学者关于教师文化自觉理论纠偏。（第72页）

9. 对教学生产性、交往性行为的理解，并提出“生成性行为”概念。（第80页）

10. 联系学科分离的利弊、心理学基础、现实需求、通识需要而对“跨界学习”所作的分析。（第81～84页）

11. 提出“教育教学生态文化概念”。（第100页）

12. 提出以个体为中心干预职业倦怠的最积极的革命性方式。（第103页）

13. 指出舒尔曼提出的“学科教学知识理论”的缺陷。（第103页）

14. 分析教师学科知识、实践知识二分法的不足。（第104页）

15. 指出斯滕伯格教师知识体系存在遗漏，其中“内容知识”内涵不明晰。（第104页）

16. 对教师知识构成理论的比较、对林崇德教师知识理论的评价，以及对林崇德教师知识理论命名的意见。（第104～105页）

17. 提出并阐释“次经典”概念。（第126页）

18. 对国内学者关于“创新学习”特征中“活动性”的质疑，并提出“发展性”作为补充。（第144页）

19. 对国内学者“教师的有效学习不是纯概念的识记和新理论的接收”论的纠偏。（第144～145页）

20. 对国内学者“创新学习两层次论”的分析和纠偏，并提出新的创新学习层次模型。（第146～147页）

21. 提出发散思维、聚合思维、批判思维的基本方向或方法。（第150～152页）

22. 提出“择要学习法”，以作为现有创新学习方法的补充。（第157页）

23. 基于大数据的存储、处理、分析、生成功能，提出大数据作为工具、学习伙伴的两重性，从而提出大数据学习法。（第158～159页）

24. 对国内学者关于“反思”的定义予以批判，并基于语义学、行为学的思考而重新定义。（第167页）

25. 从心理学、哲学的视角分析“反省”“反思”的异同。（第168～169页）

26. 对诸多反思理论的评价。（第168～170页）

27. 对范梅南“批判反思水平”的质疑。（第176页）

28. 基于国内外学者反思策略略显粗疏的状况，提出高中中年教师六大反思策略。（第174～181页）

29. 提出“教师即学科”的观念。（第187页）

30. 提出校本培训六原则。（第187～189页）

31. 分析听评课与案例式培训的差异。（第195页）

32. 提出“个本”概念。（第204页）

33. 对教育技术手段不当运用抑制思维的分析。（第205～206页）

34. 对“课堂评价素养”的分析。（第206～207页）

35. 对互动、讲授法与内在的“活”与否的关系的分析。（第208页）

36. 专题研讨与专题培训的区别。（第225～226页）

37. 提出校本科研五原则。（第231～234页）

38. 分析国内学者科研宏观流程的不足，并完善。（第234页）

39. 提出论文写作要略（“五化”）。（第236～237页）

40. 提出论文的语言风格和表达方式。（第237页）

41. “立体”的新定义与空间想象能力的关联。（第237～238页）

42. 提出校本教材编著要略（“四化”）。（第245～246页）

43. 提出科研制度建设的核心和落点。（第247～251页）

44. 从制度功能差异的角度提出激励性制度和约束性制度，并指出其适用的阶段性。（第251页）

45. 提出教师阅读三层次论。（第269页）

46. 基于对教师绩效测评难以绝对公平的深层原因的分析，提出“合理的测评”的出路。（第284～287页）

47. 提出“模糊测度”概念并定义。（第12页、第287页）

实 践

48. 设计“教学行为反思录”。（第181页）

49. 构建“校本培训模型”。（第190页）

50. 提出校本培训操作层面上关键处（六词）。（第192～194页）

51. 指摘《课堂观察框架》（第三稿）的瑕疵。（第218～219页）

52. 对《课堂观察量表》的改进。（第219～220页）

53. 提出课题研究“四阶段十句话”。（第240～241页）

54. 提出备课指导的重点指导、特色指导内容。（第256～263页）

55. 提出读书指导的路径、层次、督导问题。（第267～275页）

56. 对连片特困地区某高中学校的教师测评量表不足的分析。（第278～283页）

57. 基于测评目的的特殊性和对师德等指标、要素的理解，提出“连片特困地区高中中年教师绩效测评量表”（宏观性）。（第284～287页）

58. 提出测评延伸中领导注意的五问题。（第296页）

知 识

59. 在年龄维度上，从历史传统、生涯理论阶段论、现状的视角对“高中中年教师”（40～55岁）的界定。（第18页）

60. 对“道”“德”语义学阐释及彼此关系的分析。（第72～73页）

61. 针对高考阅卷错误，对“受光于庭户见一堂，受光于天下照四方”予以分析、理解。（第120页）

62. 对后蜀辛寅逊“天下第一联”的辨误。（第135页）

63. 对“一月三捷”之“捷”的辨误。（第157页）

64. 对“批判”的语义学理解。（第157页）

65. 对“反思”的语义学、行为学阐释。（第167页）

66. 提出苏子泛舟赤壁“无悲”论。（第161～164页）

67. “制度”的语义学阐释。（第247页）

68. 从语义、文化的视角分析“管理”的本质性内涵。（第250页）

69. 指摘国内学者解读“唯女子与小人为难养也，近之则不孙，远之则怨”的错误。（第270页）

70. 借助李白的作品、思维特性，指出国内学者关于“飘逸美”理解的偏差。（第270～271页）

参考文献

望远宜立于前人之肩，研究中参考哲学文化、教育教学及其科研、社会生活与管理、美学文批、训诂诸类著述或论文，或为佐证，或析其不足，个中多有助益，为致谢忱，一一恭录于后。

哲学文化类

[1] 冯友兰. 中国哲学简史 [M]. 北京：中华书局，2017.
[2] [德] 黑格尔. 逻辑学 [M]. 杨一之，译. 北京：商务印书馆，2001.
[3] 崔波译注. 周易 [M]. 郑州：中州古籍出版社，2007.
[4] 曾仕强. 道德经的奥秘 [M]. 西安：陕西师范大学出版社，2012.
[5] 傅佩荣. 庄子的智慧 [M]. 合肥：黄山书社，2009.
[6] 楼宇烈. 中国的品格 [M]. 北京：当代中国出版社，2007.
[7] 陈明. 儒学的历史文化功能 [M]. 北京：中国社会科学出版社，2005.
[8] 易中天. 中国智慧 [M]. 上海：上海文艺出版社，2011.
[9] 鬼谷子. 鬼谷子 [M]. 陈默，译注. 长春：吉林美术出版社，2015.
[10] 任德山，邢群麟. 论语的智慧 [M]. 北京：华侨出版社，2010.
[11] 李生龙. 儒家文化与中国古代文学 [M]. 长沙：岳麓书社，2009.
[12] 江堤. 山间庭院 [M]. 长沙：湖南大学出版社，2018.
[13] 辜鸿铭. 辜鸿铭作品精选 [M]. 武汉：长江文艺出版社，2004.
[14] 秦榆. 贤士的答辩文书 [M]. 北京：京华出版社，2006.
[15] 余德泉. 对联通 [M]. 长沙：湖南大学出版社，1998.
[16] 许总. 宋明理学与中国文学 [M]. 南昌：百花洲文艺出版社，1999.

[17] 楚渔. 中国人的思维批判 [M]. 北京：人民出版社，2010.
[18] 费孝通. 费孝通论文化与文化自觉 [M]. 北京：群言出版社，2007.

教育教学及其科研类

[19] [苏] 苏霍姆林斯基. 给教师的建议 [M]. 周蕖，王义高，刘启娴，等，译. 武汉：长江文艺出版社，2014.
[20] 林崇德. 教育的智慧 [M]. 北京：北京师范大学出版社，2007.
[21] 张民选. 专业知识显性化与教师专业发展 [J]. 教育研究，2002（1）：14–18.
[22] 申继亮，辛涛，邹泓. 中小学教师教学能力观的比较研究 [J]. 教育科学研究，1998（1）：1–4.
[23] 崔允漷. 教师应先学会评价再学习上课 [J] 基础教育课程，2008（11）：55.
[24] 朱旭东. 教师专业发展理论研究 [M]. 北京：北京师范大学出版社，2011.
[25] 潘裕民. 教师专业发展的理论取向与实现路径 [M]. 南宁：广西师范大学出版社，2013.
[26] 钟任琴. 教师专业权能之比较分析 [M]. 台北：五南图书出版公司，2000.
[27] 叶澜. 教师角色与教师发展新探 [M]. 北京：教育科学出版社，2001.
[28] 桑新民. 呼唤新世纪的教育哲学 [M]. 北京：教育科学出版社，1993.
[29] 张建伟. 反思——改进教师教学行为的新思路 [J]. 北京师范大学学报（社会科学版），1997（4）：56–62.
[30] [英] 安德鲁·波拉德，克里斯廷·布莱克–霍金斯，加布里埃尔·克利夫·雷奇斯，等. 反思性教学 [M]. 张蔷蔷，译. 北京：中国青年出版社，2017.
[31] 于漪. 上海市中小学幼儿园教师读书现状报告 [M]. 上海：上海三联书店，2014.
[32] 施克灿. 中国教育思想史 [M]. 北京：高等教育出版社，2008.
[33] 毛礼锐. 中国教育史简编 [M]. 北京：教育科学出版社，1984.
[34] 沈毅，崔允漷. 课堂观察——走向专业的听评课 [M]. 上海：华东师范大学出版社，2008.
[35] 胡水星. 教师大数据应用学习 [M]. 杭州：浙江教育出版社，2016.
[36] 龚春燕. 龚春燕创新学习 [M]. 北京：首都师范大学出版社，2011.
[37] 王荣生. 听王荣生教授评课 [M]. 上海：华东师范大学出版社，2007.
[38] 孙瑞欣. 校本教研的7个关键点 [M]. 重庆：西南师范大学出版社，2013.
[39] 邵水潮. 校本教研与行动改进 [M]. 郑州：大象出版社，2014.

[40] 赵明仁.教学反思与教师专业发展——新课程改革的案例研究［M］.北京：北京师范大学出版社，2009.
[41] 黄光扬，原霞.教育统计与测量评价新编教程［M］.2版.上海：华东师范大学，2020.
[42] 毛利丹.中小学教师评价研究［M］.北京：中国社会科学出版社，2017.
[43] 祝爱农，唐金生，符昕.农村学校校本教研实效性理论与实践［M］.北京：光明日报出版社，2016.
[44] 靳玉乐.教学反思［M］.成都：四川教育出版社，2016.
[45] 张锋.苏子泛舟赤壁无悲论——《前赤壁赋》解读补正［J］.中学语文教学参考，2016（27）：35-37.
[46] 教育部基础教育司，教育部师范教育司.校本教研与教师专业发展［Z］.北京：高等教育出版社，2004.
[47] 孙春成.语文反思性教学策略［M］.南宁：广西教育出版社，2004.
[48] 王荣生.语文教师专业发展十四讲［M］.上海：华东师范大学出版社，2015.
[49] 崔允漷.学校课程实施过程质量评估［M］.上海：华东师范大学出版社，2017.
[50] 邵水潮.组织文化变革与校本教研［M］.郑州：大象出版社，2018.
[51] 王陆，张敏霞.基于课堂教学行为大数据的教学反思方法与技术［M］.北京：北京师范大学出版社，2019.
[52] ［美］瑞克·斯蒂金斯.合理有据的教师评价［M］.刘聪伦，译.北京：中国青年出版社，2015.
[53] 骆祖莹.课堂教学自动评价［M］.北京：北京师范大学出版社，2018.
[54] 史晓燕.教师教学评价：主体·标准·模式·方法［M］.北京：北京师范大学出版社，2018.
[55] 杨春茂.师德考核评价理论与实践——师德修养与师德考核评价［M］.北京：首都师范大学出版社，2014.
[56] 王少非.课堂评价［M］.上海：华东师范大学出版社，2013.
[57] 沈玉顺.课堂评价［M］.北京：北京师范大学出版社，2006.
[58] 柯孔标.校本教研实践模式研究［M］.杭州：浙江大学出版社，2008.
[59] ［美］艾伦·维纳，［美］塔利亚·R·戈德斯坦，［法］斯蒂芬·文森特-兰克林.回归艺术本身·艺术教育的影响力［M］.郑艳，译.上海：华东师范大学出版社，2016.
[60] 郑东辉.教师评价素养发展研究［M］.杭州：浙江大学出版社，2014.

[61] 佟庆伟，胡迎宾，孙倩. 教育科研中的量化方法［M］. 北京：中国科学技术出版社，1997.
[62] 魏本亚，步进. 语文课堂教学反思［M］. 上海：华东师范大学出版社，2015.
[63] 胡庆芳，陈向青，徐谊，等. 校本教研制度创新［M］. 北京：教育科学出版社，2007.
[64] 王璐. 教育督导与评价制度比较研究［M］. 北京：北京师范大学出版社，2018.
[65] 罗厚辉. 课程开发的理论基础［M］. 济南：山东教育出版社，2002.
[66] 葛新斌. 学校组织与管理［M］. 北京：北京师范大学出版社，2015.
[67] 桑国元，郑立平，李进成. 21世纪教师的核心素养［M］. 北京：北京师范大学出版社，2017.

美学文批类

[68] 程孟辉. 西方美学文艺学论稿［M］. 北京：商务印书馆，2007.
[69] 宗白华. 美学散步［M］. 上海：上海人民出版社，1981.
[70] 侯军. 诗意的裁判——范曾艺史谈话录［M］. 天津：天津古籍出版社，2005.
[71] 袁定基，易泉源，黄世礼. 金圣叹选批才子古文［M］. 成都：四川人民出版社，1997.
[72] 刘悦笛. 生活美学与当代艺术［M］. 北京：中国文联出版社，2018.
[73] 刘悦笛. 东方生活美学［M］. 北京：人民出版社，2019.
[74] 余秋雨. 艺术创造论［M］. 上海：上海教育出版社，2005.

社会生活与管理类

[75] 王烁. 跨界学习［M］. 长沙：湖南文艺出版社，2019.
[76] 董云川. 道与不道［M］. 昆明：云南人民出版社，2016.
[77] ［美］泰勒. 科学管理原理［M］. 马风才，译. 北京：机械工业出版社，2020.
[78] ［美］彼得·德鲁克. 21世纪的管理挑战［M］. 朱雁斌，译. 北京：机械工业出版社，2019.
[79] 李宏伟. 管理效率的哲学研究［M］. 北京：知识产权出版社，2013.
[80] ［美］托马斯·库恩. 科学革命的结构［M］. 金吾伦，胡新和，译. 北京：北京大学出版社，2012.
[81] 叶嘉莹. 掬水月在手［M］. 成都：四川人民出版社，2020.

训诂类

[82] 唐汉. 唐汉解字 [M]. 山西：书海出版社，2003.
[83] 李格非. 汉语大字典 [M]. 成都：四川辞书出版社，1996.
[84] 陈复华. 古汉语词典 [M]. 北京：商务印书馆，1998.